EntwicklungsRaum
Kindergarten

Methoden des Kindergartens 2

Herausgegeben
vom Verlag
UNSERE KINDER

Am Zustandekommen dieser aktualisierten Fassung des Buches „Methoden des Kindergartens 2“ war eine Arbeitsgruppe von Lehrenden an Bildungsanstalten für Kindergartenpädagogik und aktiven Kindergartenpädagoginnen unter Leitung von Martin Kranzl-Greinecker maßgeblich beteiligt. Die Verlagsleitung bedankt sich für ihre Mitarbeit bei Mag.[a] Ines Posch, Maria Ardelt, Doris Bernhard, Marlies Böck, Andrea Hämmerle, Rosa Maria Huber, Monika Kinast, Brigitta Krammer, Ernestine Panzenböck, Mag.[a] Eveline Richter, Elisabeth Schacherl, Andrea Voglsam.

Hinweis:
Um auch sprachlich auszudrücken, dass sich das Buch sowohl an Kindergartenpädagoginnen als auch an Kindergartenpädagogen, an Erzieherinnen und Erzieher ... wendet, werden die Formen KindergartenpädagogInnen, ErzieherInnen ... verwendet.
Um die Lesbarkeit nicht zu beeinträchtigen, wird in der Einzahl auf die Anführung der unterschiedlichen Artikel, Pronomen etc. verzichtet, sie werden nur in der weiblichen Form gebraucht. Um jedoch deutlich zu dokumentieren, dass damit alle Männer mitgemeint sind, wird KindergartenpädagogIn, ErzieherIn ... geschrieben.

Bestelladresse:
Das Buch ist im Buchhandel nicht erhältlich, sondern ausschließlich über den Verlag UNSERE KINDER:
A- 4020 Linz, Kapuzinerstraße 84
Tel.: +43 (0) 732/7610-2091
Fax: +43 (0) 732/7610-2099
E-Mail: unsere.kinder@caritas-linz.at
Internet: www.unserekinder.at

Mit Bescheid des Bundesministeriums für Bildung, Wissenschaft und Kultur, GZ. BMBWK-41.640/0002-V/9/2005, als Lehrbehelf für das Fach Didaktik und Kindergartenpraxis an Bildungsanstalten für Kindergartenpädagogik genehmigt (Anhang zur Schulbuchliste).

Schulbuchnummer: **7.919**

6., aktualisierte und neu bearbeitete Auflage (2005); Nachdruck 2016
Lektorat: Anna Jungreithmayr, Linz
Umschlaggestaltung, Layout, Satz und Repro: Lois Jesner, Linz
Druck: VVA Dornbirn

ISBN 978-3-9500307-1-6

Inhalt

Gesamtredaktion:

Dipl.-Theol. Martin Kranzl-Greinecker, Chefredakteur der Fachzeitschrift „Unsere Kinder“

Autorinnen und Autoren:

Anna-Freud-Kindergarten, Wien – Team: Karin Dürr, Tatjana Ernst, Alexandra Hubl, Petra Leder, Martina Nowak, Doris Weber, Marlene Lustig, Dr. Karl Purzner

Brigitte Appelt, Diplom-Sozialpädagogin in Fischbachau (Bayern)

Pia Arnold-Klapproth, Malpädagogin, Aus- und Fortbildnerin für pädagogisch-soziale Berufe (KindergartenpädagogInnen, LehrerInnen, TherapeutInnen ...), Salzburg

Gabriele Beier, Diplompädagogin, Dozentin an der Evang. Fachschule für Sozialpädagogik Reutlingen, Mössingen-Öschingen (BRD)

Barbara Benoist, Erzieherin, Studium Soziologie und Pädagogik, Umweltbildungsreferentin beim Landesbund für Vogelschutz in Bayern e. V. (LBV), Hilpoltstein (Bayern)

Manfred Berger, Leiter der Forschungsstätte „Ida-Seele-Archiv“ (Dillingen, Bayern)

Erika Burzel, Leiterin des Projekts „Schule der Phantasie“ in Weimar (BRD)

Claudia Deininger, Kindergartenpädagogin in Wien

Nadia Doblhammer, Kindergartenpädagogin in Treffling (OÖ)

Brigitte Eckl, ehem. Leiterin des Kindergartenreferates der Caritas Salzburg

Waldemar Feiner, ehem. Professor für Grundschuldidaktik, Deutsch und Vorschulerziehung an der Pädagogischen Akademie der Diözese Linz

Anna Maria Fenkhuber, Kindergartenleiterin in Arnreit (OÖ)

Mag.[a] Christine Gauster, ehem. Fachberaterin und Beauftragte für Fortbildung im Land Steiermark

Dr.[in] Ingrid Geretschlaeger, Leiterin der Medienpädagogischen Beratungsstelle des Landes NÖ

Mag.[a] Ruth Gschwendtner-Wölfle, freie Kunst- und Kulturschaffende, Lehrtätigkeit an der Kunstschule Liechtenstein, Lehrende an der BAKIP Feldkirch

Elisabeth Haider, Logopädin in Linz

Johanna Hammerle, Kindergartenleiterin in Ruprechtshofen (NÖ)

Dr.[in] Waltraut Hartmann, Gesundheitspsychologin und Klinische Psychologin, wissenschaftliche Leiterin des Charlotte-Bühler-Instituts, Lehrbeauftragte am Institut für Psychologie der Universität Wien

Dr. Christian Hoerburger, Musikdidaktiker, Referent am Staatsinstitut für Schulqualität und Bildungsforschung (ISB), München

Anni Holler, Kindergartenpädagogin, ehem. Leiterin des Kindergartens in Leitring (Steiermark)

Professorin Elfie Kainz-Kazda, pädagogische Mitarbeiterin am Pädagogischen Institut des Bundes in OÖ, Bilderbuchreferentin der Fachzeitschrift „Unsere Kinder“, Graz

Anna Kapfer-Weixlbaumer, dipl. Motologin (MAS), Kindergartenpädagogin, Heil- und Sonderpädagogin, Referentin in der Fort- und Ausbildung, Ottensheim (OÖ)

Mag.[a] Lisa Kneidinger, Psychologin, Supervisorin und Coach, Kindergartenpädagogin, Wien

Elfriede Lechner, Kindergartenpädagogin, bis 2002 Leiterin des Kindergartens in Eschenau (NÖ)

Professorin Sabine Lettner, Sprachheilpädagogin, Lehrtätigkeit an der Übungsvolksschule und Pädagogischen Hochschule des Bundes in Linz, Referentin am Pädagogischen Institut OÖ

Univ.-Prof. DDDr. Wolfgang Mastnak, Musikpädagoge, Psychotherapeut, Mototherapeut, Professor an der Hochschule für Musik und Theater in München und am Shanghai Conservatory of Music

Dr.[in] Christine Mehl, Psychologin, Direktorin der Bildungsanstalt für Kindergartenpädagogik Wien-Hofzeile

Elisabeth Michelic, ehem. Kindergartenreferentin, Linz

Klaus Miedzinski, Dipl.-Sportlehrer, Arbeitsschwerpunkte Spielerziehung, Psychomotorik, Bewegungswerkstatt und -baustelle, wissenschaftlicher Mitarbeiter an den Universitäten Braunschweig, Oldenburg, Lüneburg, Hannover (BRD), Lehraufträge im Ausland (v.a. Südamerika)

Johanna Mierl, Kindergartenpädagogin in Salzburg

Mag.a Michaela Moratelli, Klinische Psychologin und Psychotherapeutin in Wien

Ulrike Müller, Referentin für Tageseinrichtungen und Horte des Landes Salzburg

Professorin Dr.in Charlotte Niederle, Kinderpsychologin, langjährige Vorsitzende des Charlotte-Bühler-Instituts für praxisorientierte Kleinkindforschung in Wien, langjährige Chefredakteurin der Fachzeitschrift „Unsere Kinder"

Univ.-Prof. Dr. Rudolf Nykrin, Musikpädagoge am Orff-Institut der Universität Mozarteum, Salzburg

Helga Penz, Kindergarteninspektorin des Landes Niederösterreich

Evita Pliessnig, Sonderkindergartenpädagogin, BAKIP Klagenfurt

Mag.a Iris Radler, Kindergarten- und Sonderkindergartenpädagogin, Pädagogikstudium (Studienzweig Beratung, Intervention, Supervision), wissenschaftliche Mitarbeiterin im „gendup – Zentrum für Gender Studies und Frauenförderung", Salzburg

Mag.a Dr.in Judith Reimitz, Klinische Psychologin und Klientenzentrierte Psychotherapeutin in Wien, von 1994 bis 2002 Chefredakteurin der Fachzeitschrift „Unsere Kinder"

Maria Reinsperger, ehem. Kindergartenreferentin der Caritas Linz

Sr. Mag.a Margret Heidi Scheurecker, Kunstpädagogin und Werkerzieherin, Lehrerin an der Bildungs anstalt für Kindergartenpädagogik der Kreuzschwestern in Linz

Brigitta Schieder, Logotherapeutin (V. E. Frankl), Seminarleiterin verschiedener Bildungseinrichtungen, Märchenerzählerin, Autorin, Bad Tölz (BRD)

Ferdinand Schimpelsberger, Dipl.-Sportlehrer, Referent am Pädagogischen Institut in Linz und Lehrbeauftragter an der Bundeslehranstalt für Leibeserziehung

Ursula Schöberl, Kindergartenpädagogin am Übungskindergarten, Linz

Elke Schubert, Diplom-Sozialpädagogin, entwickelte mit Rainer Strick das Konzept des spielzeugfreien Kindergartens, Weilheim (BRD)

Elisabeth Soukup, Kindergarteninspektorin des Landes OÖ

Rainer Strick, M.A., entwickelte mit Elke Schubert das Konzept des spielzeugfreien Kindergartens, Weilheim (BRD)

Dr.in Michaela Ulich, wissenschaftliche Referentin am Staatsinstitut für Frühpädagogik in München

Professorin Anneliese Walk, Montessori-Ausbildnerin, unterrichtet an der Pädagogischen Akademie in Salzburg

Christine Wintersteiger, Kindergartenpädagogin in Ried im Innkreis (OÖ)

ao. Univ.-Prof. Dr.in Elisabeth Wurst, Klinische Kinder- und Jugendpsychologin, Psychotherapeutin, Universitätsklinik für Kinder- und Jugendheilkunde, Wien

Dr.in Renate Zimmer, Professorin für Sportpädagogik an der Universität Osnabrück (BRD)

Vorwort

„EntwicklungsRaum Kindergarten“ ist der zweite Band der überarbeiteten und aktualisierten Reihe **„Methoden des Kindergartens“**, die wie bisher vom Verlag der Fachzeitschrift „Unsere Kinder“ herausgegeben wird. Eine Arbeitsgruppe aus Kindergarten-Fachleuten hat sich eingehend mit den bisherigen Büchern beschäftigt und bei der Neukonzeption Ergebnisse einer Befragung von Praxis- und Didaktiklehrkräften aller Bildungsanstalten für Kindergartenpädagogik berücksichtigt. Die Textzusammenstellung folgt dem Prinzip, dass bewährte Fundamente (in aktualisierter Form) beibehalten und durch neue Beiträge (meist bearbeitete Artikel aus der Fachzeitschrift „Unsere Kinder“) ergänzt werden.

Dieses Buch möchte

- Ihnen Informationen zur Verfügung stellen, die wichtige Aspekte der Kleinkindpädagogik und des Kindergartenalltags zum Thema haben.
- Ihnen Material anbieten, aus dem Sie eine Auswahl treffen können, die für Ihre Situation und die Ihrer Kindergartenkinder passt.
- Ihnen Beispiele aus der Arbeit engagierter KindergartenpädagogInnen zeigen, die Sie zu neuen, individuellen Lösungen anregen.
- Sie zu kritischer Auseinandersetzung mit den Texten auffordern.

Dieses Buch **will** Ihnen **nicht**

- vorgefertigte „Rezepte“ anbieten, die es einfach nachzuahmen gilt.
- allgemein und allzeit gültige Belehrungen geben.

Das Bild des Puzzles veranschaulicht gut das Konzept von **„EntwicklungsRaum Kindergarten“**. Was Ihnen im Buch angeboten wird, ist eine Vielzahl einzelner Teile, die Sie zu einem Bild zusammenfügen können, wobei es Ihnen überlassen bleibt, Leerstellen mit Ihren selbst gestalteten Puzzlesteinchen zu füllen.

Wie bei einem Puzzle greifen die Inhalte ineinander, etwa setzt eine überlegte und der Gruppensituation angepasste Planung entsprechende Kinderbeobachtung voraus. Auch die im Kapitel „Fähigkeiten und Fertigkeiten“ getrennt behandelten Bereiche Musik, Bewegung, Sprache ... greifen im konkreten Geschehen ineinander, wobei natürlich situativ unterschiedliche Schwerpunkte gesetzt werden.

Exemplarische Schwerpunktsetzung ist ein weiteres Prinzip dieses Buches. So sind z.B. im Abschnitt Sprache einige Beiträge zum Thema Märchen zusammengefasst, um daran unterschiedliche Aspekte und Herangehensweisen aufzuzeigen. Durch den Transfer auf andere Bereiche können Sie die Anregungen in Ihre Kindergartenwirklichkeit einpassen. Wie bei einem Puzzle gilt es manchmal zu probieren, wo ein bestimmter Teil (ein Vorschlag, ein Modell) seinen richtigen Platz findet.

Das Ineinandergreifen der Puzzleteile kann auch auf die Informationen im Kapitel „Pädagogische Konzepte“ angewandt werden. Die Elemente der hier vorgestellten Modelle der Kleinkindpädagogik ergänzen einander vielfach und ermöglichen, dass Sie ein charakterisches Bild Ihres Kindergartens oder Ihrer Gruppe entwickeln.

Und natürlich symbolisiert das Puzzle auch das Ineinandergreifen von Theorie und Praxis, das diesem Buchkonzept zugrunde liegt. Schließlich geht es um den ganzheitlichen Bildungsauftrag des Kindergartens, der der Entwicklung (geistig, seelisch, körperlich, sozial ...) jedes Kindes gerecht werden will. Kinder auf ihrem Entwicklungsweg zu begleiten möge für alle KindergartenpädagogInnen Herausforderung und Bereicherung zugleich sein.

Didaktische Prinzipien

Im Unterschied zum Konzept der „Kinderbewahranstalten“ im 19. und beginnenden 20. Jahrhundert zählt der Kindergarten heute wie die Schule zu den unverzichtbaren pädagogischen Institutionen. Erziehung und Bildung basieren auf wissenschaftlichen Erkenntnissen, die in unterschiedlichen Ausformungen in der Praxis umgesetzt werden.

Dennoch ist noch immer ein Bildungsbegriff zu finden, der das Lernen an den Schuleintritt bzw. an schulische Leistungsbeurteilung koppelt. Lernen wird in diesem Verständnis vielfach auf die Aneignung vorgegebener Inhalte und das Antrainieren von Fertigkeiten eingeschränkt.

Das Bildungs- und Erziehungskonzept des Kindergartens widmet sich hingegen vorrangig dem Herausbilden der Anlagen der Kinder, der Begleitung auf ihrem Weg zu Selbstständigkeit und Selbsttätigkeit. Dieses Begleiten ist kein rein intuitiver, spielerischer Umgang mit Kindern, sondern reflektierte und situativ adaptierte pädagogische Praxis.

Um auf die vielfältigen Bildungsprozesse, die im Kleinkindalter ablaufen, adäquat reagieren und vorausschauend agieren zu können, sind Kenntnisse der inneren Gliederung von Bildungsprozessen, des Zusammenhangs der Faktoren von Lehren und Lernen notwendig. Was und wie gelernt werden soll, sind Grundpfeiler der Didaktik. Die spezifischen didaktischen Grundlagen für die Kleinkindpädagogik, die Besonderheiten frühkindlicher Lernformen fasst Charlotte Niederle in zwei Beiträgen zusammen. An diesem Raster kann jede Pädagogin, jeder Pädagoge das eigene Tun justieren, Vorgänge für sich klären.

Exemplarisch für die verschiedenen Methoden wird im Anschluss näher auf Exkursionen eingegangen, auf ihren pädagogischen Wert und die Rahmenbedingungen. Ein Bericht über eine Exkursion zeigt ein gelungenes Beispiel.

Charlotte Niederle

Frühkindliche Lernformen

Wir alle sind Lernende – vom Beginn unseres Lebens bis zum Ende, soferne Lernen nicht auf schulischen Wissenserwerb beschränkt verstanden wird. Auch Kindergartenkinder befinden sich in einem permanenten Lernprozess, wenn man Lernen als Verhaltensänderung aufgrund von Erfahrungen definiert. In unterschiedlichen Situationen begegnet das Kind neuen Sachverhalten und neuen sozialen Verhaltensweisen. Diese Erfahrungen, die das Individuum mit seinen Mitmenschen und mit seiner Umwelt macht, bewirken Veränderungen seines Verhaltens: Es kann anders wahrnehmen, denken, urteilen, fühlen und handeln. Man kann auch sagen: Es hat gelernt.

Änderung des Verhaltensrepertoires aufgrund von Erfahrungen

Den Prozess, der eine Änderung des Verhaltensrepertoires aufgrund von Erfahrungen bewirkt, bezeichnet man als Lernen. Je mehr Erfahrungen ein Mensch macht, desto reichhaltiger wird sein Verhaltenspotenzial, je eingeschränkter der Erfahrungshorizont eines Menschen ist, desto weniger Verhaltensvarianten stehen ihm zur Verfügung.

Ziel allen Lernens ist es, immer mehr Selbstbestimmungsfähigkeit in der sozialen Lebenswelt und immer mehr Sachkompetenz zur Weltgestaltung zu gewinnen. Diese Zunahme an Ich-Identität gelingt dann, wenn die Interaktionen des Kindes mit seiner sachlichen und sozialen Umwelt möglichst positiv verlaufen. Lustvolle Lernsituationen ausfindig zu machen oder zu schaffen, in denen das Kleinkind seine bisherigen Lebenserfahrungen einsetzen und durch neue Lernanreize erweitern und verändern kann, ist Aufgabe der Bildungsarbeit im Kindergarten. Jedweder „Unterricht" – im weitesten Sinn verstanden – muss dem jungen Menschen „in seiner gegenwärtigen Lebensphase Verstehens-, Urteils- und Handlungsmöglichkeiten eröffnen und ihm zugleich zu entsprechenden Entwicklungsmöglichkeiten auf seine Zukunft hin verhelfen" (W. Klafki).

Die **Analyse einer Lernsituation** soll diese Zusammenhänge verdeutlichen:

Um Kinder zu neuen Wahrnehmungserlebnissen zu verlocken (thematischer Schwerpunkt: Differenzierung der Wahrnehmung), fotografierte eine Kindergartenpädagogin Details von der dem Kindergarten gegenüberliegenden Pfarrkirche. Anhand der Bildkarten sollten die Kinder diese Details ausfindig machen.

Lerneffekt:
Die Kinder werden die im Rätselspiel gefundenen Details nie mehr übersehen, sie werden ihre Pfarrkirche verändert wahrnehmen. Ihre Wahrnehmung wurde sensibilisiert, ihre Erlebnismöglichkeiten (Freude am Schönen) wurden erweitert. Sie können ihre „Weltsicht" auch anderen weitergeben (das Rätselspiel wurde mit den Eltern wiederholt).

Transfereffekt:
Aus der Lernforschung weiß man, dass durch angemessenes Lernen ein so genannter Übertragungseffekt (Transfer) erreicht wird. Für unser Beispiel heißt das: Die Kinder haben nicht nur im Hinblick auf ein bestimmtes Objekt, sondern generell mehr Sinn für Detailwahrnehmung entwickelt.

Überlegt man weiter, so wird man in Kenntnis der Zusammenhänge sagen können, dass dieser Lerngewinn nicht nur Bedeutung für das gegenwärtige Leben der Kinder hat, sondern auch für ihr zukünftiges Schülerdasein: Die Fähigkeit zur differenzierten Wahrnehmung ist eine wichtige Voraussetzung für das Unterscheiden von Buchstaben beim Lesen- und Schreibenlernen.

Jerome Bruner sagt dazu: „Wenn früheres Lernen späteres Lernen erleichtern soll, dann muss es ein allgemeines Bild ergeben, das die Beziehung zwischen den früher und später begegnenden Dingen deutlich macht." (Bruner 1976, S. 25)

Erfassen von Grundstrukturen

Projekte, bei denen sich die ErzieherIn mit den Kindern ernsthaft in einen Lernprozess einlässt, führen zum Erfassen von Grundstrukturen, auf denen späteres Lernen aufbauen kann.

Wenn ein allgemeiner Zusammenhang zwischen früheren und späteren Lernprozessen besteht, dann ist es nicht unwesentlich zu überlegen, was mit welchem Ziel wann „gelehrt" werden soll. Bruner stellt dazu die kühne These auf, dass „die Grundlagen eines jeden Faches jedem Menschen in jedem Alter in irgendeiner Form beigebracht werden können" (S. 26). Was zunächst wie eine Utopie klingt und in den 1970er Jahren heftige Kontroversen – und, wie ich meine, viele Missverständnisse – auslöste, wurde inzwischen durch die in der Kindergartenpraxis gewonnenen Erkenntnisse eher erhärtet denn widerlegt.

Grundstrukturen werden vor allem dann gelernt, wenn die ErzieherIn einen für das Kleinkind fassbaren Forschungsausschnitt und kindgemäße Lernmethoden wählt und sich im Geschehen weitgehend vom Interesse und der intellektuellen Neugier der Kinder leiten lässt.

Auch wenn es sich um kindgemäße Lerninhalte und Lernmethoden handelt, müssen diese sachrichtig sein, damit ein Lerngewinn erzielt werden kann und das Projekt nicht „auf der Strecke" bleibt. Ob Lernprojekte an der Oberfläche bleiben oder den nötigen Tiefgang bekommen, der zu Grunderfahrungen und Grundeinsichten führt, hängt weitgehend von der Sachkenntnis und vom pädagogischen Gespür der ErzieherIn ab. Ausgehend von bildungswirksamen Situationen muss die ErzieherIn dem Kind Zugänge zu einem bestimmten Bildungsinhalt eröffnen, die erlebnisintensiv sind. Sie muss Wege wählen, bei denen die Sachstruktur des jeweiligen Forschungsgegenstandes erhalten bleibt. Sie muss die Lernschritte so dosieren, dass ihr die Kinder folgen können und ein Spannungszustand erhalten bleibt, der die Kinder dazu verlockt, immer weiter in eine bestimmte Materie einzudringen. Mit sehr viel Geduld muss die ErzieherIn das jeweilige Lerngeschehen entwickeln lassen und den Kindern viel Zeit geben, alles richtig auszukosten, aber auch Umwege zu machen, wenn Kinder Nebenschauplätze ebenso interessant finden wie das Hauptthema.

Das ganzheitliche Lernen ist ein Grundmerkmal frühkindlichen Lernens. Grundstrukturen können bereits vom Kleinkind erfasst werden, wobei nicht nur die kognitive Komponente, sondern auch die emotionale und die ethische Dimension angesprochen werden. Wie sehr solche „bereichsübergreifende Beziehungen" (Klafki) im Erziehungswesen – wie überhaupt in der Gesellschaft – notwendig sind, zeigt sich an den Problemen, die uns beschäftigen, z.B. gewaltfreie Konfliktlösung, Schutz der Umwelt, sparsamer Umgang mit Energie, Erschütterung eines naiven Fortschrittsglaubens.

Diese Probleme sind mit Sachwissen alleine nicht mehr zu lösen, vielmehr sind sie in fachübergreifenden Zusammenhängen und vor dem jeweiligen gesamtgesellschaftlichen Hintergrund zu sehen.

Situative Lernanlässe

Lernanlässe müssen situativ bedingt sein, das heißt die Nähe zum kindlichen Erleben haben.

Aus den Erfahrungen aus der Kindergartenpraxis weiß man, dass Kinder dann am meisten motiviert sind, in ein Lerngeschehen einzusteigen, wenn die Lernsituation unmittelbar mit ihrem Leben zu tun hat. Wenn Kinder in solche Lebenssituationen einbezogen werden, können sie sich lange und intensiv mit einer Sache beschäftigen und auseinander setzen.

Sehr oft wird zwar der Lernanlass ein „echter", das heißt ein Ereignis aus dem wirklichen Leben sein, die Auseinandersetzung wird aber auf die Spielebene ausweichen müssen, weil die Handlungsmöglichkeiten von kleinen Kindern in der Realität in vielen Fällen beschränkt sind. Wenn die Spielsituation aber attraktiv gestaltet wird, das heißt, Spielorte und Spielmaterialien zur Verfügung stehen, die das Nachgestalten der Wirklichkeit erlauben, können die Kinder ihr Wissen verinnerlichen und sich im Spiel die Erwachsenenwelt „verfügbar" machen.

Die umweltoffene Gestaltung der Kindergartenarbeit und das Einbeziehen der Kinder in die Tätigkeiten der Erwachsenen sind ein besonders großer Lernanreiz für Kindergartenkinder, weil solche Aktivitäten ein Gegengewicht zu ihrer Ausgeschlossenheit aus der Erwachsenenwelt darstellen.

Ein **Praxisbeispiel** zur Veranschaulichung:

Der Gruppenraum sollte neue Fenstervorhänge bekommen. Die Kindergartenpädagogin bezog die Kinder in den Entscheidungsprozess mit ein: Die in Frage kommenden Vorhänge wurden im Kindergarten angeschaut, angegriffen, bewundert und ausprobiert.

Außer der Erfahrung des „Gustierens", des Abwägens von Vor- und Nachteilen unter Berücksichtigung von ästhetischen Gesichtspunkten wurde ein Grundmuster für soziales Verhalten erlebt: Im Sinne des Modelllernens haben die Kinder erfahren, dass das Einbezogensein in einen Entscheidungsprozess als gleichwertiger Partner, dessen Meinung etwas gilt, nicht nur ein angenehmes Erlebnis ist, sondern wesentlich zu einer guten und für alle akzeptablen Lösung beiträgt.

Berücksichtigung der Eigenart des Kindes

Alle Bildungsvorgänge im Kleinkindalter müssen die Eigenart des Kindes in dieser Lebensphase berücksichtigen. Das Kleinkind ist nicht weniger Mensch als ein Schulkind, aber es steht in einer anderen spezifischen Ausprägung seines Menschseins. Jede Lebensphase hat ihre Eigenart und ihren Sinn in sich selbst. Es gilt die jeweils spezifischen Eigenarten zu berücksichtigen, aber auch auszuschöpfen, weil die nächste Lebensphase darauf aufbauen soll. Je intensiver die Besonderheit eines Lebensabschnittes entfaltet und erlebt wird, umso besser ist das Lebewesen für den weiteren gerüstet.

Wenn man nun die Eigenart des jungen Kindes hinsichtlich der Lernformen, also die ihm entsprechende Form der Weltaneignung betrachtet, ergibt sich ein gravierender Unterschied zu allen anderen Lebensphasen: Die dem Kleinkind adäquate Weise des Lernens ist in erster Linie das Spiel. Wenngleich das Spiel auch für das Schulkind von großer Bedeutung ist, so dominieren im Schulkindalter doch zunehmend andere Lernformen. Beim Erwachsenen wiederum kommt der Arbeit – zumindest in unserer Gesellschaft – gegenüber anderen Betätigungsweisen der Vorrang zu.

Ein weiterer grundlegender Unterschied bei einer Längsschnittbetrachtung zeigt sich hinsichtlich der kreativen Verhaltensweisen. Sie haben im Kleinkindalter gegenüber allen nachvollziehenden Lernvorgängen absoluten Vorrang. Das Kleinkind ist nahezu ununterbrochen mit dem Erforschen und Entdecken, mit dem Nach- und Neugestalten, mit dem Produzieren und Umsetzen von originellen Einfällen beschäftigt. Beim Schulkind dominieren – zumindest im gegenwärtigen Bildungssystem –

die reproduktiven Lernformen gegenüber den auf selbsttätiges Erforschen und Entdecken ausgerichteten Lernmethoden.

Auch in der Berufs- und Arbeitswelt des Erwachsenen sind viele Arbeitsprozesse so automatisiert und eingeschliffen, dass der individuellen Gestaltung wenig Raum bleibt. Doch zeichnen sich hier gravierende Veränderungen ab: Immer mehr Menschen werden gebraucht, die fähig sind, Neues zu denken, die auf Probleme und Herausforderungen mit innovativen Vorschlägen reagieren, die den Mut zu Veränderungen haben.

Es besteht daher die doppelte Verpflichtung, den kreativen Verhaltensweisen im Kindergarten absoluten Vorrang einzuräumen. „Intuitives Denken, das Verfolgen von Vermutungen, ist ein sehr vernachlässigter, wesentlicher Zug des produktiven Denkens, nicht nur in den formalen akademischen Disziplinen, sondern auch im täglichen Leben. Die scharfsinnige Mutmaßung, die fruchtbare Hypothese, der beherzte Sprung zu einer provisorischen Schlussfolgerung, das sind die wertvollsten Trümpfe des am Werke befindlichen Denkers, mit welcher Arbeit er auch immer beschäftigt sein mag." (Bruner 1980)

Learning by Doing

Die Lernweise des Kleinkindes ist eine höchst aktive. Erfolgreich sind daher alle Lernformen, bei denen das Kind tätig sein kann (Learning by Doing). Wissen (im weitesten Sinn verstanden) wird im Kindergarten nicht „gelehrt" im Sinne von „Belehrung", sondern durch Selbsttätigkeit erworben – durch Spielen, Arbeiten, Forschen, Erfinden, Gestalten. Die Lernweise des Kleinkindes ist eine höchst aktive; reproduzierende Lernmethoden sind späteren Lernstadien vorbehalten. Sie haben im Kindergarten keine Berechtigung, weil sie der Eigenart des Kleinkindes fremd sind.

„Sofern man Bildung als Prozess lebenslanger Auseinandersetzung mit aktuellen Problemen versteht, der auf verantwortliches Handeln bezogen ist, steht das Ziel im Vordergrund, den Heranwachsenden Situationen zur Verfügung zu stellen, in denen sie sich ernsthaft bewähren können." (Klingler 1981)

Resümee

Zieht man ein Resümee aus dem, was aus der wissenschaftlichen Forschung und aus der Praxiserprobung und Beobachtung über das Lernen im Kindergarten bekannt ist, so zeigen sich faszinierende Zusammenhänge mit dem Lernen überhaupt:

- Lernen ist auf allen Stufen des Lebens Verhaltensänderung aufgrund von Erfahrungen.
- Ziel ist das Erlernen von „Grundstrukturen" hinsichtlich kognitiver und sozialer Verhaltensweisen sowie sachrichtiger Vorgangsweisen.
- Diese Lerngewinne haben nicht nur Bedeutung für gegenwärtiges, sondern auch für zukünftiges Lernen. Übertragungsleistungen vergrößern den Lerneffekt (Transfer).
- Die Lust am Lernen ist dann am größten, wenn Lernprojekte situationsorientiert sind, das heißt eine Nähe zum Leben haben.
- Lernprozesse verlaufen vom Anschaulichen zum Abstrakten.
- Kleinkinder lernen durch Selbsttätigkeit, wobei die kreativen Verhaltensweisen und das Lernen im Spiel dominieren.

Literatur

Bruner, Jerome ([5]1980): Der Prozess der Erziehung. Düsseldorf: Schwann-Verlag

Klafki, Wolfgang (1980): Die bildungstheoretische Didaktik. In: Westermanns Pädagogische Beiträge 1, S. 32–37

Klingler, Josef (1981): Weichenstellung in Bildungsprozessen. In: Unsere Kinder 4

Der Beitrag wurde in „Methoden des Kindergartens 2" (1985) publiziert.

Charlotte Niederle

Didaktische Prinzipien der Kindergartenarbeit

Unter didaktischen Prinzipien versteht man Grundsätze, die das Erziehungs- und Bildungsgeschehen auf einem bestimmten pädagogischen Feld (Kindergarten, Schule, Universität, Erwachsenenbildung usw.) kennzeichnen.

Solche Grundsätze sind von bestimmten Erziehungsvorstellungen in der jeweiligen Gesellschaft und vom Selbstverständnis der Bildungsinstitution ebenso abhängig wie von wissenschaftlichen Erkenntnissen und Erfahrungen aus der erzieherischen Praxis. Wenn im Folgenden von didaktischen Prinzipien die Rede ist, dann sind diese als Vereinbarungen aufzufassen, die Veränderungen unterliegen und daher immer wieder der Überprüfung bedürfen.

Unter Berücksichtigung der genannten Bedingungen ergeben sich vier große Einteilungsgesichtspunkte:

- Prinzipien für die Gestaltung der Erziehungs- und Bildungsarbeit in der Institution Kindergarten
- Prinzipien für Art und Verlauf von frühkindlichen Bildungsprozessen
- Prinzipien für die Aktivierung des Kindes
- Prinzipien für die Ausbildung und Anwendung erfolgreicher Lern- und Problemlösungsstrategien

Die vorgeschlagene Gruppierung dient der übersichtlichen Darstellung von Erziehungsgrundsätzen für die Kindergartenarbeit.

Die angeführten Prinzipien beziehen sich – im Sinne der allgemeinen Definition von Didaktik – auf alle „Lehr- und Lernprozesse" im Kindergarten und beschreiben Bedingungen für eine Erziehung, die im Kern einen gemeinsamen Lernprozess von Kind und ErzieherIn meint.

1. Prinzipien für die Gestaltung der Erziehungs- und Bildungsarbeit in der Institution Kindergarten

In dieser Gruppe sind alle Prinzipien zu formulieren, die unverzichtbar zu einer Bildungsinstitution für Kleinkinder gehören und sich – zumindest in ihrer Akzentuierung – von denen anderer Bildungseinrichtungen, etwa der Schule, unterscheiden.

Übersicht über die didaktischen Prinzipien der **Gruppe 1:**

- Orientierung am Kind und seiner Lebenssituation
- Einbeziehung der Eltern in das Bildungsgeschehen
- Lernen in der Kindergruppe
- Förderung der kindlichen Autonomie durch einen partnerschaftlichen Erziehungsstil
- Förderung der Gesamtpersönlichkeit
- Vereinfachung der Lerninhalte unter Beachtung der Sachrichtigkeit
- Spiel als dominante Lernform
- Vorrangigkeit von kreativen Verhaltensweisen

1.1. Orientierung am Kind und seiner Lebenssituation

Eigenbedeutung der Lebensphase Kleinkindalter: Jede Lebensphase hat ihren Sinn in sich selbst; je glücklicher und erfüllter ein Entwicklungsabschnitt verläuft, desto besser ist das Kind für den nächsten gerüstet. Bildungsprozesse sollen dem jungen Menschen „in seiner gegenwärtigen Lebensphase Verstehens-, Urteils- und Handlungsmöglichkeiten eröffnen, ihm aber zugleich zu Entwicklungsmöglichkeiten auf seine Zukunft hin verhelfen" (Klafki 1980).

Beachtung von entwicklungsbedingten Schwerpunkten: Befriedigung des Bewegungsbedürfnisses, Schulung der kindlichen Motorik, Unterstützung des Neugier- und Experimentierverhaltens bei der Erkundung der Umwelt, Vorrangigkeit von kreativen Betätigungen, Ausbildung von Autonomie und sozialer Anpassung, Förderung der Begriffsbildung und Sprachentwicklung, Differenzierung der Wahrnehmung.

Berücksichtigung der **Individuallage des Kindes** und der Faktoren seiner **Lebensumwelt:** Entwicklung des Kindes in den Lebensjahren vor dem Kindergarteneintritt; Fähigkeitsstand, Interessen und Begabungen, Entwicklungsrückstände; Bildbarkeit (Lernfähigkeit); Familienstruktur (intakte Familie, geschiedene Eltern, Anzahl der Geschwister ...); Berufe der Eltern, sozio-ökonomische Situation der Familie; Wohngegend (Stadt – Land), Wohnformen (Hochhäuser, Einfamilienhäuser ...).

1.2. Einbeziehung der Eltern in das Bildungsgeschehen

Bedeutung des **Erziehungszusammenhanges Familie – Kindergarten:** Die Kindergartenzeit fällt in eine Entwicklungsphase, in der das Kind von sich aus bemüht ist, sein Verhältnis zu den Eltern zu verändern und größere Autonomie zu gewinnen. Dieser Vorgang der Distanzierung und Verselbstständigung des Kindes gelingt am besten, wenn sich Familie und Kindergarten bemühen, ihre Erziehungsvorstellungen aufeinander abzustimmen.

Elternnähe des Kindergartens: Information der Eltern über das aktuelle Geschehen im Kindergarten und Begründung der Bildungsarbeit; Weitergabe von Spiel- und Beschäftigungsimpulsen, die im Zusammenhang mit dem Bildungsgeschehen stehen; Interesse am Leben und Beruf der Eltern; aktive Einbeziehung der Eltern als FachexpertInnen, HelferInnen und MitarbeiterInnen.

1.3. Lernen in der Kindergruppe

Erlebnis der eigenen Identität in der Gruppe: Im Unterschied zum schulischen Lernen, bei dem meist die Leistung des Einzelnen im Vordergrund steht, dominiert im Kindergarten das gemeinsame Tun, das Lernen durch Zusammenarbeit. Durch das Zusammenleben in der Gruppe und durch gemeinsame Spielprozesse erwirbt das Kind grundlegende Erfahrungen für den Umgang mit Personen und Sachen und lernt dabei seine eigenen Fähigkeiten kennen und einschätzen.

Einüben in soziale Verhaltensweisen: In der Gruppe kann sich das Kind in unterschiedlichen Positionen erleben. Es kann einmal eine führende Rolle spielen, ein anderes Mal muss es sich unterordnen. Allmählich wird es dadurch fähig, seine Meinungen und Wünsche in der Gruppe durchzusetzen, aber auch die berechtigten Ansprüche anderer zu achten.

1.4. Förderung der kindlichen Autonomie – partnerschaftlicher Erziehungsstil

Das Kind – ein **gleichwertiger, wenn auch andersartiger Partner** des Erwachsenen: Kinder sind noch nicht in dem Sinne den Erwachsenen gleichzusetzen, dass sie des Schutzes, der Fürsorge und der verantwortlichen Vorsorge nicht bedürften, sie sind aber schon vollwertige Menschen, dort, wo sie einen Anspruch auf Ernstgenommenwerden, auf Achtung und Würde haben (Mutschler 1987).

Ablösung des autoritären Erzieherverhaltens durch einen **demokratischen Erziehungsstil:** Der Erziehungsstil, der gegenwärtig als der geeignetste für unsere Gesellschaft angesehen wird, baut auf dem Prinzip der Gegenseitigkeit auf. Die ErzieherInnen gehen auf berechtigte Wünsche und Ansprüche des Kindes ebenso ein, wie sie vom Kind erwarten, dass es sich an vereinbarte Regeln und Abmachungen hält.

Gewährung eines größtmöglichen **Freiraumes gegenüber Ordnungsprinzipien:** Wie Untersuchungen der Erziehungssituation im Kindergarten zeigen, dominiert vielfach eine „Erwachsenenordnung", z.B. hinsichtlich Aufräumen von Spielsachen, Abbruch von Spielprojekten, Lösung von Konflikten (Hebenstreit 1980). Wünschenswert wäre jedoch eine Ausweitung des Freiheitsraumes der Kinder: Mitbestimmung bei der Aufstellung von Ordnungsgesichtspunkten, Respektierung einer „Kinderordnung", Akzeptanz von freieren Formen der Auseinandersetzung der Kinder untereinander u.Ä.

1.5. Förderung der Gesamtpersönlichkeit

Orientierung an einem **ganzheitlichen Bildungskonzept:** Von den Curricula für den Vorschulbereich haben sich vor allem die Rahmenpläne bewährt, die hinsichtlich der Förderung sowohl der affektiven wie auch der kognitiven und kreativen Fähigkeiten ausgewogen sind, die der Selbstbestimmungs- und Solidaritätsfähigkeit sowie der Sachkompetenz des Kindes gleicherweise Aufmerksamkeit schenken.

Ganzheitliches Lernen: Methodisch richtig angelegte Lernprozesse beanspruchen alle Kräfte des Kindes und berühren eine Vielzahl von Bildungsbereichen. Sie eröffnen dem Kind Erlebnis-, Denk- und Handlungsmöglichkeiten, die für seine Lebenssituation bedeutsam sind und auf denen späteres Lernen aufbauen kann. Sie unterstützen das Kind beim Erwerben von Sozial-, Selbst- und Sachkompetenz.

1.6. Vereinfachung der Lerninhalte unter Beachtung der Sachrichtigkeit

Berücksichtigung der **Sachstruktur von thematischen Schwerpunkten:** Bei der Erforschung der Umwelt darf sich das Erkundungsziel auf einfache, für das Kleinkind fassbare Zusammenhänge beschränken. Verniedlichungen, die oft fälschlicherweise als „kindgemäß" angesehen werden, sind unzulässig.

Sachrichtige und zielführende Vorgangsweisen: Viele Praxisbeispiele beweisen, dass bereits das Kind im Vorschulalter fähig ist, sachrichtige Methoden bei der Erforschung der Natur, bei der Lösung von technischen Problemen, bei der Organisation eines Arbeitsvorganges und in anderen Bereichen anzuwenden, wenn es dazu angeleitet wird.

Sachrichtigkeit von Bildungsmitteln: Bei aller zulässigen Vereinfachung von Sachthemen in Bilderbüchern stellt die sachliche Richtigkeit der Darstellung ein wichtiges Beurteilungskriterium dar.

1.7. Spiel als dominante Lernform

Spiel ist die wichtigste Form der **Auseinandersetzung des Kindes mit seiner Umwelt:** In der frühen Kindheit ist das Spiel das wichtigste Betätigungsfeld des Kindes; dort erwirbt es eine Vielzahl von Erfahrungen, die sein Verhaltensrepertoire ständig erweitern. Im Sinne der allgemeinen Definition versteht man unter Lernen eine Verhaltensänderung aufgrund von Erfahrungen oder wie Mussen (1981) definiert: Änderungen des Verhaltenspotenzials aufgrund von Erfahrungen. Man kann daher auch sagen, dass das Kind im Spiel lernt. Spielen und Lernen stehen in keinem Gegensatz zueinander.

Spiel hat eine **hohe Motivationskomponente** und einen **großen Freiheitsraum:** In selbst gewählten Spielprojekten kann das Kind alles erproben, was ihm interessant und wichtig erscheint. Es kann den Spielverlauf, die Spieldauer und das Spielziel selbst bestimmen.

Im Spiel werden **elementare Lernformen** angewendet: Lernen durch Nachahmung (wie beim Rollenspiel), Lernen durch Versuch und Irrtum (wie beim Experimentieren), Lernen durch Einsicht (z.B. beim Konstruktionsspiel).

Spiel schafft einen **hohen Grad der Befriedigung:** Im Spiel kann das Kind mit Freude und ohne Leistungsdruck eigene Pläne verwirklichen, Probleme in Angriff nehmen und erfolgreich lösen, es kann Realität und Fantasie in beliebiger Weise miteinander vermischen oder die Welt „auf den Kopf stellen" und nach ganz fantastischen Vorstellungen gestalten; es kann noch nie Dagewesenes im Spiel erleben.

1.8. Vorrangigkeit von kreativen Verhaltensweisen

Bevorzugung von nicht strukturierten Lernaufgaben: Wenngleich auch im Kindergarten Spiel- und Beschäftigungsaufgaben eine Berechtigung haben, bei denen „eindimensionale" Lösungen (richtig – falsch) gefordert werden, sind doch Aufgabenstellungen zu bevorzugen, die zu kreativen Problemlöse- und Gestaltungsprozessen herausfordern.

Förderung der **Problemsensitivität:** Kinder müssen erleben, dass Fragenstellen und das In-Frage-Stellen erwünschte Verhaltensweisen sind.

Ungestörte Prozesse des Überlegens und Experimentierens: Nach der Ausbildung eines Problembewusstseins beginnt die Phase, in der mögliche Problemlösungen erwogen, ausprobiert und wieder verworfen werden. In der Kreativitätsforschung wird dafür die Bezeichnung „Phase der Inkubation" verwendet. Sie sollte von den ErzieherInnen nicht durch vorschnelles Eingreifen abgekürzt und zerstört werden.

Auskosten erfolgreicher Problemlösungen: Wird der „Problemdruck" durchgehalten, so stellt sich eine Lösung oft plötzlich ein. Der originelle Einfall, die Phase der „Illumination", löst Freude und Befriedigung aus. Diese Freude am Erfinden wach zu halten ist eine der wichtigsten Aufgaben der Erziehung.

Beim gemeinsamen Bauen dieses Turmes gewinnen die Kinder – zusätzlich zum Training der Feinmotorik – fundamentale Einsichten in Prinzipien der Statik, sie erleben sich als Schaffende, Gestaltende. Der Einbezug von Recyclingmaterial hat zudem einen positiven Einfluss auf die Wertschätzung von früher als „wertlos" angesehenen Gegenständen. Dieser „Turm" entstand im Übungskindergarten der BAKIP Graz.

2. Prinzipien für Art und Verlauf von frühkindlichen Bildungsprozessen

Bildungsprozesse im Kleinkindalter müssen sich durch Lebensnähe auszeichnen, wenn sie effektiv sein sollen. Erlebnisse der Kinder und spontane Interessen an einem Sachthema sind für Lernprozesse ebenso zu nützen wie Gegebenheiten der Umwelt. Lebensnahes Lernen motiviert die Kinder, sich mit einem bestimmten Sachverhalt auseinander zu setzen oder ein bestimmtes Arbeitsziel zu erreichen. Oder anders ausgedrückt: Lebensnahes Lernen ist bildungswirksam.

Übersicht über die didaktischen Prinzipien der **Gruppe 2:**

- Lebensnahes, situationsorientiertes Lernen
- Umweltoffene Gestaltung der Bildungsarbeit
- Ergänzung der Lernform Spielen durch Arbeiten und Forschen
- Wechsel von Realitäts- und Spielebene
- Exemplarisches Lernen
- Längerfristige Bildungsprozesse
- Verhaltensänderung durch Sacheinsichten

2.1. Lebensnahes, situationsorientiertes Lernen

2.1.1. Motivation durch Lebensnähe

Bildungsprozesse müssen am Erlebnishintergrund der Kinder anknüpfen und eine Nähe zur Lebenswirklichkeit der Kinder haben. Solche Anknüpfungspunkte ergeben sich, wenn die Kinder unmittelbar von einem Ereignis betroffen sind bzw. ein bestimmter Sachverhalt ihre Neugierde herausfordert. In diesen Fällen sind sie motiviert, einen Lernprozess zu beginnen, sodass daraus ein Bildungsgewinn entstehen kann.

Weil immer nur ein bestimmter Umweltausschnitt in die Bildungs- und Erziehungsarbeit einbezogen werden kann, sollte dieser sorgfältig ausgewählt werden. Dafür einige Kriterien:

Das Kriterium der Nähe: In der Bildungsarbeit sollten diejenigen Umweltgegebenheiten beachtet werden, die für die Kinder eine unmittelbare Erlebnisnähe haben. So ist es z.B. sinnvoller, die Bäckerei um die Ecke zu besuchen, um bei der Arbeit zuzuschauen, als eine Exkursion in eine weit entfernt liegende Molkerei zu unternehmen.

Das Kriterium der Fassbarkeit: Von der Lebenswirklichkeit der Kinder ausgehen heißt, Ausschnitte aus der Umwelt wählen, die für die Kinder gut durchschaubar sind und ihnen Einsichten in Sachzusammenhänge vermitteln können. So ist es wenig sinnvoll, mit den Kindern eine moderne Großdruckerei zu besuchen, weil diese Situation wenig Beobachtungsmöglichkeiten bietet. Sinnvoller ist es, nach der Beschäftigung mit verschiedenen Drucktechniken (Stempeln, Pausen, auf Matrizen zeichnen ...) in einem kleinen Betrieb eine einfache Maschine anzuschauen, bei der der Druckvorgang gut beobachtbar ist.

Das Kriterium der Echtheit: Umweltoffene Gestaltung der Kindergartenarbeit heißt, echte Begegnungsmöglichkeiten mit der Realität zu suchen und zu nützen. Wenn im Garten ein Kastanienbaum beobachtet werden kann, ist es nicht sinnvoll, die jahreszeitlichen Veränderungen an einem Papierbaum zu demonstrieren ...

2.1.2. Ungeplante Situationen und spontane Lernanlässe

Unser aller Leben wird immer wieder von Situationen bestimmt, auf die wir nicht eingestellt sind und auf die wir spontan reagieren müssen. Das Kindergartenkind wird in viel stärkerem Maße vom Augenblick bestimmt, als dies etwa beim Schulkind der Fall ist. Alles erregt seine Neugier und seine Aufmerksamkeit. Diese weite, wache Aufmerksamkeit, die rasch aufnimmt, aber ebenso rasch den Gegenstand der Aufmerksamkeit wechselt, bezeichnet die Entwicklungspsychologie als **fluktuierende Aufmerksamkeit.** Viele Erwachsene beklagen die leichte Ablenkbarkeit des Kindes und bezeichnen es vorschnell als konzentrationsgestört. Es handelt sich jedoch prinzipiell um eine entwicklungsbedingte Eigenart des Kleinkindes.

Diese andere Art, die Welt zu betrachten und zu erkunden, macht auch verständlich, warum Kindergartenkinder oft an scheinbaren Nebensächlichkeiten hängen bleiben und diese zum Mittelpunkt ihres Interesses machen. Manchmal nimmt die Beschäftigung mit einem Thema eine völlig überraschende Wendung, die die ErzieherInnen selbst nie geplant hätten. Solche Interessen können lokal begrenzt bleiben, das heißt, nur für einzelne Kinder wichtig sein, oder eine Kleingruppe längere Zeit hindurch beschäftigen. Jede krampfhafte Anstrengung der KindergartenpädagogIn, ein Nebenthema zu einem Hauptthema für die ganze Gruppe zu machen, ist unnötig und nicht zielführend. Durchaus situationsbezogen reagiert sie jedoch, wenn sie auf Wünsche und Bedürfnisse einzelner oder mehrerer Kinder, die auf eine bestimmte Sache „angesprungen" sind, unterstützend eingeht.

Im Zusammenleben mit Kindern gibt es aber auch Situationen, in denen sich die Kinder gegenseitig in ein unangenehmes Verhalten hineinsteigern. Solche Szenen ergeben sich zum Beispiel, wenn Kinder am Handeln gehindert werden, wenn ihre Aufmerksamkeit überstrapaziert wird, wenn lange Wartezeiten anfallen ... Es liegt dann an der spontanen Reaktion der KindergartenpädagogIn, ob es gelingt, das Interesse der Kinder auf ein neues Ziel „umzulenken". Situationsbezogen ist der kreative Einfall, der den Kindern hilft, aus ihrer überdrehten Stimmung herauszufinden und konstruktiv tätig zu werden.

2.2. Umweltoffene Gestaltung der Bildungsarbeit

2.2.1. Ersetzen verlorener Umwelten

Bedingt durch die Trennung von Wohn- und Arbeitswelt, durch die außerhäusliche Berufstätigkeit beider Eltern und durch die Kompliziertheit unserer Umwelt sind für die Kinder in unserer Gesellschaft die Begegnungsmöglichkeiten mit dem Erwachsenen und seiner Arbeitswelt sehr eingeschränkt. Weil auch die perfekteste Spielwelt diesen Ausfall an realer Umwelterfahrung nicht kompensieren kann, ist eine umweltoffene Bildungsarbeit eine pädagogische Notwendigkeit.

2.2.2. Kontakte zum Erwachsenen und seiner Arbeitswelt

Das Kleinkind drängt von sich aus, mit dem Erwachsenen in Kontakt zu kommen und an seiner Welt Anteil zu nehmen. Es möchte dem Erwachsenen bei der Arbeit zuschauen, ihn bewundern und nachahmen; es möchte ihm bei der Arbeit helfen und von ihm als MitarbeiterIn akzeptiert und ernst genommen werden. Diese Beachtung und Anerkennung durch den Erwachsenen ist für die Ausbildung der Ich-Identität des Kindes unerlässlich.

2.3. Arbeiten und Forschen

2.3.1. Überschaubare Arbeitsvorgänge

Neben der Beobachtung von realen Umweltsituationen und ihrer Internalisierung im Spiel kommt dem Erlebnis der eigenen Tüchtigkeit bei der Durchführung von „echten" Arbeitsvorgängen entscheidende Bedeutung zu, z.B. Zubereiten einer einfachen Speise, Waschen und Bügeln von Puppenwäsche. Es gilt, überschaubare Handlungsmöglichkeiten („Erwachsenenarbeiten") ausfindig zu machen, die die Kinder selbstständig auf sich gestellt oder im Team bewältigen können. Sie lernen dabei, wie sie eine Arbeit planen, organisieren und in sinnvoller Reihenfolge durchführen können. Diese Erfahrungen stärken das Vertrauen in die eigene Leistungsfähigkeit und die Kinder erwerben sich neben praktischen Fertigkeiten auch Durchhaltevermögen.

2.3.2. Kindgemäße Forschungsprojekte

Mit der gleichen Ernsthaftigkeit können Kleinkinder auch Forschungstätigkeiten ausführen, wenn sie dazu angeleitet werden. So können sie beispielsweise bei der Erkundung eines bestimmten Naturvorganges Methoden der „Feldforschung" und der experimentellen Beobachtung anwenden, also mit Methoden umgehen, wie sie für die Erforschung der Natur allgemein gültig sind.

2.4. Wechsel von Realitäts- und Spielebene

2.4.1. Wechsel der Handlungsebenen

Überall dort, wo sich dem Kind reale Handlungsmöglichkeiten (Arbeiten und Forschen) bieten, werden sie von ihm ergriffen. Sind seiner Betätigung aber Grenzen gesetzt, weicht es auf die Spielebene aus. Es kommt zu einer lebendigen Wechselwirkung zwischen Realitätserlebnissen und Spielhandlungen, wodurch sich ein äußerst günstiges Lernklima ergibt.

2.4.2. Anhebung des Spielniveaus

Befürchtungen, wonach durch die Begegnung mit der realen Umwelt die Spielfähigkeit der Kinder eingeschränkt wird, erweisen sich als unbegründet. Im Gegenteil: Kinder mit wenig realer Umwelterfahrung neigen eher zu stereotypen Spielhandlungen, wogegen Kinder, die über detaillierte Umwelterlebnisse verfügen, ihre Spiele einfallsreich gestalten.

Sie beginnen Geräte, die sie für ihr Spiel brauchen, nachzubauen und Arbeitshandlungen nachzuahmen; sie verinnerlichen (internalisieren) durch solche Rollenspiele ihr Wissen von der Umwelt. ErzieherInnen, die diese Spielhandlungen unterstützen, begünstigen die Auseinandersetzung des Kindes mit seiner Umwelt, also Bildungsprozesse. Solche unterstützende Maßnahmen sind:

- Bereitstellung von Materialien, die den Nachbau eines Gerätes begünstigen (z.B. „Briomec" und Schnüre für die Konstruktion eines „Presslufthammers");

Bei der gemeinsamen Obsternte erleben die Kinder, dass sie einen wichtigen „Arbeits"-Beitrag leisten können, damit z.B. Jausenäpfel zur Verfügung stehen oder ein Apfelstrudel gebacken werden kann. Das Zutrauen in ihre Selbstständigkeit beim Bewältigen dieses komplexen Arbeitsvorganges, der auch hohe Anforderungen z.B. an den Gleichgewichtssinn stellt, stärkt zudem ihr Selbstbewusstsein.

Können Kinder beobachten, wie aus dem gesammelten Obst Saft (Most) gepresst wird, ist das für viele eine neue Erfahrung.
Da sie die einzelnen Arbeitsschritte mitverfolgen können, werden ihnen Zusammenhänge transparent (sammeln, sortieren ... pressen, abfüllen ...).
Auch der Kontakt zur Arbeitswelt einer Bäuerin, eines Bauern ist für viele Kinder eine wertvolle Bereicherung und ermöglicht über die Obsternte hinaus Einblicke in landwirtschaftliche Tätigkeiten.

- Bereitstellung von funktionierenden Arbeitsgeräten (z.B. Heftmaschine, Lochmaschine, Büroklammern ... für ein Rollenspiel „Büro“);
- Bereitstellung von Utensilien, die für eine bestimmte Berufsgruppe typisch sind (z.B. Kamm, Frisierumhang, Lockenwickler ... für ein Rollenspiel „FriseurIn“).

2.5. Exemplarisches Lernen

Für Kleinkinder genügt es, wenn sie den Prozess des Erforschens und Entdeckens von Zusammenhängen in einigen wenigen Situationen durchführen und erproben können. Es ist unnötig und nicht sinnvoll, etwa aus Gründen einer falsch verstandenen Systematik möglichst viel Wissensstoff an die Kinder heranzutragen. Bedeutsam ist nicht das Kennenlernen möglichst vieler Sachinhalte, sondern die gründliche Einsichtnahme in einen bestimmten Sachverhalt (vgl. Roth 1965). Die Ausweitung solcher Erkenntnisse in Richtung Systematik ist späteren Lernstufen vorbehalten.

2.6. Längerfristige Bildungsprozesse

2.6.1. Thematische Schwerpunkte

Viele Themen verlangen aufgrund ihrer Sachstruktur eine längere, intensive Beschäftigung, wenn daraus ein Bildungsgewinn entstehen soll. Es ist sinnvoller, anstelle vieler Themen („Wochenthemen“), die nur oberflächlich behandelt werden können, thematische Schwerpunkte zu setzen, die für längere Zeit das Bildungsgeschehen bestimmen. Lernprozesse können sich unter diesen Bedingungen mit Ruhe und Gründlichkeit entwickeln.

Besonders fruchtbar wird der Prozess der Auseinandersetzung mit einem Sachthema, wenn sich die ErzieherInnen mit den Kindern in einen Experimentier- und Forschungsprozess einlassen. Wenn die KindergartenpädagogIn nicht von vornherein ExpertIn ist, schafft dies ein günstiges Lernklima, weil der Problemlösungsprozess in allen Phasen ablaufen kann und die Gefahr der „Verkürzung“ durch vorschnelle Informationen und Hilfen durch die PädagogIn nicht gegeben ist. In einem gemeinsamen Lernprozess muss sie sich selbst erst die nötigen Sachkenntnisse aneignen, bleibt so länger flexibel, auf Anregungen und Wünsche der Kinder einzugehen, erwirbt sich aber gleichzeitig einen Informationsvorsprung, der es ihr ermöglicht, den Kindern bei der Überwindung von Schwierigkeiten zu helfen, ohne dass die Kinder ihre Autonomie und Zuständigkeit für die Problemlösung verlieren.

In partnerschaftlicher Zusammenarbeit erreichte Ergebnisse werden von den Kindern wie von Erwachsenen als befriedigend und bereichernd erlebt.

2.6.2. Aufbaureihe

Damit Kinder auf bestimmten Sachgebieten erfolgreich sein können, ist es notwendig, den jeweiligen Lernvorgang in aufbauenden, aufeinander bezogenen Lernschritten zu vollziehen. Dies ist bei Lernangeboten erforderlich, die einer strengen Sachlogik unterliegen (z.B. Bewegungserziehung, musikalische Bildung, Techniken für das bildnerische Gestalten, Werken).

2.7. Verhaltensänderung durch Sacheinsichten

Selbsterfahrung anstelle von „Belehrung“: Jede ernsthafte Auseinandersetzung mit einem Sachthema hat Auswirkungen auf das Verhalten. Die Befürchtung der einseitigen Förderung ist unbegründet, wenn sich die ErzieherInnen mit den Kindern in einen Lernprozess einlassen und dieser mit einer der Sachstruktur entsprechenden Gründlichkeit ablaufen kann. Neben dem unmittelbaren Erwerb von Sachwissen haben solche Lernerfahrungen Auswirkungen auf die intellektuelle Wachheit, befähigen zur Hingabe an ein Werk und setzen Wertmaßstäbe im Verhalten.

3. Prinzipien für die Aktivierung des Kindes

Das selbstständige Explorieren der Umwelt gehört zu den am längsten praktizierten Prinzipien der Kindergartenarbeit. Eine anregungsreiche Umwelt (Raumteilverfahren) und die Möglichkeit der freien Beschäftigungswahl schaffen eine Atmosphäre, in der Kinder zur Selbsttätigkeit (Learning by Doing) angeregt werden. Darüber hinaus wird bei allen Unternehmungen im Kindergarten dem eigenen Tun gegenüber der Belehrung der Vorzug gegeben. Die Kinder können dadurch erleben, welche Freude und Befriedigung Aktivsein mit sich bringt; sie können mit Neugierde und Risikobereitschaft an die Erforschung ihrer Umwelt herangehen.

Übersicht über die didaktischen Prinzipien der **Gruppe 3:**

- Gestaltung einer anregenden Umwelt
- Freie Wahl von Lernprojekten
- Betätigung in unterschiedlichen Sozialformen
- Lernen im entspannten Feld
- Berücksichtigung von individuellen Interessen und Begabungen
- Stützung von kinddominierten Spielprojekten
- Wechselwirkung von Selbsttätigkeit und Gewährung von Lernhilfen

3.1. Gestaltung einer anregenden Umwelt

Vorbereitete Umgebung – Einrichtung von fixen und flexiblen Raumteilen: Durch die traditionelle Strukturierung des Gruppenraumes nach unterschiedlichen Spiel- und Beschäftigungsbereichen werden die Kinder zur Selbsttätigkeit angeregt. Durch die Einrichtung von mobilen Raumteilen können aktuelle Spielbedürfnisse der Kinder abgedeckt werden (offene, ausgegliederte Spielbereiche).

Vielseitiges Materialangebot: Durch den Wechsel von Spielmaterialien in den einzelnen Bereichen werden immer wieder neue Spielprojekte initiiert. Schöne Spieldinge, ausgewählte Materialien und funktionierende Werkzeuge sind Grundlage dafür, dass Kinder gerne damit umgehen. Der freie Zugang zu diesen Dingen, das geordnete Angebot und sinnvolle Regeln für die Benützung unterstützen die Selbsttätigkeit und Eigenverantwortung des Kindes.

Situationsbedingte Veränderungen des Spielangebotes: In zunehmendem Maße ist zu beobachten, dass Kinder im Elternhaus mit Spielzeug übersättigt sind. Traditionelle Spielangebote im Kindergarten üben daher wenig Reiz auf die Kinder aus. Unruhe und Desinteresse sind die Folge eines nicht den Bedürfnissen entsprechenden Angebotes. Vielleicht liegt hier die Wurzel dafür, dass sich immer mehr Kinder in einer Gruppe unkonzentriert und aggressiv verhalten. Waren es früher die attraktiven Fertigwaren, die die Spielfertigkeit der Kinder förderten, sind es für die an Spielkonsum gewöhnten Kinder vielleicht eher ungestaltete Materialien, mit denen sie experimentieren und gestalten möchten.

Möglicherweise behindert aber nicht nur die Art des Materials, sondern auch die Fülle von Reizen, die in manchen Gruppen anzutreffen ist, eine konzentrierte Betätigung der Kinder: Viel zu viele Mobiles hängen von der Decke, die Fenster und Türen sind bunt bemalt, die Wände mit Zeichnungen verklebt, alle Kästchen sind offen und jederzeit frei zugänglich ... Früher einmal waren dies Anreize zum Tätigsein. Für unsere reizüberfluteten Kinder wäre eine „neue Askese“ angebracht, damit sie sich für eine Beschäftigung entscheiden können.

3.2. Freie Wahl von Lernprojekten

Offene Lernsituationen: ErzieherInnen und Kinder haben hohe Autonomie hinsichtlich Ziel und Inhalt ihrer Aktivitäten. Die Auswahl ist weitgehend situationsabhängig. Ergeben sich bei einem Spiel-, Arbeits- oder Forschungsprozess unvorhergesehene Verzweigungen eines Themas, so kann diesen nachgegangen werden, weil die Dauer eines Lernprozesses nur vom anhaltenden Interesse der Kinder und nicht von einem unbedingt einzuhaltenden Zeitplan bestimmt wird.

3.3. Betätigung in unterschiedlichen Sozialformen

Wechselseitige Anregung durch gemeinsames Tun: Bestimmte Spiel- und Arbeitsziele können sinnvollerweise nur durch Zusammenarbeit mit einer Partnerin, einem Partner oder in einer kleinen Gruppe verwirklicht werden. Die einzelnen Kinder erhalten dabei Rückmeldungen über ihre eigenen Fähigkeiten und über das Können der anderen. Sie erleben, was durch Zusammenarbeit und gegenseitige Hilfe möglich ist.

Freie Wahl von SpielpartnerInnen: Je nach Art der Betätigung können sich die Kinder ihre SpielpartnerInnen wählen. Neben der gegenseitigen Sympathie werden dabei auch „Fachkompetenzen“ einzelner Kinder beachtet und anerkannt. Das gibt allen Kindern die Chance, auf einem bestimmten Gebiet erfolgreich und als SpielpartnerIn begehrt zu sein.

Ausgewogenheit zwischen **Einzelleistung und Zusammenarbeit:** Obwohl die sozialen Lernformen im Kindergarten überwiegen, gibt es auch Betätigungen, die besser allein bewältigt werden. Es sind auch Aufgabenstellungen legitim, bei denen die/der Einzelne und ihre/seine Leistung im Mittelpunkt stehen. Ebenso ist das Verhalten von Kindern zu akzeptieren, die über das Zuschauen motiviert werden, selbst aktiv zu sein oder sich an einer Aktivität zu beteiligen.

3.4. Lernen im entspannten Feld

Frei sein von Zeit- und Leistungsdruck: Eine dynamische Zeitgestaltung im Tagesablauf und die Möglichkeit, Spielprojekte zu unterbrechen oder über einen längeren Zeitraum beizubehalten, schaffen ein entspanntes Lernklima. Das Anspruchsniveau an die eigene Leistung wird weitgehend von den Kindern selbst bestimmt. Erfolge, wie sie vom Kind im Spiel erlebt werden, bedürfen keiner Leistungsbeurteilung. Eine solchermaßen gelöste Atmosphäre begünstigt Innovationen. Es verwundert daher nicht, dass im Kindergarten erstaunliche kreative Leistungen von Kindern vollbracht werden, sei es beim bildnerischen Gestalten oder in Form von originellen Einfällen bei Problemlösungen.

3.5. Berücksichtigung von individuellen Interessen und Bedürfnissen

Entwicklung von **Spezialinteressen:** Nicht alle Kinder einer Gruppe werden von einem Sachthema, von einem Spielprojekt oder von einem Arbeitsvorhaben in der gleichen Weise angesprochen. Je nach persönlicher Neigung und Begabung entwickeln manche Kinder Spezialinteressen, die sie zu besonderen Leistungen auf einem bestimmten Gebiet befähigen. Voraussetzung dafür ist, dass die ErzieherInnen die individuellen Bedürfnisse einzelner Kinder beachten, ihre Fähigkeiten durch entsprechende Zusatzangebote fördern und ihnen die Freiheit gewähren, ihren Neigungen nachzugehen.

Bereicherung des Lerngeschehens in der Gruppe: Wie die Erfahrungen zeigen, führt die Individualisierung der Bildungsarbeit nicht zu einer Spaltung der Gruppe, sondern bewirkt das Gegenteil: Die Leistungen einzelner Kinder bereichern das Spiel- und Lerngeschehen der ganzen Gruppe. Auch leistungsschwache Kinder profitieren von der „Vermittlerrolle“ der begabten Kinder, weil diese ihre Lernhilfe oft viel verständlicher als die ErzieherInnen anbieten können.

Begabungsförderung: Wenn der Begriff in der Vorschulerziehung bisher vor allem als kompensatorische Förderung von Kindern mit Entwicklungsrückständen verstanden wurde, sollte er ausgeweitet werden und auch die Förderung von Kindern mit besonderen Talenten einschließen. In den Lebensgeschichten von bedeutenden Persönlichkeiten finden sich immer wieder Hinweise, dass der Grundstein für ihre außergewöhnlichen Leistungen bereits im Kleinkindalter gelegt wurde, weil ein verständnisvoller Erwachsener die Begabung des Kindes erkannte und förderte.

3.6. Stützung von kinddominierten Spielprojekten

Vorrangigkeit der Kinderpläne gegenüber Erzieherplan: Planung und Spontaneität stehen im Erziehungsprozess in einem Spannungsverhältnis zueinander. ErzieherInnen, die von der Lebenssituation der Kinder ausgehen, werden oft notwendigerweise ihre geplanten Aktivitäten zurückstellen und sich an den aktuellen Wünschen, Bedürfnissen und Interessen der Kinder orientieren. Flexible Reaktionen der ErzieherInnen zugunsten von Kinderideen führen oft auf Sachgebiete, deren Erforschung für alle Beteiligten neu und spannend ist. Solche Herausforderungen setzen Lernkapazitäten frei, die zu erstaunlichen und befriedigenden Ergebnissen führen.

Möglichkeit zur **Erhaltung von Spielszenen:** Der Aufbau von Spielszenen beansprucht meist viel Zeit und dauert oft mehrere Tage. Die Kinder müssen ihre Spielhandlungen unterbrechen, drängen aber darauf, diese wieder aufzunehmen und zu Ende zu führen. Es ist daher wichtig, dass sie die Möglichkeit haben, ihre Spielszenen stehen zu lassen. Nur unter solchen Bedingungen beginnen Kinder intensive und umfangreiche Spielvorhaben. Wenn aus „Ordnungsgründen" immer wieder aufgeräumt werden muss, werden sie enttäuscht und lassen sich gar nicht mehr auf ein anspruchsvolles Spielgeschehen ein.

Vereinbarungen von Regeln: Innerhalb einer Gruppe müssen Regeln vereinbart werden, die den geordneten Ablauf von Aktivitäten garantieren. Sie werden dann akzeptiert, wenn sie sachlich begründet sind, das heißt, bei einer Tätigkeit nicht behindern, sondern vor „Störungen" schützen.

3.7. Wechselwirkung von Selbsttätigkeit und Gewährung von Lernhilfen

Prozess der Vermittlung: Bei aller Betonung der Selbsttätigkeit des Kindes kommt den Lernanregungen der ErzieherInnen große Bedeutung zu. Sie zeigen den Kindern interessante Betätigungsfelder und bereiten diese entsprechend auf, sie setzen Impulse und stecken den Kindern immer wieder neue Lernziele, die ihre Eigenaktivität herausfordern.

Überwindung von Lernhindernissen: Neben der Anregungsfunktion kommt den ErzieherInnen eine helfende Funktion zu. Lernhilfen sind nicht als vorschnelle Information zu verstehen, die den eigenständigen Schaffensprozess des Kindes „abkürzen" sollen. Sie müssen vielmehr bei Schwierigkeiten einsetzen, deren Überwindung das Kind alleine nicht schaffen würde. Die Hilfe ist so zu dosieren, dass die Autonomie des Kindes und seine Zuständigkeit für die Problemlösung erhalten bleiben.

Frei gewählte Lernprojekte können in ganz unterschiedlicher Weise geschehen, wenn das entsprechende Material und das notwendige Umfeld zur Verfügung stehen:

... die gemeinsame Konstruktion eines Tunnel- und Brückensystems im Sand ...

... ein spezielles „Medienprojekt", bei dem selbst ein Fernsehschirm hergestellt wird, der dann auch „bespielt" wird ...

... das Vertiefen in ein (Sach-)Buch ...

4. Prinzipien für die Ausbildung und Anwendung erfolgreicher Lern- und Problemlösungsstrategien

Die Kenntnis erfolgreicher Vorgangsweisen beim Lernen und Problemlösen ist für den heutigen Menschen wichtiger als das Einprägen von Wissensinhalten, die sich aufgrund der rasch fortschreitenden Wissenschaften ohnehin ständig verändern. Grundlegende Erfahrungen, wie man lernt, forscht und arbeitet und das Erlernte erfolgreich anwendet, können bereits im Kindergarten gemacht werden. Für das junge Kind, dessen Selbstwertgefühl im Aufbau begriffen ist, sollten diese Lernerfahrungen vorwiegend positiv sein. Ein Kind, das Aufgaben aufgrund richtiger „Strategien" erfolgreich bewältigt, gewinnt Vertrauen in die eigene Leistungsfähigkeit, es bekommt Mut, neue und schwierigere Probleme in Angriff zu nehmen.

Übersicht über die didaktischen Prinzipien der **Gruppe 4:**

- Prinzip der Passung
- Aufbau von Lernvorgängen vom Anschaulichen zum Abstrakten, vom Einfachen zum Komplexen
- Vermittlung von sachrichtigen und zielführenden Vorgangsweisen (Know-how)
- Möglichkeiten zur Selbstkontrolle und Selbstkorrektur
- Prinzip der sachbezogenen Verstärkung
- Sichern des Lernerfolges durch Wiederholung und Anwendung des Erlernten
- Übertragung (Transfer) positiver Lernerfahrungen und erfolgreicher Lernstrategien

4.1. Prinzip der Passung

Individuelle Aufgabenstellungen: Damit ein Kind Erfahrungen über seine Leistungsfähigkeit gewinnen kann, muss es vor Aufgaben gestellt werden, die weder eine Über- noch eine Unterforderung seiner Fähigkeiten darstellen. Die Anforderungen müssen auf den individuellen Stand seines Leistungsvermögens abgestimmt sein, sie müssen „passen". Den höchsten Aufforderungscharakter haben diejenigen Aufgaben, die vom Kind unter Aufbietung all seiner Kräfte gerade noch gelöst werden können. Sie vermitteln ihm das größte Erfolgserlebnis, weil die Lösung einer solchen Aufgabe maximal von der eigenen Tüchtigkeit abhängt.

Bedeutung der inneren Motivation: Die Anstrengungsbereitschaft eines Kindes ist dann am größten, wenn es von sich aus motiviert ist, ein bestimmtes Ziel zu erreichen. Diese „innengelenkte" Motivation ist die bedeutendste Antriebskraft für das Lernen. Ihr sollte in der Kleinkinderziehung größte Beachtung geschenkt werden, weil sich eine wirklich dauerhafte Lernbereitschaft nur entwickeln kann, wenn das Kind in erster Linie aus Freude an der Sache und nicht so sehr um einer äußeren Belohnung („außengelenkte" Motivation) willen lernt.

4.2. Aufbau von Lernvorgängen vom Anschaulichen zum Abstrakten, vom Einfachen zum Komplexen

Einsatz von Spiel- und Arbeitsmitteln unter **Beachtung des Schwierigkeitsgrades:** Unterschiedlich schwierige Bildungsangebote machen es dem einzelnen Kind möglich, an seinen Fähigkeitsstand „anzukoppeln", das heißt in einen Bildungsprozess seinem Niveau entsprechend einzusteigen und durch die unterschiedlichen Herausforderungen Fortschritte zu machen. In Kenntnis der Schwierigkeitsgrade können die ErzieherInnen „Übungspyramiden" aufstellen, die vom Anschaulichen zum Abstrakten, vom Einfachen zum Komplexen reichen. Sie können dadurch flexibel reagieren und bei einem Kind „zurückstecken" bzw. bei einem anderen „die Latte höher legen". Wichtig ist, dass die ErzieherInnen wissen, dass die Ebene der Abstraktion für das Kleinkind nur erreichbar und sinnvoll ist, wenn es sich die „Basis" anschaulich und handelnd erhalten kann.

Aufbaureihe für das Erlernen von Fertigkeiten: Für die Ausbildung von bestimmten Fähigkeiten und Fertigkeiten ist ein aufbauendes Vorgehen hinsichtlich Schwierigkeit und Komplexität unerlässlich (z.B. in der Bewegungs- und Musikerziehung, in Bereichen des bildnerischen Gestaltens). Dafür müssen die ErzieherInnen über das entsprechende Fachwissen verfügen, dieses aber so anwenden, dass alle Übungsvorgänge für die Kinder lustbetont bleiben und das individuelle Lerntempo des einzelnen Kindes respektiert wird. Die Anwendung des Erlernten muss für die Kinder erfreulich sein und ihre Handlungskompetenz erweitern.

4.3. Vermittlung von sachrichtigen und zielführenden Vorgangsweisen

Know-how wichtiger als Wissensinhalte: Für den heutigen Menschen ist es wichtiger Methoden zu kennen, wie man zu Informationen kommt, wie man forscht, wie man Probleme löst, wie man durch Vorausdenken (Antizipation) positive Entwicklungen fördert bzw. negative verhindert u.Ä., als möglichst viele Wissensinhalte zu speichern. Einfache, aber grundlegende Lern-, Forschungs- und Arbeitsmethoden können bereits im Kindergarten in Situationen, die für das Kleinkind bedeutsam sind, erprobt und angewendet werden.

Beispiele für **kindgemäße Lernstrategien:**

- Beobachten von Umweltvorgängen (Lernen durch Anschauung)
- Nachspielen von Situationen und Handlungen (Lernen durch Nachahmung)
- Festhalten von Beobachtungen in Zeichnungen (Dokumentation)
- Experimentieren (Lernen durch Versuch und Irrtum)
- Ableiten von Erkenntnissen (Lernen durch eine Einsicht)
- Aufstellen von Hypothesen (produktives Denken)
- Ausschöpfen von Informationsquellen (FachexpertInnen, Bücher ...)

Beispiele für **kindgemäße Lernstrategien:**

Experimentieren (Lernen durch Versuch und Irrtum)

Festhalten von Beobachtungen in Zeichnungen (Dokumentation)

Beobachten von Umweltvorgängen (Lernen durch Anschauung)

- Rückgriff auf einfache Arbeitsverfahren (Anachronismen), um komplexe Zusammenhänge zu durchschauen
- Üben von Fertigkeiten (Wiederholungslernen)
- Anwendung von Erlerntem in unterschiedlichen Situationen (Transfer)

4.4. Möglichkeiten zur Selbstkontrolle und Selbstkorrektur

Überprüfung und Verbesserung von Problem- und Aufgabenlösungen: Bei kreativen Problemlösungen ergibt sich das Feedback (Rückmeldung) meist aus der Funktionstüchtigkeit oder Schönheit eines Produktes oder aus der Brauchbarkeit einer Idee. Verbesserungen und Fehlerkorrekturen werden vielfach schon während des Spiel- oder Gestaltungsprozesses vorgenommen, weil sie zum Wesen solcher Prozesse gehören. Aber auch bei genormten Aufgabenstellungen ist solchen der Vorzug zu geben, die mehrere Problemlösungen zulassen bzw. deren Lösung vom Kind korrigiert werden kann, wenn es sie als falsch erkennt. Unkorrigierbare falsche Lösungen müssen von anderen, meist von den ErzieherInnen, als unrichtig diagnostiziert werden. Auch wenn es sich dabei oft nur um eine „liebevolle" Feststellung handelt, wird diese als Wertung empfunden und als Misserfolg erlebt. Es entsteht ein unerwünschter Leistungsdruck, der im Vorschulalter kreativitätshemmend wirkt.

4.5. Prinzip der sachbezogenen Verstärkung

Ermutigung durch Erfolg: Nichts beflügelt den eigenen Unternehmungsgeist mehr als Erfolg. Wer eine Aufgabe erfolgreich bewältigt, gewinnt Vertrauen in die eigene Leistungsfähigkeit, bekommt Mut, Neues und Schwierigeres in Angriff zu nehmen. Selbstwertgefühl und Erfolgszuversicht steigen. Wer häufig Misserfolge hat, wird ängstlich, traut sich nichts zu, verliert bei den ersten Schwierigkeiten, die sich bei einer Aufgabe in den Weg stellen, den Mut, weicht neuen Anforderungen aus, traut sich selbst nichts mehr zu. Das junge Kind, dessen Selbstwertgefühl erst im Aufbau begriffen ist, ist besonders empfindlich. Es braucht daher viele Erfolgserlebnisse. Wer viel Erfolg hat, kann auch einen Misserfolg leichter überwinden, weil seine Welt nicht sofort „zusammenbricht".

Zurücknahme der Wertung durch die ErzieherInnen: Ergebnisse, die sichtbarer Ausdruck der eigenen Tüchtigkeit sind, genügen meist auch als Verstärker. Das Kind weiß aufgrund seiner Leistung selbst, dass es „gut" ist. Diese innere Gewissheit macht die Wertung durch die ErzieherInnen weitgehend überflüssig, es sei denn, sie wird vom Kind ausdrücklich gewünscht. Auch dann ist es sinnvoll, das Werk sprechen zu lassen und sich mit echter Anteilnahme für den Herstellungsprozess zu interessieren, als mit einer lobenden Leerformel wie „Das hast du schön gemacht" zu reagieren. Kinder bedürfen selbstverständlich in vielen Situationen auch der personbezogenen Anerkennung, es sollte daraus aber keine automatische Lobspendung bzw. eine „Verwöhnung" mit Lob werden. Dies ist vor allem für spätere Lebensphasen sehr wichtig: Menschen, die immer nach Lob heischen, werden als unangenehm erlebt. In vielen Fällen des Lebens werden wir für unsere Leistungen nicht extra gelobt. Wir müssen unsere Ermutigungen aus dem subjektiven Wissen beziehen, dass wir eine Sache gut gemacht haben bzw. etwas Bestimmtes zu leisten imstande sind.

4.6. Sichern des Lernerfolges durch Wiederholung und Anwendung des Erlernten

Variation der Aufgabenstellung: Damit Kinder eine gewisse „Perfektion" hinsichtlich verschiedener Fertigkeiten erreichen, sind Wiederholungen nötig. Die Lust am Üben bleibt erhalten, wenn abwechslungsreiche Übungsmöglichkeiten angeboten werden.

Vielseitige Anwendung: Erlerntes wird umso wertvoller, je öfter es gebraucht wird. Auch das Kind soll die „Früchte" seiner Anstrengung möglichst oft erleben, indem es ein einmal erworbenes Können in vielen Situationen wieder verwerten kann.

4.7. Übertragung (Transfer) positiver Lernerfahrungen und erfolgreicher Lernstrategien

Übertragungsfähige Momente von Lerninhalten: Kinder, die aus einem exemplarischen Lernprozess bestimmte Sacheinsichten ableiten können, entdecken selbst übertragungsfähige Momente (das ist so wie ...), wenn die neue Lernsituation Ähnlichkeiten und Berührungspunkte mit dem Ursprungsprojekt hat. Manche Erkenntnisse lassen sich auch verallgemeinern (generalisieren), wenn die ErzieherInnen eine solche Übertragung gezielt herausfordern.

Übertragung von erfolgreichen Methoden: Positiv erlebte Verhaltens- und Vorgangsweisen sind auch bei der Bewältigung neuer Aufgaben brauchbar. So können Methoden der Naturbeobachtung auch auf die Beobachtung eines Arbeitsvorganges (z.B. Hausbau) angewendet werden. Erlernte Fähigkeiten und Fertigkeiten können auf einem höheren Anspruchsniveau oder in komplexen Situationen eingesetzt und neu kombiniert werden. Solche Erlebnisse der Brauchbarkeit von Erlerntem unterstützen die Bereitschaft, Neues aufzunehmen.

Literatur

Hebenstreit, Sigurd (1980): Einführung in die Kindergartenpädagogik. Stuttgart: Klett

Klafki, Wolfgang (1980): Die bildungstheoretische Didaktik. In: Westermanns Pädagogische Beiträge 1, S. 32–37

Mussen, Paul H./Conger, Johne J./Kagan, Jerome/Huston, Althea C. (1999): Lehrbuch der Kinderpsychologie, 2 Bde. Stuttgart: Klett-Cotta

Mutschler, Dieter (1987): Vom Wandel der Kindheit. In: Unsere Kinder 2

Roth, Heinrich ([12]1970): Die „Originale Begegnung" als methodisches Prinzip. In: Roth, Heinrich: Pädagogische Psychologie des Lehrens und Lernens. Hannover: Schroedel

Der Beitrag wurde erstmals in „Unsere Kinder" 3/1987 publiziert; Überarbeitung 2005.

Elisabeth Michelic

Exkursionen mit Vorschulkindern

Exkursionen mit Vorschulkindern gehören heute zum festen Bestandteil der pädagogischen Arbeit im Kindergarten. Die gemeinsame Planung und Durchführung eines solchen Unternehmens stellt eine Form **situativen Lebenlernens** dar. Umwelterkundungen, für die die Kinder motiviert sind, vermitteln Erlebnisse und Einsichten, die Grundlage und Anregung für das Spiel, für bestimmte Tätigkeiten und für gezielte Angebote seitens der KindergartenpädagogIn sein können. Exkursionen sind daher nicht nur eine willkommene Unterbrechung des Kindergartenalltags, sondern stellen ein wichtiges Bildungsangebot für das Kindergartenkind dar.

1. Pädagogischer Wert

- Die Kinder lernen ihre Umwelt durch eine reale Begegnung kennen;
- sie gewinnen neue Einsichten in Natur-, Arbeits- und Produktionsvorgänge;
- sie erweitern ihr Sachwissen und lernen neue Begriffe;
- sie lernen unterschiedliche Situationen einzelner Berufssparten kennen (Vorteile – Nachteile);
- sie erkennen die Notwendigkeit der Zusammenarbeit verschiedener Berufsgruppen (Bäuerin/Bauer – MüllerIn – BäckerIn);
- sie erleben, auf welche Weise die Technik dem Menschen Arbeitsvorgänge erleichtert;
- sie erleben die Arbeitswelt, in der ihre Väter und Mütter tätig sind;
- sie erfahren, welche Bedeutung öffentliche Einrichtungen haben und wie sie funktionieren;
- sie erfassen, was es bedeutet, für bestimmte Bereiche verantwortlich zu sein (BuschauffeurIn, Ärztin/Arzt);
- sie werden sensibel für positive und negative Veränderungen in ihrer Umwelt (ein Haus wird restauriert, ein Baum stirbt ab);
- sie werden zum Fragen, Nachdenken, Nachahmen und Handeln aktiviert;
- sie erhalten neue Impulse und Ideen für das kreative Spiel (Rollenspiel, Bauen, Konstruieren, Malen ...);
- sie gewinnen anschauliche Grundlagen, die sie dazu befähigen, auch abstrakte Lerninhalte aufzunehmen (bedeutsame Schulvorbereitung).

2. Erlebnisgrundlagen schaffen – eine kompensatorische Aufgabe

Besondere Bedeutung haben Exkursionen für diejenigen Kinder, die einen Großteil des Tages im Kindergarten verbringen. Die Eltern dieser Kinder haben meist nur am Wochenende oder im Urlaub Gelegenheit, die Kinder mit realen Situationen zu konfrontieren. Kleinkinder können aber viel besser und differenzierter „einkaufen spielen", „Post spielen" und vieles andere mehr, wenn sie diese Situationen in der Realität erlebt haben. Die Ideenarmut mancher Kinder beim Spiel dürfte zum Teil darauf zurückzuführen sein, dass sie viele Informationen nur via Fernsehen und durch Bilderbücher erhalten und ihnen dadurch die emotionale Erlebnisgrundlage und auch die Möglichkeit fehlt, Informationen mit allen Sinnen aufzunehmen. Durch das Schaffen von Realkontakten mit der Umwelt kann hier der Kindergarten die Familienerziehung ergänzen und kompensatorisch wirken.

3. Welche Einrichtungen kommen für den Besuch in Frage?

Es werden nachstehend Beispiele angeführt, die sich in der Praxis hinsichtlich Sachstruktur und frühkindlicher Lernformen als besonders geeignet erwiesen haben.

Schneiderei; Sägewerk – Tischlerei; Bauernhof – Müller; Bäckerei – Zuckerbäckerei; Ärztin/Arzt – Zahnärztin/-arzt – Apotheke – Drogerie – Kräuterhandlung; kleine Druckerei; kleines Lebensmittelgeschäft – Selbstbedienungsladen; Stoffgeschäft; Papierhandlung; Blumengeschäft; Friseur ...

4. Vorarbeiten der KindergartenpädagogIn

Die KindergartenpädagogIn wird anlässlich ihrer Jahresplanung die Umgebung des Kindergartens „durchforschen", um festzustellen, welche Einrichtungen für einen Besuch mit Kindern in Frage kommen. Sie wird auch die

Berufe der Väter und Mütter der Kindergartenkinder beachten und überlegen, ob nicht durch Kontaktnahme mit den Eltern eine für die Kinder interessante Exkursion möglich wäre. Die Auswahl, welche Einrichtung die KindergartenpädagogIn tatsächlich mit den Kindern besucht, kann vom spontanen Interesse der Kinder abhängen, z.B. kann ein Bilderbuch, eine Fernsehsendung die Kinder sehr stark zum Weiterfragen, Weiterforschen motivieren. Die KindergartenpädagogIn wird aber auch Ausgänge einplanen, die den Kindern auf bestimmten Gebieten notwendige Sachinformationen vermitteln können.

Voraussetzung für eine Exkursion ist die gute Erreichbarkeit der Einrichtung, eine gewisse Durchschaubarkeit der Vorgänge und die gefahrlose Besichtigung. Vor allem aber sollen Menschen dort tätig sein, die mit dem Besuch der Kinder nicht nur Freude haben, sondern es auch verstehen, auf die Fragen der Kinder einzugehen, ihre Neugierde zu wecken und ihnen kindgemäße, aber sachlich richtige Informationen zu geben.

In jedem Fall muss die KindergartenpädagogIn vor dem geplanten Ausgang die Einrichtung besuchen und innerhalb der angebotenen Möglichkeiten dieser Einrichtung das für die Kinder Interessanteste und Aufschlussreichste auswählen. Zum Beispiel hätte es keinen Sinn, mit den Kindern einen botanischen Garten einfach zu durchwandern. Dies wäre für die Kinder ermüdend und langweilig. Aber im Gewächshaus nachzusehen, wie groß die Bananen geworden sind oder wie der „Kakao" wächst, interessiert die Kinder sehr.

5. Einbeziehung der Eltern

Die KindergartenpädagogIn wird nach Möglichkeit auch die Eltern in ihr Vorhaben miteinbeziehen.

- Alle Eltern werden durch die Anschlagtafel, durch einen Elternbrief, anlässlich einer Elternbesprechung o.Ä. von dem Vorhaben in Kenntnis gesetzt und über den pädagogischen Wert von Exkursionen informiert.
- Einige Eltern sollen zur aktiven Mitarbeit gewonnen werden. Dadurch stehen zusätzliche Begleitpersonen und „AssistentInnen" zur Verfügung. Die Eltern können aber auch am „Modell" erleben, wie sie selbst beim Einkaufen, bei einem Besuch auf einem Bauernhof, im Sommerurlaub ... ihren Kindern die Umwelt erschließen können.

6. Aktivierung der Kinder

Kinder sind dann am meisten motiviert an einer Exkursion teilzunehmen, wenn dafür ein echter Anlass gegeben ist. Zum Beispiel: Die Kinder haben durch die Entdeckung von Tierspuren im Schnee viele Fragen über das Leben der Waldtiere. Der Jäger lädt sie zu einer Wildfütterung ein und beantwortet an Ort und Stelle ihre Fragen. Die Kinder wollen im Garten einen Hügel haben; sie tragen ihren Wunsch der/dem BürgermeisterIn im Rahmen der Sprechstunde auf dem Gemeindeamt vor.

Da Exkursionen vor allem ein Bildungsangebot für die älteren Kindergartenkinder sind, wird die KindergartenpädagogIn durch gemeinsame Planungsgespräche und verschiedene Aktivitäten die Kinder in die Vorbereitung einbeziehen: Information durch Sachbücher; Sammeln von Bildern aus Zeitschriften und Katalogen; Vorbereiten eines kleinen Geschenkes zum Mitbringen; vereinbaren, was erfragt, mitgenommen oder eingekauft werden soll. Zum Beispiel: Beim Tischler erkundigen wir uns, welcher Klebstoff zum Kleben von Holzabfällen am besten geeignet ist; in den Tiergarten nehmen wir einen Kassettenrekorder zum Aufnehmen von Tierstimmen mit; auf dem Markt kaufen wir Zutaten für eine Gemüsesuppe ein.

7. Auswertung und Vertiefung der Erlebnisse und der Erfahrungen

War die Exkursion für die Kinder interessant, werden die nachfolgenden Tage noch erfüllt sein vom „Ausreden" und „Ausspielen" der Erlebnisse. Die KindergartenpädagogIn wird diese Gestimmtheit der Kinder zur Auswertung und Vertiefung der Erfahrungen und der gesammelten Informationen nützen. Je nach der Art und dem Ziel der Exkursion wird sie den Kindern durch Anregungen und Materialien helfen, die Eindrücke zu verarbeiten. Zum Beispiel: Wir hören uns die Tierstimmen an, die wir im Zoo aufgenommen haben; wir versuchen uns die Tiere vorzustellen, die wir gesehen haben; wir versuchen sie zu malen; wir schauen in einschlägigen Sachbüchern nach, um mehr über die Lebensart bestimmter Tiere zu erfahren.

War das Ziel der Exkursion das Postamt, die Rot-Kreuz-Stelle, die Bäckerei ..., dann wird die KindergartenpädagogIn einschlägiges Rollenspielmaterial zur Verfügung stellen. Im Rollenspiel lässt sich vieles wiederholen, was die Kinder erfahren haben, sie können Fragen stellen und Dinge klären, die sie nicht oder falsch verstanden haben. Wurde von einem Ausgang etwas mitgebracht, dann werden sich daraus verschiedene Aktivitäten ergeben. Zum Beispiel: Wir haben von der Töpferei Ton mitgenommen, den wir zu einem Puppengeschirr verarbeiten wollen; da beim Ausgang fotografiert wurde, gestalten wir eine Anschlagtafel, damit auch die Eltern sehen, was die Gruppe erlebt und gelernt hat.

Dies sind nur einige Beispiele dafür, wie vielfältig die Verflechtungen der Exkursionserlebnisse mit dem übrigen Bildungsgeschehen im Kindergarten sein können.

Der Beitrag wurde erstmals in „Unsere Kinder" 1/1990 publiziert; Überarbeitung 2005

Waldemar Feiner

Exkursion in eine Bäckerei

Exkursionen sind eine wichtige Möglichkeit, mit der Berufswelt der Erwachsenen in Kontakt zu kommen. Dennoch garantiert der Besuch von öffentlichen Einrichtungen oder Produktionsstätten – auch bei guter Vor- und Nachbereitung – nicht immer den gewünschten Bildungseffekt. Das folgende Beispiel zeigt, wie eine Exkursion erfolgreich ablaufen kann.

Besuch in der Bäckerei

Julias Eltern besitzen eine Bäckerei. Sie laden die Gruppe zu einem Besuch ein. Die Erzieherin besichtigt einige Zeit vorher die Backstube und bespricht die genauen Details. Sie möchte vor allem verhindern, dass alle Teigrührund Formmaschinen gezeigt und erklärt werden. Vielmehr handelt sie aus, dass die Kinder selbst Gebäck formen dürfen.

In der Gruppe werden vorher die verschiedenen Brotsorten besprochen und auf einem Plakat festgehalten. (Julias Eltern lieferten dazu bereits die Unterlagen.) Gleichzeitig erhalten die Kinder den Auftrag, daheim beim Backen verschiedener Mehlspeisen zuzuschauen und mitzuhelfen (falls sie dürfen). Dass am Tag der Exkursion die Hände sauber und die Fingernägel geputzt sind, versteht sich von selbst. Der Besuch kann beginnen. Die Gruppe kommt pünktlich zum vereinbarten Zeitpunkt, da zwischen neun und zehn Uhr die Produktion etwas ruhiger verläuft. Der Bäckermeister rührt für die Kinder in einer kleinen Knetmaschine Teig. Der Vergleich zwischen dem Handmixer daheim und der Maschine hier verblüfft sie ebenso wie die große Menge der Zutaten. Auf einem Stapelwagen können sie an der Fülle der aufgelegten Teigkugeln erkennen, dass der Bäcker nicht nur für sich oder seine Familie Brot bäckt.

Nun dürfen sie zuschauen, wie Gesellen und Lehrlinge aus diesen Teigkugeln mit der Hand Semmeln schlagen. Es selbst zu probieren wird umgehend erlaubt. Auf drei Arbeitstische aufgeteilt, können sie nach Herzenslust Gebäckstücke formen. Dabei wird ihrem Einfallsreichtum keine Grenze gesetzt – gleichzeitig wird ihnen aber auch geholfen, wenn dies zum Beispiel beim Flechten eines Mohnweckerls gewünscht wird. Schließlich wird alles auf die Bleche gelegt, mit Namenszetteln versehen und in den Backofen geschoben. Die Hitze macht durstig. Getränke werden daher von den Kindern dankbar angenommen. Schließlich wird der Backofen geöffnet. Jedes Kind darf seine duftenden und warmen Gebäckstücke in Empfang nehmen.

Auswertung der Exkursion

Folgende didaktische Prinzipien für frühkindliches Lernen werden erfüllt:

- Das Angebot von Eltern, ihren Betrieb zu besuchen, ist ein echter situativer Ansatz.
- Durch die gezielte Vorbereitung der Exkursion werden den Kindern Handlungsmöglichkeiten eingeräumt.
- Die Ganzheitlichkeit des Erlebens ist während der gesamten Exkursion gegeben: Hitze, Kontakt zu Beschäftigten, Erfahren von Hilfestellung, Duft ...
- Das Prinzip der Anschaulichkeit wird in einem hohen Ausmaß erfüllt. Der Herstellungsvorgang ist einsichtig und nachvollziehbar.

Zusätzlich zu den Sach- und Lernkriterien sind natürlich auch Erfahrungshintergründe (Bedingungsfelder) mitentscheidend, welche Umweltausschnitte jeweils gewählt werden sollen, damit sie zu einem für die Kinder bedeutsamen Lerngewinn führen. Im konkreten Fall wird für Landkinder die Entscheidung mitunter anders ausfallen als für Stadtkinder. Wichtig ist, dass die Kinder nicht zu bloßen Statisten degradiert werden, sondern wie im Beispiel des Besuchs in der Bäckerei neben den für das Kind gut durchschaubaren Sacheinsichten auch Erlebnisqualitäten und Handlungsmöglichkeiten gegeben sind.

Der Beitrag wurde erstmals in „Unsere Kinder" 1/1990 publiziert; Überarbeitung 2005

Zum Vertiefen, Wiederholen und Weiterdenken ...

1 Wie definieren Sie „Lernen" – allgemein und im Besonderen im Hinblick auf Kinder im Kindergartenalter?

2 Zeigen Sie an zwei Beispielen (aus Ihrer Erfahrung), welche positiven Erfahrungen Kinder durch situative Lernanlässe im Kindergarten sammeln.

3 Welchen Stellenwert misst Charlotte Niederle in ihrem Beitrag „Didaktische Prinzipien" dem Lernen in der Kindergruppe bei?

4 Die Begriffe „lebensnah", „Passung" und „Verstärkung" kommen in der Auseinandersetzung mit den didaktischen Prinzipien vor. Setzen Sie sich mit den Wortbedeutungen kritisch auseinander.

5 Können individuelle Bedürfnisse des Kindes und gesteuerte Lernprozesse im Kindergarten zugleich berücksichtigt werden oder schließt sich das aus? Was halten Sie für wichtiger? Begründen Sie Ihre Meinung.

6 Rufen Sie sich vier konkrete Beispiele aus dem Kindergartenalltag in Erinnerung, anhand derer Sie unterschiedliche didaktische Prinzipien gut aufzeigen können.

7 Die Bildungsaufgabe des Kindergartens wird in der öffentlichen Diskussion immer stärker hervorgestrichen. Manche fordern, dass bereits in Kindergärten Lehrpläne, die denen der Schule vergleichbar sind, umgesetzt werden. Was ist Ihre Meinung? Wie sollen die KindergartenpädagogInnen ihrem Bildungsauftrag nachkommen?

8 Erstellen Sie zu einem der drei angeführten Themen eine aktuelle Literaturliste (Beiträge in Zeitschriften nicht vergessen!) und geben Sie die derzeitige Forschungsmeinung wieder. Stützen Sie sich dabei auf mindestens vier Publikationen.

- Förderung der Gesamtpersönlichkeit
- Exemplarisches Lernen
- Selbsttätigkeit

9 Erstellen Sie eine Liste von Exkursionszielen, die Sie gerne mit Kindergartenkindern besuchen möchten. Überlegen Sie dabei konkrete Möglichkeiten, die Erlebnisqualität für die Kinder ...

10 Wählen Sie ein Exkursionsziel, bei dem Sie die Gegebenheiten gut kennen, und erstellen Sie eine detaillierte Planung. Welche Ziele verfolgen Sie mit der Exkursion, welche Punkte sind Ihnen im Ablauf sehr wichtig? Wie kann der Weg zum Exkursionsziel bewältigt werden? Welche Kosten entstehen, welcher Zeitbedarf ist zu veranschlagen? Was ist mit welchen Personen zu klären? ...

Beobachtung, Planung und Reflexion

„Wir müssen wissen, was Beobachtung wert ist. Wer beobachten lernen will, muss die Bereitschaft haben, Phänomene, die unauffällig sind, zu beachten", schrieb Maria Montessori. Und sie setzte fort, dass Beobachtung der erste Schritt sei, der zur Wissenschaft führt. Beobachtung ist also mehr als Zusehen oder Hinschauen und vor allem: Beobachten will gelernt sein.

Im pädagogisch relevanten Wortsinn meint Beobachtung die differenzierte Wahrnehmung eines Kindes, seiner Gefühle und Fähigkeiten, seines Sozialverhaltens und seiner Entwicklung. Im Wort Beobachtung steckt das Wort „Be-Achtung", nicht vorrangig „Be-Gutachtung". Es geht nicht zuerst darum, Kinder an ihren Stärken und Schwächen zu messen oder sie gar in Schubladen zu verfrachten. Um sie in ihrer Einzigartigkeit wahr und in den Blick zu nehmen, muss dieser Blick frei sein von eigenen (vorgefassten) Meinungen, den Beobachtenden müssen die Fallstricke menschlicher Wahrnehmung bewusst sein.

Christine Mehl beleuchtet die Grundlagen des Beobachtens, bietet Fachwissen und Information zum benötigten Instrumentarium. Diese Erläuterung stellt sie in das konkrete Arbeitsumfeld von KindergartenpädagogInnen.

Im zweiten Beitrag dieses Kapitels fokussiert Judith Reimitz das Spiel und zeigt auf, inwiefern aus dem Spielverhalten des jeweiligen Kindes wichtige Rückschlüsse gezogen werden können.

Einen dritten Aspekt der Kinderbeobachtung greift der Beitrag aus dem Wiener „Anna-Freud-Kindergarten" auf: Die Beobachtungen münden in Soziogramme, die die gruppendynamischen Prozesse wiedergeben, wobei ein maßgeblicher Aspekt dieses Beispiels die Einbeziehung der Kinder ist. Aufgezeigt wird die konkrete Einbindung von Beobachtung in den Kindergartenalltag, in die Lebenswelt von Kindern, Eltern und KindergartenpädagogInnen. Dieses Arbeitskonzept soll nicht als „Rezept" verstanden werden, sondern als wertvolle Diskussionsgrundlage, um zu überprüfen, wie die Zusammenhänge zwischen Beobachtung und Dynamik im eigenen Umfeld berücksichtigt werden.

Wer sich in diesen Themenkomplex verstärkt einlesen möchte, findet in den Literaturangaben auf Seite 37 empfehlenswerte Fachbücher.

Die Schlüsse aus der Beobachtung sind eine maßgebliche Voraussetzung für die Planung der Bildungs- und Erziehungsarbeit im Kindergarten und Hort. Detailliert geht Lisa Kneidinger auf Planungsschritte und zeitliche Planungsebenen ein, wobei sie betont, dass Planung und Evaluierung Teamprozesse sind, die die Gegebenheiten im jeweiligen Kindergarten berücksichtigen müssen.

Christine Mehl

Beobachten unter der Lupe

1. Beobachten – Untersuchung eines Alltagsbegriffes

Versuchen wir zunächst einmal, dem Wort auf die Spur zu kommen: Einschlägige Fachlexika geben uns Hinweise: „Obacht geben", „achten", „mit Achtung umgehen". Vorsicht und Behutsamkeit sind also angesagt, wenn es um das Beobachten geht. „Obacht geben" signalisiert Vorsicht, aber auch Wachsamkeit. „Achten" hat etwas mit Aufmerksamkeit und Wertschätzung zu tun. Wir nähern uns also einem Begriff, den wir im Alltag immer wieder verwenden. „Ich habe beobachtet, dass ..." bedeutet, dass etwas in besonderer Weise in unser Blickfeld gerückt ist.

Erkundigt man sich bei Leuten, die tagtäglich beobachten, erhält man sehr unterschiedliche Antworten, je nachdem, in welchem Berufsfeld Menschen arbeiten und mit Beobachtung umgehen. Ein Techniker sagt: „Beobachten hat etwas zu tun mit Lernen, Erkennen, Aufnehmen und Entdecken. Beim Beobachten bin ich offen, aufnehmend, eher aktiv. Ich beobachte nur das, was mich interessiert, ich möchte wissen, wie die Welt funktioniert, sie differenzierter verstehen." Eine Studentin sagt: „Beim Beobachten versuche ich Informationen zu bekommen, mit allen Sinnen zu erfassen ... Man beobachtet ja ständig ... Das Beobachten ist ein Teil der Kommunikation. Ich schau vor allem auf die Körpersprache." Eine Psychologin sagt: „Beobachten ist selektives Wahrnehmen mit dem Ziel, eine Diagnose zu stellen." Ein Wissenschafter (Graumann) formuliert: „Wissenschaftliche Beobachtung ist die absichtlich aufmerksam-selektive Art des Wahrnehmens, die ganz bestimmte Aspekte auf Kosten anderer beachtet. Gegenüber dem üblichen Wahrnehmen ist das beobachtende Verhalten planvoller, selektiver, von einer Suchhaltung bestimmt und von vornherein auf die Möglichkeit der Auswertung des Beobachteten gerichtet."

Im alltäglichen Verhalten gehen Wahrnehmen und Beobachten oft unmerklich ineinander über. Gemeinsam ist allen Aussagen, dass es sich beim Beobachten um einen sehr gezielten Wahrnehmungsprozess handelt, der eine bestimmte Einstellung erfordert.

Wir alle kennen diese „Haltung des Beobachters": Wir konzentrieren unsere Aufmerksamkeit auf ein Objekt, ein Geschehen, an dem wir – selbst bei größtmöglicher Distanz – in irgendeiner Form beteiligt sind und das meist Gefühle in uns auslöst.

Beobachten ist also absichtsvolles, aufmerksames Wahrnehmen. Was aber ist „Wahrnehmen"?

2. Wahrnehmung – was ist wahr?

Sicher kennen Sie Bilder, auf denen man entweder eine junge oder alte Frau etc. erkennen kann. Wir alle haben gelernt, mit solchen Kippbildern umzugehen, und schaffen es meistens, zwei „Versionen" zu sehen. Das erste Mal jedoch ist dieses Erlebnis einer optischen Täuschung fast ein Schock: Kann uns die Wahrnehmung täuschen? Wieso nehme ich etwas anderes wahr als die Person neben mir? Und dann die bange Frage: Ist auf unsere Sinne überhaupt Verlass, wie sicher können wir sein, dass wir das Richtige wahrnehmen? Und wenn uns unsere Sinne täuschen, wir vielleicht „verzerrt" wahrnehmen oder uns vielleicht „verhören", wie ist es dann möglich, die Wirklichkeit überhaupt zu erkennen?

Wenn es schon einigermaßen schwierig ist, unsere Umwelt/die Wirklichkeit halbwegs verlässlich zu erfassen, wie verhält es sich dann, wenn wir Menschen, die uns begegnen, denen wir zuhören, deren Körpersprache wir erleben, sensibel wahrnehmen wollen? Das wäre ja besonders wichtig für diejenigen unter uns, die professionell ihre Beobachtungsfähigkeit sensibilisieren wollen und als ErzieherInnen/LehrerInnen/TherapeutInnen/

SupervisorInnen ... lernen sollen, andere Menschen verständnisvoll, einfühlsam und differenziert wahrzunehmen.

Jeder Versuch, andere besser wahrzunehmen, muss zunächst damit beginnen, sich selbst gut wahrnehmen zu können. Wir blicken also in den Spiegel: Zeigt er uns unser „wahres Gesicht", kann er uns das Wesentliche über uns vermitteln? Oder ist es nicht vielmehr so, dass wir es mit vielen Bildern von uns zu tun haben, die alle vielleicht ein wenig über uns aussagen, die aber nicht ganz deckungsgleich sind, manchmal sogar beachtlich weit voneinander liegen? Gerade da macht es jedoch Sinn, sich mit diesen Bildern zu beschäftigen.

Da ist zunächst das **Selbstbild:** das, was wir an uns bemerken, zu dem wir stehen können. Es enthält unsere Stärken und Ressourcen, aber auch manche Schwächen, die eben auch zu uns gehören. Dann gibt es mehrere **Fremdbilder:** Bilder, wie wir von anderen gesehen werden – von unseren Eltern, einem Lehrer, unserem Lebenspartner, unseren Kindern ... Schließlich ist da vielleicht ein **Wunschbild,** wie wir uns gerne sähen, ein Bild davon, wohin wir uns gerne entwickeln würden ... Gelegentlich gibt es auch noch ein Bild, das wir von uns zeigen, das vielleicht nicht ganz dem Selbstbild entspricht und auch von der Situation abhängig ist, in der wir uns gerade befinden ... Wie wir wirklich sind **(Realbild)** können wir natürlich nie selbst wissen, dies könnte nur jemand auf einer Metaebene erfassen.

Wenn wir uns mit all diesen Bildern beschäftigen und unser Selbstbild liebevoll betrachten können, dann erst macht es Sinn, sich mit den Bildern anderer zu beschäftigen. Nur wer sich selbst gut orten kann, kann das Wagnis beginnen, andere gut in den Blick zu bekommen. So steht diese Beschäftigung mit dem Selbstbild am Beginn jedes Beobachtungstrainings.

Aus der Wahrnehmungspsychologie wissen wir, dass wir mit unseren Beobachtungen niemals die Wirklichkeit oder gar die ganze Wahrheit über einen Menschen (siehe Realbild) „erfahren" können. Wenn wir gelernt haben sensibel zu beobachten, können wir jedoch ein Bild in uns entstehen lassen, das unseren Möglichkeiten der Wahrnehmung entspricht. Dieses Bild kann uns vielleicht dabei helfen, ein Kind/einen Jugendlichen/einen erwachsenen Menschen besser verstehen und begleiten zu können.

Tatsache ist jedoch, dass wir unsere Umwelt nicht so wahrnehmen, wie sie ist, sondern so wahrnehmen, wie wir sie wahrzunehmen gewohnt sind bzw. wie es uns leicht fällt, sie wahrzunehmen und zu verarbeiten.

Wie wir gesehen haben, ist Personenwahrnehmung von mehreren Faktoren wesentlich geprägt: von meinem Selbstbild (wie sehe ich mich, was traue ich mir zu, wo sind meine Ressourcen), von den Fremdbildern (wie sehen mich die anderen), von meiner Vermutung, wie mich andere sehen von meinem Wunschbild (so, wie ich sein möchte) bzw. von dem Bild, das ich von mir herzeige. Personenwahrnehmung ist ein Teil der sozialen Wahrnehmung, bei der in besonderer Weise Erwartungen eine wichtige Rolle spielen. Solche Erwartungen können zu Wahrnehmungs- und Beurteilungsfehlern führen.

3. Fehlerquellen und mögliche Fallstricke beim Beobachten

Die Wahrnehmung von Gegenständen ist sehr fehleranfällig. In noch viel größerem Ausmaß gilt das für die Wahrnehmung der sozialen Umgebung, d.h. von Personen und zwischenmenschlichen Beziehungen.

Probleme ergeben sich aus der Vielfalt der Informationen, die auf BeobachterInnen einstürmen, und aus der Subjektivität, die Blickrichtung und Auswahl der Wahrnehmung bestimmt. Das Bild, das man sich von einer anderen Person macht, setzt sich zusammen aus:

- Wahrnehmungen von konkreten Verhaltensweisen, selbst gemachten Beobachtungen, selbst gehörten Aussagen etc.
- Vermutungen über dahinter liegende Fähigkeiten, Eigenschaften, Einstellungen und Motive sowie über nicht beobachtete, aber „dazupassende" Verhaltensweisen und Eigenschaften.
- Verallgemeinerungen: Man nimmt an, dass das beobachtete Verhalten immer wieder auftritt und die Person immer ungefähr so ist wie jetzt.
- emotionalen Bewertungen: Man findet die Person und ihr Verhalten sympathisch bzw. unsympathisch.
- blinden Flecken: Manche Verhaltensweisen, die nicht „ins Bild" passen, werden ausgeblendet oder fallen einem überhaupt nicht auf.

In der sozialpsychologischen Literatur werden „Wahrnehmungsfehler" beschrieben, vor denen niemand ganz gefeit ist. Es macht Sinn, sich mit diesen Wahrnehmungsfehlern zu beschäftigen, um eigene Wahrnehmungstendenzen kritisch reflektieren zu können:

- Primacy- und Recency-Effekt
- Halo-Effekt
- Kontrastfehler
- Self-fulfilling Prophecy (Rosenthal-Effekt)
- Kategorisierungstendenz
- Projektionsfehler

3.1. Primacy- und Recencyeffekt

„Erster Eindruck – letzter Eindruck." Lernen wir jemanden neu kennen, so strömen viele Eindrücke auf uns ein. Wir nehmen wahr, wie er sich bewegt, erleben Mimik und Gestik, Stimme und Sprechweise, Körperhaltung ...

Auf der Grundlage von wenigen Kriterien entsteht der erste Eindruck. Alle weiteren Eindrücke, die man von einem anderen Menschen sammelt, orientieren sich unter Umständen an diesem. Er wirkt wie ein Wahrnehmungsfilter, der dazupassende Beobachtungen hervorhebt und nicht dazupassende ausblendet.

Sämtliche spätere Wahrnehmungen gehen nicht mehr in das Bild ein, welches wir uns von der Person machen. Auf diese Weise kann bereits der erste Eindruck zu Fehleinschätzungen eines anderen Menschen führen.

Menschen, die sich sehr stark von diesem ersten Eindruck prägen lassen, unterliegen dem „Primacy-Effekt". Auch das Gegenteil kann der Fall sein: Wenn der jeweils letzte Eindruck das Bild einer Person, die man beobachtet, prägt, spricht man vom „Recency-Effekt".

3.2. Halo-Effekt

„Hast du, so wird dir gegeben." (*halo* = englische Bezeichnung für den „Hof um den Mond", auch „Überstrahlungseffekt")

Als Halo-Effekt bezeichnete bereits 1920 der amerikanische Psychologe Edward Lee Thorndike die Tendenz, von einzelnen auffallenden Merkmalen auf andere Wesenszüge oder auf die Gesamtperson zu schließen. Von diesem Effekt profitieren bekanntlich SchülerInnen, die in Einzelbereichen (etwa Deutsch, Mathematik, Fremdsprache) hervorragende Leistungen aufweisen, und umgekehrt leiden unter ihm solche, die in einzelnen Fächern größere Schwierigkeiten haben.

Ein Beispiel aus der Kleinkindpädagogik, das gleichzeitig mögliche Gefahren dieser Tendenz aufzeigt: Ein vierjähriges Kind fällt durch seine besondere sprachliche Begabung auf, es zeichnet sich bereits durch reichhaltigen Wortschatz, differenzierten Sprachgebrauch und korrekte grammatische Strukturen aus. Diese Begabung kann die Einschätzung des/der Beobachtenden „überstrahlen". Defizite, die das Kind beispielsweise im grob- oder feinmotorischen Bereich aufweist, könnten übersehen werden.

3.3. Kontrastfehler

„Du hebst dich von den anderen ab." Der Kontrastfehler bezieht seinen Namen von einer bekannten Wahrnehmungstäuschung: Gegenstände, die von großen Objekten umgeben sind, wirken subjektiv kleiner als gleich große, welche von kleinen Objekten eingeschlossen werden. Auf die Personenwahrnehmung übertragen bedeutet dies: Karolines „Rückzugsverhalten" fällt in einer Gruppe von Kindern, welche ruhige Spiele bevorzugen, weniger auf als in einer Gruppe von sehr aktiven, sehr lebhaften Kindern. Unter Umständen nimmt dann der/die Beobachtende das zurückhaltende Verhalten von Karoline als problematisch und auffällig wahr.

3.4. Self-fulfilling Prophecy (Rosenthal-Effekt)

„Aus dir wird nichts werden!" – „Du schaffst es!" Aufgrund von Experimenten, die sie an einer amerikanischen Volksschule durchführten, gelangten R. Rosenthal und andere zu dem Ergebnis, dass Entwicklung, Verhalten und Leistung von Kindern davon abhängig sind, welche Erwartungen man in sie setzt. Diese Erwartung wirkt sich wie eine Self-fulfilling Prophecy aus.

Auch wenn andere Untersuchungen dieses Ergebnis nicht eindeutig bestätigt haben, ist es sinnvoll sich darüber Gedanken zu machen, inwieweit positive oder negative Erwartungen, die man einem Menschen entgegenbringt, die Wahrnehmung seiner Person beeinflussen.

3.5. Kategorisierungstendenz

„Was für ein Typ ist er?" „Typisch Lehrer!" „Typisch Beamter!" „Typisch Frau!" Wie kommt es zu solchen Etikettierungen?

Aufgrund der Zugehörigkeit zu einer bestimmten Gruppe werden Personen Eigenschaften zugeschrieben, die man als typisch für diese Gruppe erachtet. Als Erklärung dafür nehmen PsychologInnen an, dass Etikettierungen uns helfen, unsere Umwelt nach einem einfachen System zu ordnen. Auf diese Weise gelangen wir zu einem sehr einfachen und praktischen Beurteilungsverfahren, das mit der individuellen Person, um deren differenzierte Wahrnehmung es schließlich geht, jedoch recht wenig zu tun hat.

3.6. Projektionsfehler

„Ganz so, wie ich bin/nicht sein möchte." Bei der Bewertung eines Menschen kann es vorkommen, dass man durch die Annahme beeinflusst wird, er sei der eigenen Wesensart sehr ähnlich. Schnell werden dem anderen positive Eigenschaften, die man an sich selbst vermutet (etwa Gewissenhaftigkeit, Fleiß, Ausdauer), oder auch negative Eigenschaften, die man an sich selbst als belastend empfindet (etwa Schüchternheit, Ängstlichkeit, Kontaktschwierigkeiten), zugeschrieben. Man projiziert sie in ihn hinein; überprüfende Kriterien fehlen. Häufig wird man durch Ausdrucksmerkmale, oft auch durch äußere Zufälligkeiten (gleicher Beruf, ähnliche Interessen) zu solchen Projektionen verleitet.

4. Kommunikation – worauf fokussieren wir?

Wahrnehmung und Kommunikation hängen eng zusammen. Wir kommunizieren pausenlos, auch wenn wir uns dessen nicht immer bewusst sind. Selbst wenn wir nicht kommunizieren wollen, ja gerade dann, senden wir Botschaften: „Lass mich allein, ich will nicht gestört werden." Vielleicht in diesem Fall sogar eine doppelbödige Botschaft: „Lass mich allein ..., aber kümmere dich um mich!"

Kommunikation verläuft auf drei Ebenen. Wer sein Beobachtungsvermögen verfeinern will, tut gut daran, diese drei Ebenen genauer zu betrachten und auf ihre Übereinstimmung hin zu überprüfen. Da ist zunächst die verbale Ebene, sozusagen das, was im Comic in der Sprechblase steht. Dann die paraverbale Ebene, die das enthält, was beim Sprechen mitschwingt: Tonhöhe und Lautstärke, Rhythmus, Sprachmelodie, Akzentuierung. Die dritte Ebene enthält alle Botschaften, die nonverbal vermittelt werden.

Im Überblick:

- verbale Ebene (gesprochene Sprache)
- paraverbale Ebene (Intonation, Lautstärke, Sprachmelodie ...)
- nonverbale Ebene (Körpersprache)

Sie sind die wichtigsten Informationsquellen, die uns zur Verfügung stehen. Aus vielen Untersuchungen wissen wir, dass ein Großteil der Information, die wir aufnehmen, nonverbal vermittelt wird (etwa 80 Prozent). Ein Fokussieren der Aufmerksamkeit auf nonverbale Botschaften erscheint daher wichtig. Dabei ist es sinnvoll, auf einige Phänomene besonders zu achten:

4.1. Kongruenz und Inkongruenz

Stimmen verbale, paraverbale und nonverbale Ebene überein, so spricht man von Kongruenz, die Kommunikation ist „stimmig". Probleme entstehen, wenn mehrere Ebenen nicht übereinstimmen, also Inkongruenz vorliegt. Klare, kongruente, stimmige Botschaften sind wichtig, wenn junge Kinder Grenzen erfahren sollen. Ein Beispiel: Ein Nein der Bezugsperson, etwa in einer Gefahrensituation (z.B. Kind will über die Straße laufen), das von entsprechender Kopfbewegung, Intonation und Gestik begleitet wird, ist eindeutig und kann nicht missverstanden werden. Eine Warnung, die mit Lächeln, sanfter Stimme und schlaffer Armhaltung erfolgt, ist für ein Kind nicht eindeutig zu entschlüsseln und erzeugt Unsicherheit. Welche Botschaft soll befolgt werden, die verbal oder die nonverbal vermittelte? Soll es doch seinem Impuls nachgeben und über die Straße laufen?

Für Beobachtende ist es im Fall inkongruenter Botschaften wichtig zu erkennen, dass im Zweifelsfall die Körpersprache die echte Botschaft ist!

4.2. Nähe und Distanz

Von besonderer Bedeutung für die Beobachtung ist das sensible Wahrnehmen von Nähe und Distanz. Wie nahe jemand dem anderen treten kann, ohne Abwehrreaktionen zu erzeugen, welche Nähe und Distanz jemand zulässt, ob natürliche Distanzzonen ständig unterschritten werden, kann wesentlich für das Verständnis der Beziehungen zwischen Menschen sein.

So wird das Verletzen der Zone „intimer Distanz" (etwa 0 bis 60 cm) meist mit deutlichen körperlichen Reaktionen beantwortet (Zurückweichen, „Sich-steif-Machen" im voll besetzten Aufzug ...).

4.3. Körpersprache

Zu den bedeutungsvollsten nonverbalen Signalen gehören Mimik, Gestik, Körperhaltung, ganz allgemein die „Körpersprache". Der Kommunikationstrainer und Pantomime Samy Molcho zeigt im Buch „Körpersprache der Kinder", welche Signale Kinder über Haltung, Gestik und Mimik aussenden, und gibt Hinweise, wie diese Signale entschlüsselt werden können. So vermittelt er eindrucksvolle Beispiele, wie Kinder Gefühle äußern, ihr Territorium verteidigen, auf unangenehme Reize reagieren, miteinander kommunizieren oder „ihren Standpunkt vertreten". Ein Beispiel: Kleinkinder haben noch nicht den vollen Kontakt zum Boden, ihre Füße berühren zwar den Boden, aber nicht mit vollem Gewicht der ganzen Fußfläche. Oft ist der Fuß etwas nach innen gedreht. Bei Unsicherheit verlassen die Füße häufig den Boden, wenn Kinder hingegen ihren Standpunkt verteidigen wollen, machen sie dies oft durch Stampfen oder Sich-auf-den-Boden-Werfen deutlich.

Interessante Ergebnisse hinsichtlich nonverbaler Botschaften liefert auch die Interaktionsforschung. In einem kommunikativen Prozess (Spiel, Gespräch etc.) nehmen Kinder gerne unwillkürlich eine spiegelbildliche Stellung ein. Häufig kommt es zu synchronen, genau aufeinander abgestimmten Bewegungen. Im Beobachter entsteht ein Gefühl des Gleichklanges, Mitschwingens, das sehr deutlich erlebt wird.

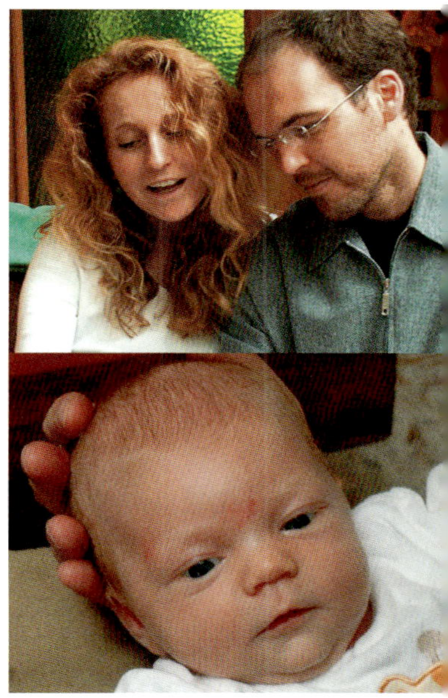

In letzter Zeit wurden besonders im Zusammenhang mit der Erforschung von Interaktionsmustern sehr junger Kinder bemerkenswerte Erkenntnisse gewonnen. So konnte Elisabeth Fivaz-Depeursinge an ihrem Institut für Familienforschung in Lausanne anhand von speziellen Videoanalysen („Das primäre Dreieck") zeigen, wie kompetent Babys ihre Bezugspersonen durch optische und akustische Signale steuern können (siehe Abb.).

5. Die Grundhaltung des Beobachters – Daten festhalten und interpretieren

Die Haltung eines sensiblen Beobachters wird in therapeutischen Berufen sehr treffend als eine des „Nichtwissens" bezeichnet. Man kann darunter ein verstehendes, wertschätzendes, interessiertes, sich selbst zurücknehmendes Suchverhalten verstehen im Gegensatz zu einem zugreifenden Schon-von-vornherein-Wissen. Große pädagogische Konzepte (Montessori, Korczak, Malaguzzi etc.) sind aus einer solchen Haltung entstanden.

Einen wesentlichen Schwerpunkt im Rahmen eines Beobachtungstrainings stellt die Unterscheidung zwischen aufgenommenen Daten (Feststellungen, Fakten) und deren möglichen Deutungen (Interpretationen) dar. So ist darauf zu achten, dass zwischen „feststellen" und „interpretieren" unterschieden wird. Dem Interpretieren liegt ja immer eine Hypothese zugrunde, die erst verifiziert werden muss.

Beispiel – Feststellung: Max rutscht vom Sessel und verlässt die Kleingruppe, in der drei Kinder mit der Erzieherin ein Bilderbuch betrachten.

Mögliche Interpretationen („Hypothesen"):

- Max ist müde.
- Die Geschichte interessiert ihn nicht.
- Max möchte auf sich aufmerksam machen.

Welche der Hypothesen richtig ist, ergibt sich möglicherweise aus dem Kontext der Beobachtung oder kann erst bei weiteren differenzierten Beobachtungen des Kindes eingeschätzt werden.

6. Methoden und Techniken – Wie strukturiere ich mein Beobachten?

In der pädagogischen Praxis werden mehrere Beobachtungsformen unterschieden.

6.1. Gelegenheitsbeobachtung/Alltagsbeobachtung

Die geläufigste Form des Beobachtens, die wir aus dem pädagogischen Alltag kennen, ist die Gelegenheitsbeobachtung. Während wir agieren, beobachten wir sozusagen mit. In diesem Fall ist die Beobachtung frei, spontan und ungeplant. Die ErzieherIn bemerkt ein bestimmtes Verhalten des Kindes, das ihr auffällt, und notiert es. Der Schritt zur gezielten Alltagsbeobachtung ist nur klein, aber bedeutungsvoll. Auch wenn die Beobachtung frei erscheint, kann sie dann schon als gezielt betrachtet werden, wenn bestimmte Bedingungen erfüllt sind. Beobachtende müssen sich genau daran halten, nur das zu beschreiben, was auch wirklich wahrnehmbar ist, um nicht in subjektive Beurteilungen und Interpretationen (siehe Wahrnehmungsfehler) zu verfallen. Bei der gezielten Alltagsbeobachtung werden wichtige Ereignisse immer gleich bei ihrem Auftreten erfasst und festgehalten. Der Nachteil dieser Form der Beobachtung ist allerdings, dass sie nicht unter ähnlichen Bedingungen wiederholt werden kann und wenig genau ist. Sie kann aber der Bildung von Annahmen, Einsichten und Hypothesen dienen. Wesentlich für professionelles Beobachten ist jedoch, dass folgende Prinzipien eingehalten werden:

- **Gezieltheit:** Das Prinzip der Gezieltheit verlangt, dass der/die BeobachterIn ein bestimmtes Ziel vor Augen hat und sich nicht den wechselnden Reizen einfach überlässt. In letzterem Fall würde man von „naiver Beobachtung" sprechen.
- **Konstanz:** Das Prinzip der Konstanz bedeutet, dass wir uns nicht mit flüchtigen Eindrücken begnügen und nur zufällig auftretende, kurzfristige Erscheinungen auch nicht überbewerten.
- **Kontrolle:** Das Kontrollprinzip verlangt, dass Aussagen, die wir aufgrund unserer Beobachtung über einzelne Personen machen, auch wieder überprüft und gegebenenfalls modifiziert werden.

6.2. Systematische Beobachtung

Die geplante oder systematische Beobachtung sollte Gelegenheitsbeobachtungen ergänzen. In vielen pädagogischen Institutionen ist sie ein Bestandteil der pädagogischen Alltagsarbeit.

Die geplante Beobachtung fordert einen bestimmten Rahmen (Setting), der eine nachfolgende Analyse ermöglicht. Dazu gehört, dass eine Frage formuliert wird, der Inhalt der Beobachtung bestimmt wird, die Situation festgelegt und das Ziel beschrieben wird. In Bezug auf den Zweck, die Art der Durchführung, die Methoden, die Berichtform und den Auswertungsmodus müssen klare Angaben gemacht werden. So bekommt die systematische Beobachtung einen genauen Rahmen, der das Arbeitsziel absteckt. Ein großer Vorteil liegt in der Wiederholbarkeit der Beobachtungssituation und in den vergleichbaren Bedingungen.

Die systematische Beobachtung erfordert einen relativ hohen Vorbereitungsaufwand sowie ein bestimmtes Konzept in Bezug auf Auswertung und Reflexion im Team.

Die geplante Beobachtung verhilft dazu, einen Gesichtspunkt aus der freien Beobachtung, eine vorläufige Hypothese zu überprüfen. Sie dient der genaueren Beschreibung von Verhaltensmustern, kann Anhaltspunkte für Ursachenerklärungen und Hinweise für spezielle pädagogische Aktivitäten bieten. Beobachtungen lassen sich gut systematisieren, wenn ErzieherInnen sich folgende drei einfache Grundfragen stellen:

- Wozu beobachten? (Zielfrage)
- Wie beobachten? (Methodenfrage)
- Was beobachten? (Inhaltsfrage)

Die Beobachtungsergebnisse sollen im Anschluss diskutiert und gemeinsam pädagogische Konsequenzen überlegt werden.

6.3. Teilnehmende/Nicht teilnehmende Beobachtung

Eine für die Praxis des Beobachtens wichtige Entscheidung ist die Frage, ob man als BeobachterIn am Geschehen teilnehmen soll oder nicht. Teilnehmende Beobachtung bedeutet eine Zweiteilung der Konzentration, da man gleichzeitig beobachten und handeln muss. Dadurch ist eine gewisse Beeinträchtigung sowohl des pädagogischen Agierens als auch des Beobachtens gegeben. Dafür bleibt die Situation für die Kinder „natürlich". Allerdings besteht eine gewisse Gefahr der Verfälschung darin, dass die Ergebnisse aus dem Gedächtnis festgehalten werden müssen.

Nicht teilnehmende Beobachtung erfordert in der Kindergartenpraxis in der Regel die Anwesenheit einer zweiten Erziehungsperson, ist aber unter gewissen Rahmenbedingungen auch für die einzelne KindergartenpädagogIn möglich, etwa während der Freispielphasen.

7. Beobachten und Dokumentieren – die Beobachtungsaufzeichnung

Bei der systematischen Beobachtung wird die Form der Aufzeichnung vor der Beobachtung festgelegt. Es wird bestimmt, ob die Ergebnisse in freier Beschreibung oder vorstrukturierter Form festgehalten werden sollen. Gleichzeitig wird festgelegt, worauf der Fokus gelegt werden soll. In der Praxis üblich sind Beobachtungsgitter (z.B. Entwicklungsgitter von Kiphard), Merkmallisten („Strichlisten") und Einschätzskalen. Im Falle einer Merkmalliste registriert der Beobachter, wie oft ein bestimmtes Merkmal innerhalb eines vorgegebenen Zeitraums auftritt. Ein Beispiel: Kind spricht ein anderes Kind an (der Beobachter registriert die Häufigkeit, z.B. sieben Mal). Einschätzskalen enthalten bestimmte Beobachtungskategorien. Der Beobachter hat ein bestimmtes Verhalten nach der beobachteten Häufigkeit oder nach der Ausprägung einzuschätzen. Ein Beispiel nach dem Beobachtungsbogen von Duhm/Althaus (1979):

„Das Kind erzählt und berichtet von sich aus anderen Kindern"

sehr selten (nie)	manchmal	teils – teils	oft	sehr oft (immer)
1	2	3	4	5

Bei allen Skalen dieser Art besteht ein gewisses Problem darin, dass subjektive Einschätzungen fehleranfällig sind und ein Training notwendig machen, um einigermaßen verlässliche Ergebnisse zu bringen. Für wissenschaftliche Zwecke werden verschiedenste Skalen verwendet, die bestimmte Bedingungen (Objektivität, Verlässlichkeit usw.) erfüllen müssen. In der pädagogischen Praxis hat sich eine Kombination von freier Beschreibung und strukturierter Beobachtung als sinnvoll erwiesen.

In letzter Zeit wurden von Bildungsexperten verschiedener Länder Verfahren zur systematischen Beobachtung von kindlichen Entwicklungs- und Bildungsprozessen entwickelt. Alle diese Verfahren fokussieren auf das einzelne Kind und seinen jeweiligen Entwicklungsstand. Als Beispiel sei das ressourcenorientierte Modell von Howard Gardner angeführt („Sieben Intelligenzen des Kindes"). Hier stellt der Beobachter etwa fest, dass ein Kind gern und leicht Bewegungen von anderen Personen imitiert und Lust am Aufgreifen von Bewegungsabläufen hat. Zusammen mit anderen Beobachtungsdaten kann er den Entwicklungsstand der „motorischen Intelligenz" des Kindes einschätzen.

8. Beispiel zur systematischen Beobachtung: Beobachtungstraining

Der Erwerb von Beobachtungskompetenz ist in der Ausbildung von KindergartenpädagogInnen von besonderer Bedeutung. Folgendes Beispiel stammt aus dem Projekt „Beobachten" mit einer 4. Klasse BAKIP: SchülerInnen beobachteten in Kleingruppen im Rahmen ihres Praktikums Zielkinder in verschiedenen Kontexten. Sie werden von einer Pädagogin begleitet, welche die anschließende Reflexion moderiert.

- **Information zur Situation eines Zielkindes:** Marko, ein Flüchtlingskind aus Kroatien, ist seit drei Wochen im Übungskinderkarten. Die KindergartenpädagogInnen haben mit der Großmutter des Kindes über eine Helferin, die kroatisch spricht, Kontakt. Das Kind selbst versteht nicht Deutsch und ist in der Gruppe noch nicht integriert. Die Kindergartenpädagogin verständigt sich mit ihm über nonverbale Signale. Marko nimmt am Gruppengeschehen nur am Rande teil und sitzt meist auf einer Bank in einer Ecke des Gruppenraumes.
- **Das Beobachtungsziel:** Marko soll schneller in das Kindergartengeschehen integriert werden und braucht Unterstützung. (Welche Möglichkeiten ergeben sich?)
- **Konkretes Ziel der Beobachtungssequenz:** Markos Verhalten während einer Rhythmikeinheit und einer Freispielphase.
- **Methoden:** Die Schülerinnen wählen zwischen zwei Dokumentationsformen (freie Beschreibung oder Kategoriensystem). Beobachtet werden Markos motorisches Verhalten, sein Interaktionsverhalten und seine Reaktion auf Aufgabenstellungen in der Rhythmikeinheit. Die SchülerInnen halten ihre Beobachtungen in einem Verlaufsprotokoll bzw. einer Einschätzskala fest. Im Anschluss vergleichen sie ihre Ergebnisse und formulieren eine Hypothese. Die Auswertung der Beobachtungssequenz liefert lediglich einen Baustein zu einem Gesamteindruck, den Schülerinnen und Erzieher im Laufe des dreiwöchigen Praktikums erhalten. Sie stellt jedoch ein wertvolles Element für ein besseres Verständnis der Probleme des Kindes und Ansatzpunkte für mögliche Unterstützung dar.
- **Aus dem Protokoll:** „Marko läuft mit weit ausholenden Bewegungen zum vorgegebenen Rhythmus (Gitarrebegleitung des Kindergartenpädagogen) und stößt immer wieder kurze Schreie aus. Er lächelt dazwischen. Marko nutzt den ganzen Bewegungsraum aus, er läuft in einem großen Außenkreis um die anderen Kinder herum. Die Stoppsignale des Kindergartenpädagogen befolgt er präzise, wenn dieser jedoch verbale Anleitungen gibt, setzt sich Marko auf eine Bank am Rande." Die Schülerin vermerkt ferner: „Ich habe zum ersten Mal (nach drei Wochen) Markos Stimme gehört."
- **Interpretation und Hypothese:** Marko scheint durch Bewegung zur Musik und psychomotorische Herausforderungen sehr gut motivierbar zu sein. Hier könnten große Ressourcen liegen und gleichzeitig Ansatzpunkte für eine gute Integration in die Gruppe. Der Kontakt zu dem männlichen Erzieher scheint ihm besonders wichtig, wie aus seinem häufigen Blickkontakt und dem Lächeln bei der Verabschiedung zu entnehmen ist. Er hat ein ausgeprägtes Regelverständnis und kann nonverbale Anweisungen gut verfolgen.

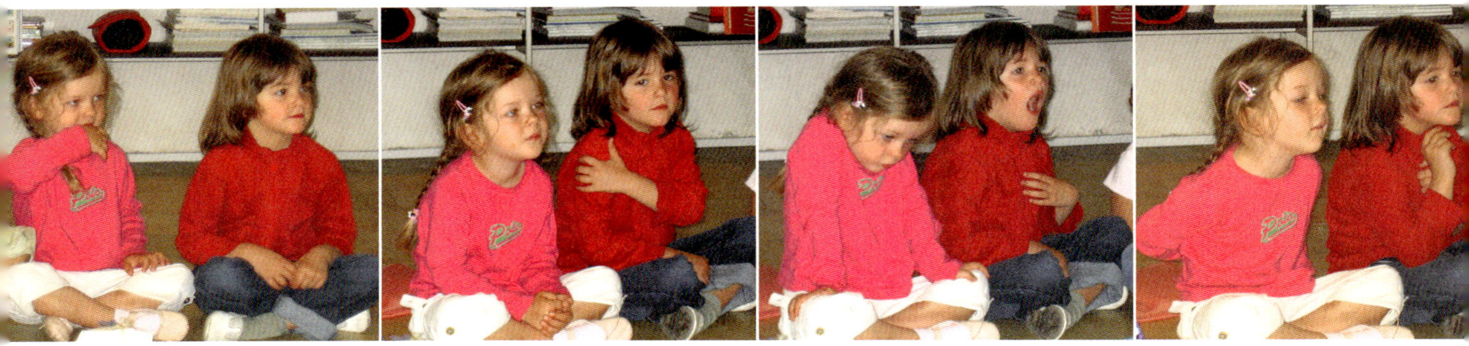

Im Kontext von Markos Geschichte ist sein zurückhaltendes Verhalten in der Gruppe gut verständlich. Er hat durch die Erlebnisse des Krieges und der Flucht schwere emotionale Belastungen erlitten und braucht Zeit, diese zu verarbeiten. Die BeobachterInnen sind sich einig, dass Ansatzpunkte einer Förderung vor allem in den Bereichen Motorik, Musik liegen.

Gezieltes längerfristiges Beobachten von Kindern ermöglicht es, individuelle Entwicklungsverläufe gut zu verfolgen und entsprechende stützende Maßnahmen zu treffen.

Oft ist geduldiges Warten notwendig, manchmal ist der Beobachter jedoch über relativ plötzliche Entwicklungssprünge überrascht. Im Falle von Marko konnten die SchülerInnen bereits einige Tage nach dem „Schlüsselerlebnis" (Markos Stimme wurde in der Rhythmikeinheit zum ersten Mal gehört) entscheidende Fortschritte in seiner sozialen und emotionalen Entwicklung feststellen.

Zum Beobachtungstraining in der Kindergartenpraxis haben sich Analysen von Fotosequenzen und Videos gut bewährt. Fotosequenzen bieten die Möglichkeit, minimale Veränderungen in Mimik, Gestik und Körpersprache zu erfassen, die präzise Beschreibung von kindlichem Verhalten zu üben und zwischen Fakten und Interpretationen zu unterscheiden (siehe Abb. auf Seite 38f.).

Die Vorteile von Videosequenzen liegen vor allem in der Wiederholbarkeit, der Möglichkeit der Analyse von Standbildern und des Wegschaltens des Tones, wodurch eine starke Fokussierung auf die Körpersprache möglich ist. Besonders aufschlussreich sind Videoanalysen von Interaktionsmustern, bei denen durch eine spezielle Aufnahmetechnik (zwei Kameras, die dritte Person wird dazukopiert) die Aktionen von drei Personen frontal sichtbar werden (siehe Abb. zu 4.3., „primäres Dreieck").

9. Didaktik des Beobachtens: Beobachten lernen – Beobachtungskompetenz erwerben

In pädagogischen und therapeutischen Berufen ist eine hohe Beobachtungsfähigkeit Grundvoraussetzung für die tägliche Arbeit. Der Erwerb von Beobachtungskompetenz wird in vielen kleinen und größeren Schritten erreicht und erfordert ExpertInnen, die die einzelnen Lernschritte wachsam und behutsam begleiten.

Solche Schritte (nicht unbedingt in der angegebenen Reihenfolge) könnten sein:

„Meine Wahrnehmung"

- Sich mit dem Thema Wahrnehmung auseinander setzen
- Wahrnehmung als ganzheitlichen Prozess begreifen
- Probleme der Selbst-/Fremdwahrnehmung kennen lernen

„Wahrnehmungs-/Beobachtungsfallen"

- Die eigene Wahrnehmungs-/Beobachtungsfähigkeit sensibilisieren
- Fallstricke erkennen, die die Wahrnehmung verfälschen können
- „Beobachtungsfallen" erkennen

„Kommunikation"

- Beobachten als kommunikativen Prozess kennen lernen
- Die Bedeutung von Nähe/Distanz, Körpersprache und Interaktionsmustern erfahren

„Grundhaltung des Beobachters"

- Haltung des „Nicht-Wissens" einnehmen
- Zwischen Daten und Interpretationen unterscheiden
- Hypothesen formulieren und überprüfen

„Beobachtung und Dokumentation"

- Verfahren zur systematischen Beobachtung und Dokumentation von Entwicklungs- und Bildungsprozessen kennen lernen (Entwicklungsgitter, Grafiken, Portfolios ...)

„Auswertung"

- Auf vielfältige Weise gewonnene Beobachtungsergebnisse für die pädagogische Praxis anwendbar auswerten

„Evaluation von Beobachtungen"

- Beobachten als langfristigen Prozess verstehen
- Methoden der Evaluation erwerben

In vielen Einrichtungen gehört heute professionelles Beobachten zum pädagogischen Konzept, wobei verschiedene Verfahren und Dokumentationsformen (Videos, Portfolios ...) verwendet werden. Wichtig ist, dass solche Aufzeichnungen zu einem regen Austausch der PädagogInnen mit Eltern und Familien führen und für Planung und Umsetzung von pädagogischen Angeboten genutzt werden.

10. Zielsetzungen – Was tun mit der Beobachtung? (Auswertung/Evaluation)

Beobachten im Erziehungsalltag spielt im pädagogischen Feld Kindergarten/Schule eine wichtige Rolle und bedarf einer entsprechenden Kultur, die allmählich entwickelt werden kann. Bedingung ist jedoch, dass alle im Team über entsprechende Voraussetzungen verfügen und Einigung über den Kontext besteht, ferner Interesse und Bereitschaft sich auszutauschen. So kann eine bestimmte Kommunikationskultur entstehen, wobei eine gute Vernetzung mit professionellen Beratern (PsychologInnen, TherapeutInnen) von Vorteil ist.

Immer wieder kann man erfahren, dass ein Austausch von Beobachtungen, der respektvoll, sensibel und differenziert erfolgt, eine besondere Nähe zwischen PädagogInnen und Eltern schafft, zu einer differenzierten Wahrnehmung der Bedürfnisse und Ressourcen von Kindern führt und als äußerst befriedigend erlebt wird.

Das Ziel jeder systematischen Beobachtung wird letztlich sein, das Verhalten eines einzelnen Kindes, die Interaktion mehrerer Kinder besser verstehen zu können, eigenes Erzieherverhalten kritisch zu reflektieren und Kinder bei ihren Lernprozessen effizienter zu unterstützen. Feedback und Austausch mit Eltern und Bezugspersonen der Kinder sind dabei von großer Bedeutung.

Literatur

Duhm, E./Althaus, D. (Hg.) (1979): Beobachtungsbogen für Kinder im Vorschulalter 4–6. Braunschweig: Westermann

Faßnacht, Gerhard (²1995): Systematische Verhaltensbeobachtung. München: E. Reinhardt

Fivaz-Depeursinge, Elisabeth (2001): Das primäre Dreieck. Heidelberg: Carl-Auer

Gardner, Howard (2001): Abschied vom IQ. Die Rahmentheorie der vielfachen Intelligenzen. Stuttgart: Klett-Cotta

Graumann, Carl F. (1980): Theoretische und methodische Probleme systematischer Verhaltensbeobachtung. In: Funk Kolleg pädagogische Psychologie 1. Frankfurt/Main: Fischer

Kern, Hans/Mehl, Christine et al. (1995): Projekt Psychologie. VHS

Ledl, V. (⁵2003): Kinder beobachten und fördern. Ein Handbuch zur gezielten Beobachtung von Kindern mit besonderen Lern- und Erziehungsbedürfnissen. Wien: Jugend & Volk

Molcho, Samy (2005): Körpersprache der Kinder. Kreuzlingen: Hugendubel

Thiesen, Peter (2003): Beobachten und Beurteilen in Kindergarten, Hort und Heim. Weinheim: Beltz

Viernickel, Susanne/Völkel, Petra (2005): Beobachten und dokumentieren im pädagogischen Alltag. Freiburg: Herder

Der Beitrag wurde erstmals in „Unsere Kinder" 3/2003 publiziert; Überarbeitung 2005.

Judith Reimitz

Spiel – Spiegel der Seele

Spiel ist für das Kind ein Schlüssel zur Welt und ein Schlüssel zu sich selbst. Spiel kann für uns ein Schlüssel zum Kind sein. Im Spiel spiegelt sich die innere Welt des Kindes. Wir erhalten Aufschluss über kognitive, emotionale und soziale Aspekte. Im Folgenden wird der Zusammenhang zwischen dem Spielverhalten von Kindern und ihrem Entwicklungsstand im emotionalen und sozialen Bereich beleuchtet.

1. Spielverhalten als Ausdruck der Persönlichkeitsentwicklung

In jeder Phase der Persönlichkeitsentwicklung stehen bestimmte Themen im Vordergrund. Diese Themen spiegeln sich im kindlichen Spiel, das dem Kind hilft, die zentralen Anforderungen der jeweiligen Entwicklungsphase zu bewältigen (Peller 1969):

1.1. Das narzisstische Spiel

In den ersten Monaten kann von narzisstischem Spiel gesprochen werden. Das Kind hat Interesse an den Funktionen seines Körpers, es erweitert seine körperlichen Möglichkeiten im Umgang mit Gegenständen. Die Bewegungen werden immer gezielter auf Gegenstände ausgerichtet, diese werden immer genauer erkundet. Diese Spielform ist für die Persönlichkeitsentwicklung wichtig. Das Kind lernt dabei, sich als Individuum wahrzunehmen, das von einer vielfältigen Umwelt klar abgegrenzt ist. Es beginnt zwischen Ich und Nicht-Ich zu unterscheiden und die Möglichkeit der Interaktion zwischen Selbst und Objekten zu erkennen.

1.2. Das präödipale Spiel

Das präödipale Spiel des Kleinkindes thematisiert die Bindung mit der frühen Mutterfigur. Das Kind macht die Erfahrungen: „Meine Mama kann mich verlassen" – auch dann, wenn die Mutter immer wieder zurückkommt, und „Meine Mama kann mit mir machen, was sie will" – man denke nur an die dem Kind oft lästigen Elemente der täglichen Routine wie zum Beispiel das Anziehen. Es spürt die Macht der Mutter und ist sich seiner Unterlegenheit bewusst. Das Kind versucht sein Erleben zu bewältigen, indem es im Spiel die Rollen tauscht und die passive Erfahrung in eine aktive umwandelt. Beim Versteckspiel bestimmt das Kind, wann es die Mutter wegschickt und wann es die Mutter wieder zurückholt. Indem das Kind andere bemuttert, herumträgt, füttert, niederlegt etc., versucht es die mütterliche Fürsorge zu verarbeiten. Einfache Abläufe zwischen zwei InteraktionspartnerInnen werden unzählige Male in weitgehend unveränderter Form wiederholt. Das Kind spielt entweder alleine oder gemeinsam mit einer erwachsenen Bezugsperson. Andere Kinder können noch nicht miteinbezogen werden.

1.3. Das ödipale Spiel

Im ödipalen Spiel des ungefähr Vier- bis Fünfjährigen zeigen sich Entwicklungsfortschritte. Das Kind ist seiner Hilflosigkeit entwachsen, es kann laufen und sprechen, es kann sich gedanklich in die verschiedensten Situationen hineinversetzen. Bindungen an beide Elternteile sind entstanden, der soziale Gesichtskreis hat sich vergrößert. Das Kind beschäftigt sich erstmals intensiv mit den Geschlechtsunterschieden und beginnt sich mit dem gleichgeschlechtlichen Elternteil zu identifizieren. Es entwickelt dabei das Bedürfnis, dem Erwachsenen auf der Ebene des gleichaltrigen und gleichberechtigten Partners gegenüberzustehen. In der Realität wird das Kind jedoch immer wieder mit den Generationsgrenzen konfrontiert.

Es lebt seine Fantasien in seinen Spielen aus – vor allem die Fantasie, groß zu sein und zu können, was die Erwachsenen können. Es spielt eindrucksvolle männliche oder weibliche Rollen, zum Beispiel König oder Königin, und verwendet für sein Spiel Utensilien, die Gegenstände aus der Welt der Erwachsenen symbolisieren, wie zum Beispiel Puppenküche oder Ärztekoffer. Das ödipale Spiel ist lustvoll und dynamisch. Es nimmt unvorhersehbare Wendungen. Typisch ist auch die hohe thematische Bandbreite. Die Spielideen stammen von einem Kind oder von mehreren Kindern. Der Inhalt des Spiels ist meist sozial. Es wird alleine oder zusammen mit anderen gespielt. Wenn Kinder miteinander spielen, ist ihr Kontakt lose und kann im Lauf des Spiels, von den Kindern nicht weiter bemerkt, verloren gehen.

1.4. Das postödipale Spiel

Im postödipalen Spiel, das rund um das sechste Lebensjahr einsetzt, bekommt der direkte soziale Kontakt zwischen den SpielerInnen entscheidende Bedeutung. Es kann nur dann gespielt werden, wenn jede/r innerhalb ihrer/seiner Rolle bleibt und die Rollen der MitspielerInnen stützt. Das Kind beginnt bedeutsame Bindungen an seine SpielgefährtInnen zu entwickeln. In dieser Phase wird das Kind selbstkritisch. Es setzt sich intensiv mit Gewissens- und Leistungsanforderungen auseinander. Wenn es seinen Ansprüchen nicht gerecht werden kann, bekommt es Angst. Diese wird im Spiel mit festen Regeln kanalisiert. Regelspiele ermöglichen dem Kind, seine Wunschfantasie „Ich kann, so oft ich will, aufhören und wieder von vorn anfangen" in die Tat umzusetzen. Auch angstbesetzte Themen, wie zum Beispiel Aggression, erhalten über die Spielregeln einen klaren Rahmen (z.B. Rausschmeißen beim „Mensch ärgere dich nicht"). Darüber hinaus kann dem Kind die Solidarität innerhalb der Gleichaltrigengruppe ein Gegengewicht zu seinen Ängsten sein.

2. Auffälligkeiten im Spielverhalten

Welches Spielverhalten kann als Hinweis auf Probleme im Bereich der Persönlichkeitsentwicklung angesehen werden? Schon Anna Freud, eine Wegbereiterin der Kinderpsychotherapie, hat darauf hingewiesen, dass Normalität und Pathologie in der Kindheit schwerer voneinander zu unterscheiden sind als später (Freud 1987, Bd. VII). Das Kind ist gerade in Entwicklung begriffen und Entwicklung nimmt bei jedem Menschen einen individuellen Verlauf, der durch ein stetes Auf und Ab gekennzeichnet ist. Bei Kindern ist in Phasen verstärkter Belastung mit Rückschritten auf frühere Entwicklungsstufen zu rechnen. Derartige Rückschritte sind meist vorübergehend. Man beobachtet sie bei entwicklungsbedingten Belastungen, wie zum Beispiel dem Eintritt in den Kindergarten, aber auch bei situativen Belastungen, wie zum Beispiel einer beginnenden Erkrankung. Auffallend werden diese Entwicklungsrückschritte erst dann, wenn sie bestehen bleiben und wenn sie den Fortgang der kindlichen Entwicklung hemmen.

Eine einzelne Spielsequenz kann niemals als auffällig gewertet werden. Auffällig ist ein bestimmtes Spielverhalten nur dann, wenn es bei einem bestimmten Kind ungewöhnlich häufig und ungewöhnlich beständig beobachtet werden kann. Nur ein Gesamtbild aus vielen Einzelinformationen ist wirklich hilfreich.

Das Spiel	
psychisch gesunde Kinder	psychisch beeinträchtigte Kinder
Alter	
passt zum Alter	passt nicht zum Alter
Geschlecht	
passt zum Geschlecht	passt nicht zum Geschlecht
Spielthemen	
breite Themenpalette	enge Themenpalette
Themen werden kreativ bearbeitet	Themen werden stereotyp bearbeitet
Spielmaterialien	
breite Materialpalette	enge Materialpalette
kreativer Umgang mit Materialien	stereotyper Umgang mit Materialien
Spielverlauf	
	Spielhemmung
spontaner Anfang	Spiel mit unklarem Anfang
Weiterentwicklung der Spielidee	Brüche im Spielverlauf
klares Ende	Spiel mit unklarem Ende
Lösung	keine Lösung – böses Ende

3. Das Spiel beobachten

Mit der skizzierten Grundhaltung möchte ich eine Grenzziehung zwischen „gesundem" und „auffälligem" Spielverhalten bei vier- bis achtjährigen Kindern versuchen (vgl. Kernberg 1989). Woraufhin können wir nun deren Spielverhalten betrachten?

3.1. Gesundes Spiel entspricht dem Alter des spielenden Kindes

So ist es beispielsweise bemerkenswert, wenn sich ein vor kurzem eingeschultes Kind stereotyp mit dem Thema Macht und Ohnmacht befasst, wie das für das Kleinkind typisch ist. Ich denke dabei an einen meiner Patienten, der nur dann mit mir in Kontakt trat, wenn er sich als mächtig erleben konnte. Er bestand darauf, über mich zu bestimmen, und verweigerte sich mir immer dann, wenn ich ihm etwas anbieten wollte oder wenn ich etwas von ihm forderte. Nur selten ließ er sich auf einen Kompromiss ein, der darin bestand, dass wir abwechselnd bestimmten, was geschehen sollte. Sein Verhalten war ein Hinweis auf Defizite im Bereich der frühen Mutter-Kind-Beziehung, die es ihm unmöglich gemacht haben, zu der seinem Alter entsprechenden Auseinandersetzung mit Leistungsanforderungen vorzudringen.

3.2. Im gesunden Spiel spiegelt sich auch das Geschlecht des spielenden Kindes

Das Kleinkind ist sich seiner geschlechtlichen Identität noch unsicher. Das Vorschulkind setzt sich intensiv mit der eigenen Geschlechtsrolle auseinander. Diese Auseinandersetzung sollte in differenzierter Weise erfolgen. Es ist jedoch auffallend, wenn ein sechsjähriger Bub im Rollenspiel vorwiegend weibliche Rollen übernimmt und dabei immer wieder die für das Spiel charakteristische Qualität des Als-ob verliert. Auch dann, wenn ein Kind sich auf Spiele beschränkt, die für das andere Geschlecht typisch sind, ist Vorsicht geboten.

3.3. Gesundes Spiel enthält die verschiedensten Themen

Das Kind nimmt alle Themen, die es angehen, in sein Spiel auf und setzt sich mit ihnen kreativ auseinander. Problemstellungen und Lösungsansätze werden dabei immer differenzierter. Besonders zu achten ist auf all jene Kinder, bei denen wir im Lauf der Zeit eine stark eingeschränkte spielerische Themenpalette beobachten. Bei diesen Kindern ist es wichtig festzustellen, welchen Themen sie in ihrem Spiel übermäßig breiten Raum geben, z.B. bei Kindern, die Puppen und Kasperlfiguren lediglich aggressiv miteinander umgehen lassen. Besonders ist aber auch darauf zu achten, welche Themenbereiche ausgespart bleiben, z.B. bei Kindern, die Aggression in keine Spielsituation einzubringen vermögen, auch dann nicht, wenn ein Spiel Aggression unter gewissen Bedingungen erlaubt, man denke nur an das Rausschmeißen im Spiel

„Mensch ärgere dich nicht". Wenn darüber hinaus die Auseinandersetzung mit den wenigen Themen in stereotyper Weise erfolgt, ist besondere Vorsicht geboten.

3.4. Gesundes Spiel bezieht eine Vielzahl von Materialien mit ein

Gesundes Spiel bezieht nicht nur viele Themen, sondern auch viele Materialien mit ein. Natürlich entwickelt das Kind im Lauf der Zeit Vorlieben, natürlich stimmt es sein Spiel auf das zur Verfügung stehende Material ab. Es sollte uns jedoch zu denken geben, wenn wir sehen, dass ein Kind über eine längere Zeit hinweg bestimmten Materialien gezielt ausweicht, z.B. allen Materialien, mit denen man sich schmutzig machen könnte, wie Erde, Sand, Ton oder Farben. Auch bei Regelspielen ist die Auswahl bedeutsam. Geschicklichkeits- und Strategiespiele (z.B. Mikado oder Mühle) knüpfen Gewinn und Verlust eng an die eigene Leistung. Für Kinder mit hohem Ehrgeiz und hoher Unsicherheit sind derartige Spiele eher Qual als Freude. Es fällt ihnen bei Geschicklichkeits- und Strategiespielen auch schwerer zu verlieren als beim Glücksspiel (z.B. Würfelspiel), dessen Ausgang nur wenig von den eigenen Fähigkeiten abhängt (vgl. Dührssen 1967, 253ff.).

3.5. Gesundes Spiel hat einen logischen Verlauf

Das Spiel gesunder Kinder beginnt spontan. Während sie spielen, entwickeln sie ihre Spielideen immer weiter, sie steuern dabei auf eine Lösung zu, die meist das Ende der Spielsequenz bedeutet. Kinder, die nicht bereit sind, sich aufs Spielen einzulassen, sind als spielgehemmt zu bezeichnen. Wenn eine Spielhemmung sich verfestigt statt vorüberzugehen, ist das ein Alarmzeichen. Manchen Kindern, denen es möglich ist, mit einem Spiel zu beginnen, scheint es nahezu unmöglich, dieses dann auch zu Ende zu führen. Zu Spielabbrüchen kommt es nicht nur, wenn das Kind gestört wird oder wenn das Kind nicht mehr weiter durchhalten kann, sondern auch, wenn es im Spiel auf Themen stößt, die ihm unerträglich viel Angst machen. Eine Häufung von Spielabbrüchen ist bedenklich.

Vorsicht ist auch dann geboten, wenn viele Spielsequenzen auftreten, die weder einen klaren Anfang noch ein klares Ende erkennen lassen, und wenn viele Spielsequenzen ohne Lösung bleiben oder aber auf ein böses Ende hinauslaufen. Bei einer Häufung von Brüchen im Spielverlauf sollten wir ebenfalls aufmerken. Denn es ist bedenklich, wenn Kinder auffallend chaotisch spielen, wenn sie für kein Spiel genug Ruhe finden, wenn sie einmal hier und einmal dort spielen, wenn sie die Charaktere ihrer DarstellerInnen oft drastisch ändern, z.B. dasselbe Playmobilmännchen wechselt von einem Moment auf den anderen zwischen Gut und Böse und im nächsten Augenblick wieder umgekehrt.

4. Das spielende Kind beobachten

Das spielende Kind	
psychisch gesunde Kinder	psychisch beeinträchtige Kinder
Emotional	
interessiert	uninteressiert – gelangweilt
dynamisch	antriebslos – uninitiativ
lustvoll – freudig	lustlos – freudlos – ängstlich – bedrückt – verzweifelt – unzufrieden
vertraut auf sich selbst	traut sich nicht zu, ein Spiel zu schaffen
Sozial	
andere werden ins Spiel miteinbezogen	andere können nicht miteinbezogen werden
	starke Abhängigkeit von anderen Personen

Wenn wir auf die emotionale Qualität des Spiels psychisch gesunder Kinder achten, sehen wir, dass diese sich von ihrem Spiel gefangen nehmen lassen. Sie sind hochaktiv, sie sind mittendrin, sie spielen lustvoll. Sie sind sich während ihres Spiels ihrer selbst voll bewusst. Sie wissen durchgehend, dass sie spielen und dass ihr Spiel ihrer Fantasie entspringt. Sie vertrauen beim Spiel auf sich selbst und entwickeln spielend ein Gefühl für ihre Fähigkeiten. Besonders Acht zu geben ist auf Kinder, die sich fürs Spiel nicht interessieren, und auf Kinder, die sich am Spiel nicht erfreuen. Kinder, die sich beim Spiel langweilen, die während ihres Spiels ängstlich oder bedrückt, verzweifelt oder unzufrieden wirken, sollten wir genauer im Auge behalten. Manche Kinder trauen sich nicht zu, ein Spiel zu schaffen, sie wirken nach außen hin oft antriebslos und wenig initiativ. Auch übertriebene Ernsthaftigkeit eines spielenden Kindes sollte uns zu denken geben, denn ein Spiel zu gewinnen oder zu verlieren ist keine schwerwiegende Angelegenheit.

Achten wir auf den sozialen Kontext spielender Kinder, so können wir bei psychisch gesunden Kindern beobachten, dass sie andere Personen in viele ihrer Spielsequenzen miteinbeziehen, seien es nun Erwachsene oder Kinder. Auffallend ist das Spielverhalten eines Kindes, wenn es in nahezu keiner seiner Spielsequenzen Kontakt mit anderen Personen zulassen kann oder wenn es in einem überdurchschnittlich hohen Ausmaß bei seinem Spiel der Ermunterung durch andere Personen bedarf.

Was kann ich tun, wenn ich bei einem Kind in meiner Gruppe immer mehr Hinweise auf auffälliges Spielverhalten beobachte? Ich verweise abermals auf Anna Freud (1987, Bd. IX), die auffälliges Spielverhalten als äußeres Anzeichen einer innerpsychischen Unausgeglichenheit ansieht. Für sie ist der Umgang mit auffälligen Kindern ein Grenzbereich zwischen Pädagogik und Therapie (Freud 1987, Bd. VII). Sie betrachtet es als Aufgabe der PädagogInnen, mit den gesunden Teilen der Persönlichkeit auffälliger Kinder zu arbeiten. PädagogInnen sollten ihre Möglichkeiten dazu einsetzen, dem Kind zu helfen, die Kraft seiner gesunden Anteile für Entwicklungsfortschritte zu nutzen. Im Gegensatz dazu sieht Anna Freud es als Aufgabe der TherapeutInnen, sich den kranken Teilen der Persönlichkeit auffälliger Kinder zuzuwenden. TherapeutInnen sollten nach genaueren Einsichten über die Ursachen der kindlichen Auffälligkeiten suchen. Sie sollten den Kindern helfen, ihre innere Ausgeglichenheit wiederzufinden. Wenn bei einem Kind, dessen Spielverhalten auf psychische Unausgeglichenheit hinweist, wichtige Entwicklungsfortschritte noch möglich sind, überwiegt die Kraft der gesunden Anteile. Das Kind kann dann mit der pädagogischen Unterstützung der KindergartenpädagogIn das Auslangen finden. Wenn jedoch zu beobachten ist, dass ein Kind seit längerem in seiner Entwicklung steckt, oder zu erkennen ist, dass ein Kind in seiner Entwicklung immer drastischere Rückschritte macht, kann es sein, dass das Kind nicht nur einer pädagogischen, sondern auch einer therapeutischen Unterstützung bedarf.

Literatur

Dührssen, A. (1967): Psychogene Erkrankungen bei Kindern und Jugendlichen. Göttingen: Vandenhoeck & Ruprecht

Freud, A. (1987): Zusammenarbeit zwischen Kindergarten und kinderpsychiatrischer Beratungsstelle. In: Die Schriften der Anna Freud, Bd. VII (1956–1965): Anwendung psychoanalytischen Wissens auf die Kindererziehung und andere Schriften. Frankfurt/Main: Fischer TB

Freud, A. (1987): Die kindliche Symptomatik. Ein vorläufiger Ansatz zu ihrer Klassifizierung. In: Die Schriften der Anna Freud, Bd. IX (1966–1970): Probleme der psychoanalytischen Ausbildung, Diagnose und therapeutischen Technik. Frankfurt/Main: Fischer TB

Kernberg, P. (1989): Kindliches Spiel und seine Veränderung als Anzeichen für den Verlauf von psychotherapeutischen Behandlungen bei Kindern. Unveröffentlichter englischsprachiger Vortrag an der Universitätsklinik für Neuropsychiatrie des Kindes- und Jugendalters in Wien.

Peller, L. (1969): Das Spiel als Spiegel der Libidoentwicklung In: Biermann, G. (Hg.): Handbuch der Kinderpsychotherapie, Bd. I. München: Reinhardt, S. 45–53

Der Beitrag wurde erstmals in „Unsere Kinder“ 2/1995 publiziert.

TEAM DES ANNA-FREUD-KINDERGARTENS

Dynamik in Kindergruppen

Beobachtungs- und Beeinflussungsmöglichkeiten

1981 wurde in Wien 18 der Anna-Freud-Kindergarten eröffnet. Er versteht sich als auf analytische Einsicht gegründeter Kindergarten und ist daher laut seiner Patronin Anna Freud nicht neu, sondern eine Fortsetzung von Bemühungen, die ins Jahr 1937 zurückreichen. Damals hatte Anna Freud zusammen mit Dorothy Burlingham in Wien 1 eine psychoanalytisch orientierte Kinderkrippe eröffnet, aus der sie sich schon 1938 mit Beginn der Nazi-Diktatur wieder zurückziehen musste. Auch wenn im Anna-Freud-Kindergarten anfangs besonderer Wert auf die Beobachtung des einzelnen Kindes gelegt wurde, verschob sich der Beobachtungsschwerpunkt schon bald auf die gesamte Kindergruppe und ihre gruppendynamischen Prozesse. Dabei wurde im Laufe der Zeit immer deutlicher, wie wichtig die bewusste Gestaltung des Umgangs der Kinder, Eltern, KindergartenpädagogInnen und KindergartenhelferInnen miteinander für die Erziehung und Bildung im Kindergarten ist. Soziale Erziehung, in einer Gruppe leben lernen, war schon immer und ist heute mehr denn je eine der wichtigsten Aufgaben der Kindergartenpädagogik. Aus diesem Grund bemüht sich der Anna-Freud-Kindergarten nun schon seit vielen Jahren darum, die Dynamik in Kindergruppen zu beobachten, um sie in einer der Entwicklung der Kinder förderlichen Weise steuern zu lernen.

1. Unsere Beobachtungsschwerpunkte

1.1. Beobachtung einzelner Kinder

Diese Beobachtungsmethode wenden wir vorwiegend in der Eingewöhnungszeit an, um ein differenziertes Bild über die neu hinzugekommenen Kinder zu entwickeln, aber auch um festzustellen, wie sich Kinder, die wir schon kennen, dieses Jahr in die Gruppe einbringen.

1.2. Wöchentliches Blitzlicht

Auf einem Raumplan verzeichnen wir eine Momentaufnahme des Gruppengeschehens. Wer spielt wo mit wem in welcher Weise? So lautet die Frage, die wir uns bei dieser sehr einfachen, rasch durchführbaren Beobachtungsmethode stellen, deren Ergebnisse wir auf dem Plan vermerken. Diese Art der Gruppenbeobachtung erfolgt wöchentlich. Auch wenn es sich bei jedem Blitzlicht um eine Momentaufnahme handelt, können sich daraus doch über einen längeren Beobachtungszeitraum hinweg gruppendynamische Entwicklungen ablesen lassen.

1.3. Mit den Kindern erstellte Soziogramme

Dabei werden die Kinder selbst nach ihren Freundschaften gefragt. Wir sehen in einem Soziogramm eine bildhafte Darstellung des momentan gültigen Gruppengefüges. Es kann von tagesspezifischen Erlebnissen der Kinder beeinflusst sein (z.B. eine schöne Spielsituation mit einem ungewohnten Spielpartner, Streit mit der besten Freundin, dem besten Freund, lange Abwesenheit des besten Freundes ...), es kann aber auch einen vorangegangenen Prozess einer aufbauenden Freundschaftsbeziehung zum Ausdruck bringen.

1.4. Supervision des Kindergartenteams

Wir KindergartenpädagogInnen richten den Blick aber nicht nur in Richtung Kindergruppe, sondern im Rahmen unserer wöchentlichen Team-Supervisionen auch ganz bewusst auf unser persönliches Erzieherverhalten und dessen Weiterentwicklung. Die Erkenntnisse aus der Supervision erleichtern uns das Verstehen- und Zulassen-Können der oft schwierigen und schmerzhaften, aber auch durchaus freudvollen und bereichernden Entwicklungsprozesse in der Kindergruppe.

2. Gruppenprozesse im Jahresverlauf

Unserer Erfahrung nach gliedert sich der Gruppenprozess während eines Kindergartenjahres in drei Phasen: Eingewöhnung – Zeit der Gemeinschaft – Ablösung.

2.1. Eingewöhnung

Die Eingewöhnung ist die Zeit von September bis Dezember. In dieser Zeit liegen unsere Schwerpunkte im Aufbau der Raum-Zeit-Regelstruktur, in der Kulturvermittlung (d.h. eine Verbindung schaffen zwischen Familien- und Kindergartenkultur) und in der Orientierungshilfe (d.h. den Eltern in dieser Umstellungsphase beistehen).

In der Eingewöhnungsphase erleben wir, dass aus den neuen, jungen Kindern, die als Individuen in die Gruppe eintreten, vorsichtige BeziehungspartnerInnen werden. Sie bringen sich in unterschiedlicher Weise in Spielgemeinschaften ein, „probieren“ Beziehungen aus und allmählich formt sich eine stabiler werdende Gesamtgruppe.

2.2. Zeit der Gemeinschaft

Als Phase der Gemeinschaft beschreiben wir die Zeit von Jänner bis Ende April. Die Kinder haben sich zu einer Gruppe formiert, in der sie ihre Stärken ausleben können, in der sie aber auch die Sicherheit empfinden, dass ihre Schwächen akzeptiert sind und dass sie hier in ihrer Gesamtpersönlichkeit, in ihrem individuellen „So-Sein“, als wertvoll erachtet werden.

Wir KindergartenpädagogInnen erleben die Kinder in dieser Zeit als so gefestigt in ihren Gruppenpositionen, dass sie in „relativer Unabhängigkeit“ von uns Erwachsenen leben können.

2.3. Ablösung

Die letzten beiden Monate des Kindergartenjahres – Mai und Juni – sehen wir als Phase der Ablösung, in der wir bei den Kindern verschiedenste Formen des Umgangs mit dem bevorstehenden Abschied wahrnehmen. Es geht um ein Loslassen des Vertrauten, ein Hinterfragen des Bekannten, um ein neugieriges In-die-Zukunft-Schauen.

Für manche Kinder bedeutet das Verunsicherung und Angst, während andere es gar nicht erwarten können, Neuem entgegenzugehen (Schuleintritt, neue Gruppenzusammensetzung im Herbst ...). In dieser Zeit brauchen uns die Kinder wieder verstärkt, um Sicherheit in dem sich neuerlich stark verändernden Gruppengefüge zu finden. Manche bestehende Spielgemeinschaft beginnt sich allmählich aufzulösen, während sich andere nochmals neu zu formieren scheinen, oft testen die Kinder abermals ihre Grenzen aus.

Diese uns schon vertraute, jedes Jahr wiederkehrende Dynamik der Gruppenprozesse erleben wir nicht nur in der Kindergruppe, sondern auch in unserer Hausgemeinschaft, dem Team (Leiterin, KindergartenpädagogInnen, Helferinnen ...) und in der Begegnung mit der Elterngruppe.

3. Soziogramm und Gruppenprozess

Als Abschluss jeder gruppendynamischen Phase im Kindergartenjahr erstellen wir in jeder Kindergruppe je ein Soziogramm. Unser erstes Soziogramm führen wir nach Abschluss der Phase der Eingewöhnung durch. Die Kinder sind zu diesem Zeitpunkt miteinander gut vertraut, haben an Sicherheit gewonnen und eine gemeinsame Erlebnisgrundlage (Kindergartenalltag, Ausgänge, Feste ...) aufgebaut.

Zu einem Zeitpunkt, der der KindergartenpädagogIn günstig erscheint,

- möglichst viele Kinder sind anwesend (fehlende Kinder werden zwar auf dem Plakat vermerkt, aber nicht ins Soziogramm miteinbezogen – sie erhalten keine Freundschafts-/Konfliktpfeile, da sie auch selbst keine absenden),
- die Aufnahmebereitschaft der Kinder ist gut,
- die Stabilität und die Sicherheit im Gruppenverband sind hoch,

werden kurze Vorbereitungsgespräche mit den Kindern geführt, in denen es darum geht sie einzustimmen, Neugierde und Vorfreude zu wecken, Unsicherheiten zu nehmen und Erfahrungen aus bereits erlebten Soziogrammen einfließen zu lassen. Dabei ist es wesentlich, auf eine für die Kinder zumutbare und aushaltbare Spannung zu achten. Für Vorbereitung und Durchführung eines Soziogramms reservieren wir einen ganzen Vormittag.

3.1. Erstellen und Auswerten eines Soziogramms

- Das Kind stellt sich anhand eines Symbols dar.
- Die angefertigten Symbolkarten werden auf einem Plakat positioniert und fixiert.
- Jedes Kind darf eine gewisse Anzahl von Freundschaftspfeilen (evtl. auch Konfliktpfeil) „verschicken“. Diese werden auf das Plakat gezeichnet.
- Das gemeinsame Betrachten und Besprechen des Beziehungsnetzes bildet den Abschluss.

3.2. Symbole zur Selbstdarstellung

Bei der Symbolwahl greifen wir auf ein gemeinsames Erlebnis oder besondere Interessen der Kindergruppe zurück. Jedes Kind wird durch ein selbst angefertigtes Haus, eine Blume, ein Selbstbildnis, einen Handabdruck ... symbolisiert – es fertigt das seiner Person entsprechende Symbol an und versieht es mit seinem Namen. (Diese Vorbereitungsarbeiten können durchaus schon am Vortag begonnen werden.)

3.3. Die Positionierung der Symbolkärtchen

Wir versammeln die Gruppe um das Plakat (gemütlicher Sitzkreis, das Plakat liegt für alle gut einsehbar in der Mitte) und laden die Kinder ein, für ihr Symbol den passenden Platz zu finden und dieses dort hinzulegen. In dieser Phase werden die Plätze der Symbole noch getauscht und die Kinder diskutieren die Beweggründe ihrer Platzwahl. (Zwei Freunde legten ihre Symbole weit auseinander, um sich lange Pfeile schicken zu können; andere wiederum drückten ihre Nähe durch enges Zusammenlegen ihrer Symbole aus ...) Wenn alle Kinder mit ihren Plätzen zufrieden sind, werden die Kärtchen von der KindergartenpädagogIn aufgeklebt.

3.4. Freundschafts- und Konfliktpfeile

Die Kindergartenpädagogin fordert die Kinder auf, still in die Runde zu schauen und zu entscheiden, wem sie ihre Pfeile (meist sind es Freundschaftspfeile, nur sehr selten Konfliktpfeile) schicken wollen. Dabei achten wir darauf, dass jedes Kind genug Zeit hat, sich zu sammeln und seine Wahl zu treffen. Danach fragen wir reihum jedes Kind ganz konkret: „Wem möchtest du einen Freundschaftspfeil schicken?“, und ermutigen jede/n, ihre/seine Wahl zu begründen. Das befragte Kind teilt nun seine Entscheidung (und die Motive dafür) der Gruppe mit und die KindergartenpädagogIn zeichnet den Pfeil von AbsenderIn zu EmpfängerIn.

Wir haben uns bei jüngeren Kindern auf zwei Freundschaftspfeile festgelegt. Älteren und **soziogrammerfahrenen** Kindern geben wir die Möglichkeit drei Pfeile zu schicken, wobei einer davon ein „Blitzpfeil“ (Konfliktpfeil) sein kann. Speziell für diesen Fall erwarten wir von den Kindern immer eine Begründung für den vergebenen „Blitzpfeil“.

Damit die grafische Darstellung möglichst anschaulich wird, bemühen wir uns die Pfeile so zu zeichnen, dass sie einander nicht unnötig kreuzen. Es gibt:

- den einfachen Beziehungspfeil
- den erwiderten Beziehungspfeil
- den einfachen Konfliktpfeil (mit anderer Farbe)
- den erwiderten Konfliktpfeil (mit anderer Farbe)

Für uns KindergartenpädagogInnen gelten in dieser Phase folgende Grundhaltungen:

- Wir achten jede Äußerung der Kinder als richtig und wertvoll.

- Wir werten und manipulieren nicht, sondern begleiten, moderieren und unterstützen.
- Wir verstärken die Bereitschaft des Kindes sich einzulassen und einzubringen.
- Wir achten auf eine Balance zwischen Ernsthaftigkeit und lustvollem Tun.

Nur so kann auch bei den Kindern faires Verhalten wachsen, wie z.B. zu- und hinhören, aussprechen lassen und andere Meinungen zulassen.

3.5. Gemeinsames Betrachten und Besprechen

Zusammen mit den Kindern betrachten wir das vor ihnen entstandene Bild und ermuntern sie über ihre Eindrücke und Gefühle zu sprechen. Dabei wissen wir aber, dass manche Kinder erst zu einem späteren Zeitpunkt in der Lage sind, uns ihr Erleben mitzuteilen.

Als Abschluss wird das Soziogramm im Gruppenraum aufgehängt. Immer wieder versammeln sich Kinder dort in Klein- und Kleinstgruppen und tauschen sich über die sichtbaren „Verhältnisse“ aus. Nur so wird an diesem und den darauf folgenden Tagen eine weitere Aufarbeitung möglich:

- durch Gespräche der Kinder untereinander,
- durch Diskussionen im Beisein der KindergartenpädagogIn,
- beim stillen Betrachten.

Im Zuge dieser Vertiefung dürfen bei den Kindern Freude und Stolz, aber auch Traurigkeit und Enttäuschung zum Ausdruck kommen.

Auch interessierte Eltern haben die Möglichkeit mit der KindergartenpädagogIn über das Soziogramm zu sprechen, um Orientierung zu bekommen. Dabei achten wir besonders darauf, falsche Interpretationen und Überbewertungen auszuräumen, sind wir uns doch dessen bewusst, dass wir äußerst vorsichtig und verantwortungsbewusst mit Interpretationen umgehen müssen, da sie, wenn überhaupt, immer nur einen Teil der Wahrheit widerspiegeln. Nur mit diesem Bewusstsein können wir unsere eigenen Erfahrungen und Einschätzungen zu den Soziogrammen innerhalb des pädagogischen Teams fruchtbar austauschen, bearbeiten und für zukünftige Planungen sinnvoll nützen. (Zur Dokumentation übertragen wir die Ergebnisse jedes Soziogramms von den Plakaten auf A4-Papier.)

4. Soziogramm und KindergartenpädagogIn

Schon Tage vor der Erstellung des Soziogramms spüren wir meist neugierige Spannung, wir überlegen, welches „Bild" sich ergeben könnte, setzen uns mit Gruppenkonstellationen auseinander und haben das Gefühl, die Kinder im Vorfeld besonders genau in ihrem sozialen Agieren wahrzunehmen.

Beim Leiten des Soziogramms ist es für uns immer schwierig, die Kinder anzunehmen und zu unterstützen – während gleichzeitig verschiedene Emotionen in unserem Bauch kreisen! Diese Sorge um einzelne Kinder, die uns nicht gut integriert scheinen, aber auch die Freude, wenn sich „schwierige", weil konfliktträchtige Beziehungen aufzulösen beginnen – vielleicht sogar zu tragfähigen und befruchtenden Beziehungen wachsen –, lassen uns emotionale Wechselbäder erleben. Natürlich beschäftigen uns speziell jene Kinder, die im Alltag auffällig sind, weil sie wenig kooperatives Verhalten zeigen oder sogar stören. Wir sind besorgt, welche Rückmeldungen diese Kinder bekommen und wie sie damit umgehen werden. Gelegentlich sind unsere Ängste unbegründet, denn einerseits spüren die Kinder ja auch im Alltag ihre Position und andererseits erleben wir auch oft, dass die Gruppe sich gar nicht so massiv gestört fühlt, wie wir vermutet haben. Besonders froh sind wir, wenn wir erleben können, dass jene Kinder, die aus einer „unglücklichen" Position ausgestiegen sind, sich in der Gruppe stabilisieren und mit neuem Selbstvertrauen ihre Position einnehmen und verteidigen

Ein wesentlicher Grund, warum wir so mitfühlen, liegt natürlich auch darin, dass wir ErzieherInnen einen wesentlichen Einfluss auf die Gruppenformung haben. Dies führt zu Überlegungen wie: Welchen Anteil habe ich durch mein erzieherisches „Sein" an der Dynamik in der Gruppe? Wie gehe ich mit den einzelnen Kindern und ihren Positionen um? – Natürlich hat jede von uns andere Erfahrungen und einen anderen „Zugang" zu verschiedenen Positionen, die in Gruppen eingenommen werden. Sicher sind wir davon geprägt, in welchen Positionen wir selbst uns in Gruppen wohl fühlen und welche wir für uns gar nicht einnehmen wollen.

All diese Empfindungen, die von leichter Anspannung bis hin zu Bauchweh reichen können, machen uns aber auch offen für neue Einsichten. Schon daraus ergeben sich Veränderungen für die Zukunft.

So bemerken wir z.B., dass manche Kinder mehr Unterstützung brauchen, um Strategien zu entwickeln, mit denen sie ihre Kontaktwünsche günstiger ausleben können. Wir bemerken aber auch, dass Kinder, die wir als zu still erleben, ohnehin in der Gruppe gefestigt sind und ihren Weg zu einer für sie befriedigenden Position gefunden haben. Wir bemerken, dass manche Kinder eine „exklusive", das heißt vielleicht sogar „einsame" Position nicht bedroht, weil sie ihre aktuelle Befindlichkeit richtig ausdrückt.

Eines spüren wir ganz deutlich während und nach Soziogrammen: dass wir – KindergartenpädagogInnen und Kinder – zu einer Gruppe verwoben sind, in der es immer auch um das Spiel von Nähe und Distanz geht, wo um Positionen manchmal geworben, gekämpft, gebuhlt, gerangelt wird, es sich dabei aber immer um einen Aushandlungsprozess handelt, der Dynamik ausdrückt.

5. Soziogramm und Eltern

Da wir in jedem Kindergartenjahr pro Kindergruppe drei Soziogramme durchführen, haben wir die Erfahrung gemacht, dass sich bei manchen Kindern über einen längeren Zeitraum hinweg Veränderungen in ihrer Gruppenposition beobachten lassen.

So hatte z.B. ein Bub (viereinhalb Jahre) zu Beginn des Jahres massive Schwierigkeiten, in bestehende Kleingruppen von spielenden Kindern hineinzufinden. Seine Annäherungsversuche wirkten auf andere Kinder häufig störend. Oft ergaben sich heftige Diskussionen, die den Spielfluss unterbrachen, doch ein gemeinsames Spiel konnte nicht zustande kommen. Der Bub zog sich dann meist überfordert und unbefriedigt zurück, während die anderen Kinder lange brauchten, wieder in ihr Spiel zu finden. Als der Bub beim ersten Soziogramm keinen Freundschaftspfeil bekam, war er betroffen. Für uns war aber deutlich wahrnehmbar, dass er ein starkes Kontaktbedürfnis hatte. Daraufhin begannen wir ihn intensiv dabei zu unterstützen, seine Selbst- und Sozialkompetenz zu stärken. Im Umgang mit einzelnen Kindern versuchten wir mit ihm all das zu entwickeln, was er später an „Rüstzeug" im Spiel mit mehreren Kindern brauchte: eigene

Spielideen artikulieren, seine Wünsche auch einmal zurückstellen, einen Konflikt durchhalten, bewusstes Wahrnehmen einer harmonischen Spiel- und Freundschaftsbeziehung, Wiederzusammenfinden nach einem Streit ... – Wir freuten uns zu erleben, dass sich seine Spielzufriedenheit steigerte. Beim zweiten Soziogramm ging bereits ein Freundschaftspfeil an ihn, offen zeigte er seine große Freude. So motiviert, war es für den Buben nun leichter, auch auf kleine Spielgruppen zuzugehen, längere Spielsituationen durchzuhalten und Konflikte während des gemeinsamen Spiels zu reduzieren. Diese Entwicklung ging – trotz einiger Rückschläge – bis zum dritten Soziogramm weiter. Wichtig war uns, immer wieder einen regen Austausch mit den Eltern des Buben zu führen. In vielen Gesprächen war es möglich, seine Stärken und auch seine Schwächen im emotionalen und sozialen Bereich anzusprechen, Fortschritte deutlich zu machen, Rückfälle einzugestehen und dabei eine Erziehungspartnerschaft aufzubauen.

Bei der Konfrontation mit Soziogrammen erleben nicht nur wir KindergartenpädagogInnen Unsicherheit, Anspannung und Sorge – so ergeht es auch vielen Eltern. Manche haben den Wunsch, ihr Kind vor dieser Bedrohung zu schützen, und stellen das Soziogramm heftig in Frage. Ihre Besorgnis um die Verletzung der seelischen Integrität ihres Kindes muss ernst genommen werden. Nur bei verständnisvollen Gesprächen können sie ihren Blickwinkel verändern. Während die Kinder die Situation in vertrautem, geschütztem Rahmen erleben, fehlt den Eltern diese Grundlage und sie reflektieren uns gegenüber ihre Fantasien und Gefühle. Wir haben die Erfahrung gemacht, dass schwierige Situationen in einem Soziogramm Kinder nicht so sehr wie Eltern beunruhigen. Doch wir haben auch erlebt, dass die Angst der Eltern vor Verletzungen ihrer Kinder vermindert werden kann, wenn es uns gelingt, ihnen zu vermitteln, dass nur bearbeitet und verändert werden kann, was ausgesprochen ist – und unausgesprochen ohnehin ständig wahrgenommen wird. Das ist für uns die Chance des Soziogramms.

Ein anderes Kind (viereinhalb Jahre) zeichnete sich schon während der Zeit der Eingewöhnung durch seine hohe soziale Kompetenz aus. Selbstständig und den Jüngeren Hilfe anbietend, nahm es bald eine besondere Position innerhalb der Gruppengemeinschaft ein. Mit seiner Position – ein allzeit und bei jedem willkommener Spielpartner – wusste dieses Kind vorsichtig und verantwortungsvoll umzugehen. Es wurde von den anderen als Vorbild geachtet und wegen seines unkomplizierten und fröhlichen Wesens geliebt. Mit Spannung beobachteten wir während des Soziogramms, wie diesem Kind ein Freundschaftspfeil nach dem anderen geschickt wurde. (Das Ergebnis, acht Freundschaftspfeile, war für uns nicht verwunderlich, doch überwältigend!) Die Kinder begründeten ihre Wahl mit den zahlreichen Spielsituationen, die sie mit diesem Kind genossen hatten. Liebevoll und einfühlsam erzählten sie, was sie an diesem Kind besonders schätzten. Dabei konnten wir beobachten, wie das Kind stolz, aber auch ein bisschen verlegen diese Einschätzungen annehmen konnte. Die Gruppe reagierte mit Anerkennung und Bewunderung – ganz ohne Neid. In diesem Fall spiegelte das Soziogramm ein für uns schon vorher sichtbares Gruppengefüge wider, das durch das Verbildlichen klarer wahrnehmbar wurde. Auch die Mutter dieses Kindes war nicht weiter verwundert, sondern empfand ihr Kind als richtig wahrgenommen. Sie fühlte sich bestätigt in ihrem Bemühen, ihrem Kind die Verantwortung für die Gestaltung seiner sozialen Beziehungen zu überlassen.

Soziogramme sind fixer Bestandteil unserer pädagogischen Arbeit, da sie unseren Kindern die Chance zur Weiterentwicklung eröffnen. Wir sehen sie als Methode, die hilft, allgemeine Ziele des Kindergartens zu verwirklichen, Selbst-, Sozial- und Sachkompetenz der uns anvertrauten Kinder zu fördern. Wir sehen die Auseinandersetzung mit dem Soziogramm als Ausdruck von Wahrheit und Nähe in unseren Beziehungen. Das Kind erwirbt dabei im günstigen Fall durch konkrete Rückmeldung ein realistisches Selbstbild, indem sich Selbsteinschätzung durch Feedback ergänzt. Es erlebt, dass Rückmeldung, ja sogar Kritik nicht Vernichtung sein muss, sondern Unterstützung sein kann. Das Kind fühlt sich wahrgenommen, nimmt aber auch sich selbst und andere in diesen Situationen besonders intensiv wahr. Es spürt, dass seine Wünsche und Empfindungen ernst genommen werden, lernt dabei seine eigenen Gefühle und die anderer anzunehmen und kann die Erfahrung machen, dass es einen entscheidenden Einfluss auf das Leben in „seinen" Gruppen hat, dass sein ehrliches Bemühen um guten Kontakt zu anderen von diesen auch honoriert wird. Eine Aufgabe des Kindergartens der Zukunft liegt darin, Kinder fähig und bereit zu machen, in wechselnden sozialen Systemen bestehen und persönliche Wege des Wohlbefindens finden zu können – und wir sind überzeugt davon, dass wir den Kindern ein Stück Hilfe auf dem Weg dorthin sein können.

Team: Karin Dürr, Tatjana Ernst, Alexandra Hubl, Petra Leder, Martina Nowak, Doris Weber, Marlene Lustig, Dr. Karl Purzner.

Der Beitrag wurde erstmals in „Unsere Kinder" 2/2001 publiziert.

Lisa Kneidinger

Planung und Überprüfung von Bildungsprozessen

1. Einleitung

Die schriftliche Planung der Bildungs- und Erziehungsarbeit im Kindergarten und Hort ist immer wieder Thema pädagogischer Diskussionen zu Fragestellungen wie:

- Was genau soll wie konkret geplant werden?
- Für welche Zeiträume kann und soll pädagogisches Geschehen im Voraus geplant und somit doch auch fixiert werden?
- Können einheitliche Planungsvorgaben der Vielfalt pädagogischer Ansätze im Kindergarten und Hort gerecht werden?

Das Folgende soll Antwort auf diese und andere Fragen und einen Überblick über Planungsinhalte und Planungsformen geben und die grundsätzliche Notwendigkeit und den Sinn schriftlicher Planung erläutern.

Die verschriftlichte Planung ist das Endprodukt eines langen Planungsprozesses und gibt allen daran Interessierten (einschließlich dem Planenden selbst) Auskunft darüber, was man wann, wie, mit wem, in welchem Zeitraum und unter welchen Bedingungen machen wird, damit ein bestimmtes Ergebnis erreicht werden kann.

Es ist heute unbestritten und auch gesetzlich verankert, dass Kindergärten und Horte ihre pädagogische Arbeit (schriftlich) planen. Dies war, so wie auch in anderen Sozialberufen, nicht immer so, sind doch soziale Tätigkeiten wie die Pflege oder die Erziehung scheinbar selbstverständliche, von vielen Menschen im Alltag praktizierte Handlungen, die nicht extra Überlegungen zum Warum, Wozu und Wie benötigen.

Zusätzlich gibt es gerade in der Erziehung von Kindern eine Menge an scheinbar plausiblen Alltagstheorien: „Man" weiß eben, was Kinder tun sollen, was ihnen nützt und schadet (Kazemi-Veisari 1996).

Doch professionelle Pädagogik darf nicht ausschließlich auf Erfahrungswissen, Alltagstheorien und spontanen Aktionen basieren, sie braucht neben zahlreichen anderen Voraussetzungen (wie z.B. qualitativ hochwertigen Rahmenbedingungen oder einem wissenschaftlichen Fundament) die intensive Auseinandersetzung mit dem pädagogischen Handeln selbst, was in der schriftlichen Planung erfolgt.

Damit das Geplante in die Realität umgesetzt werden kann und dieser Umsetzungsprozess für andere nachvollziehbar wird, ist es notwendig, anhand klar definierter Planungsstrukturen vorzugehen:

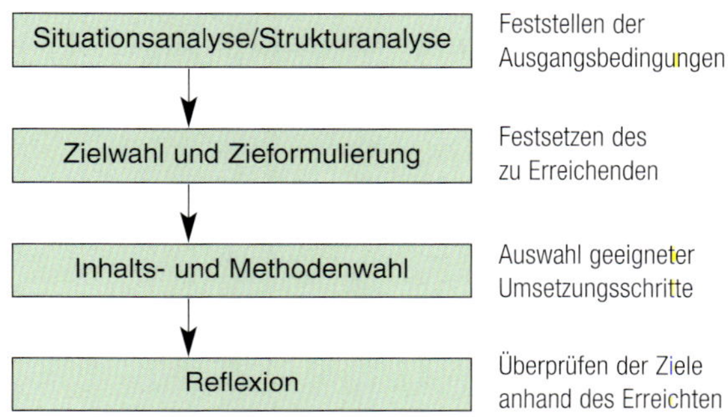

Diese Auflistung wird nun möglicherweise bei Ihnen unterschiedliche Reaktionen hervorrufen. Manche mögen sich durch diese klaren Vorgaben in ihrer spontanen Arbeitsweise eingeschränkt fühlen:

- Pädagogische Arbeit basiert doch zu einem nicht unwesentlichen Teil auf Spontaneität und Flexibilität.
- Im Leben mit Kindern lässt sich nur selten ein gewissenhaft erstellter, detaillierter Plan verwirklichen, oft gibt es Unvorhergesehenes und Überraschendes, auf das sofort reagiert werden muss.
- Wertvolle Fähigkeiten von PädagogInnen (wie spontanes, situationsangepasstes Agieren) können durch zeitaufwändiges Planen zu kurz kommen.
- Eine so klare Planungsvorgabe mag dazu verleiten, Planung an sich höher zu bewerten als die tägliche pädagogische Praxis.

Doch hier muss die Frage gestattet sein, worin sich dann die Kindergarten- und Hortpädagogik von der Erziehung in der Familie unterscheidet. Denn auch in der Familie wird den Bedürfnissen der Kinder im Rahmen der jeweiligen Möglichkeiten spontan entsprochen, das erzieherische Tun steht im Vordergrund. Das vielfältigere Methodenrepertoire der Kindergarten- und HortpädagogIn im Vergleich zu dem von Eltern würde noch keine ausreichende Legitimation institutioneller Pädagogik darstellen.

Bei anderen mag eine klare Planungsstruktur sehr hilfreich und willkommen sein und als roter Faden im „Dschungel des pädagogischen Alltags" dienen. Allerdings besteht bei zu starker Orientierung an einmal Geplantem die Gefahr, Veränderungen zu wenig oder nicht mehr wahrzunehmen bzw. sie als Störung zu erleben.

Die Antwort auf die Frage, ob klare Planungsstrukturen eher einengend oder unterstützend erlebt werden, ist in erster Linie von der individuellen persönlichen Herangehensweise der Kindergarten-/HortpädagogIn an längerfristige Vorhaben abhängig. Zusätzlich spielen aber noch folgende Faktoren eine Rolle:

- Ausmaß der zur Verfügung stehenden Vorbereitungszeit,
- die zur Planung zu verwendenden Planungsvorgaben und -formulare,
- das jeweilige pädagogische Konzept der Einrichtung,
- das Ausmaß der Berufserfahrung.

Unabhängig von den jeweiligen Voraussetzungen stellt die schriftliche Planung für qualitativ hochwertige Kindergarten- und Hortpädagogik ein unverzichtbares Instrument dar, weil sie Antworten auf eine zentrale Frage der Kindergarten- und Hortpädagogik gibt, nämlich welche Form der Unterstützung Kinder in ihrer momentanen Entwicklungsphase benötigen, um einen weiteren Schritt auf dem Weg zu einem selbstbewussten und vielfältig kompetenten Menschen zu gehen.

Schriftliche Planung verdient daher aufgrund der bisher beschriebenen Faktoren eine genaue Betrachtung und eine ausführliche Diskussion grundlegender Aspekte des Planungsprozesses.

Die Vorteile schriftlicher Planung:

- Sie gibt der/dem Handelnden Sinn und Orientierung, sie macht pädagogisches Geschehen überschaubar und transparent.
- Sie ermöglicht eine erste Objektivierung und Fixierung, die Fülle von Eindrücken und Ideen kann geordnet, Wichtiges von Vernachlässigbarem getrennt werden.
- Sie ist Entscheidungshilfe in der konkreten Situation.
- Sie motiviert zu Leistung und Selbststeuerung.

Zusätzlich enthält das Schreiben einen Moment der Langsamkeit, des Innehaltens, die/der Planende kann für Augenblicke eine reflexive Haltung gegenüber dem eigenen Tun einnehmen (Hebenstreit 1994).

2. Inhaltliche Planungsebenen: Planungsschritte

2.1. Erforschen und Analysieren der Bedingungen und Strukturen: Situationsanalyse

Die Situationsanalyse stellt den ersten Schritt im Planungsprozess dar. Durch ein genaues Erforschen und Analysieren der Ausgangsbedingungen für die Bildungs- und Erziehungsarbeit im Kindergarten und Hort wird die Basis für die weiteren Planungsschritte geschaffen: Die Kindergarten-/HortpädagogIn sammelt Informationen zu Lebensumwelten und Individuallagen der Kinder und erhält damit einen ersten Überblick. Dieser ist Voraussetzung für eine zielgruppenspezifische Auswahl von Zielen, Inhalten, Methoden und Medien.

Paul Heimann (1962) hat diesen Prozess als Strukturanalyse bezeichnet. Er postuliert in seinem didaktischen Modell sechs Strukturmomente, die das pädagogische Geschehen kennzeichnen. Er ordnet diese in Entscheidungsfelder und Bedingungsfelder.

Entscheidungsfelder

- Bereich der Intentionen (Bildungsziele)
- Bereich der Inhalte (Bildungsinhalte)
- Bereich der Methoden (Vorgangsweisen)
- Bereich der Medien (Bildungsmittel)

Bedingungsfelder

- Anthropologisch-psychologische Determinanten (Entwicklungsstand, Lernbiografie, Bildbarkeit, Interaktionsprozesse)
- Soziokulturelle Determinanten (häusliches Milieu, Situation des Kindergartens, gesellschaftliche und kulturelle Faktoren)

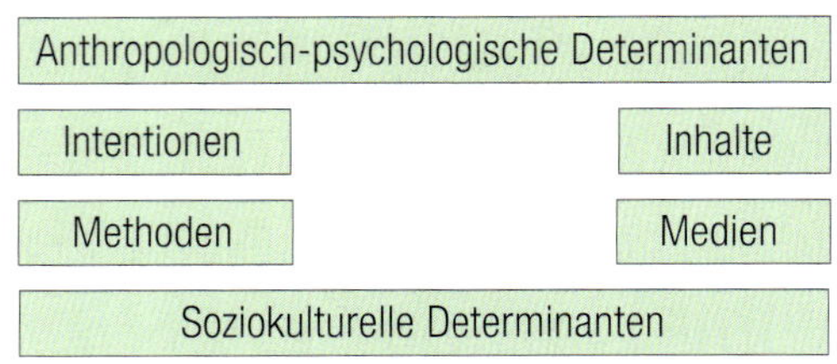

Um die Entscheidungsfelder bearbeiten zu können, sprich um die Ziele zu formulieren, die Inhalte auszuwählen und die Methoden und Medien zu bestimmen, müssen zuerst die Bedingungsfelder mit Hilfe der Situationsanalyse und der Kinderbeobachtung erforscht werden (vgl. Hartmann et al. 2000, S. 94).

Die Situations- bzw. Strukturanalyse im Kindergarten/Hort umfasst (nach Heimann 1962) zwei Bereiche:

2.1.1. Feststellung der soziokulturellen Bedingungsfelder

Durch eine Situationsanalyse auf der Makroebene werden die Rahmenbedingungen der jeweiligen Einrichtung erfasst. Das Team des Kindergartens oder Hortes oder die einzelne Pädagogin, der einzelne Pädagoge sammelt Informationen zu folgenden Punkten:

- Lage des Kindergartens oder Hortes
- Örtliche Gegebenheiten, Umfeld der Einrichtung
- Soziales Umfeld allgemein: Wohn- und Familiensituationen, Einkommenssituationen, Kontakt- und Kommunikationsmöglichkeiten der Bevölkerung, Spiel- und Freizeitmöglichkeiten
- Beschreibung der Einrichtung: Größe und Gruppenanzahl, räumliche Situation
- Personalsituation: MitarbeiterInnenanzahl, Voll- und Teilzeitbeschäftigte, Berufsgruppen
- Öffnungszeiten
- Zielgruppenbeschreibung (z.B. mögliche Altersgruppen der den Kindergarten oder Hort besuchenden

Kinder, wie etwa alterserweiterte Kindergartengruppen, Hortgruppen für Kinder bis 10 Jahren oder bis 14 Jahren)

- Gesellschaftliche und kulturelle Faktoren: Stellenwert des Kindergartens/Hortes, Integration in die Gemeinde, Kontakte zu anderen Bildungseinrichtungen, Mitarbeit und pädagogische Vorstellungen der Eltern und der Öffentlichkeit (Hartmann/Stoll 2004).

Diese erhobenen Fakten können auch unter dem Begriff „Profil einer Einrichtung" zusammengefasst werden.

2.1.2 Erfassen der anthropologisch-psychologischen Bedingungsfelder

Erfassen der **Individuallagen der Kinder:** Bei diesem Teil der Situationsanalyse wird die Zusammensetzung der Kindergruppen nach bestimmten Kriterien aufgeschlüsselt:

- Entwicklungsstand der Kinder, besondere Interessen, Fähigkeiten, Begabungen und Bedürfnisse der Kinder
- Spezifische Familiensituationen (Anzahl der Einzelkinder, Anzahl allein erziehender Elternteile etc.)
- Berufe bzw. Tätigkeitsfelder und Interessen der Eltern

Diese Daten können einerseits durch Informationen aus Evidenzblättern und Elterngesprächen (Aufnahmegespräch, Entwicklungsgespräch) und andererseits durch Kinderbeobachtung erfasst werden.

Erfassen der **Interaktionsprozesse:**

- Einflüsse der Persönlichkeiten der pädagogischen Fachkräfte
- Soziale Beziehungen der Kinder untereinander
- Merkmale der Gruppenzusammensetzung: genaue Altersstruktur der den Kindergarten/Hort besuchenden Kinder, Geschlecht, Nationalitäten, Religionen, Sprachen etc.

Entwicklungsbedingte Schwerpunkte für das Kindergarten-/Hortalter (vgl. Hartmann/Stoll 2004).

2.1.3. Beobachtung von Kindern

„Die Beobachtung von Kindern bildet eine wesentliche Grundlage für eine differenzierte, auf die Persönlichkeitsentwicklung des Kindes ausgerichtete pädagogische Arbeit" (Land OÖ 2004). Bei Kinderbeobachtungen ist zwischen zufälligen/gelegentlichen und absichtlichen/systematischen Beobachtungen zu unterscheiden.

Eine **systematische Beobachtung** von Kindern im Freispiel und bei der Teilnahme an Bildungsangeboten erfolgt anhand einer bestimmten Fragestellung und mit Hilfe ausgewählter Beobachtungsmethoden. Die schriftlichen Beobachtungsergebnisse müssen als Antwort auf die eingangs gestellte Frage ausgewertet und analysiert werden. Dadurch erhält die PädagogIn wertvolle Informationen über

- den momentanen körperlichen, kognitiven, sozialen und emotionalen Entwicklungsstand und aktuelle Entwicklungsfragen und -themen eines Kindes,
- individuelle Entwicklungsprozesse,
- individuelle Interessenschwerpunkte,
- aktuelle Gruppen- und Spielprozesse,
- Schlüsselsituationen im Alltag,
- Nutzung von Räumlichkeiten und Materialien.

Natürlich können Kinder auch ohne gezielte Fragestellung beobachtet werden, es stellt sich dann allerdings die Frage, ob nicht versteckte, meist nicht bewusste Hypothesen den Beobachtungsprozess leiten. Eine Auseinandersetzung mit diesen (bis dahin nicht klaren) Hypothesen ist sinnvoll, weil sie zu aussagekräftigeren Beobachtungsergebnissen führt.

Auch der Zweck der Beobachtung (Wozu brauche ich die Beobachtungsergebnisse?) gibt meist eine bestimmte Fragestellung vor. Wenn die Beobachtung beispielsweise zur Vorbereitung eines Entwicklungsgesprächs mit Eltern verwendet wird, wird die Aufmerksamkeit auf bestimmte Entwicklungsfortschritte des Kindes gelenkt.

Folgende Aspekte begünstigen den Einsatz von Beobachtungsergebnissen in der weiteren Planung:

- Konkrete Fragestellung.
- Absprachen im Team, damit die beobachtende Kindergarten- und HortpädagogIn Zeitnischen für den Beobachtungsprozess schaffen und nutzen kann (sie tritt während der Beobachtungszeit mit dem beobachteten Kind oder den beobachteten Kindern soweit wie möglich nicht in Interaktion).
- Schriftliches Festhalten der Beobachtungsergebnisse.

Beobachten bedeutet Wahrnehmen in zweierlei Hinsicht: Beim Beobachten nimmt die Kindergarten- und HortpädagogIn einerseits das Verhalten und die Äußerungen eines Kindes wahr und kann andererseits damit die Situation des Kindes und seine Sicht der Dinge als seine „Wahrheit" annehmen.

Es wird ihr möglich, kindliches Verhalten besser zu verstehen und darauf aufbauend pädagogisches Handeln zu planen. Regelmäßige Beobachtung im Sinne von „Beachtung" bedeutet eine große Wertschätzung des Kindes und unterstützt die Beziehung zwischen Kind und Erwachsenen.

Kinderbeobachtung im Rahmen des offenen Arbeitens: Wenn mehrere Erwachsene das Kind in verschiedenen Zusammenhängen und Situationen erleben, ihre Beobachtungen schriftlich festhalten und austauschen, trägt dies zur Objektivierung der naturgemäß subjektiven Wahrnehmung bei und stellt somit eine qualitative Verbesserung dieses Instruments dar.

„Die Kinderbeobachtung ist das grundlegende Arbeitsinstrument der pädagogischen Fachkräfte. Sie müssen nachweisen können, dass die Planung der individuellen Förderung und der Aktivitäten der Gesamtgruppe nicht auf Vermutungen beruht, sondern auf konkreten Beobachtungsergebnissen." (Bostelmann/Fink 2003).

2.1.4. Pädagogische Orientierung

Aus den bisherigen Ausführungen zur Situationsanalyse wird deutlich, dass das Kind bzw. die Kindergruppe stets am Anfang des Planungsprozesses steht und zum Ausgangspunkt der Planung gemacht werden muss: Die Kinder, die einen Kindergarten oder Hort besuchen, beeinflussen als unmittelbare Anlassgeber die pädagogische Planung wahrscheinlich am stärksten. Mit den Inhalten und den damit verbundenen Zielen der pädagogischen Arbeit reagiert die Kindergarten- und Hortpädagogik auf

- die individuellen kindlichen Erfahrungen und Interessen,
- die aktuellen und entwicklungspsychologisch relevanten Bedürfnisse der Kinder,
- kindliche Entwicklungspotenziale und
- ihre jeweiligen Lebenssituationen.

Das Kind steht aber nicht nur als reale Person am Beginn der Planung. Auch das zu Grunde liegende persönliche **Bild vom Kind** beeinflusst durch das damit verbundene Verständnis von Erziehung und Bildung den Planungsprozess.

Hier seien nur zwei von vielen Sichtweisen plakativ dargestellt, um zu veranschaulichen, dass bestimmte Annahmen über das Wesen des Kindes zu unterschiedlichen Planungsschwerpunkten führen können (für weitere Informationen zu unterschiedlichen Bildern vom Kind im Laufe der pädagogischen Geschichte und für anleitende Fragen zur Erforschung eigener Bilder vgl. Hartmann et al. 2000).

Das Bild vom Kind im **funktions- und lernbereichsorientierten Ansatz:** „Kinder sind Konsumenten der Pädagogik, sie sind Teilnehmer und Nutznießer eines pädagogischen Programms."

Aus dieser Perspektive heraus werden Kinder überwiegend als unmündige und in ihrer Entwicklung von Erwachsenen abhängige Menschen verstanden. Der pädagogische Alltag muss von Erwachsenen durchstrukturiert und detailliert vorausgeplant werden, das Kind ist „Objekt erzieherischen Handelns und gezielter Bildungsbemühungen" (Lill 2004). Es wird für Kinder pauschal festgelegt, welche Programme und Inhalte zu welchem Zweck für sie „gut" sind.

Ausgangspunkt und Mittelpunkt für pädagogische Planung ist ein Idealbild, das sich in Vorstellungen manifestiert, wie Kinder sein und wie sie werden sollen. Damit verbunden ist die Wahrnehmung des Kindes als grundsätzlich unfertiges und im Vergleich zum Erwachsenen bzw. im Vergleich zum Idealbild defizitäres Wesen.

Für die Planung der pädagogischen Arbeit bedeutet dies:
- Vordergründig wahrgenommene Defizite und vermutete Bedürfnisse bilden den Mittelpunkt für die Planung von Angeboten: Was kann das Kind (schon), was kann es (noch) nicht? Was braucht es wann und in welcher Form? Es werden bestimmte Programme aus einem Ziel- und Angebotskatalog, der die zu fördernden Bereiche inklusive der methodischen Verfahren beschreibt, ausgewählt.
- Vorgegebene Lernziele und Entwicklungserwartungen lassen wenig Raum für individuelle Besonderheiten. Soziale Lebenszusammenhänge und aktuelle Interessen des Kindes spielen eine untergeordnete Rolle.
- Der vorrangige Blick auf Defizite verringert die Chancen, vorhandene Kompetenzen wahrzunehmen und darauf aufzubauen.
- Es müssen spezielle Überlegungen zur Motivation jener Kinder, die wenig Interesse an vorgefertigten Bildungsangeboten haben, angestellt werden.

Das Rollenverständnis der Kindergarten- und HortpädagogIn: Ihre Aufgabe besteht überwiegend darin zu entscheiden, was Kinder brauchen und wessen sie bedürfen. Sie ist die Alleinverantwortliche für die konkrete Gestaltung des pädagogischen Geschehens und legt Inhalte im Voraus fest, die Perspektive des Kindes wird weitgehend ausgeklammert.

Das Bild vom Kind im **kindzentrierten und im erlebnisorientierten Ansatz:** „Kinder als kompetente und eigenständig handelnde Personen bestimmen das pädagogische Geschehen im Kindergarten/Hort mit und sind Akteure ihrer Entwicklung."

Dieses Bild vom Kind legt den Schwerpunkt auf die bereits entwickelten kindlichen Kompetenzen und die Selbsttätigkeit des Kindes.

Nicht verallgemeinernde und für möglichst viele Kinder definierte Lernziele stehen im Vordergrund, sondern individuelle und an den aktuellen Bedürfnissen des Kindes orientierte Ziele und Inhalte.

Für die Planung der pädagogischen Arbeit bedeutet dies:
- Ausgehend von den Beobachtungen einzelner Kinder und der Wahrnehmung von Gruppenprozessen können aktuelle Kinderthemen festgestellt und aufgegriffen werden. Vorrangiges Ziel ist es, Kinder zum Handeln aufzufordern. Es werden Antworten auf Fragen wie „Was interessiert Kinder?", „Was fordert sie heraus?", „Unter welchen Bedingungen haben Kinder welche Erfahrungen gemacht?" gesucht und im nächsten Schritt in die weitere Planung mit einbezogen.
- Die vorbereitete Umgebung und der Tagesablauf (räumliche und zeitliche Strukturen) ermöglichen Kindern Freiräume, die sie selbsttätig nutzen können. Die/Der Planende achtet bei der Gestaltung dieser Freiräume auf Kindgemäßheit, sodass Kinder weder über- noch unterfordert werden, sondern jene Anregungen und Impulse erhalten, die ihre Erfahrungsmöglichkeiten bereichern.

Das Rollenverständnis der Kindergarten- und HortpädagogIn: Ihre primäre Aufgabe liegt in der kompetenten Begleitung und individuellen Unterstützung der selbsttätigen kindlichen Lernprozesse, sie nimmt das Kind und seine momentane Situation wahr und ernst und anerkennt es als seine Entwicklung aktiv mitbestimmend. Die Kindergarten- und HortpädagogIn schafft ein durch Anerkennung, Partnerschaftlichkeit und Akzeptanz geprägtes Klima. Dies gelingt ihr unter anderem dadurch, dass sie das Kind mit sich selbst – also sein aktuelles Tun mit seinen bisherigen Leistungen – und nicht mit anderen Kindern und deren Leistungen vergleicht.

Jede PädagogIn muss sich also bewusst werden, welches Bild vom Kind und somit von Kindheit sie hat, wie dieses Bild ihr Rollenverständnis als Kindergarten- und HortpädagogIn mitbestimmt und wie in weiterer Folge der Planungsprozess davon beeinflusst wird.

Eine Verschriftlichung dieses Verständnisses kann den Planungsprozess unterstützen, weil es damit möglich wird, immer wieder einen kritischen Blick darauf zu werfen und die bisher praktizierte pädagogische Arbeit auch unter diesem Aspekt zu reflektieren. Wird auf eine Verschriftlichung verzichtet, wird es im Trubel des pädagogischen Alltags möglicherweise weniger leicht gelingen, die nötige Distanz und Klarheit („Ich als agierende PädagogIn im Vergleich zu meinem zugrunde liegenden Verständnis vom Kind und meiner Aufgabe als PädagogIn") zu erlangen.

Die Situationsanalyse wird zu Beginn eines Arbeitsjahres erstellt (mit Ausnahme der Kinderbeobachtung) und während des Jahres, wenn notwendig, ergänzt. Vor allem die Daten, die die Individuallage der Kinder betreffen, müssen regelmäßig aktualisiert werden.

2.2. Festsetzen des zu Erreichenden: Zieldefinition

Die in der Situationsanalyse erforschten Bedingungen der Kindergarten- und Hortarbeit sind eine wesentliche Voraussetzung für den nächsten Schritt im Planungsprozess, die Zieldefinition: Wenn ich meinen Ausgangspunkt kenne, kann ich meine nächsten Ziele bestimmen. Eine Zieldefinition ohne eine genaue Analyse des aktuellen Standortes wäre leichtsinnig, weil es entweder zu unrealisierbaren oder zu nicht besonders attraktiven (weil sowieso schon fast erreichten) Zielvorhaben führen könnte.

2.2.1 Einflussgrößen auf die Zieldefinitionen, die außerhalb der einzelnen Kindergarten- und HortpädagogIn liegen

Hier ist auf dem Weg der Planung ein Zwischenschritt einzulegen. Welche Ziele eine Kindergarten- und HortpädagogIn wählt, hängt nämlich nicht nur von den festgestellten Ausgangsbedingungen ab, sondern wird auch von vorgegebenen Zielen, Programmen und Erwartungen von außen beeinflusst.

Dies bedeutet, dass die Kindergarten- und HortpädagogIn nach der durchgeführten Situationsanalyse zwar weiß, unter welchen konkreten Bedingungen und Voraussetzungen das pädagogische Geschehen am jeweiligen Standort gestaltet werden kann. Das Eingebundensein der Kindergarten- und Hortpädagogik in ein gesellschaftliches System bedingt allerdings noch eine Reihe anderer **Einflussgrößen,** die beim zweiten Schritt, der Zielformulierung, berücksichtigt werden müssen:

- **Gesetzliche Vorgaben:** Der Gesetzgeber definiert die grundsätzlichen Aufgaben pädagogischer Arbeit im Kindergarten/Hort und legt mit dieser Definition Richtziele fest. Somit muss sich die konkrete Kindergarten- und Hortpädagogik innerhalb dieses vorbestimmten Rahmens bewegen (vgl. die einzelnen österreichischen Landesgesetze).
- **Bildungspläne und -programme und wissenschaftliche Erkenntnisse** der Kleinkindpädagogik: Bildungspläne und -programme legen in Form von Leitlinien fest, welche Zielbereiche in der pädagogischen Arbeit angestrebt werden sollen, damit der jeweilige Auftrag des Kindergartens oder Hortes (definiert durch gesetzliche Vorgaben und durch wissenschaftliche Erkenntnisse der Kleinkindpädagogik) erfüllt werden kann.
- **Träger bzw. Erhalter** von Kindergärten und Horten: Sie geben mehr oder weniger konkret vor, welche pädagogischen Richtungen sie in ihren Einrichtungen verwirklicht sehen möchten und welche Grundannahmen und Wertvorstellungen Ausgangspunkt pädagogischer Planung sein sollen, z.B. die Wahrung christlicher Werte in kirchlichen Kindergärten und Horten.
- Die **pädagogische Konzeption** eines Hauses beschreibt die inhaltlichen Schwerpunkte der pädagogischen Arbeit, begründet sie und gibt somit den nächstengeren Rahmen für die Arbeit in den einzelnen Kindergärten und Horten vor.
- Die **Eltern** der Kindergarten- und Hortkinder haben **bestimmte Erwartungen** bzgl. der verschiedenen Leistungen eines Kindergartens oder Hortes und bzgl. der Art und Weise, wie diese Angebote in der jeweiligen Einrichtung umgesetzt werden. Sie wählen einen bestimmten Kindergarten oder Hort meist ganz bewusst aus (Alternativen natürlich vorausgesetzt) und stellen

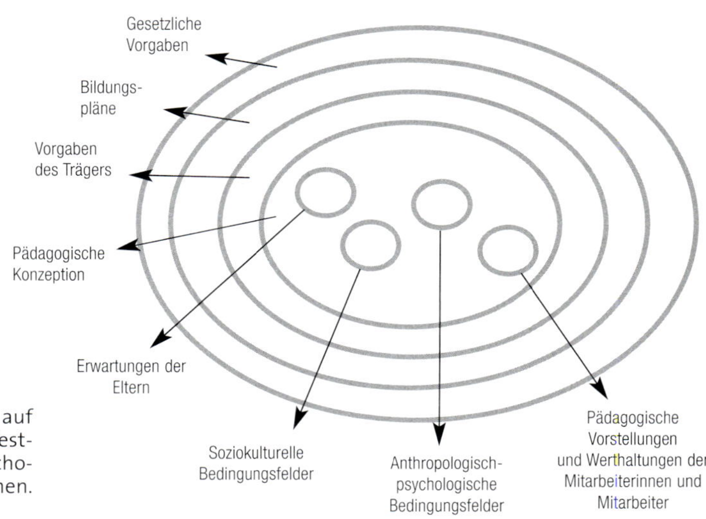

Die Grafik fasst die verschiedenen Einflussgrößen auf die Zielfestlegung und die in der Situationsanalyse festgestellten soziokulturellen und anthropologisch-psychologischen Bedingungsfelder zusammen.

damit auch gewisse Ansprüche. Eine regelmäßige Abgleichung von Erwartungen und Angeboten bestimmt einen weiteren Rahmen der Kindergarten- und Hortarbeit.

- Die verschiedenen **Erfahrungen, pädagogischen Vorstellungen und individuellen Werthaltungen** einzelner MitarbeiterInnen prägen sowohl die individuelle Planung als auch die gemeinsame Planung im Team.

2.2.2. Auswahl von Bildungszielen

Bei der Auswahl von Zielen müssen zwei Faktoren, nämlich die (äußeren) Vorgaben und die aktuellen Situationen der Gruppe und der einzelnen Kinder, so miteinander verbunden werden, dass die für das einzelne Kind und die Kindergruppe gewählten Bildungsziele im Rahmen der genannten Vorgaben liegen.

Dies bedeutet nun konkret, dass sich die Kindergarten- und HortpädagogIn in einem ersten Schritt mit dem Wissen aus den Ergebnissen der Kinderbeobachtung und der Erfassung der einzelnen Bedingungsfelder mit Fragen wie den folgenden auseinander setzt und daraus Ziele grob definiert:

- Was ist das momentane Entwicklungsthema der Kinder, des einzelnen Kindes und wie kann ich sie/es unterstützen, aktuelle Entwicklungsaufgaben zu lösen?
- Welche aktuellen kindlichen Bedürfnisse wurden durch Kinderbeobachtungen offenbar und welche Ziele ergeben sich daraus in Verbindung mit dem ressourcenorientierten Ansatz (Entwicklungspotenziale, Kompetenzen und Stärken des Kindes als Ausgangspunkte)?
- Was sollen Kinder können, wozu sollen sie fähig sein, wenn sie den Kindergarten/Hort verlassen?

In einem zweiten Schritt überprüft die Kindergarten- und HortpädagogIn, ob die gewählten Bildungsziele den oben beschriebenen Einflussgrößen entsprechen.

Das erfordert von der einzelnen planenden PädagogIn hohe Sensibilität und Flexibilität, weil manche dieser Faktoren sich regelmäßig verändern (z.B. verlassen einzelne Eltern und Kinder die Einrichtung, andere kommen dazu). Es braucht aber auch ein großes Ausmaß an Wissen, Berufsbewusstsein und Professionalität der im Kindergarten- und Hortbereich Planenden, um diesen heterogenen, manchmal gegensätzlichen Erwartungen und Notwendigkeiten gerecht zu werden, sie gegeneinander abzuwägen und gleichzeitig qualitativ hochwertige, nämlich kindorientierte Pädagogik zu bieten.

Wenn nun klar ist, welche konkreten pädagogischen Ziele die Kindergarten- und HortpädagogIn anstreben möchte, besteht der nächste Schritt darin, sie so zu formulieren, dass sie auch erreicht werden können. Viele Vorhaben scheitern an utopischen, weil nicht klar formulierten Zielen bzw. an unattraktiven und nicht verbindlichen Zielen.

Klare Formulierungen bestimmen den Weg zur Zielerreichung (also den nächsten Schritt der Zielumsetzung: die Wahl von Inhalten, Methoden und Medien) und machen für die/den Planende/n und andere transparent, warum genau diese Inhalte und Methoden gewählt wurden. Es ist somit bereits vor der tatsächlichen Umsetzung des Ziels möglich,

- zielführende Schritte auszuwählen und Entscheidungen zu treffen und
- damit Ergebnisse gedanklich vorwegzunehmen und verschiedene situative Gegebenheiten zu berücksichtigen.

2.2.3. Kriterien klar formulierter Ziele

- Klar formulierte pädagogische Ziele geben an, welche Lernschritte bei den Kindern durch bestimmte Inhalte angeregt werden sollen und **sind nicht eine bloß Auflistung von Inhalten** oder Tätigkeiten (z.B. Rhythmikeinheit, Liedvermittlung). – Beispiel: Festigung der Raumbegriffe „oben – unten" durch eine Rhythmikeinheit.
  Damit wird klar, dass der Inhalt „Rhythmikeinheit" nur ein Teil von mehreren Angeboten zur Zielerreichung sein kann und dieses Ziel vermutlich auch durch andere Inhalte angestrebt wird. Der Schwerpunkt der pädagogischen Planung verschiebt sich somit auf die Zielarbeit und lässt die „Aktionen" in die zweite Reihe treten.
- Gut formulierte pädagogische Ziele **finden eine Balance** zwischen der Betonung dessen, was bei den **Kindern** erreicht werden soll (was sich z.B. weiterentwickeln oder was verlernt werden soll), und dem, was die **PädagogIn** als ihr Ziel anstrebt. Diese Balance ist insofern wichtig, als Ziele immer auch überprüfbar sein müssen. Jener Teil der Ziele, der in den Kindern Veränderungen bewirken soll, ist ja genau genommen nicht überprüfbar, der bei der PädagogIn liegende Teil sehr wohl. So ist zum Beispiel das Ziel „Ich gestalte zu Beginn des nächsten Monats einen Experimentier- und Forschungsbereich im Besprechungsraum, damit die Vorschulkinder selbsttätig Antworten auf die in den letzten Tagen vermehrt aufgetretenen physikalischen Fragen finden können" auch tatsächlich **überprüfbar,** dann nämlich, wenn der Experimentier- und Forschungsbereich sicht- und für Kinder nutzbar wird.
- Klar formulierte Ziele sind **positiv** und **aktiv, spezifisch** und **konkret.**
  In der Zielformulierung kommt eindeutig zum Ausdruck, wohin man will, und nicht, wovon man weg möchte bzw. was man vermeiden möchte. Zusätzlich liegt der überwiegende Teil der Zielerreichung unter eigener Kontrolle, man ist nicht von anderen abhängig, sondern selbst verantwortlich.
  Spezifisch formulierte Ziele definieren im Gegensatz zu allgemeinen Zielen genau, was erreicht werden soll. So ist das Ziel „Gestaltung vielfältiger Spielräume im Kindergarten oder Hort" zu allgemein, denn es ist nicht klar, was „vielfältig" im Einzelnen bedeutet und was unter dem Begriff „Spielräume" genau gemeint ist. Es

gibt zahlreiche Möglichkeiten, diese Begriffe zu verstehen und in weiterer Folge das Ziel entsprechend der jeweiligen Interpretation umzusetzen. Eine Kollegin beschränkt sich dabei nur auf die Gruppenräume, eine andere meint mit „vielfältig" eine detaillierte Ausstattung vorhandener Spielmöglichkeiten. Es könnte aber auch damit gemeint sein, Nebenräume und den Gangbereich mit einzubeziehen und verschiedene neue Spielräume zu erschließen.

Zusätzlich ist bei Steigerungsformen eines Adjektivs in einer Zielformulierung (z.B. vielfältiger, besser) Vorsicht geboten, denn Steigerungsformen definieren noch keineswegs, wie der Zielzustand tatsächlich sein sollte. Es wird lediglich angeführt, dass (ausgehend vom Istzustand) ein bisschen mehr oder weniger vom Ursprünglichen entstehen sollte. Solche Ziele sind nicht quantifizierbar und entsprechen daher nicht dem Kriterium der Balance (siehe oben).

Klar formulierte Ziele berücksichtigen implizite Ziele bzw. bei einer Zielkette auch wechselseitige Abhängigkeiten. Manche Ziele können, auch wenn sie den bisher genannten Kriterien entsprechen, in ihrer Umsetzung zu einem Zustand führen, den man so eigentlich gar nicht wollte. Man hat zwar das gesetzte Ziel erreicht, muss aber verblüfft feststellen, dass man mit der Verwirklichung des einen Ziels neue Missstände in anderen Bereichen geschaffen hat, weil man implizite Ziele nicht bedacht hat.

Zum Beispiel kann die Umsetzung des Ziels „Herausfordern der Entscheidungsfähigkeit und -freude der Kinder durch das Öffnen zeitlicher und räumlicher Strukturen" zur Überforderung und in weiterer Folge zu unübersichtlichen und chaotischen Zuständen im Kindergarten oder Hort führen, wenn dabei nicht bedacht wurde, dass ein schrittweises, den Fähigkeiten und Bedürfnissen der Kinder angepasstes Vorgehen notwendig ist und die neuen Strukturen für Kinder durchschaubar gestaltet und mit Hilfe von Vereinbarungen abgesichert werden müssen.

Wenn mehrere Feinziele zur Realisierung eines Grobziels definiert werden, ist es wichtig zu überprüfen, ob und welche Abhängigkeiten zwischen den einzelnen Feinzielen bestehen: Wird vielleicht durch die Erreichung des einen Ziels die Verwirklichung eines anderen unmöglich?

Die bisherigen Ausführungen mögen für manche von Ihnen kompliziert, zeitaufwändig und vielleicht unnötig klingen, besteht doch das Herzstück pädagogischer Planung meist in der Beschreibung gewählter Inhalte und Methoden. Die Zielformulierung wird vielfach vernachlässigt und in Form von Tätigkeitsbeschreibungen angehängt oder fertig formuliert aus Rahmenplänen übernommen. Daher erscheint mir der Hinweis auf die Qualität intensiver Zielarbeit wichtig: Die Kindergarten- und Hortpädagogik leistet zweifellos durch das, was sie tut, wertvolle Arbeit. Professionalität entsteht aber immer erst durch begründetes Handeln. Jene, die wissen, aus welchem Grund (Ursachenforschung in der Situationsanalyse) und zu welchem Zweck (Ziel) sie etwas tun, können ihre Vorgangsweisen argumentieren. Natürlich ist mit der Definition von Zielzuständen immer auch Kontrollierbarkeit und somit Verantwortung für das zu Erreichende verbunden. Gerade in der Kindergarten- und Hortpädagogik verwehren sich viele gegen Überprüfung, weil kindliche Entwicklung nicht an bestimmten Erfolgskriterien festgemacht werden kann und auch nicht darf.

Es geht nicht darum, **für** Kinder etwas zu wollen und sie mit Hilfe eines Angebots in eine bestimmte Richtung zu formen, sondern es geht in der pädagogischen Planung darum zu überlegen, was die einzelne Kindergarten- und HortpädagogIn gestalten und verändern möchte, damit sich die Bedingungen für kindliche Entwicklung verbessern und gleichzeitig prozessorientiertes kindliches Handeln möglich wird. Ich erachte es für außerordentlich wichtig, Kindern Gelegenheiten zur Auseinandersetzung mit Inhalten zu bieten, die über ein punktuelles Agieren in Form von „Action" hinausgehen und eine längerfristige selbstbestimmte Beschäftigung mit einer für das Kind wesentlichen Sache erlauben. Und diese Ziele müssen aus Verantwortung den Kindern gegenüber unbedingt überprüfbar sein.

Es lohnt sich also, die sicher am Anfang etwas mühsame Denkarbeit der Zielformulierung auf sich zu nehmen, denn mit etwas Routine kann jede einzelne Kindergarten- und HortpädagogIn dazu beitragen, ihr Arbeitsfeld vom Beigeschmack des Zufälligen und Beliebigen zu befreien und zu mehr Professionalität hinzuführen.

2.3. Planen, wie die Ziele umgesetzt werden: Wahl von Inhalten und Methoden

Mit der Auswahl und Formulierung von Zielen ist der wichtigste und wahrscheinlich auch schwierigste Teil der Planungsarbeit vollzogen. Nun geht es im nächsten Schritt darum zu überlegen, mit Hilfe welcher Inhalte, Methoden und Medien die gesetzten Bildungsziele erreicht werden können.

Auch dabei sind

- Interessen und Bedürfnisse der Kinder,
- aktuelle Themen, Anlässe und Situationen,
- Rahmenbedingungen (Zeit-, Raum- und Materialressourcen, Personalschlüssel und finanzielle Möglichkeiten) und
- besondere Begabungen und Interessen der Kindergarten- und HortpädagogIn

wahlentscheidend. Diese Faktoren bestimmen nun beispielsweise die Auswahl eines konkreten Bilderbuches, einer Klanggeschichte oder einer Rhythmikeinheit, damit ein bestimmtes Ziel erreicht werden kann.

2.3.1. Das pädagogische Handlungsrepertoire

Bezüglich der Methoden steht der Kindergarten- und HortpädagogIn das gesamte **pädagogische Handlungsrepertoire** (Schäfer 2005) zur Verfügung, das durch eine reflektierte Anwendung im pädagogischen Alltag die Bildungs- und Erziehungsprozesse unterstützt. Mit reflektierter Anwendung ist gemeint, dass die PädagogIn die

Bedeutung dieser Handlungsmethoden und Verhaltensoptionen kennt und ihre Wirkungsmöglichkeiten und Grenzen richtig einschätzen kann.

Zum pädagogischen Handlungsrepertoire einer Kindergarten- und HortpädagogIn zählen neben angeleiteten und gestalteten Angeboten und Aktivitäten, z.B.

- alltagspraktische Hilfen,
- Beziehungsgestaltung,
- gruppenpädagogische Interventionen,
- nonverbale und verbale Kommunikation,
- Tischkultur,
- Eingewöhnungs- und Verabschiedungsprozesse u.v.m.

Bei der Verwendung des Begriffs „Aktivität" ist darauf zu achten, dass die Aktivität der Kinder Ziel des pädagogischen Handelns der Kindergarten- und HortpädagogIn ist und sie daher ihre eigene Aktivität auf das Bereitstellen von Materialien, Schaffen von Rahmenbedingungen und das Setzen von Impulsen beschränken muss.

2.3.2. Die Kindergarten- und HortpädagogIn als OrganisatorIn und ModeratorIn kindlicher Lernprozesse

In diesem Teil des Planungsprozesses ist die Kindergarten- und HortpädagogIn als **OrganisatorIn und ModeratorIn von kindlichen Lernprozessen** gefordert. Ihre Aufgabe als OrganisatorIn und ModeratorIn besteht darin

- herauszufinden, welche konkreten Themen (im Vergleich zu den Entwicklungsfragen bei der Zieldefinition, die allgemeine Aspekte beschreiben) die Kinder im Alltag bewegen und deshalb große Bedeutung für sie haben (→ Wahl von Inhalten).
- Bildungsprozesse von Kindern wahrzunehmen, anzuerkennen und herauszufordern.
- Handlungs- und Erfahrungsräume zu schaffen, die intensive Auseinandersetzungen ermöglichen und Zusammenhänge für Kinder zugänglich werden lassen (→ Eigeninitiative und Kreativität durch gut überlegte Raumkonzepte provozieren).
- die individuelle Antwortsuche auf kindliche Fragen kompetent zu begleiten und zu unterstützen (→ helfen, neues Wissen zu konstruieren und kritisches Denken zu forcieren).
- Interaktionen mit dem Kind bewusst zu gestalten.
- didaktische Prinzipien bei der Gestaltung von Angeboten und bei Impulsen zu berücksichtigen (→ Prinzip der Anschauung, der Übung, der Variabilität etc.).
- vermehrt auf Prozesse („Was entwickelt sich im Tun?") und nicht nur auf Produkte im Sinne von Ergebnissen zu achten (→ Prozessorientierung).
- Kindern Themen, die aus gesellschaftlichen und kulturell bedeutsamen Erziehungszielen und Werten abgeleitet werden, zuzumuten.

2.3.3. Struktur zur Vorbereitung von Angeboten und Aktivitäten

Für eine **strukturierte Vorbereitung** von Angeboten und Aktivitäten sind folgende Überlegungen anzustellen:

- Zielgruppe
- Sozialform
- Zeitrahmen (kurz- oder längerfristige Bildungsangebote)
- Räumlichkeiten
- Zeitausmaß der Bildungseinheit an diesem Tag
- Medien
- Teilschritte des Bildungsangebots (inkl. Einstieg und Ausklang)
- Vertiefungsmöglichkeiten

Bei so genannten offenen bzw. gruppenübergreifenden Angeboten ist zusätzlich auf eine Abstimmung des Angebots mit anderen Aktivitäten im Kindergarten und Hort zu achten. Damit Ideen verwirklicht werden können, müssen für die Umsetzung benötigte Ressourcen ermittelt und optimale Rahmenbedingungen für die Durchführung geschaffen werden.

2.3.4. Der Bildungs- und Erziehungsauftrag des Kindergartens und Hortes als Rahmenbedingung

Die Gesamtheit der pädagogischen Angebote muss dem **Bildungs- und Erziehungsauftrag** des Kindergartens und Hortes entsprechen. Dabei können wir vor allem im Kindergarten von einem hohen Bildungsbedürfnis des Kindes ausgehen:

- Bildung im Sinne von „sich ein Bild machen" von der Welt, wie sie ist und wie sie sein sollte, und von der eigenen Rolle in dieser Welt.
- Bildung als nie abgeschlossene (Weiter-)Entwicklung eines Weltbildes, Menschenbildes und Selbstbildes.
- Bildung als Entwicklung und Entfaltung von Fähigkeiten, die eigenständiges Handeln, kreative Problemlösung und positive Beziehungsgestaltung ermöglichen.
- Bildung als individuelle Leistung des Kindes, die im sozialen Kontext stattfindet und durch die Erziehungsverantwortung des Erwachsenen getragen wird (vgl. Bildungsstätte Kindertageseinrichtung 2004).

Bildungsprozesse betreffen also nicht nur kognitive Fähigkeiten, sondern auch emotionale Kräfte, die Fantasie und die Kreativität. Sie schließen weiters die Resilienz ein, das ist die psychische Widerstandsfähigkeit, die Kinder befähigt, mit Veränderungen und Krisen so umzugehen, dass sie darin Herausforderungen sehen und sie erfolgreich bewältigen können.

Bildung umfasst also neben dem Ausbau von **individuumsbezogenen Kompetenzen** (personale, motivationale, kognitive und physische Kompetenzen) und **Kompetenzen zum Handeln im sozialen Kontext** den Erwerb **lernmethodischer Kompetenzen,** die es uns ermöglichen, Lernprozesse positiv zu gestalten und Erfolge wie Misserfolge so zu attribuieren, dass daraus neue Lernmotivation erwächst.

Der bayerische Bildungs- und Erziehungsplan für Kinder in Tageseinrichtungen bis zur Einschulung (Bayerisches Staatsministerium 2003) setzt sich sehr differenziert mit diesen Basiskompetenzen auseinander und ist für eine vertiefende Beschäftigung mit dieser Thematik empfehlenswert.

Der Bildungsanspruch bzw. -auftrag des Kindergartens und Horts besteht darin, dem kindlichen Bildungsinteresse Ziel und Richtung zu geben und Erfahrungsräume als „Bildungsräume" zu verstehen. Das heißt, dass Erwachsene Bildungsräume schaffen und ihre Nutzungsmöglichkeiten durch die Kinder begleiten müssen.

Diese Begleitung beinhaltet

- die **Gestaltung der kindlichen Umwelt** durch das Schaffen von Bildungsanreizen (Raumgestaltung, Ausstattung mit Spielmaterial und Kulturgütern aus der Erwachsenenwelt, Schaffen von „Bildungsinseln") und
- die **gestalteten Interaktionen** zwischen Erwachsenen und Kindern. Das Gestalten von Interaktionen bezieht sich darauf, aktuelle Themen der Kinder aufzugreifen, weiterzuführen und zu vertiefen. Auf diese Weise werden Bildungsfragen beantwortet und durch die Antwort der Erwachsenen „über das unmittelbar Erfahrbare hinaus erweitert" (Laewen/Andres 2002a, S. 125). Gleichzeitig werden Themen von Pädagoginnen eingebracht und somit Kindern zugemutet, denn nicht alles, was Kinder als spätere Erwachsene an Kompetenzen, Fähigkeiten und Kenntnissen vermutlich brauchen werden, kann durch das Aufgreifen von aktuellen Kinderfragen entwickelt werden. Der Kindergarten und Hort hat den Auftrag, Bildungsherausforderungen für Kinder zu schaffen, also Kinder mit Themen in Berührung zu bringen, die einerseits Pädagoginnen wichtig sind und denen Kinder andererseits vielleicht in ihrer häuslichen Umgebung und in ihrem Freundeskreis nicht begegnen (Laewen & Andres, 2002a, S. 127). Kinder haben das Recht auf die Sichtweisen und das Wissen Erwachsener!

Während die Beantwortung von aktuellen Kinderthemen meist gut planbar ist, kann das Einbringen eines neuen Themas nur schwer im Voraus geplant werden. Die PädagogIn kann nicht wissen, wie die Kinder mit diesem Bildungsinhalt umgehen werden und was sich daraus entwickeln wird. Ein fixer, streng zu befolgender Ablaufplan würde das Kind als aktiven, sich selbst bildenden Menschen außer Acht lassen.

Kinder brauchen vielmehr einen Rahmen, in dem sie sich dem Thema annähern und es sich auf ihre besondere Art und Weise aneignen können.

Somit wird klar, was Erziehung im Rahmen der Bildungsbewegungen des Kindes bedeutet: Erziehung ist als Antwort von Erwachsenen auf die Selbstbildungsprozesse des Kindes zu verstehen und braucht alle bisher genannten und in weiterer Folge noch zu beschreibenden Aspekte der Planung, damit diese Antworten für das Kind und die PädagogIn befriedigend, anregend und motivierend ausfallen.

2.3.5. Bildung im Transaktionsansatz

Bildung basiert nach transaktionaler Sichtweise auf der Wechselwirkung und auf gegenseitiger Veränderung von Kind, kultureller und sozialer Umwelt in Form von folgenden Austauschprozessen (vgl. Hartmann et al. 2000, S. 74):

- Objektivierung (Orientierung an der Realität)
- Subjektivierung (Anpassen an eigene Bedürfnisse, Ideen und Ziele)
- Aneignen (verinnerlichen, internalisieren)
- Vergegenständlichen (mitgestalten, Produkte schaffen)

Auf den Kindergarten übertragen bedeutet dies, dass Bildung durch Austauschprozesse zwischen Kind, KindergartenpädagogIn und Umwelt möglich wird. Diese Austauschprozesse oder transaktionalen Prozesse müssen im Allgemeinen sowie in der konkreten Kindergartenpädagogik gut ausbalanciert sein, damit Kinder nicht nur Neues kennen lernen, sondern die neuen Inhalte mit eigenen Erfahrungen in Zusammenhang bringen, internalisieren und vergegenständlichen können. Erst dann ist Bildung im Sinne von Selbstbildung möglich.

Der Transaktionsansatz ist somit auch eine brauchbare Hilfe beim Reflektieren der pädagogischen Arbeit, um die Ausgewogenheit transaktionaler Prozesse zu überprüfen und gegebenenfalls bisher vernachlässigte Austauschprozesse verstärkt zu berücksichtigen. So kann z.B. die Reflexion der Arbeit an einem thematischen Schwerpunkt ergeben, dass die KindergartenpädagogIn durch zahlreiche Impulse die Aneignungsprozesse zwar gut unterstützt hat, jedoch nur wenig Gelegenheit zum Vergegenständlichen und Mitgestalten geschaffen hat.

2.3.6. Projektarbeit mit Kindern

Eine von zahlreichen Methoden, die dem Anspruch, ganzheitliche Lernerfahrungen zu ermöglichen, gerecht werden, ist die **Projektarbeit.**

Projekte im Kindergarten und Hort müssen von Projekten in der Wirtschaft und anderen Berufsfeldern klar abgegrenzt werden: Pädagogische Projekte stellen ein aus dem Alltag herausgehobenes Handeln dar, das auf ein konkretes Ziel hin ausgerichtet ist. Sie unterscheiden sich vom Alltagshandeln dadurch, dass sie dessen Komplexität und Diffusität reduzieren, indem sie einen spezifischen Aspekt zum Inhalt machen und auf ein sichtbares Ziel hin ausrichten (Hebenstreit 1994, S. 122).

Folgende Merkmale zeichnen ein Projekt im Rahmen der Projektarbeit mit Kindern aus (vgl. Lill 2004 und Stamer-Brandt 2001):

- Kontinuität: Beschäftigung mit einem Thema über einen längeren Zeitraum.
- Perspektivenwechsel: Das Thema wird von verschiedenen Seiten beleuchtet.
- Komplexität: Zusammenhänge werden hergestellt.

- Ganzheitlichkeit
- Kooperation
- Vorrangige Lernformen: Versuch-Irrtum-Lernen, Erfahrungslernen, exemplarisches Lernen, ganzheitliches Lernen, demokratisches, partizipatives Lernen, entdeckendes und forschendes Lernen.

Projektthemen haben also immer einen Bezug zu den handelnden Personen und resultieren aus der kindlichen Lebens- und Interessensituation. Die intensive Auseinandersetzung mit einem Thema über einen längeren Zeitraum ermöglicht ein Sicheinlassen und Vertiefen – Erfahrungen, die in unserer schnelllebigen Zeit rar geworden sind. Gleichzeitig schafft die konstruktive Beschäftigung mit einer wichtigen Sache Zufriedenheit. Die kindliche Lernform des neugierigen Erforschens und lustvollen Experimentierens wird durch die Projektarbeit unterstützt, die Fähigkeiten zum Quer- und Miteinanderdenken werden gefördert.

Durch die Mitwirkung vieler Personen (Kinder und Erwachsene) fließen unterschiedliche Ressourcen in die Projektarbeit ein, was Einseitigkeit vermeidet und Teamarbeit fördert. Klare Strukturierung und Zielorientierung ermöglichen überschaubares und reflektiertes Arbeiten, die Dokumentation von Prozessen (und nicht nur von Ergebnissen!) hilft, eigene Lernschritte zu überprüfen und so zu einer selbstbewussten (sich seiner Stärken und Schwächen bewussten) Einschätzung zu gelangen. Projektarbeit zielt auf Handlungsorientierung und Lebensnähe.

Rolle der Kindergarten- und HortpädagogIn: Die Kindergarten- und HortpädagogIn, die sich mit Kindern auf Projektarbeit einlässt, arbeitet partizipativ, stellt in Frage, ohne zu bewerten, und gewinnt selbst zahlreiche Erfahrungen und Erkenntnisse, ist also selbst Lernende.

Verschriftlichung der Projektarbeit mit Hilfe eines Projektrasters: Durch einen gut gestalteten Projektraster können die einzelnen Prozesse der Projektarbeit gemeinsam im Planungsteam, das sich aus einzelnen MitarbeiterInnen des Kindergartens/Hortes zusammensetzt, geplant und reflektiert werden. Somit wird es möglich, den gesamten Projektverlauf auf seine Wirkungen hin zu überprüfen.

Auch bei Projektarbeit gilt, wie bei der schriftlichen Planung der pädagogischen Arbeit allgemein, dass eine strukturierte Vorgehensweise die Arbeit an sich unterstützt und nicht nur schriftliche Mehrarbeit bedeutet.

Folgende Teile sollen in einem **Projektraster** enthalten sein:

- Beschreibung der **Ausgangssituation:**
  Durch wen wurde das Projekt angeregt? Welche Idee steckt dahinter? Was am Projektthema ist aus der Perspektive der Kinder wichtig? Was daran ist für die Erwachsenen spannend, problematisch, schwierig? Kurzbeschreibung der situativen Bedingungen.
- **Ideensammlung** und Festlegen der Grobziele des konkreten Projekts:
  Was soll sich durch das Projekt gegenüber der jetzigen Situation verändern?
  Mit Hilfe welcher Ideen können wir diesen Veränderungsprozess unterstützen?
- Genaue Beschreibung des **Projektaufbaus** (Wer macht was wann und wie?) und Definition von Meilensteinen.
- Budgetplanung.
- Planung der **Dokumentation** (Wer dokumentiert wie?).
- **Reflexion** der pädagogischen Ziele, der Rolle der PädagogIn und Reflexion der Kinderbeobachtungen (Hat sich die Praxis in der gewünschten Richtung verändert?).
- **Evaluierung:** Überprüfung der Projektarbeit anhand der gesetzten Ziele.

Durch die Planung mit Hilfe des Projektrasters können alle Teammitglieder einerseits den roten Faden (Meilensteine, Höhepunkte) im Auge behalten, gleichzeitig offen für aktuelle Entwicklungen und Veränderungen bleiben und das Projekt schließlich zu einem für alle passenden Abschluss bringen.

Aus der sorgfältigen Reflexion und der Evaluierung können Ideen für weiterführende oder neue Angebote entstehen – Bildungsarbeit kann aufbauend und vernetzt gestaltet werden: Wenn ich als Kindergarten- und HortpädagogIn ein bereits abgeschlossenes Projekt mit Kindern reflektiere, kann ich Zusammenhänge erkennen und die Arbeit an diesem Thema in einen größeren Kontext stellen.

Zahlreiche Beispiele für kindorientierte Projektarbeit sind in Kapfer-Weixlbaumer/Radler (2004) zu finden. So wird beispielsweise im Projektbericht „Farbentraum" (S. 62) die schrittweise Entwicklung der Projektarbeit geschildert: Ausgangspunkt ist die oftmalige Betrachtung eines Bilderbuchs, diese führt über Experimente mit dem Diaprojektor und farbigen Papieren zum Experimentierplatz mit farbigen Flüssigkeiten in Fläschchen mit Pipetten. Ideen der Kinder werden aufgegriffen – Impulse der Kindergartenpädagogin regen zu weiteren Experimenten an. So wird es möglich, das Interesse der Kinder am selbsttätigen Forschen zu wecken bzw. aufrechtzuerhalten und gleichzeitig die mit der Projektarbeit verbundenen pädagogischen Zielsetzungen zu realisieren.

2.4. Reflektieren von Zielen, Inhalten und Methoden: Reflexion

Hebenstreit (1994, S. 100) bezeichnet Planung als durch Sprache bewusst gewordene Praxis und verweist darauf, dass es **nicht** sinnvoll ist zwischen Planung und Reflexion zu unterscheiden, weil „pädagogische Planung auf der Reflexion der Praxis fußt und andererseits jede Reflexion in Planung übergeht".

So gesehen muss die Reflexion der pädagogischen Arbeit als Teil der Planung dargestellt werden. Die Rangreihung, beginnend mit der Situationsanalyse und endend mit der Reflexion, ergibt sich aus der Notwendigkeit, die einzelnen Planungsschritte aufzuzeigen, entspricht aber nicht der Realität. In der Realität ist eher ein vernetztes Vorgehen zu beobachten:

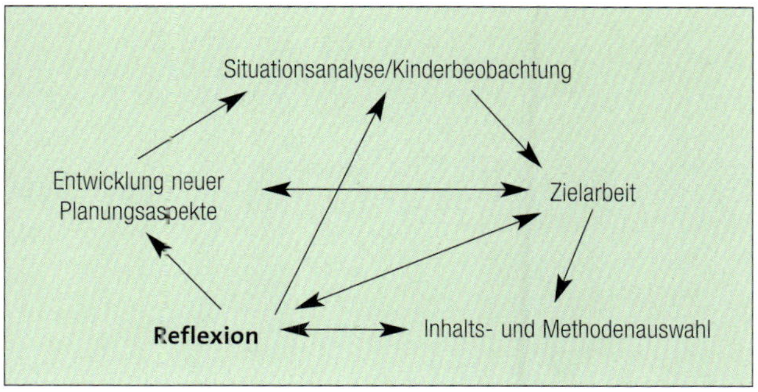

Damit dieses Ineinanderfließen von Reflexion und Planung gelingen kann, braucht es

- die grundsätzliche Bereitschaft zur Reflexion (ein Sich-einlassen-Können),
- die dazu notwendigen Fähigkeiten (kritisches Betrachten, Perspektivenwechsel),
- konkrete Reflexionsfragen (z.B. „Welche Veränderungen im Spielverhalten der Kinder kann ich nach der Weiterentwicklung des Raumkonzepts feststellen? Sind diese Veränderungen ausschließlich auf die veränderte räumliche Umgebung zurückzuführen? Hat sich auch mein Umgang mit den Kindern, meine Einstellung kindlichem Tun gegenüber verändert?").

2.4.1. Selbstreflexion

Es ist notwendig, sich als Kindergarten- und HortpädagogIn immer wieder selbst zu hinterfragen und dabei das eigene Verhalten und die Beziehung zu den Kindern und KollegInnen kritisch zu analysieren, zum Beispiel durch Fragen wie „Welche Emotionen löst ein bestimmtes Kind in mir aus?", „Welche alltagstheoretischen Behauptungen schränken mich in meinem pädagogischen Handeln ein?".

Auch wenn solche Prozesse vielleicht zu schmerzhaften Erkenntnissen führen, so sind doch entdeckte Fehler und Mängel immer auch eine Chance zur Veränderung, weil sich mit dem Erkennen meist auch der Blick für alternatives Verhalten öffnet.

Diese Selbstreflexion schließt auch die Überprüfung der (verschriftlichten) pädagogischen Orientierung mit ein. Durch einen kritischen Vergleich einmal definierter und formulierter pädagogischer Grundsätze (die von einem bestimmten Bild vom Kind und dem daraus abgeleiteten Rollenverständnis der PädagogIn ausgehen) mit der aktuellen pädagogischen Arbeit können Übereinstimmungen oder auch Abweichungen festgestellt werden.

So kann z.B. das ursprüngliche Bestreben, Kindern im Kindergarten einen Handlungs- und Erlebnisraum zum selbsttätigen Erfahren zur Verfügung zu stellen, im Widerspruch zu einer in den letzten Wochen stark aktivitätsorientierten Pädagogik stehen. Bei vielen Aktivitäten war die KindergartenpädagogIn durch ihre Anleitungen und Vorgaben die Aktivere.

2.4.2. Reflexion der Bildungsarbeit – Evaluierung der Bildungsangebote

Mit der Evaluierung von Bildungsangeboten wird es möglich, die Wirksamkeit der Bildungsarbeit zu überprüfen. Es kann festgestellt werden, ob die angestrebten Ziele erreicht wurden **und** ob die Angebote den Bedürfnissen und Interessen der Kinder entsprochen haben.

Aus der kritischen Betrachtung vereinbarter Ziele, gewählter Inhalte und verwendeter Methoden können sich „neue Planungsaspekte, Ideen und Impulse ergeben" (Hartmann et al. 2000, S. 97).

Einige Fragen zur Reflexion der Bildungsarbeit:

- Waren die gesetzten Ziele sinnvoll?
- Welche Inhalte, Methoden waren auf dem Weg zur Zielerreichung hilfreich, welche waren hinderlich?
- Besteht ein Zusammenhang zwischen gesetzten Zielen oder gewählten Inhalten und dem Ergebnis oder waren dafür andere, nicht geplante Faktoren verantwortlich?

Das Reizvolle am Reflektieren liegt im Erkennen von Zusammenhängen. Meist wird es erst in der Rückschau möglich, Ursache-Wirkungsfolgen zu durchschauen und Einflussbereiche zu identifizieren. Manche Aspekte kindlicher Entwicklung sind für eine Kindergarten- und HortpädagogIn nicht beeinflussbar, manche Gegebenheiten kindlicher Lebenswelten sind nicht veränderbar. Hier gilt es zu unterscheiden und sich von Machbarkeitsfantasien und idealisierten Beziehungsvorstellungen zu trennen.

Für die intensive Auseinandersetzung mit Vergangenem und der eigenen Rolle darin braucht es Zeit. Aber gerade diese Zeit des Innehaltens und Verweilens ist in der Hektik des pädagogischen Alltags eine wertvolle Ressource. Eindrücke können ein- und zugeordnet werden und bekommen damit Bedeutung und Verlässlichkeit, was wiederum das Selbst- und Berufsbewusstsein stärkt. Die reflektierende PädagogIn weiß um ihre Stärken und Schwächen Bescheid, kennt die Faktoren, die kindliches Aufwachsen beeinflussen und kann kindliche Bildungsbiografien kompetent begleiten. Damit verbunden ist ein Stück „Immunität" gegenüber pädagogischen Modeströmungen, denn Neues kann auf der Grundlage reflektierter Erfahrungen auf seine Tauglichkeit hin überprüft werden.

Neben einer individuellen schriftlichen Reflexion sind folgende Methoden hilfreich (Bostelmann/Fink 2003):

- Kurze schriftliche Dokumentationen des Verlaufs der Angebote und der Ergebnisse unmittelbar nach der Durchführung der Angebote.
- Regelmäßige Auswertungsgespräche mit den Kindern am Ende eines Angebots.
- Reflexionen und Auswertungsgespräche im Team.

Aus diesen Evaluierungsergebnissen können Faktoren abgeleitet werden, die Angebote besonders erfolgreich machten, bzw. Fehler identifiziert werden, die dem Misserfolg von Angeboten zugrunde lagen, um sie bei weiteren Planungen zu vermeiden (Bostelmann/Fink 2003).

Je nach reflektiertem Zeitraum unterscheidet man zwischen:

- Kurzzeitreflexion
- Langzeitreflexion
- Jahresreflexion

Im Rahmen des Reflexionsprozesses ist es wichtig zu entscheiden, was genau reflektiert werden soll. Denn eine umfassende Reflexion der gesamten pädagogischen Arbeit wäre nicht nur nicht möglich, sondern auch nicht sinnvoll.

Inhaltliche Planung im Überblick:

Tätigkeit d. PädagogIn	Inhalte	Methoden und Möglichkeiten
Wahrnehmen	Kinder Umfeld	Situationsanalyse Kinderbeobachtung Elterngespräche
Bewusst machen	Pädagogische Orientierung Bild vom Kind	Formulieren von • pädagogischen Grundsätzen • Bild vom Kind • Rollenverständnis • Bildungsverständnis • Aufgaben und Funktionen des Kindergartens/Hortes
Definieren	Pädagogische Ziele • Individuumsbezogene Kompetenzen • Kompetenzen zum Handeln im sozialen Kontext • Lernmethodische Kompetenz (Bayer. Staatsmin. 2003)	Berücksichtigen von • vorab gegebenen Einflussgrößen • Kriterien klar formulierter Ziele
Entwickeln	Wahl von Inhalten und Methoden	Planung von • thematischen Schwerpunkten • Impulsen • individuellen, gruppenspezifischen und gruppenübergreifenden Angeboten • Projektarbeit mit Kindern
Realisieren Beobachten Ergänzen	Umsetzung der Planung	Unterstützen und Begleiten kindlicher Bildungsprozesse
Zusammenhänge finden Bewerten	Reflexion – Evaluierung • Selbstreflexion • Reflexion der Bildungs- und Erziehungsarbeit	Balance zwischen transaktionalen Prozessen Reflexion im Team und einzeln
Neu orientieren	Konsequenzen für die weitere Planung: • Weiterführende Ideen und Impulse • Veränderungen, Entwicklungen bzgl. Raumkonzept und Materialangebot	Planung von weiteren (aus der Reflexion bisheriger pädagogischer Arbeit, aktueller Kinderbeobachtung und veränderter Rahmenbedingungen entstandenen) Schwerpunkten, Projekten, individuellen Angeboten und gruppendynamischen Interventionen

3. Zeitliche Planungsebenen

Neben der inhaltlichen Planungsstruktur sind bei der Planung der Kindergarten- und Hortarbeit verschiedene zeitliche Planungsebenen zu berücksichtigen. Im Allgemeinen wird unterschieden zwischen

- Jahresplanung,
- Langzeitplanung,
- Kurzzeitplanung.

„Mit der unterschiedlichen zeitlichen Ausrichtung sind verschiedene Aspekte des Planungs- und Praxisgeschehens angesprochen, die ein unterschiedliches methodisch-planerisches Vorgehen erfordern" (Hebenstreit 1994, S. 111).

Schwerpunkte bei der Jahresplanung sind zum Beispiel die Situationsanalyse und eine grobe Zieldefinition, nicht aber die konkrete Auswahl von Inhalten und Methoden. Bei der Kurzzeitplanung allerdings müssen sehr wohl Überlegungen zu Inhalten und Methoden angestellt werden.

Zwischen den einzelnen Planungsebenen gibt es Wechselbeziehungen, keiner dieser Aspekte darf für sich alleine stehen, eine einseitige Vorgangsweise bzgl. der Richtung (Kurzzeitplanungen dürfen nur aus der Langzeitplanung und diese wiederum nur aus der Jahresplanung hervorgehen) ist nicht sinnvoll, weil das die aktuellen Entwicklungen in der pädagogischen Arbeit zu wenig berücksichtigen würde.

3.1. Jahresplanung

In die Jahresplanung fließen folgende Erkenntnisse ein:

- aus der **Reflexion** des vergangenen Arbeitsjahres
  betreffend die **Pädagogik** (z.B. gruppenspezifische und gruppenübergreifende Schwerpunkte, Umgang mit Kindern im pädagogischen Alltag – Beziehungen zu Kindern gestalten, Grenzen setzen, mit schwierigen Kindern umgehen)
  betreffend die **Erziehungspartnerschaft mit Eltern** (z.B. Faktoren, die zu einer Veränderung der Beziehungen geführt haben)
  betreffend die **Öffentlichkeitsarbeit** (z.B. Aktivitäten, durch die sich der Kindergarten oder Hort als moderne und qualitativ hochwertige Kinderbetreuungseinrichtung präsentieren konnte)
  betreffend die **Teamarbeit** (z.B. Kommunikation im Team, gegenseitige Unterstützung in der pädagogischen Arbeit).
- aus der **Situationsanalyse** (Definition der Entscheidungs- und Bedingungsfelder und Überlegungen zu individuellen Schwerpunktsetzungen).

Die Jahresplanung wird sowohl im gesamten Team als auch gruppenintern erstellt und kann folgende Punkte umfassen:

3.1.1. Pädagogische Jahresplanung

- Formulierung allgemeiner pädagogischer Grundsätze (z.B. persönliche Vorstellungen der PädagogInnen in den Bereichen der Bildung, Erziehung und Betreuung der ihnen anvertrauten Kinder, grundlegende Werte, Einstellungen und Haltungen der PädagogInnen, Prinzipien für das Zusammenleben in der Kindergruppe, vgl. Land OÖ 2004).

- Wahl eines Jahresthemas oder Jahresschwerpunkts
- Definition von gruppenübergreifenden pädagogischen Grobzielen und pädagogischen Schwerpunkten
- Definition von gruppenspezifischen pädagogischen Zielen
- Überlegungen zu wichtigen pädagogischen Prozessen wie Eingewöhnung oder Vorschulerziehung
- Pädagogische Überlegungen zu Festen und anderen besonderen Ereignissen (z.B. 10-Jahres-Feier der Einrichtung)
- Pädagogische Überlegungen zur Gestaltung des Tagesablaufs

3.1.2. Organisatorische Jahresplanung

- Terminvereinbarungen (Elternabende, Ausflüge, Aktionstage)
- Organisation des Betriebes (Dienstpläne, Raumkonzepte etc.)
- Aufgabenverteilung und Zuständigkeiten der MitarbeiterInnen
- Personalentwicklung (z.B. Fachliteratur, Auswahl von Fortbildungsveranstaltungen, Supervision)

3.1.3. Jahresplanung wichtiger Elemente der Erziehungspartnerschaft und der Öffentlichkeitsarbeit

- Überlegungen zu einzelnen Kommunikationsformen mit Eltern (Elternbriefe, E-Mails, Homepage, Kindergarten-/Hortzeitungen etc.)
- Gestaltung von Elterngesprächen (Entwicklungsgespräche, Beschwerdegespräche etc.)
- Planung von Veranstaltungen mit Eltern, von öffentlichen Veranstaltungen
- Zusammenarbeit mit Schulen (Volksschulen, Bildungsanstalten für Kindergartenpädagogik etc.)
- Neue Möglichkeiten der Öffentlichkeitsarbeit und ihre Umsetzung

3.2. Langzeitplanung

Die Langzeitplanung wird für mehrere Wochen bzw. Monate aus den Inhalten der Jahresplanung, der Reflexion der pädagogischen Arbeit der letzten Wochen, den Ergebnissen der Kinderbeobachtung und aktuellen pädagogischen Entwicklungen erstellt. Auch diese Planungsebene muss sowohl im gesamten Team (vor allem im Rahmen des offenen Arbeitens) als auch gruppenspezifisch bearbeitet werden. Aus der gemeinsamen Reflexion des pädagogischen Geschehens der vergangenen Wochen werden in Bezug auf die Jahresplanung neue Teilziele formuliert und Interventionen zur Zielerreichung überlegt.

Inhalte der Langzeitplanung sind z.B. thematische Schwerpunkte oder Projektarbeiten. Damit verbunden sind Überlegungen zur Raumgestaltung und zum Materialangebot.

Langzeitplanungen werden mit Hilfe eines Planungsleitfadens oder -formulars erstellt und geben KollegInnen, FachberaterInnen und InspektorInnen die Möglichkeit, Planungsprozesse nachzuvollziehen und Einblick in die aufbauende pädagogische Arbeit zu erhalten.

3.3. Kurzzeitplanung

Die Kurzzeitplanung wird für einen kurzen überschaubaren Zeitraum (eine Woche, mehrere Tage) erstellt und gibt Raum für konkrete inhaltliche und methodische Überlegungen zur Vorbereitung von Angeboten, Impulsen und Interventionen. In der Kurzzeitplanung können aktuelle Entwicklungen (ausgelöst durch Erlebnisse der Kinder außerhalb des Kindergartens/Hortes, z.B. in der Familie, oder durch kindergarten-/hortinterne Faktoren, z.B. ein neues Kind kommt in die Gruppe) berücksichtigt werden. Damit ist flexibles und situationsangepasstes Arbeiten möglich.

Die Kurzzeitplanung umfasst aber nicht die gesamte Vorbereitung von allen pädagogischen Interventionen, sondern „aus der Fülle des Alltagsgeschehens werden einige Ausschnitte hervorgehoben, sodass sie bewusster Reflexion zugänglich sind und (damit) partielle Veränderung möglich wird" (Hebenstreit 1994, S. 126).

Durch die kurzfristige Planung und Reflexion kann die Kindergarten- und HortpädagogIn ihr tägliches Tun in den Kontext der Langzeitplanung stellen und somit der Gefahr des zufälligen oder ausschließlich intuitiven Arbeitens entgehen, aber gleichzeitig das Kind mit seinen aktuellen Fragen und Interessen berücksichtigen.

Die Kurzzeitplanung, die auf der Reflexion der pädagogischen Arbeit der letzten Wochen aufbaut, macht prozessorientierte Pädagogik sichtbar: Die Kindergarten- und HortpädagogIn baut ihre weitere Planung auf Reflexionen auf, stellt somit einen unmittelbaren Zusammenhang zwischen Vergangenem und Zukünftigem her und macht so kindliche Gegenwart sinn-voll im Sinne von „mit allen Sinnen erfahr- und erlebbar".

Im Rahmen des offenen Arbeitens muss die kurzfristige Planung (meist die Wochenplanung) innerhalb des Teams so abgestimmt werden, dass sich zielgruppenspezifische Angebote, gruppenübergreifende Angebote und Projektarbeiten in die pädagogische Arbeit der gesamten Einrichtung gut einfügen. Das Team muss die Balance zwischen „zu viel und zu wenig" (zu viele angeleitete Angebote und zu wenig begleitetes Freispiel, viele ähnliche Angebote ohne zusammenhängenden Aufbau) finden. Ein Wochen-Rasterplan hilft, den Überblick zu bewahren (Was wird von wem in welchem Raum zu welcher Zeit angeboten?) und die Wichtigkeit des freien Spiels mit zu bedenken.

Teile aus der Kurzzeitplanung können auch Eltern zugänglich gemacht werden, es ist allerdings zu überlegen, ob dies im Voraus erfolgt (dabei wird man zwar dem legitimen Bedürfnis der Eltern nach Information gerecht, es besteht aber die Gefahr, die pädagogische Arbeit auf einige „actionreiche Angebote“ zu reduzieren) oder im Nachhinein (hier ist der Aspekt zu berücksichtigen, wie interessant Vergangenes in unserer schnelllebigen Zeit eigentlich ist).

Über diese Detailfrage der Veröffentlichung von Wochenplanungen hinaus muss der Punkt „Einbeziehung/Information der Eltern über die Planung der pädagogischen Arbeit“ grundsätzlich diskutiert werden. Eltern haben ein Recht darauf zu erfahren, welche Ziele mit Hilfe welcher Inhalte und Methoden in diesem Kindergarten/Hort angestrebt werden. Diese Aspekte können über das Leitbild und die pädagogische Konzeption kommuniziert werden, darüber hinaus können an Elternabenden, in Kindergarten- und Hortzeitungen und in Elternvertretersitzungen Informationen zur aktuellen Planung des jeweiligen Arbeitsjahres gegeben werden. Mit dem dadurch geweckten Interesse ist auch mit mehr Engagement und Mitarbeit der Eltern zu rechnen. Wenn detaillierte Planungen (z.B. in Form von Wochenplänen) an Eltern weitergegeben werden, ist darauf zu achten, Eltern gut und wiederholt darüber zu informieren, dass die Bildungs- und Erziehungsarbeit im Kindergarten und Hort ein sehr komplexes Geschehen ist und nicht auf die auf dem Plan veröffentlichten „Aktivitäten“ reduziert werden darf.

4. Planen im Team – Planen als wichtiger Teil der Qualitätsentwicklung und -sicherung

4.1. Planen als gemeinsamer Prozess

In der Auseinandersetzung mit den inhaltlichen und zeitlichen Planungsebenen wurde deutlich, dass (schriftliche) Planung nie ein nur die einzelne Kindergarten- und HortpädagogIn betreffender Prozess sein kann:

Die **Jahresplanung** muss für die gesamte Einrichtung Kindergarten oder Hort im Team auf Basis einer gemeinsamen Reflexion des vergangenen Jahres und einer gemeinsamen Situationsanalyse erstellt werden.

Kinderbeobachtungen sollen durch den Austausch subjektiver Wahrnehmungen einzelner Kindergarten- und HortpädagogInnen zu einem Gesamtbild, das mehrere Perspektiven mit einschließt, zusammengeführt werden.

Gruppenübergreifende Angebote und das pädagogische **Konzept des offenen Arbeitens** können nur im Team durch gemeinsame Planung, Abstimmung und Koordination verwirklicht werden.

- Projektarbeit als interessenbezogenes Angebot für Kinder der gesamten Einrichtung braucht eine gruppenübergreifende Projektplanung.
- Die Gruppenpädagogik ist Teil der Pädagogik der gesamten Einrichtung: Das einzelne Kind ist zwar meistens Teil einer bestimmten Kindergarten- oder Hortgruppe und wird mehr oder weniger viel Zeit in seinem Gruppenraum und mit seinen Bezugspersonen (GruppenpädagogInnen, HelferInnen) verbringen. Darüber hinaus wird es aber auch (und im Rahmen des offenen Arbeitens sehr oft) Kontakte mit Kindern und Erwachsenen anderer Gruppen haben. Deshalb ist es unbedingt notwendig, dass alle MitarbeiterInnen einer Einrichtung ein ähnliches Verständnis von Erziehung und Bildung haben und ihre jeweiligen Bilder vom Kind und von Kindheit miteinander austauschen und abgleichen. Dies wird für das Kind nicht nur im direkten Kontakt mit anderen, sondern in der gesamten Gestaltung der Erziehungs- und Bildungsumwelt spürbar: Es muss damit rechnen können, dass es im ganzen Haus einheitliche Regeln und Vereinbarungen sowie allgemein gültige Erwartungen und Unterstützungsangebote gibt, nur so erlangt es die für die Nutzung des gesamten pädagogischen Handlungsraums notwendige Sicherheit. Diskrepanzen wirken auf das Kind verwirrend und je nach Temperament einschüchternd oder provozierend. Damit wird klar, dass die schriftliche Planung der konkreten pädagogischen Arbeit Teil eines Gesamt-

Zeitliche Planung im Überblick:

Tätigkeit der PädagogIn	Planungsinhalte	Methoden und Möglichkeiten
Jahresplanung	Reflexion des vergangenen Arbeitsjahres	Betreffend die Pädagogik, die Erziehungspartnerschaft, Öffentlichkeitsarbeit und Teamarbeit
	Situationsanalyse	
	Pädagogische Jahresplanung	• Formulierung allgemeiner pädagogischer Grundsätze • Wahl eines Jahresthemas, -schwerpunkts • Definition von Jahreszielen • Überlegungen zu pädagogischen Prozessen
	Organisatorische Jahresplanung	• Terminvereinbarungen • Betriebsorganisation • Aufgabenverteilung/Zuständigkeiten • Personalentwicklung
	Jahresplanung der Zusammenarbeit mit Eltern und der Öffentlichkeitsarbeit	• Kommunikationsformen mit Eltern • Veranstaltungen • Zusammenarbeit mit Kooperationspartnern
Langzeitplanung	Aus den Inhalten der • Jahresplanung • Kinderbeobachtung • Reflexionen • aktuellen pädagogischen Entwicklungen	Planung • im Team • gruppenspezifisch Planung von • thematischen Schwerpunkten • Projektarbeit mit Kindern • Raumkonzepten • Materialangebot
Kurzzeitplanung	Konkrete inhaltliche und methodische Überlegungen basierend auf • Elementen der Langzeitplanung • Kinderbeobachtungen • Reflexionen • aktuellen pädagogischen Entwicklungen	Vorbereitung von • Angeboten • Impulsen • Interventionen

konzepts zur Qualitätsentwicklung und Qualitätssicherung ist. Erst wenn alle MitarbeiterInnen eines Kindergartens oder Horts gemeinsame Antworten auf zentrale Fragen gefunden und diese schriftlich festgehalten haben (Planung auf der Makroebene; Land OÖ 2004), ist Planung auf der Mikroebene möglich. Die Planung auf der Makroebene schafft einen verbindlichen Rahmen, innerhalb dessen die konkrete bzw. individuelle Planung ihren Platz findet, und gleichzeitig bleibt gewährleistet, dass die Erreichung gemeinsam vereinbarter Ziele und die Weiterentwicklung der gesamten Organisation unterstützt werden.

Qualitätsentwicklung und -sicherung sind also Prozesse, die erst im konkreten Kindergarten oder Hort mit konkreten Erfahrungen und Bedingungen verwirklicht werden können. Es ist nur eingeschränkt möglich, sie als einfache Technik ohne Bezug zu einer bestimmten Einrichtung darzustellen.

4.2. Teile des Gesamtkonzepts zur Qualitätsentwicklung auf der Makroebene

4.2.1. Standortanalyse

Die Standortanalyse geht über die bereits beschriebene Situationsanalyse (Festellen von Gegebenheiten) hinaus und kann als Stärken- und Schwächenanalyse der Organisation in den Bereichen „Pädagogische Arbeit", „Leitung", „MitarbeiterInnen", „Erziehungspartnerschaft", „Öffentlichkeitsarbeit" (Fischer 2001) bezeichnet werden. In dieser Phase werden Antworten auf Fragen gesucht, wie:

- Was zeichnet unseren Kindergarten/Hort aus?
- Was funktioniert gut, wo gibt es Schwierigkeiten?
- Welche Themen oder Herausforderungen werden uns künftig beschäftigen?

4.2.2. Entwicklung und Diskussion gemeinsamer Grundvorstellungen

In diesem zweiten Teil geht es darum, im Team ein gemeinsames Verständnis der Arbeit in dieser Institution zu schaffen (Common Sense) und verbindliche Ziele zu definieren.

- Was verstehen wir unter den Begriffen Bildung und Erziehung?
- Von welchen pädagogischen Grundsätzen gehen wir aus?
- Wie ist unser Selbstverständnis, unser Rollenverständnis als Kindergarten- und HortpädagogIn und als HelferIn/BetreuerIn?
- Welchen Zielen fühlen wir uns hier verpflichtet?
- Wie leben wir die vereinbarten Grundsätze in unserem pädagogischen Alltag?

Die Antworten auf diese Fragen werden in einem Leitbild und/oder einer pädagogischen Konzeption verschriftlicht. Zusätzlich können einzelne Maßnahmen, Prozesse und erwartete Ergebnisse festgehalten werden.

4.2.3. Evaluierung

Anhand dieses Verschriftlichten (Stärken- und Schwächenanalyse, pädagogische Konzeption etc.) kann die Arbeit der gesamten Organisation evaluiert und somit gesichert werden. Die Ergebnisse der Evaluation werden für weitere Schritte in der Qualitätsentwicklung herangezogen, der Kindergarten und Hort bleibt als lernende Organisation ständig in Veränderung.

Diese Schritte der Qualitätsentwicklung gelingen nur, wenn alle MitarbeiterInnen sich nicht nur als Teil einer Arbeitsgruppe, sondern als Teammitglieder erleben. Auch wenn die MitarbeiterInnengruppe eines Kindergartens oder Horts oft per se als Team bezeichnet wird, ist zwischen einer Arbeitsgemeinschaft und einem Team zu unterscheiden.

Unter einem Team wird eine Gruppe von verschiedenartigen Persönlichkeiten verstanden, die gemeinsame Ziele besitzt und die Verwirklichung dieser Ziele in Zusammenarbeit anstrebt. Die Qualität der Zusammenarbeit ist bestimmt durch eine professionelle Kommunikation zwischen teamfähigen, reflektierten MitarbeiterInnen und spiegelt eine gut entwickelte Teamkultur wider.

Die Teamleitung bietet den für die Erreichung der Arbeitsziele notwendigen Rahmen und ermöglicht die Weiterentwicklung der einzelnen MitarbeiterInnen des gesamten Teams.

Teamentwicklung wird so zu einem Teil der Organisations- und Qualitätsentwicklung und stellt eine Basis für schriftliche Planung dar. Allerdings müssen die einzelnen MitarbeiterInnen ein Grundmaß an Teamfähigkeit als Voraussetzung mitbringen: Teamfähige MitarbeiterInnen sind verantwortungsbewusst, kritikfähig, offen für Veränderungen, verlässlich und können mit Konkurrenz verantwortlich umgehen. Sie zeigen eine grundsätzliche Bereitschaft zur Zusammenarbeit.

Qualitätsentwicklung und -sicherung im Überblick:

Tätigkeit im Team	Inhalte	Methoden und Möglichkeiten
Standortanalyse	Stärken- und Schwächenanalyse	Betreffend die • pädagogische Arbeit • Leitung • MitarbeiterInnen • Erziehungspartnerschaft • Öffentlichkeitsarbeit
Entwicklung gemeinsamer Grundvorstellungen	Diskussion und Formulierung eines „pädagogischen Credos" („Common Sense")	Entwicklung von • Leitbild • pädagogischer Konzeption Festschreiben von Maßnahmen, Prozessen und erwarteten Ergebnissen
Evaluierung	Überprüfung der erreichten mit den ursprünglich geplanten Ergebnissen	Ursachenforschung für Abweichungen Ideen für weitere Maßnahmen

5. Resümee

Schriftliche Planung ist zweifellos sehr umfangreich und komplex, aber unbedingt notwendig, um dem Bildungs- und Erziehungsauftrag in Kindergärten und Horten zu entsprechen.

Damit Geplantes sinnvoll in die Realität umgesetzt werden kann, braucht es

- eine grundlegend positive Einstellung zur Planung an sich,
- eine gut strukturierte Vorgangsweise,
- das nötige Wissen um Planungsebenen und Planungsinhalte.

Daher muss jede/jeder Kindergarten- und HortpädagogIn in ihrer/seiner Einrichtung gemeinsam mit ihren/seinen KollegInnen die Planung fortwährend an aktuelle wissenschaftliche Entwicklungen und veränderte Realitäten anpassen und nach neuen Umsetzungsideen und praktikablen Planungsstrategien suchen. So wird beispielsweise für das Planen im Rahmen des offenen Arbeitens vieles des hier Dargestellten adaptiert werden müssen. Da aber das offene Arbeiten in Kindergärten und Horten in Österreich wenig einheitlich ist, sondern je nach Standort und Verständnis der MitarbeiterInnen unterschiedlich praktiziert wird, ist die Verschriftlichung individuell anzupassen. Einige Kindergarten- und HortpädagogInnen beschäftigten sich bereits konkret mit diesem Thema oder sind gegenwärtig dabei; daher wird schon bald mit ersten Ergebnissen zu rechnen sein, die nach einer Test- und Evaluierungsphase auch als Empfehlung weitergegeben werden können.

Literatur

Bayerisches Staatsministerium für Arbeit und Sozialordnung, Familie und Frauen/Staatsinstitut für Frühpädagogik (2003): Der Bayerische Bildungs- und Erziehungsplan für Kinder in Tageseinrichtungen bis zur Einschulung. Weinheim: Beltz Verlag

Bildungsstätte Kindertageseinrichtung (2004). Projektpost II. Landeswohlfahrtsverband Baden

Bostelmann, A./Fink, M. (2003): Pädagogische Prozesse im Kindergarten – Planung, Umsetzung, Evaluation. Weinheim: Beltz Verlag

Dörner, D. (1998): Die Logik des Misslingens. Reinbek: rororo

Ellermann, W. (2004): Bildungsarbeit im Kindergarten erfolgreich planen. Weinheim: Beltz Verlag

Fischer, W. (2001): Pädagogische Führung in Kindergärten und anderen pädagogischen und sozialen Einrichtungen. Innsbruck: Studien Verlag

Fthenakis, W./Textor, M. (1998): Qualität von Kinderbetreuung. Weinheim: Beltz Verlag

Hartmann, W. et al. (2000): Bildungsqualität im Kindergarten. Wien: öbv & htp

Hartmann, W./Stoll, M. (2004): Mehr Qualität für Kinder. Wien: öbv & htp

Hebenstreit, S. (1994): Kindzentrierte Kindergartenarbeit. Freiburg: Herder

Heimann, P. (1962): Didaktik als Theorie und Lehre. Die Deutsche Schule 9 (zitiert nach Niederle 1995)

Huppertz, N. (1992): Erleben und Bilden im Kindergarten. Freiburg: Herder

Kapfer-Weixlbaumer, A./Radler, I. (2004): Kinderhaus – Werkstatt der Zukunft. Linz

Kazemi-Veisari, E. (1996): Offene Planung im Kindergarten. Freiburg: Herder

Krenz, A. (1991): Der situationsorientierte Ansatz im Kindergarten. Freiburg: Herder

Krenz, A. (2001): Was Kinder brauchen – Entwicklungsbegleitung im Kindergarten. Berlin: Luchterhand Verlag

Laewen, H.-J./Andres, B. (2002a): Bildung und Erziehung in der frühen Kindheit. Weinheim: Beltz Verlag

Laewen, H.-J./Andres, B. (2002b): Forscher, Künstler, Konstrukteure. Weinheim: Beltz Verlag

Land OÖ (2004): Leitfaden Planung und Reflexion/Kindergarten. Amt der Oö. Landesregierung, Abteilung Bildung, Jugend und Sport. Linz

Lill, G. (2004): Bildungswerkstatt Kita. Weinheim: Beltz Verlag

Niederle, Ch. (1995): Methoden des Kindergartens 2. Linz: Unsere Kinder

Schäfer, M. /Kinder in Wien (2005): Qualitätshandbuch für alterserweiterte Kindergärten. Wien: Kinder in Wien

Stamer-Brandt, P. (2001): Mit Kindern an Projekten arbeiten. Freiburg: Herder

Der Beitrag wird in diesem Buch erstmals publiziert.

Zum Vertiefen, Wiederholen und Weiterdenken ...

1 Wie unterscheiden sich Wahrnehmen und Beobachten? Führen Sie einige Beispiele an.

2 Beschreiben Sie die Grundhaltung der Beobachterin, des Beobachters.

3 Welche Fallstricke sind beim Beobachten gegeben?

4 Was bedeuten in Bezug auf Beobachtung „Daten" und „Interpretationen"? Verdeutlichen Sie das anhand eines konkreten Beispiels aus Ihrer Umgebung.

5 Worin bestehen die Vor- bzw. Nachteile teilnehmender und nicht teilnehmender Beobachtung im Kindergarten?

6 Wie können Beobachtungen strukturiert und ausgewertet werden? Wenden Sie die Methoden praktisch an und geben Sie Ihre Eindrücke wieder.

7 Welche Beobachtungsinstrumente kennen Sie?

8 Was ist Ihnen beim Beobachten von Kindern besonders wichtig? Unterscheiden sich diese Schwerpunkte von der Beobachtung bei Erwachsenen?
Wenn ja: Worin?

9 Nutzen Sie Fahrten in öffentlichen Verkehrsmitteln dazu, das Verhalten von Personen zu beobachten. Was können Sie feststellen, wie interpretieren Sie die Feststellungen?

10 Welche Phasen der Spiele werden in der Entwicklung des Kindes unterschieden?

11 Anhand welcher Kriterien können Sie beim Beobachten des Spiels eines Kindes feststellen, ob es sich um „gesundes Spielverhalten" handelt?

12 Trainieren Sie die Beobachtung von spielenden Kindern anhand der im Beitrag von J. Reimitz angeführten Beobachtungskriterien. Halten Sie Ihre Beobachtung in einer Form fest, die Ihnen dafür geeignet erscheint.

13 Tauschen Sie mit einer Kollegin, einem Kollegen Ihre Beobachtungsaufzeichnung und geben Sie einander Feedback, inwieweit die Inhalte für Sie aussagekräftig und informativ sind. Können Sie das Beschriebene ohne eigene Beobachtung nachvollziehen?

14 Würden Sie in Ihrer Kindergartengruppe ein Soziogramm gemeinsam mit den Kindern erstellen? Begründen Sie Ihre Meinung.

15 Überlegen Sie, welche Vor- und Nachteile Soziogramme im Kindergarten haben können, und gruppieren Sie Ihre Argumente:
„Kinder" – „KindergartenpädagogIn" – „Eltern".

16 Welche Vorteile sehen Sie in der inhaltlichen Planungsstruktur in Bezug auf Ihre konkrete Planungs- und Vorbereitungstätigkeit für das einzelne Kind, für die gesamte Kindergruppe und für sich selbst?

17 Was konkret würde sich verändern, wenn die Wahl von Inhalten und Methoden gleich nach der Situationsanalyse erfolgen und der Schritt der Zieldefinition erst an dritter Stelle stehe würde?

18 Bildung als Selbstbildung. –
Wie weit beeinflusst diese Tatsache Ihr Selbst- und Planungsverständnis als verantwortungsbewusste Kindergarten- und HortpädagogIn?

19 Welche Zusammenhänge bestehen zwischen den drei zeitlichen Planungsebenen und wie können diese mit den inhaltlichen Planungsebenen in Verbindung gebracht werden?

20 Auf welchen zeitlichen (und inhaltlichen) Planungsebenen wird die prozessorientierte Pädagogik sichtbar?

21 Wie können Sie als Kindergarten- und HortpädagogIn diese Planungshilfen nutzen, um Ihrer Aufgabe als ProzessbegleiterIn gerecht zu werden?

22 Welche Chancen sehen Sie durch einen gemeinsam im Team gestalteten Prozess der Qualitätsentwicklung und -sicherung für Ihre konkrete pädagogische Arbeit im Alltag?

23 In welcher Form kann die Planung und Evaluierung im Team für die gesamte pädagogische Einrichtung hilfreich oder auch blockierend sein?

Pädagogische Konzepte

Erziehung und Bildung passieren nicht nach absoluten, festgeschriebenen Prinzipien, sie sind von der jeweiligen Gesellschaft, vom Kulturkreis abhängig. Im Lauf der Geschichte zeigen sich interessante Konstanten und Entwicklungen, die in früheren Jahrhunderten vor allem auf die Schulbildung Bezug nahmen, da die institutionelle Kleinkindpädagogik erst eine relativ kurze Tradition aufweist. Charlotte Niederle beschreibt in einem Abriss frühe Entwicklungen der außerfamiliären Kleinkindbetreuung.

Von verschiedenen PädagogInnen gingen wirkmächtige Impulse aus, die zum Teil noch heute Einfluss haben, z.B. Maria Montessori oder Rudolf Steiner mit der von ihm begründeten Waldorfpädagogik. Diese beiden pädagogischen Konzepte werden im Folgenden näher beschrieben, wobei jeweils auch eine zweite Meinung zu der Strömung beigegeben ist. Natürlich sollen aus historischer Sicht der „Vater des Kindergartens", Friedrich Wilhelm August Fröbel, und Anna Freud, eine Pionierin der Kleinkindpädagogik in Österreich, nicht unerwähnt bleiben.

Wie eng die Verknüpfung von gesellschaftlichen Bedingungen und pädagogischem Wirken ist, macht die Entstehung der Reggio-Pädagogik deutlich. Dieser Ansatz zeigt zudem, dass gut funktionierende Ideen bei aller regionalen Begrenztheit ihren Weg nach außen finden.

Unsere westliche Gesellschaft ist heute von einer Pluralität der Werte, Haltungen, Strömungen gekennzeichnet. Dies spiegelt sich natürlich in der Pädagogik wider und auch das breite Spektrum der Kindergärten mit unterschiedlichen Schwerpunkten weist darauf hin. Einer Auswahl verschiedener Konzepte vorangestellt sind grundsätzliche Überlegungen zu geschlechtssensibler Pädagogik, die sich nicht als ein Modell, sondern als eine Grundhaltung zwischenmenschlicher Beziehungen versteht. Den vorgestellten Beispielen ist gemeinsam, dass sie sich an den Bedürfnissen der Kinder orientieren, dass Erziehung zu selbstbewussten und eigenverantwortlichen Menschen angestrebt wird, wobei sich die PädagogInnen vornehmlich als BegleiterInnen und nicht als GruppenführerInnen verstehen.

Zu einem kritischen Blick auf Trends in der Pädagogik fordert Judith Reimitz heraus. Gerade die Vielfalt moderner Konzepte und die ständige Erweiterung der Programme der Kleinkindpädagogik machen es notwendig, die jeweiligen Ziele, Grundsätze und Werthaltungen differenziert zu betrachten und überlegt auszuwählen.

Charlotte Niederle

Zur Geschichte des Kindergartens

Der Wandel von der Kinderbewahranstalt zur Bildungseinrichtung

Will man die Frage „Wo steht der Kindergarten heute?" beantworten, muss man versuchen, die Veränderungen in der Kindergartenpädagogik in einem größeren Zusammenhang zu sehen. Überblickt man die Entwicklung des Kindergartens von seinen Anfängen bis zur Gegenwart, so zeichnen sich vor diesem historischen Hintergrund interessante Einsichten ab.

Die Kindergartenidee Fröbels

Als **Friedrich W. A. Fröbel** (1782–1852) im Jahre 1840 seinen Aufruf zur Gründung des „Allgemeinen deutschen Kindergartens" veröffentlichte, stand dahinter eine revolutionäre pädagogische Idee. Zu einer Zeit, als man das Kind noch als kleinen, unfertigen Erwachsenen betrachtete und diesem Abschnitt in der menschlichen Entwicklung wenig Bedeutung beimaß, war Fröbel davon überzeugt, dass „jede Stufe ihren Sinn in sich selber hat". Aus der Theorie, dass die Selbstverwirklichung des Menschen über das Handeln geschieht, entwickelte er „Spielgaben für den Betätigungstrieb des Kindes". Am Modell seiner Kindergärten sollten die Eltern lernen, ihre Kinder sinnvoll zu beschäftigen. Mit diesen Ideen war Fröbel seiner Zeit weit voraus und es verwundert daher nicht, dass 1851 seine Kindergärten als „verdächtige demokratische Einrichtung" verboten wurden. Wenn dieses Verbot auch einige Jahre später wieder aufgehoben wurde und in der Folge Kindergärten nach den Ideen Fröbels gegründet wurden, blieb doch der Kindergartenidee der große Durchbruch verwehrt.

Die Methode Maria Montessoris

Etwa um die Wende vom 19. zum 20. Jh. gab es in Italien einen neuen Ansatz für eine Pädagogik, die darauf abzielte, die Fähigkeiten des Kindes durch entsprechende Beschäftigungsgaben zu fördern. Aufbauend auf der Grunderkenntnis, dass sich ein Kind dann mit voller Hingabe einer Sache zuwendet, wenn es „durch den Gegenstand in seinem Innern bewegt wird", wenn die Aufmerksamkeit „vom Ich her bestimmt wird", entwickelte **Maria Montessori** (1870–1952) ihr Spiel- und Beschäftigungsmaterial. In moderner Betrachtungsweise würde man sagen, dass Montessori damals bereits die Bedeutung der inneren Motivation für die Selbsttätigkeit des Kindes erkannte und durch Lernmaterialien mit hohem Aufforderungscharakter zur individuellen Förderung des Kindes beitragen wollte.

Aber auch dem pädagogischen Engagement Montessoris blieb zunächst in Deutschland die große Breitenwirkung versagt. Die KritikerInnen warfen Montessori Einseitigkeit und Unterbewertung der Fantasiekräfte des Kindes vor. Darüber hinaus hatte sich um 1900 in Deutschland eine ziemlich romantische Idee vom Kind durchgesetzt. Im Buch von Ellen Key, dessen Titel „Das Jahrhundert des Kindes" (1902 in deutscher Sprache erschienen) zum Schlagwort geworden ist, findet sich dafür folgendes Zitat: „Bevor nicht Vater und Mutter ihre Stirne vor der Hoheit des Kindes in den Staub beugen, bevor sie nicht einsehen, dass das Wort Kind nur ein anderer Ausdruck für den Begriff Majestät ist, ... werden sie auch nicht begreifen, dass sie ebenso wenig die Macht oder das Recht haben, diesem neuen Wesen Gesetze vorzuschreiben, wie sie die Macht und das Recht besitzen, sie den Bahnen der Sterne aufzuerlegen."

Eine gezielte Pädagogik, wie sie Montessori vertrat, hatte bei einer derart übertriebenen Vorstellung von der „Majestät Kind" wenig Chancen, allgemein anerkannt zu werden.

Entstehung der Kinderbewahranstalten in der zweiten Hälfte des 19. Jahrhunderts

Versucht man der Frage nachzugehen, aus welchen Motiven sich dennoch auf breiter Basis eine Art Kindergartenidee durchzusetzen begann, so zeigt sich, dass in die Zeit zwischen 1860 und 1900 eine große Anzahl von Gründungen von so genannten **Kinderbewahranstalten** fällt. Typisch dafür ist, dass solche Kinderbewahranstalten vor allem in Orten eingerichtet wurden, die zu dieser Zeit von der zunehmenden Industrialisierung erfasst wurden. Immer mehr Männer und Frauen verdienten sich ihren Lebensunterhalt durch Arbeit in außerhäuslichen Betrieben. Damit wurde die Frage der Kinderbeaufsichtigung vakant und die Gründung von Kinderbewahranstalten aus sozialen Motiven aktuell.

Es waren also vorwiegend soziale Momente, die die Verbreitung der Kindergartenidee bestimmten, und nicht so sehr die großen pädagogischen Ideen, wenngleich diese in verschiedenen Kindergarteneinrichtungen wirksam waren und in der Folge die Kleinkinderziehung wesentlich beeinflussten. Die Kenntnis dieser Zusammenhänge ist deshalb wichtig, weil sich bis in die jüngste Vergangenheit Reste einer „Kinderbewahrmentalität" erhalten haben und man die Aufgabe des Kindergartens für erfüllt ansah, wenn man gewiss sein konnte, dass die Kinder dort „gut aufgehoben" waren.

Der Kindergarten als familienergänzende Bildungseinrichtung

Entscheidende Bedeutung für die Entwicklung des Kindergartens von der Kinderbewahranstalt zur pädagogischen Bildungsinstitution kommt der Zeit nach dem Zweiten Weltkrieg zu. Obwohl auch damals, bedingt durch die drückende Not der Nachkriegszeit, soziale Momente die rasche Wiedererrichtung von Kindergärten begünstigten, gab es von Anfang an starke Initiativen, die darauf ausgerichtet waren, pädagogischen Konzepten bei der Gestaltung der Kindergartenarbeit zum Durchbruch zu verhelfen. So wurden Grundlagen für die Strukturierung des Kindergartenterritoriums, für die Methode der Kleingruppenarbeit, für die Auswahl von gutem Spiel- und Beschäftigungsmaterial erarbeitet und in die Praxis umgesetzt. Das Niveau der Ausbildung der KindergartenerzieherInnen wurde wesentlich angehoben und die Weiterbildung der praktisch tätigen KindergartenpädagogInnen intensiviert.

Diese Bemühungen trugen zu einer ständigen Weiterentwicklung des Kindergartenwesens bei, fanden aber in der Öffentlichkeit lange Zeit hindurch nicht die ihnen zustehende Anerkennung. Erst neue wissenschaftliche Erkenntnisse, die die Bildsamkeit des Kindes im Vorschulalter aufzeigten, haben dazu beigetragen, die Diskussion um die vorschulische Erziehung in den Mittelpunkt öffentlichen Interesses zu rücken. Das Schlagwort von der Begabungsförderung in der frühen Kindheit hat Eltern und BildungspolitikerInnen in gleicher Weise mobilisiert, ihre Aufmerksamkeit verstärkt der Institution Kindergarten zuzuwenden. Eine Fülle von Forderungen wurde plötzlich an den Kindergarten herangetragen, die zu einer weitgehenden Verunsicherung der dort tätigen ErzieherInnen führte. Wenn sich übertriebene Erwartungen allmählich auf ein realistisches Maß einpendeln und die Diskussion zunehmend sachlich geführt wird, besteht die Chance, das bisher Geleistete anzuerkennen und sich auf die neuen Anforderungen einzustellen.

Die Aufgaben der Begabungs- und Bildungsförderung machen es notwendig, dass der sozialpädagogische Auftrag des Kindergartens über ein bloß familienersetzendes Konzept hinausgeht. Der Kindergarten muss die notwendige und wünschenswerte Ergänzung zur Familienerziehung bieten. Im historischen Zusammenhang betrachtet heißt das, dass sich der Wandel von der Kinderbewahranstalt zur Bildungseinrichtung vollzogen hat und dass der Kindergarten heute als ein integrierter Bestandteil des gesamten Bildungssystems anzusehen ist.

Manfred Berger

Friedrich Wilhelm August Fröbel

Vater des „Kindergartens"

Als Friedrich Fröbel am 24. Juni 1852 in Schweina (Thüringen) beerdigt wurde, äußerte der Pfarrer in seiner Grabrede die Vermutung, dass andere das Lebenswerk des großen Pädagogen weiterführen werden. Und in der Tat: Um die Verbreitung der Fröbel'schen Ideen und ihre innere Fortentwicklung hat sich eine Reihe von Frauen und Männern verdient gemacht. Fröbels „Kindergarten" (der Begriff wurde von ihm geprägt) als Idee und Institution fand so weltweite Anerkennung. Auch in Österreich nahm das Kindergartenwesen einen besonderen Aufschwung:

„Abgesehen von dem Kindergarten der Ida Weider, dessen schon Fröbel im Jahre 1852 erwähnt und der jedenfalls der erste in Österreich war, wissen wir, dass Dr. J. D. Georgens an seiner Anstalt für die Erziehung schwachbefähigter Kinder in Liesing (1856–1866) schon Fröbel'sche Beschäftigungen trieb und dass Georg Hendl, einer seiner Mitarbeiter, 1863 in Wien einen Kindergarten errichtete. 1864 entstand ein solcher in Prag (an der Privatschule des Josef Heinrich) und 1866 in Graz (Eleonore Kopper). Fast um dieselbe Zeit führte A. S. Fischer in der seit 1843 bestehenden israelitischen Kinderbewahranstalt in Wien die Fröbel'schen Beschäftigungen ein; er eröffnete 1868 in Wien die erste Kindergärtnerinnen-Bildungsanstalt, zugleich die erste in Österreich." (Ambros 1904, S. 38)

Biografisches

Friedrich Wilhelm August Fröbel wurde am 21. April 1782 in Oberweißbach (Thüringer Wald) geboren. Er war das sechste Kind des Pfarrers Johann Jacob Fröbel und seiner Frau Jacobine Eleonore Friederike, geb. Hoffmann. Da die Mutter bereits neun Monate nach Friedrichs Geburt starb, musste dieser „den wohltätigen Einfluss der Mutterliebe entbehren, deren Wert ihm eben dadurch später einleuchtete" (Ambros 1904, S. 3). 1785 heiratete der Vater erneut. Die Stiefmutter begegnete Friedrich nicht sehr freundlich, sie verweigerte ihm sogar das Du als Anrede. Zusätzlich wurde seine unfrohe Kindheit durch die dogmatische Gläubigkeit seines Vaters belastet, dessen christliches Selbstverständnis, das von Sünde und Strafe bestimmt war, den sensiblen Jungen ängstigte.

In späteren Jahren schrieb Fröbel in einem Brief an den Herzog von Meiningen über seinen Vater: „So sehr auch mein Vater ein für seine Lebensverhältnisse als Landpfarrer gewiss selten unterrichteter, ja gelehrter und erfahrener, rastlos thätiger Mann war, so blieb ich ihm doch in Folge dieser ersten und trennenden Lebensumstände durchs ganze Leben hindurch fremd. So hatte ich also eigentlich ebenso wenig einen Vater wie ich eine Mutter hatte. Mein Vater (gehörte, M. B.) zu den alten orthodoxen Theologen; darum herrschte, wie im Liede so im Vortrag, die bekannte starke Bilder-Anschauungssprache, eine Sprache, die ich in mehrfacher Beziehung eine Steinsprache nennen möchte, weil es eine gewaltige auflösende Kraft kostet, das darin enthaltene innere Leben aus der äußeren Hülle zu befreien" (zit. nach Lange 1862, S. 32 ff).

Sein Onkel Superintendent Johann Christoph Hoffmann nahm Friedrich im Alter von beinahe elf Jahren zu sich nach Stadt-Ilm (Thüringen). Hier fand der Junge „frischen Mut und kindlichen Frohsinn und erstarkte körperlich wie seelisch" (Ambros 1904, S. 4). Nach bewegten und wechselvollen Jahren entschied sich Fröbel für den Beruf des Erziehers. 1805/06 und 1808/10 hatte er bei dem großen Schweizer Pädagogen Johann Heinrich Pestalozzi in Yverden (Iferten) verbracht und wesentliche Erfahrungen machen können.

Schließlich gründete Fröbel, nach einem Studium der Mineralogie und einer kurzen Assistentenzeit am Mineralogischen Institut der Universität Berlin, am 13. November 1816 in Griesheim (Thüringen) die „Allgemeine deutsche Erziehungsanstalt", die er im Juni 1817 nach Keilhau verlegte. Am 11. September 1818 heiratete Fröbel Henriette Wilhelmine Hoffmeister, gesch. Klöpper. Die Ehe blieb kinderlos.

„Die Menschenerziehung"

1826 veröffentlichte Fröbel sein Hauptwerk „Die Menschenerziehung", in welchem er seine Grundgedanken zur Bedeutung und Notwendigkeit des frühkindlichen Spiels darlegte. Mit Entschiedenheit wehrte er sich dagegen, das Spiel als „Spielerei" oder unnützen „Müßiggang" abzuqualifizieren. Vielmehr betonte er, dass das Spiel die „gesunde Entwicklung" des jungen Menschen fördert: „Ein Kind, welches tüchtig, selbstthätig still, ausdauernd, ausdauernd bis zur körperlichen Ermüdung spielt, wird gewiss ein tüchtiger, stiller, ausdauernder, Fremd- und Eigenwohl mit Aufopferung befördernder Mensch" (zit. n. Lange 1863, S. 33). Die Welt wird in der Form des Spiels erfahren und das Innere des Kindes in der Form des Spiels dargestellt: „Spielen. Spiel ist die höchste Stufe der Kindesentwicklung, der Menschenentwicklung dieser Zeit; denn es ist freithätige Darstellung des Inneren, die Darstellung des Inneren aus Nothwendigkeit und Bedürfniß des Inneren selbst, was auch das Wort Spiel selbst sagt. ... Die Spiele dieses Alters sind die Herzblätter des ganzen künftigen Lebens; denn der ganze Mensch entwickelt sich und zeigt sich in denselben in seinen feinsten Anlagen, in seinem inneren Sinn" (ebd., S. 33f.).

1837 eröffnete Fröbel, der zuvor einige Jahre in der Schweiz in Heimen pädagogisch gewirkt hatte, in Blankenburg eine „Anstalt zur Pflege des Beschäftigungstriebes der Kindheit und Jugend", aus der schließlich 1840 der Kindergarten hervorging. Schon lange hatte Fröbel über einen passenden Namen für seine jüngste Bildungs- und Erziehungseinrichtung gegrübelt: „Auf einem Spaziergange von Keilhau nach Blankenburg rief er plötzlich laut in die Berge hinein: ‚Kindergarten soll die Anstalt heißen!' Er wollte, wie es schon der Name sagt, das Kind früh in die Natur einführen" (Ambros 1904, S. 17).

Den Zweck seines Kindergartens beschrieb Fröbel mit folgenden Worten: „Er soll Kinder vorschulfähigen Alters nicht nur in Aufsicht nehmen (bewahren), sondern auch eine ihrem ganzen Wesen entsprechende Bethätigung geben, ihren Körper kräftigen, ihre Sinne üben, den erwachenden Geist beschäftigen, und sie sinnig mit der Natur und der Menschenwelt bekannt machen, besonders auch Herz und Gemüt richtig leiten und zum Urgrunde alles Lebens, zur Einigkeit mit sich hinführen" (zit. nach Ambros 1904, S. 29). Das Mittel nun, die Kinder geistig zu wecken, ihre Sinne zu üben und ihren Körper zu kräftigen, ist für Fröbel das Spiel. Diesbezüglich hatte er die Spiele und Beschäftigungen in eine der Entwicklung des Kindes angemessene Ordnung, in ein System gebracht, bekannt als „Spielgaben und Beschäftigungsmittel".

Verbot der Fröbel'schen Kindergärten

Im Juni 1851 heiratete Fröbel, seit 1839 Witwer, die um 33 Jahre jüngere ehemalige Schülerin Louise Levin. Zwei Monate später wurde am 23. August in Preußen ein Verbot der Fröbel'schen Kindergärten erlassen, das erst 1860 wieder aufgehoben wurde. Das Kindergartenverbot war für den alternden Fröbel ein schwerer Schlag, der ihn physisch wie psychisch schwer belastete.

Nach längerer Krankheit starb Friedrich Fröbel am 21. Juni 1852 in Marienthal. Dorthin hatte er noch 1850 ins Schlösschen des Herzogs von Meiningen seine 1849 in Bad Liebenstein gegründete „Anstalt für allseitige Lebenseinigung durch entwickelnd-erziehende Menschenbildung", eine Ausbildungsstätte für KindergartenpädagogInnen, verlegt. Noch heute ziert sein Grab ein Denkmal, bestehend aus Würfel, Walze und Kugel, den typisch Fröbel'schen Spielgaben. In die Walze ritzte man Fröbels Wahlspruch: „Kommt, lasst uns unsern Kindern leben!"

Literatur

Ambros, J. (1904): Fröbel und das Kindergartenwesen in Österreich. Wien: unveröffentl. Manuskript

Lange, W. (1862): Ideen Friedrich Fröbels über die Menschenerziehung und Aufsätze verschiedenen Inhalts. Berlin

Lange, W. (1863): Aus Fröbels Leben und erstem Streben. Autobiographie und kleinere Schriften. Berlin

Der Beitrag wurde erstmals in „Unsere Kinder" 1/2000 publiziert.

Anneliese Walk

Das Konzept der Montessori-Pädagogik

1. Was versteht man unter Montessori-Pädagogik?

Montessori-Pädagogik ist während der letzten Jahrzehnte in Österreich zum Schlagwort in der Erziehung geworden. Anfangs fast ausschließlich im Schulbereich verwirklicht, gewinnt sie auch im Kindergarten mehr und mehr an Bedeutung. Was unterscheidet nun Montessoris pädagogisches Konzept von herkömmlichen Erziehungsmethoden? Hauptsächlich ist es wohl eine andere Sicht vom Kind. Es ist eine Pädagogik, in der das Kind im Mittelpunkt steht und seine Bedürfnisse und Interessen ernst genommen werden. Also eine Pädagogik vom Kinde aus, die in der Reformbewegung der Wende vom 19. zum 20. Jahrhundert entstanden ist und spontanes, individuelles Lernen fördert und unterstützt. Montessori-Pädagogik verkörpert ein pädagogisches System, das ein Kind von seiner Geburt an bis hin zur Hochschulreife begleitet.

2. Wer war Maria Montessori?

Die 1870 in der Nähe von Ancona geborene Maria Montessori promovierte 1896 als erste Frau Italiens im Bereich Medizin. Ein langes Leben hindurch – sie starb 82-jährig – beschäftigte sie sich intensiv mit der Erziehung von Kindern. Nachdem sie von 1896 bis 1898 das Heilpädagogische Institut in Rom geleitet und sich 1904 für Anthropologie habilitiert hatte, eröffnete sie 1907 das erste nach dem Konzept ihrer Pädagogik geführte Kinderhaus in Rom. Ab 1909 begann sie internationale Lehrkurse zur Einführung in die Montessori-Pädagogik in vielen Ländern der Erde abzuhalten. Die folgenden Jahre widmete sie sich ganz der Entwicklung, Auseinandersetzung und weltweiten Verbreitung ihrer Pädagogik. 1952 starb sie in Holland.

3. Das pädagogische Konzept Maria Montessoris

Ihre erste Stelle als Assistenzärztin in der psychiatrischen Klinik in Rom brachte sie sowohl mit entwicklungsretardierten als auch Kindern mit unterschiedlichem Förderbedarf zusammen. Die Problematik dieser Kinder interessierte sie, was dazu führte, dass sie sich mit Fragen der Pädagogik auseinander zu setzen begann. Dabei stieß sie auf die Schriften von Itard und Séguin, die schon lange vor ihr mit Hilfe einer besonderen Erziehungsmethode und gezielt entwickeltem Material Aufsehen erregende Fortschritte in der Entwicklung geistig gehandicapter und gehörloser Kinder erreicht hatten. Hier knüpfte sie an, begann ein Erziehungskonzept zu entwerfen und geeignete Materialien dafür zu entwickeln. Aus diesem ursprünglich kompensatorischen Ansatz entstand in weiterer Folge eine Pädagogik für **alle** Kinder.

Im Zentrum ihrer Ideen stand die Entwicklung des Geistes durch die Sinne. Auf die Gedanken Rousseaus zurückgreifend, glaubte sie, dass jeder Mensch ein angeborenes Bedürfnis besitze, innerhalb seiner individuellen Entwicklung das Leben und damit auch seine Umwelt zu meistern, um damit von den Erwachsenen unabhängig zu werden. Anders als Rousseau jedoch, der die Kinder aus der Schule in die Natur schickte, wollte sich Montessori die Natur zunutze machen, um die Schule zu einem vollkommenen Ort freien, natürlichen und individuellen Lernens werden zu lassen. Dazu sind einige Voraussetzungen notwendig:

3.1. Die vorbereitete Umgebung

Damit spontanes, individuelles Lernen geschehen kann, soll sich das Kind in einer anregenden Umgebung befinden. Dies bedeutet sowohl für das Kinderhaus als auch für die Schule, dass durch die Einrichtung und Gestaltung des Arbeitsraumes eine angenehme Atmosphäre geschaffen wird. Das Kind sollte auch die Möglichkeit haben sich zurückzuziehen (z.B. in eine Ecke). Einrichtungsgegenstände und Arbeitsmaterialien werden der Größe der Kinder angepasst. Die in offenen Regalen aufbewahrten Arbeitsmaterialien sind frei zugänglich, sodass das Kind jederzeit selbst und ohne die Hilfe Erwachsener Material aussuchen kann.

Das Arbeitsmaterial setzt sich aus dem so genannten „Montessori-Material", das Montessori noch selbst entwickelt hat, und weiteren Materialien, die bestimmten didaktischen Prinzipien folgen, zusammen.

Das Materialangebot ist so ausgewählt, dass schwach begabte Kinder oder Kinder mit körperlichen und geistigen Beeinträchtigungen in Integrationsmodellen Lernangebote vorfinden und auch sehr begabte Kinder noch gefördert werden können. So ist z.B. im Kinderhaus von den Materialien für die Übungen des täglichen Lebens über das Sinnesmaterial bis hin zu den Materialien für Lesen, Schreiben und Rechnen (im Zahlenraum bis zu 10.000) alles vorhanden. Jedes Kind kann so, seiner Begabung entsprechend, gefördert und gefordert werden.

In „sensiblen Phasen“ – das sind Abschnitte, die in der Entwicklung des Menschen periodisch auftreten – ist das Kind mit besonderen Kräften ausgestattet, die ihm helfen, eine Persönlichkeit aufzubauen. Werden diese Phasen nicht optimal genützt oder sogar versäumt, ist die Gelegenheit intensivsten Lernens nicht wiederbringbar (irreversibel).

Befindet sich ein Kind z.B. gerade in einer sensiblen Phase, in der es sich besonders fürs Schreiben und für Buchstaben interessiert, so ist es sinnvoll, zu diesem Zeitpunkt ein entsprechendes Lernangebot zu offerieren. In diesem Zusammenhang erhält also die „vorbereitete Umgebung“ besondere Bedeutung.

Montessori hat den Terminus „sensible Phase“ oder „sensible Periode“ aus der Entwicklungspsychologie ihrer Zeit übernommen und zeigt damit den entsprechenden Ansatz ihrer Pädagogik.

3.2. Die Erziehung der Bewegung (Schulung der Motorik)

Ihr wird im Kinderhaus großes Augenmerk geschenkt. Sie wird vor allem in den Übungen des täglichen Lebens praktiziert. Das Kind will so werden wie seine Vorbilder, die Erwachsenen, und auch all das lernen, was diese täglich verrichten müssen. Übungen, wie Wasser gießen, Schuhe putzen, Hände waschen, verschiedene Gegenstände reinigen usw., schulen die Motorik auf sinnvolle und intelligente Weise. Außerdem werden Kinder dadurch selbstständiger und unabhängiger von den Erwachsenen. Oft hört man sie voll Stolz aufzählen, was sie schon alles „ganz alleine“ können.

Lernen durch Tun, ein oft zu hörendes Schlagwort, ist vorherrschendes Prinzip in der Montessori-Pädagogik. Denn nur wer im wahrsten Sinne des Wortes etwas „begriffen“ (mit der Hand angegriffen) hat, kann sich später eine Vorstellung davon im Geiste machen und so abstrakt denken lernen. Die Selbsttätigkeit der Kinder und die Wiederholbarkeit der Übungen nehmen dabei großen Stellenwert ein.

3.3. Die Schulung der Sinne

Montessori bezeichnet die Sinne als die „Greiforgane des Geistes“. Alles, was wir wissen, fühlen, denken und uns vorstellen können, haben wir über unsere Sinne aufgenommen. Deshalb gilt es, der Schulung der Sinne besondere Aufmerksamkeit zu schenken. Mit Hilfe des Sinnesmaterials werden die Sinne in ihrer Wahrnehmungsqualität geschärft. Montessori hat zur Schulung jedes einzelnen Sinnes Material mit unterschiedlichen Schwierigkeitsgraden konzipiert.

Beispiele von in Kindergärten häufig angebotenen Montessori-Materialien.

Will ein Kind ein ihm unbekanntes Material kennen lernen, so erhält es von der ErzieherIn (Montessori bezeichnet so die KindergartenpädagogIn oder LehrerIn) eine sehr strikt vorgeschriebene Einführung. Beherrscht es die Grundübung, so kann es selbst kreativ werden und eigenständige Variationsmöglichkeiten finden. Dieser Teil der Einführung ist sehr offen gehalten und dem jeweiligen Kind individuell angepasst; Montessori prägte dafür den Begriff „Lektionen“. Diese Lektionen, die gleichzeitig eine sehr intensive Zuwendung sind (fast jede Lektion geschieht nur mit einem Kind) und bei denen wenig gesprochen, aber sehr viel gezeigt und noch mehr gehandelt wird, sollen eine tiefe Konzentration beim Kind herbeiführen. Montessori bezeichnet sie als „Polarisation der Aufmerksamkeit". Sie beschreibt dieses Phänomen in ihrer Literatur sehr genau. Die tiefe Versunkenheit in die Arbeit und die fehlende Wahrnehmung der Umgebung sind kennzeichnende Merkmale. Auf diese Weise kann das Kind zu neuen Erkenntnissen kommen und Ordnung in seine Gedanken bringen. Es wird so lange weiterarbeiten und üben, bis die Aufgabe ganz klar ist und eine grundlegende Erkenntnis gewonnen wurde. Erst dann wird sich das Kind einer neuen Aufgabe zuwenden.

Wenn diese „Polarisation der Aufmerksamkeit" vom Kind täglich erlebt, also zur Methode wird, tritt mit der Zeit außerdem eine Normalisierung auffälligen Verhaltens ein. Geordnete Gedanken ermöglichen ein schnelleres und effektiveres Denken. Ordnung im Geiste ist mit äußerer Ordnung vergleichbar: Hat jedes Ding seinen Platz, finde ich es schnell. In einem Chaos brauche ich wesentlich länger, um mich zurechtzufinden.

3.4. Freiheit und Disziplin

Das Kind wird in eine von zahlreichen Bindungen bestimmte Umwelt hineingeboren, die seine spontanen Äußerungen und Aktivitäten einschränken. Eine Pädagogik, deren Prinzip die Freiheit ist, muss versuchen, das Kind von diesen Bindungen frei zu bekommen. Sie muss nach Möglichkeiten suchen, die eine Entwicklung gewährleisten, in der seine Interessen und Bedürfnisse optimal berücksichtigt werden können. Für die Verwirklichung dieser Entwicklungsfreiheit ist die „vorbereitete Umgebung" von großer Bedeutung. Diese soll zu zahlreichen Tätigkeiten auffordern, die das Kind nach freier Wahl ausführen kann. Montessori sagt: „Die Freiheit unserer Kinder hat als Grenze die Gemeinschaft, denn Freiheit bedeutet nicht, dass man tut, was man will, sondern Meister seiner selbst zu sein." In diesem Sinne bedeutet Freiheit auch, Verantwortung für eigenes Handeln zu übernehmen und z.B. mit Geduld und Rücksichtnahme auf ein Material zu warten, das im Augenblick besetzt ist. Nicht die Beseitigung des Zwanges bedeutet Freiheit, sondern das ständige Üben des Willens. Denn jede Wahl setzt eine Entscheidung voraus. Aus diesem Grund ist Freiheit an die Fähigkeit vernunftgemäßen Denkens gebunden. Als Früchte der Freiheit sieht Montessori den Spielraum für die Individualität, Selbstdisziplin und Konzentration.

In visionären Ausblicken betont Montessori, dass eine so gelebte Freiheit mehr Verständnis für den anderen und dadurch mehr Frieden in unsere Gesellschaft bringen könnte (Erziehung zum Frieden).

Der oft zitierte Widerspruch zwischen den strikten Anweisungen bei „Lektionen" und der großen Freiheit ist nur ein scheinbarer. Denn jedes Material und die damit verbundenen „Lektionen" sind auf einen bestimmten Endzweck angelegt, nämlich auf den Gewinn von grundlegenden Erkenntnissen verschiedenster Art. Wird das Material nun irgendwie, d.h. ohne die Anleitungen der ErzieherIn, verwendet, kann der Erkenntnisgewinn nicht gewährleistet werden. Für das Kind bleibt das Erfolgserlebnis aus. Verwirrt und missmutig legt es die Arbeit weg, ohne sie zu beenden. Eine Wiederaufnahme gelingt meist nur durch guten Zuspruch oder Überredung von Seiten Erwachsener. Das jedoch hat nach Montessori nichts mehr mit Freiheit zu tun.

3.5. Die Rolle der ErzieherIn

Die ErzieherIn einer Montessori-Gruppe erhält ein völlig anderes Selbstverständnis. Sie ist nicht mehr die Aktive, sondern nimmt sich zurück und lässt dafür das Kind aktiv werden. Sie sollte über Eigenschaften wie Geduld, gute Beobachtungsgabe, Unterscheidungsvermögen, Erfahrung, Vertrauen und Selbstlosigkeit verfügen. Sie glaubt an die Fähigkeiten des Kindes, eigenes Wissen und notwendige Fertigkeiten selbst aufbauen zu können. Dabei unterstützt sie das Kind und greift nur ein, wenn es notwendig ist. Auf keinen Fall stört sie eine Konzentrationsphase. Hilfe bietet sie nur an, wenn diese gewünscht wird. Sie sollte über Fachwissen verfügen, das Material beherrschen und über Ordnung im Arbeitsraum wachen.

Jede ErzieherIn, die ihr Verhalten reflektiert, weiß, dass sie bei der Erfüllung dieser Aufgaben an sich arbeiten muss. Auch dafür sollte die Bereitschaft vorhanden sein. Die Rolle der ErzieherIn ist die einer Vermittlerin zwischen Arbeitsumwelt und Kind.

4. Fort- bzw Ausbildungsmöglichkeiten für KindergartenpädagogInnen

In Österreich gibt es den Bundesverband zur Förderung der Montessori-Pädagogik (siehe Links). Er wurde von der Internationalen Montessori Gesellschaft (AMI) autorisiert, in allen Bundesländern berufsbegleitende Ausbildungslehrgänge anzubieten, die mit einem Diplom abschließen.

Literatur

Montessori, Mario (1984): Erziehung zum Menschen. Frankfurt: Fischer TB Nr. 3069

Holtstiege, Hildegard ([13]2004): Modell Montessori. Grundsätze und aktuelle Geltung der Montessori-Pädagogik. Freiburg/Breisgau: Herder

Hainstock, Elisabeth (1971): Montessori zu Hause. Die Vorschuljahre. Freiburg: Hyperion Verlag

Links

www.montessori-austria.at
www.montessori-ausbildung.at

Der Beitrag wurde erstmals in „Unsere Kinder" 6/1993 publiziert; Überarbeitung 2005.

Charlotte Niederle

Kritische Anmerkungen zur Montessori-Pädagogik

Ausgangspunkt: Schule

Fragt man nach den Ursachen der Begeisterung für die Montessori-Pädagogik, so stößt man rasch auf den Ausgangspunkt: die Schule. Vor allem für die Grundschule wurde vor Jahren das Spiel als unerlässliche Ergänzung zum schulischen Lernen entdeckt. Auch die wohltuende Wirkung des Spiels in der Schulklasse für das soziale Zusammenleben wurde inzwischen wissenschaftlich bestätigt. Somit war es eigentlich nur mehr ein kleiner Schritt zur Erkenntnis, dass Lernen im Spiel eine neue Variante für den schulischen Unterricht darstellt, wobei vor allem die selbstständige Erarbeitung von Lernstoffen durch die Kinder das für LehrerInnen faszinierend Neue darstellt.

Im Kindergarten voll im Trend

Warum wird vielfach der Eindruck erweckt, als ob die Erkenntnisse von Maria Montessori erst in den letzten Jahren entdeckt worden wären? Dabei wäre die österreichische Kindergartenpädagogik ohne Montessori überhaupt nicht denkbar. Blättert man in alten Nummern der Fachzeitschrift „Für unsere Kinder" – so der Name von „Unsere Kinder" vor dem Zweiten Weltkrieg –, so findet man keinen pädagogischen Artikel, der sich nicht auf Fröbel und Montessori bezieht. Insbesondere die Weiterentwicklung der „vorbereiteten Umgebung" zum „Raumteilverfahren" durch Mater M. Schörl und später von Wilma Neuwirth schuf wesentliche Voraussetzungen für die Selbsttätigkeit des Kindes.

Was macht die Faszination aus?

Zunächst wohl das „ganz andere Material". Für unsere mit perfektem Spielzeug übersättigten Kinder stellt das unbekannte Material tatsächlich einen Anreiz zur konzentrierten Beschäftigung dar. Wenn ein Kind zu Hause mehr Legosteine hat als im Kindergarten, wenn es mit Puppen und Stofftieren „zugedeckt" ist, locken weder Konstruktionstisch noch Puppenecke zum vertieften Tun. Für das lange Zeit geradezu verschollene Montessori-Material, das vor allem im mathematischen Bereich und für die Sinnesschulung hervorragend durchdacht und wunderschön gefertigt ist, gibt es keinen gleichwertigen Ersatz. Eine Grundausstattung mit diesem Material wäre für jeden Kindergarten wünschenswert.

Eine Pseudobeschäftigung?

Was aber eigenartig anmutet, ist die Begeisterung für die so genannten „Übungen des täglichen Lebens". Eine Pseudobeschäftigung, der nach dem heutigen Verständnis vom „lebensnahen Lernen" Hunderte Möglichkeiten echten Tuns gegenüberstehen. Beobachtet man Kinder beim Kochen, beim Schneiden und Kleben, beim Malen oder Weben – die Liste der Betätigungen ließe sich beliebig fortsetzen –, so sind die Kinder mindestens so konzentriert wie bei den so genannten Schütt- und Löffelübungen, den Wasch- und Putzübungen. Dazu kommt beim wirklichen Arbeiten und Gestalten, dass die Kinder nicht nur kreativ sein können, sondern am Ende auch noch die Freude des Erfolges und das Gefühl der eigenen Tüchtigkeit genießen können.

Das andere Erzieherverhalten

Neben einer „vorbereiteten Umgebung" brauchen Kinder auch Zeit und Ruhe zum selbsttätigen Spielen und Arbeiten. Und hier dürfte ein Geheimnis der nach Montessori geschulten KindergartenpädagogInnen liegen. Sie unterscheiden sich wohltuend von vielen ihrer Kolleginnen, weil sie gelernt haben, sich zurückzunehmen, geduldig zu warten und zu beobachten anstatt zu „animieren". Diese Ruhe und Wertschätzung überträgt sich auf die Kinder. In einem geänderten Erzieherverhalten scheint mir der Wert und im wahrsten Sinn des Wortes der heilende Effekt der Montessori-Bewegung zu liegen.

Integrierte Montessori-Pädagogik

Wenn ausgebildete Montessori-KindergartenpädagogInnen immer wieder den Ausdruck „integrierte Montessori-Pädagogik" für ihre Arbeit verwenden, so finde ich diese Bezeichnung richtig, denn keine moderne Kindergartenarbeit wird ohne aufbauende Bewegungserziehung, ohne kreative Angebote beim Malen und Werken oder ohne Rollenspiel auskommen. Insbesondere die letzte Spielform hat in der Montessori-Pädagogik kaum eine Bedeutung – hatten die Kinder zur Zeit Montessoris doch genügend Gelegenheit, ihren Spielen auf den Straßen und Plätzen oder in der freien Natur nachzugehen. Für uns ist diese Spielform aus der Kindergartenpädagogik nicht wegzudenken.

Zieht man ein Resümee aus diesen Überlegungen, so lässt sich feststellen,

- dass die österreichische Kindergartenpädagogik in der Tradition Montessoris steht und sich immer so verstanden hat;
- dass es für Teile des Montessori-Materials (insbesondere für SchulanfängerInnen) keinen gleichwertigen Ersatz gibt;
- dass kritisch zu überlegen ist, ob die Pseudobeschäftigungen nicht durch lebensnahe Beschäftigungsangebote zu ersetzen sind;
- dass wichtige Erziehungsbereiche bei Montessori aufgrund des anderen Zeithorizonts ausgeklammert sind, die für die heutige Kindergartenarbeit unerlässlich sind;
- dass es für alle KindergartenpädagogInnen wünschenswert wäre, etwas vom beobachtenden Erzieherverhalten der Montessori-PädagogInnen zu erlernen.

Der Beitrag wurde erstmals in „Unsere Kinder" 6/1993 publiziert; redaktionelle Überarbeitung 2005.

JOHANNA MIERL

Aspekte der Waldorfpädagogik

Waldorfpädagogik gründet auf der von **Rudolf Steiner** (1861–1925) gegebenen „Allgemeinen Menschenkunde als Grundlage der Pädagogik". In dieser Arbeit wird der Mensch in seiner Ganzheit, nach Leib, Seele und Geist erfasst.

Die Entfaltung von Leib, Seele und Geist vollzieht sich in Stufen. Verfrühung oder Verspätung führen zu Entwicklungsstörungen und zu Krankheiten, die oft erst viel später auftreten. Entwicklung, Wachstum, Reife brauchen Zeit.

Die Welt erleben

Sehen, hören, fühlen, be-greifen, erleben – das Kind ist in den ersten sieben Lebensjahren ganz „Sinnesorgan". In dieser Zeit werden Eindrücke sozusagen ungefiltert aufgenommen, formen und prägen die körperliche Entwicklung und legen auch die Basis für die weitere innere Ausgestaltung des Kindes.

Gerade in diesen Jahren sind Kinder offen für jede Art von Eindrücken, haben sich noch ihre natürliche Empfindsamkeit, ihren Sinn für Ästhetik und die Gabe, die Wahrheit hinter den Dingen zu erkennen, bewahrt.

Um die Natur erleben zu können, den Wechsel der Jahreszeiten und des Wetters, können die Kinder im Waldorfkindergarten das ganze Jahr über im Garten spielen. Hier können sie ihren natürlichen Bewegungsdrang ausleben; die Gartengestaltung durch Wasser, Sand, Hügel und Pflanzen setzt der kindlichen Fantasie im Spiel keine Grenzen.

Spielsachen aus natürlichen Materialen wie Seide, Wolle und Holz ermöglichen es dem Kind ihre Entstehung nachzuvollziehen – Holz kommt vom Baum, Seide wird vor Ort gefärbt und Wolle gesponnen.

Vorsicht ist geboten, wenn das Kind in dieser Zeit des Aufnehmens und Verarbeitens von Eindrücken unkontrolliert den elektronischen Medien überlassen wird. Gefesselt und unbeweglich, ganz im Gegensatz zum angeborenen Bewegungsdrang, verharrt das Kind – gebannt durch Reizüberflutung durch eine Summe von unverarbeitbaren Eindrücken.

Lernen durch Nachahmen

Wir PädagogInnen sind Vorbild in unserem Tun. Durchschaubare Arbeitsabläufe, die mit Hingabe und Konzentration durchgeführt werden, regen das Kind zur Nachahmung an und bilden auf natürliche Weise seine Denkfähigkeit aus. Zu intellektuelles Lernen nimmt ihm in dieser Zeit die Lebenskraft, die zur körperlichen und menschlichen Entwicklung benötigt wird. Unruhig, dünnhäutig und nervös sind solche „kopflastigen" Kinder. Willenstärkend sind gute Gewohnheiten, die durch Nachahmung übernommen werden und daher Ermahnungen ersparen. Kinder erkennen seichte, lieblose Beschäftigung und leere Belehrungen sofort, sie schätzen Wahrheit in Gestik und Handeln.

Ohne Erklärung werden intuitiv durch gemeinsames Tun Zusammenhänge erfasst, wie das Verarbeiten von Wolle: Die Flocke wird gewaschen, gekämmt und versponnen, mit Pflanzenfarben gefärbt und für Spielsachen verarbeitet. Auch bei der täglichen Nahrungszubereitung können die Kinder bei uns durch Beobachten der einzelnen Schritte, durch Nachahmung dieser alltäglichen und immer wiederkehrenden Abläufe die Entstehung der einzelnen Mahlzeiten verfolgen.

Getragen im Rhythmus

Rhythmus gibt Sicherheit und Vertrauen. Unser ganzes Leben ist rhythmisch gegliedert: der Tag, die Woche, das Jahr, der Wechsel der Jahreszeiten mit ihren Festen. Immer Wiederkehrendes festigt das Urvertrauen, fördert die Erinnerungsfähigkeit des Kindes. Der rhythmisch gegliederte Tagesablauf im Waldorfkindergarten gibt dem

Kind die Möglichkeit Zeitspannen zu begreifen und nachzuvollziehen.

Hier bei uns im Waldorfkindergarten in Salzburg (Aignerstraße) beginnt der Tag mit Freispiel – Morgenkreis – Freispiel – Aufräumen – Jause – Reigen – Garten – Puppenspiel – Mittagessen – Schlafen – Nachmittagskreis – Jause – und endet mit einem letzten Freispiel. Diese Abfolge ist jedoch nicht starr durchgetaktet, sondern passt sich immer aktuell der Gruppe an.

Der Tagesablauf wird aber auch durch Polaritäten geprägt: Gemeinsames Spiel nach Vorgabe und freies Spiel wechseln sich ab und geben Struktur.

Sprüche, Lieder und Geschichten – passend zu den Jahreszeiten – wiederholen sich über drei Wochen im Jahreslauf. Diese Form der Wiederholung ermöglicht ein Lernen ohne intellektuelle Überforderung, gibt Geborgenheit durch Wiedererkennen.

Geborgenheit

Nicht nur Rhythmus gibt Geborgenheit, auch Grenzen, die aus Gewohnheiten resultieren und keinen Zwang erzeugen. Geborgenheit heißt sich auskennen und heimelig fühlen. Familiäre Atmosphäre entsteht bei uns durch gemeinsames Kochen, gemeinsamen Gesang, gemeinsame Spiele und Feste.

Die Raumgestaltung mit Tüchern, Naturmaterialien, Farben und Pflanzen ist immer den Jahreszeiten angepasst. Der Raum ist geordnet, Dinge haben ihren angestammten Platz und können somit leicht wiedergefunden werden.

Geborgenheit heißt für uns aber auch sich zurückziehen zu können. Im Raum gibt es ruhige abgeschlossene Plätze, wo ungestört gespielt werden kann, auch hat jedes Kind im Waldorfkindergarten einen Platz zum Kuscheln und Schlafen, der nur ihm gehört.

Individuelle Entwicklung

Kreativität und Fantasie des Kindes werden bei uns durch wenige und sparsam ausgestattete Spielsachen angeregt. Freispiel fördert den sozialen Prozess, durch Auseinandersetzung mit dem anderen wird der Gemeinschaftssinn ausgebildet. Das Kind lernt soziale Grenzen kennen: Wo höre ich auf, wo fängt der andere an, wie viel Raum benötigt jeder Einzelne. Es lernt Ehrfurcht, Respekt, Hochachtung und vor allem den liebevollen Umgang mit Menschen, Tieren, Pflanzen und Dingen.

Durch eine ausreichende Anzahl an PädagogInnen kann auf jedes Kind und seine Bedürfnisse einzeln eingegangen werden, um ihm, wenn nötig, phasenweise mehr Zuwendung und Liebe zu geben. In wöchentlichen Konferenzen besprechen sich die BetreuerInnen zum jeweiligen Stand des Kindes in der Gruppe und eventuellen Förderungen zur besseren Entwicklung.

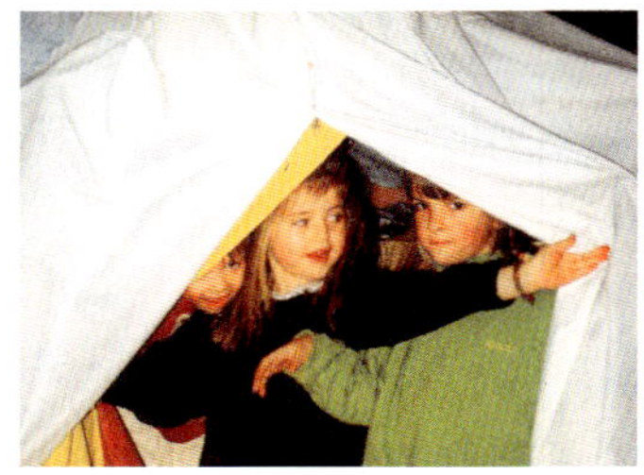

Liebe zur Welt

Wir im Waldorfkindergarten gehen im Jahresrhythmus mit durch Frühling, Sommer, Herbst und Winter und stellen eine innige Beziehung zu den im Jahreskreislauf sich wiederholenden Festen her. Wir ermöglichen den Kinder intensives Naturerleben: im Garten, bei Ausflügen, durch mitgebrachte Schätze am Jahreszeitentisch ...

Durch dieses gemeinsame Staunen über die großen und kleinen Wunder um uns herum helfen wir unseren Kindern, sich ihre liebevolle Beziehung zur Natur zu erhalten. Durch dieses Erleben stärkt sich bei den Kindern ihr „mitgebrachtes" Urvertrauen und es wird der Grundstein für eine spätere positive Lebenseinstellung gelegt: Die Welt ist gut.

Der Beitrag wird in diesem Buch erstmals publiziert.

Elisabeth Wurst

Waldorfpädagogik von außen betrachtet

Wer sich mit der Waldorfpädagogik identifiziert, muss mit der dahinter liegenden Weltanschauung Rudolf Steiners, dem anthroposophischen Gedankengut, übereinstimmen.

Vergleicht man einen Waldorfkindergarten mit einem herkömmlichen, so fällt zunächst die große Ruhe auf, die einen umgibt, sobald man einen Kindergartenraum betritt. Die ästhetische Qualität der ausschließlich mit Naturmaterial gestalteten Gruppenräume wird durch keinen unnötigen „Schmuck" beeinträchtigt.

Weniger ist mehr – dieser Gedanke kommt dem Besucher auch bei der Betrachtung des sorgfältig ausgewählten Spielmaterials: viel Naturmaterial, oft ungestaltet, die Fantasie der Kinder stimulierend. Die wohltuende Beschränkung scheint für unsere heutigen Kinder, die einer Überfülle von Eindrücken ausgesetzt sind, geradezu heilsame Wirkung zu haben. Die Bedeutung, die darüber hinaus den immer wiederkehrenden Elementen im Tages- und Jahresablauf beigemessen wird, verstärkt den Eindruck von Schutz, Halt und Geborgenheit.

Doch drängt sich die kritische Frage auf: Genügt dieses Angebot? Braucht Entwicklung nicht auch Konfrontation mit den (negativen) Herausforderungen unserer (technischen) Umwelt? Wäre nicht ein pädagogischer Schonraum, wie ihn ein Waldorfkindergarten darstellt, die beste Voraussetzung für Auseinandersetzungen mit den Ursachen und vor allem auch den Auswirkungen unserer – von der Technik wesentlich beeinflussten – Lebensweisen? Eine distanzierte bis ablehnende Haltung der Technik gegenüber führt ja eher zur Ausgrenzung so entstandener Probleme und nicht zur Erarbeitung sinnvoller und effizienter Bewältigungsstrategien.

So hoch der Respekt vor der Entfaltung des individuellen Lebewesens zu werten ist, so stellt sich nach der heutigen wissenschaftlichen Erkenntnis über die Vorgänge der Entwicklung noch eine weitere Frage:

Der Erwerb der Sprache in den ersten drei Lebensjahren ist neben der Nachahmungsleistung eine hohe kognitive Leistung. Die Sinneserfahrung ist Grundlage; aus dem Begreifen eines Gegenstandes werden die wesentlichen Merkmale abstrahiert und ohne diese Denkleistung wäre die Ausbildung von Ober- und Mengenbegriffen nicht möglich. Natürlich dürfen diese Leistungen von der Umwelt nicht abgefordert werden, wenn das Kind die entsprechende soziale Reife (noch) nicht zeigt. Der Übergang vom spielerisch-assoziativen Gebrauch kognitiver Funktionen zum willkürlich-abrufbaren ist aber sicherlich fließend und nicht nur an Schulreifekriterien wie z.B. den Zahnwechsel gebunden. Gerade beim Anspruch, einem Kind seinen individuellen Entfaltungszeitraum zuzugestehen, müssten weniger kategorische Denkmodelle Berücksichtigung finden.

Wünschenswert wäre, wenn auch im Bereich der Waldorfpädagogik die Gewährleistung des individuellen Entwicklungsraumes die Konfrontation mit den Anforderungen und Gefährdungen der modernen Welt inkludieren könnte.

Der Beitrag wurde erstmals in „Unsere Kinder" 1/1993 publiziert; Überarbeitung 2005.

MANFRED BERGER

Anna Freud – Pionierin des österreichischen Kindergartens

Tochter eines berühmten Vaters

Anna Freud, das sechste und jüngste Kind von Sigmund und Martha Freud, geb. Bernays, wurde am 3. Dezember 1895 in Wien geboren. Der Vater, der angesichts der Geburt einer Tochter nach traditioneller jüdischer Gewohnheit eine äußerst zurückhaltende Begeisterung zeigte, konnte nicht ahnen, dass gerade dieses Kind dem Namen Freud alle Ehre bereiten würde. Vom Nesthäkchen entwickelte sich Anna zur Mitarbeiterin, Sekretärin, Vertrauten, Organisatorin und später zur Krankenschwester des berühmten Vaters. Doch Anna Freud ging auch, nach ihrem Lehrerinnenexamen und einer Analyse bei ihrem Vater, eigene Wege. Sie konzentrierte sich in ihrer Arbeit auf Kinder und wurde somit zu einer der „Hauptschöpferinnen der psychoanalytisch orientierten Pädagogik".

Interesse für Erziehung

Treffsicher vermerkte die tiefenpsychologisch arbeitende Kindergartenpädagogin Nelly Wolffheim: „An der Wirksamkeit Anna Freuds erscheint mir besonders wichtig, dass es ihr nicht nur darauf ankommt, die Psychoanalyse als Heilfaktor anzusehen, sondern ihre Ergebnisse auch zur Grundlage aufbauender, vorbeugender Erziehungsarbeit zu machen ... Im Jahre 1923 begann sie, Kinderanalysen zu machen. Erst nach mehrjähriger Erfahrung veröffentlichte sie ihr erstes Buch ‚Einführung in die Technik der Kinderanalyse', dem bald eine ‚Einführung in die Psychoanalyse für Pädagogen' folgte. Von Anfang an war bei Anna Freud ein Interesse für die Erziehung deutlich. Sie hielt in Wien Kurse für Sozialarbeiterinnen und Pädagoginnen ab, um sie mit den Grundlagen der Tiefenpsychologie und deren Einwirkung auf eine neue Erziehungsorientierung bekannt zu machen. Darüber hinaus wies sie auf die Wichtigkeit einer Psychoanalyse für den Erzieher hin. ‚Ich meine', schrieb sie, ‚wir haben das Recht zu verlangen, dass der Lehrer oder Erzieher seine Konflikte kennen und beherrschen gelernt hat, ehe er die pädagogische Arbeit beginnt. Sonst dienen ihm die Zöglinge nur als ein mehr oder weniger günstiges Material, um seine eigenen unbewussten und ungelösten Schwierigkeiten an ihnen abzureagieren.' Ich glaube, nicht fehlzugehen, wenn ich Anna Freud als eine der Hauptschöpferinnen einer psychoanalytisch orientierten Pädagogik bezeichne." (Wolffheim 1956, S. 217)

Ende der 1920er Jahre kam es zu Kontakten zwischen Anna Freud und der Montessori-Arbeitsgemeinschaft. In der Wohnung von Anna Freud bzw. im Montessori-Kinderhaus fanden regelmäßig Besprechungen über Erziehungsschwierigkeiten von Kindern des Kinderhauses statt. Die seinerzeit führende Montessori-Pädagogin Wiens, Lili Roubiczek, führte auch Anna Freud und Maria Montessori zusammen, erhoffte sie doch eine Verbindung beider Konzepte und einen fruchtbaren Austausch. Aber Maria Montessori war dazu nicht bereit:

„Anna Freud, die jüngere, hatte sich schon so weit in das von ihrem Vater eroberte Gebiet und seine Art, die Seele zu betrachten, hinausgewagt, dass Maria Montessori ihr nicht mehr folgen konnte. Vorstellungen über die infantile Sexualität und den Vorrang seelischer Konflikte bei der Entscheidung über die spätere Entwicklung waren der älteren fremd" (Kramer 1983, S. 380). Eine Synthese der Montessori-Pädagogik mit der psychoanalytischen Pädagogik scheiterte jedoch nicht nur an der mangelnden Bereitschaft Maria Montessoris, „sondern auch wegen der Tatsache der bald nur noch eingeschränkten Handlungsmöglichkeiten sozialistischer Psychoanalytikerinnen jüdischer Herkunft" (Konrad 1997), bedingt durch den erstarkenden Austrofaschismus.

Die Kinderkrippe

Noch im Februar 1937 konnte ein von Anna Freud und ihrer Lebenspartnerin Dorothy Burlingham seit längerer Zeit geplantes Projekt in die Tat umgesetzt werden. In den Räumen des Montessori-Kinderhauses am Rudolfsplatz wurde eine Kinderkrippe eröffnet. In einem Rückblick auf diese schrieb Anna Freud:

„Wir wählten Kinder aus den ärmsten Familien Wiens aus, deren Väter arbeitslos waren und auf der Straße bettelten und deren Mütter bestenfalls als Putzfrau arbeiteten. Die Voraussetzung für die Aufnahme war, dass sich das Kind einigermaßen selbständig bewegen konnte, in manchen Fällen allerdings durch Kriechen und nicht durch Gehen ... Die Eltern waren überglücklich über die gute Pflege; die Kinder gediehen und vergalten es uns ihrerseits dadurch, dass wir über die ersten Schritte des Kindes heraus aus der biologischen Einheit von Mutter und Kind Erfahrungen sammeln konnten" (zitiert nach Young-Bruehl 1995, S. 320f.). Anna Freud und Dorothy Burlingham verbrachten täglich mindestens eine Stunde in der Kinderkrippe. Unter anderem stellten sie Untersuchungen über das Essverhalten der Kinder an und machten dazu exakte schriftliche Aufzeichnungen. Viele Stunden investierten die beiden Frauen für Besprechungen mit den Erzieherinnen, das Schreiben von Berichten, das akribische Sammeln von Informationen und das Lösen von auftauchenden Konflikten und pädagogischen Problemen.

„Hampstead Nurseries"

Als die Nazis 1938 in Österreich einmarschierten, musste die Jüdin Anna Freud ihr öffentliches Wirken einstellen. Unter dem Druck der Weltöffentlichkeit konnte sie mit ihrem Vater und einem Teil der Familie im letzten Augenblick das Land verlassen (der andere wurde in den Tod deportiert) und nach London emigrieren. Dort setzte sie ihre psychoanalytische Arbeit fort, wenngleich unter erschwerten Bedingungen. Zunächst erhielt Anna Freud keine Arbeitserlaubnis, ferner brach der Krieg aus und zu den finanziellen Sorgen kam die Angst vor einer deutschen Invasion. Erschwerend trat noch die Krankheit des Vaters hinzu, den die Tochter bis zu seinem Tode am 23. September 1939 Tag und Nacht pflegte. Sie setzte ihrem verstorbenen Vater sofort ein Denkmal, indem sie die Herausgabe seiner „Gesammelten Werke" betrieb, die in England in deutscher Sprache erschienen.

Ende 1940 gründete Anna Freud ein Kriegskinderheim, das unter dem Namen „Hampstead Nuseries" weltbekannt wurde. Nach Kriegsende galt ihr pädagogisch-analytisches Interesse Kindern, die das Konzentrationslager Theresienstadt überlebt hatten. Im Jahre 1947 rief Anna Freud die „Hampstead Child Therapy-Courses" ins Leben, die sie 1952 zur „Hampstead Child Therapy-Course and Clinic" erweiterte, mit umfangreichen Ausbildungsangeboten für medizinische/pädagogische/therapeutische Berufe.

Neben ihrem umfangreichen Arbeitsgebiet nahm Anna Freud immer wieder Stellung zu Problemen der Kindergartenpädagogik. Beispielsweise setzte sie sich mit dem Eintritt des Kindes in den Kindergarten und den damit verbundenen Trennungsängsten auseinander. Folgerichtig bemerkte sie, dass dieser wichtige Einschnitt im Leben des Kindes einer „sorgfältigen Vorbereitung bedarf" (Freud 1980, S. 562).

Und noch am 29. März 1979 hielt sie in Wien einen beachtenswerten Vortrag über den „Kindergarten aus Sicht der Tiefenpsychologie". Ihr Referat schloss sie mit folgenden Worten: „Kindergartenarbeit ist Arbeit für das Kind in dem Lebensalter, das die größten Ansprüche an den Einzelmenschen stellt. Auch der Anspruch an den Erzieher mag groß sein. Aber, von allen pädagogischen Arbeiten liegt hier die interessanteste" (Freud 1979, S. 12).

Anna Freuds letzte Tage waren voll Leid und Elend, von dem sie am 9. Oktober 1982 erlöst wurde.

Literatur

Freud, A. (1979): Der Kindergarten aus der Sicht der Tiefenpsychologie. Wien: unveröffentlichtes Manuskript

Freud, A. (1980): Der Eintritt in den Kindergarten. In: Spiel, W. (Hg.): Die Psychologie des 20. Jahrhunderts, Bd. XI. Zürich

Konrad, F.-M. (1997): Kindergarten oder Kinderhaus? Freiburg

Kramer, R. (1983): Maria Montessori. Frankfurt/M.

Wolffheim, N. (1956): Sigmund Freud und Anna Freud. In: Praxis der Kinderpsychologie und Kinderpsychiatrie 4

Young-Bruehl, E. (1995): Anna Freud. Erster Teil: Die Wiener Jahre. Wien

Der Beitrag wurde erstmals in „Unsere Kinder" 1/1999 publiziert.

Maria Reinsperger

Meine Eindrücke von der Reggio-Pädagogik

Mein Interesse an der Reggio-Pädagogik begann 1987 mit der Lektüre des Buches „Das Auge schläft, bis es der Geist mit einer Frage weckt". Ich war beeindruckt von den vielfältigen Ausdrucksmöglichkeiten der Kinder aus den Kindergärten und Krippen der italienischen Stadt Reggio. Um mich intensiver damit auseinander zu setzen, nahm ich 1999 an einer Studienreise nach Reggio teil.

Idee und Umsetzung

„Die Lust am Lernen, am Wahrnehmen und Verstehen ist eine der ersten fundamentalen Erfahrungen, die sich das Kind allein, mit Gleichaltrigen oder mit Erwachsenen erhofft. ... Unsere Einrichtungen sind vor allem Werkstätten, in denen Kinder die Welt untersuchen und erforschen." Diese zentralen Aussagen stammen von Dr. **Loris Malaguzzi** (1920–1994), der als (Mit-)Begründer der Reggio-Pädagogik gilt und von 1963 bis 1994 Leiter des Pädagogischen Zentrums in Reggio (heute Internationales Zentrum Reggio Children) war.

Nach dem Zweiten Weltkrieg taten sich Eltern, ErzieherInnen, KommunalpolitikerInnen ... in Reggio zusammen, um für die Kinder einen selbst verwalteten Kindergarten zu errichten, Loris Malaguzzi war daran maßgeblich beteiligt. Das Kind als **Gesamtpersönlichkeit** steht im Mittelpunkt, reiche und harmonische Erfahrungen sollen ihm ermöglicht werden, es handelt sich um eine „Pädagogik des Werdens". Für die **Bildung durch Ästhetik** ist eine anregende Umgebung wichtig, die autonomes Lernen auslöst („Raum als Erzieher"). ErzieherInnen sind AnsprechpartnerInnen, die dem Kind Sicherheit geben, die Mitarbeit der Familien ist eine bewährte Tatsache. Die Kreativität der Kinder wird beim Erforschen der Welt ernst genommen und unterstützt.

Im **Zentrum Reggio Children** wird alles Organisatorische abgewickelt (Besuche, Praktikumsplätze, internationale Kontakte, Austauschprogramme); im Fortbildungs- und Dokumentationszentrum gibt es regelmäßige Fortbildungen für die PädagogInnen und interessierte Eltern oder BürgerInnen der Stadt. Auch das Personal für die Krippen wird hier ausgebildet. Dokumentationen von Projekten werden für Bücher, Dias, Videos, Prospekte ... ausgewertet.

Derzeit gibt es in Reggio Emilia 34 kommunale Einrichtungen für Kleinkinder: 13 Krippen („Nido" – „Nest") und 21 Kindergärten („Scuola dell'Infanzia" – „Schule der Kindheit").

„Nido G. Rodari"

Bei unserer Studienreise gab es Vorträge über die theoretischen Hintergründe der Reggio-Pädagogik, einige Krippen und Kindergärten konnten wir besuchen. Wir wurden von Pädagoginnen, von der zuständigen Pedagogista (Fachberaterin) und einigen Eltern empfangen. In der Krippe (Nido) „G. Rodari" erfuhren wir z.B., dass 70 Kinder von 0 bis 3 Jahren (in vier Gruppen eingeteilt) die Einrichtung besuchen, elf Pädagoginnen, vier Hilfskräfte und drei Raumpflegerinnen beschäftigt sind. Die Krippe ist von 8 bis 16 Uhr geöffnet, mit einer Bestätigung des Arbeitgebers kann die Zeit auf 7.30 bis 18.20 Uhr ausgeweitet werden.

Die Räume waren sehr ansprechend eingerichtet: große Matten, Spiegel an Wand und Decke, durch Stoffvorhänge abgeteilte Ecken zum Verstecken, durch Schaumstoffpolster abgegrenzte Bodenteppiche, Körbe mit Bällen und Stofftieren. Auch gab es in diesen Gruppenräumen „Wandzeitungen": Berichte von durchgeführten Projekten und eine Fotoserie über „die Geschichte des Laufenlernens" (in Augenhöhe der Kinder angebracht). Im Wickelraum befanden sich Schachteln mit Fotos der Kinder, ein Regal mit schönen Steinen und Materialien für das Experiment „Was kann schwimmen?".

In einem großen Raum war ein Turnbereich mit Langbank, Matten und Treppenpodesten eingerichtet. Es gab auch Raumteile ähnlich unseren Bauplätzen, Haushaltsbereichen ... Die Kindertische im Speiseraum waren mit Tischtüchern und Usambaraveilchen geschmückt. Zu jeder Einrichtung gehört eine große Küche, in der eine Köchin oder ein Koch tätig ist.

In den Gängen standen Aquarien mit Fischen und Schildkröten, Leuchttafeln an der Wand präsentierten Kinderzeichnungen. Die Ausstattung des Ateliers war vielfältig: in Eierkartons nach Farben geordnete Materialien, Leuchttische mit bunten Seidenpapierstreifen, kleine Staffeleien, Malutensilien, Modellierton ... Alle Räume waren sehr ästhetisch, geordnet, aufgeräumt. Auf Anfrage wurde uns bestätigt, dass es immer so aussehen würde.

Da der Ästhetik des Ambientes so große Bedeutung zukommt, wird die Raumgestaltung sehr gut überlegt und gemeinsam besprochen.

Ein Buch, das im Garderobenbereich lag, enthielt den Tagesbericht zur Information für die Eltern.

Besuch in Reggio-Kindergärten

An einem Nachmittag besuchte ich möglichst viele Kindergärten. Überall lag Informationsmaterial auf, das z.B. über Ergebnisse eines durchgeführten Projekts berichtete oder den Kindergarten mit seinen Besonderheiten vorstellte. Jede Krippe, jeder Kindergarten hat einen individuellen Namen, die Gestaltung der Räume ist unterschiedlich, auch die Projekte, an denen gerade gearbeitet wurde, aber es war eine gemeinsame Linie festzustellen.

Ich entdeckte die Broschüre „Die Reise durch das Universum", in der philosophische Gespräche der Kinder dokumentiert waren; wunderbare Tonarbeiten, einen großen Brennofen; interessante Skulpturen aus Draht und Computerschrottteilen; Kinderzeichnungen zum Thema Wochenmarkt Stadttheater ...

Der architektonisch besonders interessante Kindergarten „Diana" besitzt ein schönes Atrium, eine geräumige „Piazza" mit Riesenkaleidoskopen und Spiegelzelten. Der Kindergarten „La Villetta" ist in einer alten Villa untergebracht. Der dazugehörige Park mit altem Baumbestand wurde im Rahmen eines großen Projektes in einen „Vergnügungspark für Vögel" umgewandelt. Im Atelier arbeitete der Werkstattleiter mit einer Kindergruppe an einer Computeranimation. Da die Kinder wollten, dass sich die von ihnen gezeichneten Roboter am Bildschirm bewegen, wurde gemeinsam nach Lösungen gesucht. Dabei hatten die Kinder viel Spaß und arbeiteten zugleich sehr konzentriert.

Jeder Kindergarten war mit einem großen Atelier ausgestattet. Seit Beginn der Reggio-Pädagogik gibt es in allen Kindergärten neben den Pädagoginnen und den Hilfskräften auch „atelierista" – künstlerisch ausgebildete MitarbeiterInnen, die das Atelier leiten und eine wichtige Rolle in den Einrichtungen spielen. Sie unterstützen die Pädagoginnen bei ihrer Arbeit, bei der Durchführung von Projekten übernehmen sie z.B. die Aufzeichnungen durch Videokamera und Fotoapparat, sie helfen bei der Dokumentation, bei den Wandzeitungen, bei der Herstellung von Broschüren, malen und zeichnen im Atelier mit kleinen Kindergruppen ...

Neben den vielfältigen, unterschiedlichsten, schön präsentierten Materialien zum kreativen Gestalten standen den Kinder auch technische Geräte zur Verfügung: Dia- und Overheadprojektoren, starke Scheinwerfer mit einer Leinwand für das Schattentheater, Taschenrechner, Bürorechenmaschinen, Computer.

In der Diskussion mit uns als ausländischen Gästen erlebte ich die Pädagoginnen als freundlich und angenehm selbstbewusst. Lange Betreuungszeiten oder immer schwieriger werdende Kinder waren kein Thema. Die Kindergärten und Krippen wurden ganz selbstverständlich als Bildungs- und Erziehungseinrichtungen gesehen.

Angesprochene Mängel, wie z.B. die langweilige Gestaltung der Gärten (Rasenflächen mit einigen aufgestellten Klettergeräten) oder die musikalische Erziehung, die nach Meinung von BesucherInnen zu kurz kam, wurden offen zugegeben und damit begründet, dass man Schwerpunkte gesetzt habe und sich ständig weiterentwickle.

Die Reggio-Pädagogik stellt hohe Anforderungen an alle Beteiligten: Die Tatsache, dass zwei Pädagoginnen gleichberechtigt eine Gruppe führen, die Projektarbeit genau dokumentiert werden muss, eine intensive Zusammenarbeit mit den Eltern und dem Pädagogischen Zentrum notwendig ist, erfordert ein großes Maß an Team- und Konfliktfähigkeit und die Bereitschaft sich ständig weiterzubilden.

„Reggio lässt sich nicht einfach kopieren", hört man immer wieder. Aber ich denke, dass man sich viele Anregungen aus diesem Konzept holen kann.

Literatur

Dreier, Annette (1993): Was tut der Wind, wenn er nicht weht? Begegnung mit der Kleinkindpädagogik in Reggio Emilia. Berlin: FIPP Verlag

Göhlich, H. D. Michael (1988): Reggiopädagogik – Innovative Pädagogik heute. Zur Theorie und Praxis der kommunalen Kindertagesstätte von Reggio Emilia. Frankfurt/Main: Fischer Verlag

Hermann, Gisela/Riedel, Heidi/Schock, Robert ([5]1993): Das Auge schläft, bis es der Geist mit einer Frage weckt. Krippen und Kindergärten in Reggio Emilia. Berlin: FIPP Verlag

Reggio Children (Hg.) (2002): Die hundert Sprachen der Kinder. Die deutsch-italienische Originalausgabe zur Ausstellung. Weinheim: Beltz

Der Beitrag wird in diesem Buch erstmals publiziert.

IRIS RADLER

Wer redet vom Geschlecht?

Geschlechtssensible Kleinkindpädagogik

1. Einblicke in wissenschaftliche Auseinandersetzungen

Im Bildungsbereich ist es heutzutage großteils zu einer Selbstverständlichkeit geworden, den pädagogischen Alltag hinsichtlich seiner geschlechtsspezifischen Standards zu thematisieren und kritisch zu beleuchten. Die Entwicklung von Edukation in Richtung Koedukation seit den 1960er Jahren im Schulbereich war stets von intensiven Debatten begleitet: Vor- und Nachteile beider Formen, Bedingungen, Auswirkungen und möglicherweise verbundene Benachteiligungen durch die Unterrichtung in geschlechtshomogenen oder -heterogenen Gruppen. Einerseits war der größtmögliche individuelle schulische Lernerfolg von Kindern (Bildungsgedanke) das Ziel, gleichzeitig sollten optimale Voraussetzungen für soziale Lernfelder bereitgestellt werden, welche eine gleichberechtigte Teilhabe am gesellschaftlichen Leben grundlegen.

Da Entwicklungen des Kindergartens immer eng an schulische Entwicklungen geknüpft sind, ist es wichtig, beide im Auge zu behalten. Dies vor allem auch deshalb, weil geschlechtsspezifische Forschung und Auseinandersetzung lange Zeit großteils auf Schulkinder und Jugendliche Bezug genommen hat. Damit soll nicht gesagt werden, dass Erkenntnisse aus der Forschung im Schulalter eins zu eins auf Kindergartenkinder übertragbar sind, sondern vielmehr ein bewusster Umgang mit Fragen einer geschlechtssensiblen Arbeit angeregt werden.

Bei Kindern im Vorschulalter scheint bislang in den Augen der PädagogInnen eher ein Bild von Geschlechtsneutralität (vgl. Niesel 2004, S. 1) vorgeherrscht zu haben, weil in den meisten Konzeptionen keine Spezifizierungen oder Reflexionsschleifen für mögliche geschlechtsspezifische Fragestellungen (z.B. ein bewusster Umgang mit dem Rollenverständnis, mit Rollenzuschreibungen, eine Analyse von kulturellen bzw. sozialen Faktoren) vorgesehen sind. Permien/Frank (1995) sprechen von einer so genannten „Gleichheitsideologie" und meinen damit, dass im Kindergartenalter ErzieherInnen dazu neigen, geschlechtstypische Unterschiede zu leugnen bzw. ihnen nur wenig Gewicht beizumessen, infolgedessen diese als Analyse- und Reflexionskategorie nicht beachten. Beobachtungsstudien haben ergeben, dass Mädchen (die Jungen oftmals noch viel ausgeprägter) wenig Bereitschaft und Lust zeigen sich Tätigkeiten zuzuwenden, die gesellschaftlich gesehen bzw. der „Norm" gemäß als sozialtypisch männlich (bzw. sozialtypisch weiblich) angesehen werden. Der Mensch ist also schon im Vorschulalter (und auch schon im pränatalen Stadium) geprägt von Natur (biologischen Geschlechtsmerkmalen) und Kultur (kulturell geprägten bzw. sozial erworbenen Eigenschaften).

Wie groß der Anteil an vererbten bzw. angeborenen Komponenten im Vergleich zu jenen ist, die gelernt, also durch Sozialisation vermittelt werden, bleibt nach wie vor ein strittiges Thema. Unbestritten ist jedoch, dass Identitätsentwicklung, vor allem die Entwicklung von Rollenbildern und geschlechtsspezifischen Rollenerwartungen, nicht erst in der Schule grundgelegt wird. Die Realität zeigt bei kritischer Betrachtung die ordnungs- und machtzuweisende Funktion durch die Kategorie „Geschlecht".

Sex – Gender – Gleichberechtigung

Seit den 1970er Jahren werden insbesondere im Kontext von Anthropologie und Geschichtswissenschaft die mutmaßlichen Konstanten des menschlichen Daseins über Natur und Geschlechtlichkeit in den Blick genommen und auf ihren Bestand bzw. ihre historische Wandelbarkeit untersucht. Auf der Suche nach „den Frauen" bzw. weiblichen Lebensentwürfen in der Geschichtsschreibung wurde auf eindringliche Weise bewusst, dass heuristische Modelle nicht ausreichen, sondern vielmehr die Art und Weise analysiert werden muss, **wie** Weiblichkeit und Männlichkeit in Texten konstruiert sind, auf welchen Annahmen sie beruhen, welche als (natur-)gegeben und welche als von der Norm abweichend betrachtet werden und letztendlich in welcher Art und Weise all diese Aushandlungsprozesse mit Macht und unhinterfragter Geschlechterhierarchie durchdrungen sind. Dabei geht es vor allem darum, jene Ordnungen zu ermitteln, nach denen gesellschaftliche Prozesse ablaufen, nach welchen Gesichtspunkten Differenzierungen innerhalb einer Geschlechtsgruppe vorgenommen werden und wie jene daraus entstandenen strukturellen Gegebenheiten den Status quo des „Mann-Seins" und des „Frau-Seins" immer wieder neu verfestigen, also reproduzieren. Die wissenschaftliche Methode der Diskurs- und Inhaltsanalyse ermöglicht es, zum einen jene vorherrschenden und vom Autor (in früher Geschichtsschreibung praktisch ausschließlich Männer!) kolportierten Bilder von Weiblichkeit und Männlichkeit herauszufiltern und zum anderen die Relationen der Geschlechter zueinander und Verweise aufeinander zu erfassen. Eine solche Analyse hat sich längst vom „Geschlecht" als ausschließlich biologisches Phänomen verabschiedet. Die Trennung in „Geschlecht" als biologisches Konstrukt – **Sex** genannt – und soziales bzw. kulturell geprägtes Konstrukt – **Gender** genannt – ist erforderlich geworden, um geschlechtsspezifische Verhaltenserwartungen, Arbeitsaufteilungen, Positions- und Platzzuweisungen zu hinterfragen und auf ihre Legitimation zu prüfen.

Das **biologische Geschlecht** und entsprechende Rollenerwartungen vergeben in unserer westlichen Kultur (leider) nach wie vor Positionen bzw. schränken jene ein, die nicht dem männlichen Standard bzw. der „(männlichen) Norm" entsprechen. Die tatsächliche Umsetzung gleichberechtigter Lebensbedingungen zu analysieren und stets kritisch zu reflektieren ist Aufgabe der Forschung, aber auch der Politik, die im Top-down-Verfahren (vgl. Gender Mainstreaming) Benachteiligung sukzessive aufzuheben im Stande ist, z.B. Verbot (frauen-)diskriminierender Fragen bei Einstellungsgesprächen, geringerer Lohn für Frauen gegenüber Männern bei gleicher Qualifikation und Aufgabenstellung oder Einführung geschlechtsneutraler Formulierungen.

Gleichberechtigung fängt im Lebenszyklus jedoch schon viel früher an: eigentlich schon vorgeburtlich (man denke an die Mutmaßungen: „Es wird sicher ein Mädchen/Bub, weil …"), dann in der Familie als kleinste Einheit der Gesellschaft, im Kindergarten, im Schulsystem usw. Welche Bedeutung Geschlechtszugehörigkeit für die Entwicklung von Kindern im frühen, mittleren sowie im Jugendalter hat, beleuchtet Barbara Rendtorff in ihrer sehr spannend aufgebauten Publikation „Kindheit, Jugend und Geschlecht" (2003). Das Buch bietet eine Übersicht über Entwicklungstheorien aus Geschlechterperspektive, die physische, kognitive und geschlechtstypische Entwicklung und damit verbundene Problemlagen, welche auf die verschiedenen Altersphasen bezogen sind.

Thema „Geschlecht" im Kindergarten

Der Auseinandersetzung mit dem Thema Geschlecht als Analyse- und Reflexionskategorie ist gerade im Kindergarten große Bedeutung beizumessen und dabei genügt es nicht, in erster Linie oder gar ausschließlich die KonsumentInnen, nämlich die Kinder, einer pädagogischen Szenerie zu fokussieren. „Wenn Kinder in den Kindergarten kommen, befindet sich in ihrem Gedächtnis bereits das Ordnungssystem ‚Mädchen/Junge' (Geschlechtsschema), in dem erste Informationen gespeichert sind" (Niesel 2004, S. 1). Nach Oerter (vgl. Oerter/Montada 1998) erkennen Kinder mit fünf bzw. sechs Jahren, dass ihr Geschlecht konstant ist und nicht verändert werden kann, auch wenn sie es vielleicht in manchen Situationen gerne hätten oder sich im Verkleidungsspiel „verkehrt" anziehen und spielerisch die Rollen wechseln. Gerade hierbei wird die Notwendigkeit einer Gender-Sensibilität auf Seiten des Erwachsenen relevant und diskurswürdig, weil es um das Wie der Reaktion auf ein solches Spiel geht. Gerade weil Kinder schon viel früher eine Idee von „Männlichkeit" und „Weiblichkeit" ausbilden, welche aus Erfahrungen und Beobachtungen ihres sozialen und kulturellen Umfeldes (also des Verhaltens ihrer Eltern, Geschwister, Verwandten …) sowie der Fernseh- und Medienwelt etc. resultiert.

Hierbei wird die Bedeutung der Vorbildwirkung besonders deutlich und umso notwendiger die Forderung

- nach einer gezielten und intensiven Elternarbeit bzw.
- nach Auseinandersetzung der Erwachsenen (Eltern wie PädagogInnen) mit der eigenen Kindheit, dem eigenen Spielverhalten, der eigenen Biografie,
- des Bewusstmachens von tradierten Rollenbildern,

- eines kritischen Hinterfragens von (meist männlichen) Standards und Maßstäben bezogen auf Familie und Gesellschaft und letztendlich
- nach dem Transfer derartiger Gender-kritischer Reflexionen in die pädagogische Praxis.

2. Dimensionen geschlechtssensibler Kleinkindpädagogik

Um Dimension und Bedeutung von geschlechtssensibler Kleinkindpädagogik darzustellen, ist es zielführend, die Zusammensetzung des Titels genauer unter die Lupe zu nehmen. „Kleinkindpädagogik" stellt in erster Linie die Zielgruppe dar, auf welche der Fokus gerichtet ist, nämlich die Kinder im Kindergarten; zum anderen gibt er auch Hinweise auf jene Personen, die eine geschlechtssensible Pädagogik umsetzen. Damit sind nicht nur die PädagogInnen und HelferInnen der Kindergarteneinrichtung, sondern vor allem auch Eltern – Mütter **und** Väter – bzw. andere (un)mittelbare Bezugspersonen der Kinder angesprochen.

Sensibel für die Kategorie Geschlecht

Anliegen und Ziele werden in der Kombination von **„Geschlecht"** und **„sensibel"** deutlich. Letzteres zeigt auf, dass ein Sensibelwerden auf die Kategorie Geschlecht zentral ist, was von einem Bewusstwerdungsprozess jener ausgeht, die als PädagogInnen, als Eltern, als Bezugspersonen mit den Kindern agieren. In Anbetracht der Tatsache, dass eine geschlechtssensible Pädagogik – so wie ich diese verstehen möchte – mit keinem Rezept aufwarten will, wird es auch verständlich, warum sich der Bewusstwerdungsprozess der pädagogisch Agierenden im Zentrum aller weiterführenden, konkreten Überlegungen befinden muss. Der Artikel (in Braun et al. 2005) über die Qualifizierung von PädagogInnen für eine geschlechtssensible Kindergartenarbeit geht näher auf Formen konkreter Auseinandersetzung mit dem eigenen Rollenverständnis und grundlegenden Gender-Themen ein. Das Bewusstwerden bezieht sich zum einen auf das jeweilige Umfeld, das von Kindern und Erwachsenen „bespielt" wird, wie Raum, Material und Rahmenbedingungen, zum anderen – und das erscheint mir als ein bevorzugt zu behandelndes Kriterium – ist das Reflektieren der eigenen Identität gemeint, ein Reflektieren der eigenen Kindheit und Sozialisationsprozesse, eigener Rollenbilder und deren Einflussfaktoren.

Der Grund, warum ein Erinnern und Gewahrwerden der individuellen Sozialisation notwendig ist, wird im Tun und der aktiven Auseinandersetzung mit sich und seiner Geschichte meist auf eindringliche Weise deutlich: Häufig sind es Aha-Erlebnisse, freudvoll-offene oder aber auch schmerzhaft-einschränkende Erinnerungen und Tatsachen, welche das eigene Welt- und Menschenbild, die eigene Geschichte bzw. Zukunft in weiterer Folge meist unter neuem, anderem Licht erstrahlen lassen. Damit ist gewährleistet, dass ein solcher Bewusstwerdungs**prozess** einen Bewusstseins**wandel** nach sich zieht, welcher unter anderem unreflektiert tradierte Rollen- und Denkmuster relativiert, auflöst, gegebenenfalls verändert.

Das Geschlecht – die Geschlechter

Grundlegend ist die Verwendung des Begriffes **Geschlecht** in seiner Singularform. Dies grenzt sich von der Problematik der Geschlecht**er** ab, welche implizit eine bipolare Konstruktion (also männliches und weibliches Geschlecht als biologisch-bipolare Tatsache) andeuten; die Geschlechter werden zur Ordnungskategorie und führen automatisch zu einer **Zwei**teilung in Frau **oder** Mann, Mädchen **oder** Bub. Mit der Verwendung der Einzahlform wird die Möglichkeit eröffnet, dass Handlungsmuster von Frauen und Männern nicht wie traditionell angenommen zwei, sondern viele Ausprägungen haben können. So vielfältig die Facetten menschlichen Verhaltens sind, so vielfältig ist deren geschlechtliche Ausformung. Die Auswirkungen einer bipolaren Konstruktion liegen in der damit verbundenen (als „natürlich" angenommenen) Verknüpfung von Verhaltenseigenschaften und Natur (biologisches Geschlecht) begründet. Durch die kategoriale Trennung in weibliches und männliches Geschlecht, in weibliche und männliche Eigenschaften, in weibliche und männliche Lebensentwürfe besteht die Gefahr, dass erst recht rollenstereotype Verhaltensweisen verstärkt und reproduziert werden. „Wenn ich also von den ‚Geschlechtern' spreche, ist eine ‚Differenzierung' vorab unterstellt, d.h. identifiziert, und zwar als etwas ‚Zugrundeliegendes' in Lebewesen – im Gegensatz zu den wechselnden Zuständen und Eigenschaften. Andernfalls müsste ich von (dem einen, nicht differenzierten) Geschlecht sprechen" (Klika 2000, S. 15). Damit stellt sich die Frage: „Wäre also die Rede von ‚der Gleichheit der Geschlechter' ein logischer Widerspruch auf der Ebene der Begriffe (im philosophischen Diskurs) und gleichwohl (im sozialwissenschaftlichen Diskurs) als politische zu fordern?" (Klika 2000, S. 15)

Diese Zitate deuten auf ein Problem hin, das sich auf der Ebene erziehungswissenschaftlicher Forschung wie auch pädagogischer Umsetzung ergibt: Wenn in der Forschung Mädchen und Jungen zum Forschungsgegenstand werden bzw. wenn Projekte spezifisch für Mädchen und/oder Jungen entworfen werden (z.B. „Mädchentag", an dem nur die Mädchen in der Bauecke spielen dürfen), so wird stets unterstellt, dass Mädchen und Jungen jeweils „typische", dem Geschlecht zuordenbare Charaktere haben.

Derartige spezifische, geschlechtssensible Angebote sind äußerst kritisch zu hinterfragen, und es ist darauf zu achten, welche Botschaften auf den verschiedenen Ebenen der Kommunikation vermittelt werden.

Es wird also durch die Forschung bzw. durch die jeweiligen Programme von einer bipolaren (sozialen) Konstruktion ausgegangen und damit werden einseitige Rollenzuschreibungen erst recht verfestigt. Damit verbunden scheint eine Pauschalierung bzw. Nivellierung menschli-

chen Handelns zu sein, was die Vernachlässigung individueller Bedürfnisse und Fähigkeiten zur Folge hat bzw. Unterschiede innerhalb einer Geschlechtsgruppe unberücksichtigt lässt und es unmöglich macht, gegebene (Sozial-)Strukturen auf ihre geschlechtsspezifischen Determinierungen hin zu analysieren. Ein Achten zwischenmenschlicher Differenzen muss im Sinne einer Beachtung von Differenzen zwischen Individuen, also vor allem auch der Mädchen bzw. Buben untereinander, bestehen. Geschlechtssensible Pädagogik hat den Anspruch, sich an Buben und Mädchen, deren Unterschiedlichkeiten und individuellen Bedürfnissen gleichermaßen zu orientieren. Das heißt, dass PädagogInnen einerseits einen differenzierenden Blick auf die Kinder werfen; gleichzeitig ist es jedoch erforderlich, dass Analysen nicht ausschließlich in einem Wahrnehmen und Einordnen von Verhaltensweisen in traditionelle Kategorien bestehen. Was als „weiblich" oder „männlich" gilt, muss per se schon miteinander verhandelt und im Zusammenhang mit normativen, gesellschaftlich prägenden Rollenmustern diskutiert werden. Die große Herausforderung in der Auseinandersetzung mit dem „Geschlecht" (im Sinne von Gender), also mit je individuellen Verhaltensweisen von Kindern, liegt in der Analyse- und Reflexionsfähigkeit der BeobachterInnen.

3. Skizzierung einer konkreten pädagogischen Praxis

Die Beschreibung einer praktischen Umsetzung von geschlechtssensibler Pädagogik ist schwierig, denn sie ist keine Sache eines bestimmten Materials oder einer bestimmten Methode, die nachgeahmt werden kann, sondern vielmehr eine **Grundhaltung** der PädagogInnen, die im demokratischen Umgang miteinander Strukturen schaffen, um eine gleichberechtigte Teilhabe aller (Kinder wie Erwachsener) am täglichen Geschehen zu ermöglichen. Wenn es auch schwierig ist konkrete Beispiele zu erzählen, ohne der Gefahr zu erliegen, das Thema auf seine beiden Pole „männlich" oder „weiblich", „richtig" oder „falsch", „geschlechtssensibel" oder „nicht geschlechtssensibel" zu reduzieren, möchte ich versuchen, anhand beispielhafter Episoden aus meiner Tätigkeit als Kindergartenpädagogin jene Haltung transparent zu machen, die eine Sensibilität für Bedürfnisse und Aktivitäten von Kindern zeigt – und dies nicht ausschließlich auf den Aspekt des Geschlechts bezogen.

„Verdrängungsprozesse"

Im Rahmen von Teambesprechungen wurde eines Tages die Frage virulent, wie es kommt, dass sich Kinder von einigen sehr selbstbewusst auftretenden Kindern stets von ihrem Spielort verdrängen lassen. Egal, ob im Bauzimmer, in der Wohnung oder in der Höhle, wo immer diese Kinder auftraten, war nach und nach ein Rückzug jener zu beobachten, die vorher dort gespielt hatten. Da diese Verdrängungsprozesse nie direkt mit Konflikten verbunden waren, sind sie uns Pädagoginnen (unser Team bestand zu dieser Zeit ausschließlich aus Frauen) vorerst auch nicht als „störend" aufgefallen.

Im Gegensatz zu derartigen „stillen" Konflikten haben wir das Thema Konfliktbewältigung sowohl auf Erwachsenen- als auf Kinderebene stets sehr ernst genommen. So war es uns ein Anliegen, die Kinder im Austragen von Konflikten zu begleiten und die Fähigkeit zur partnerschaftlichen Lösung sukzessive erlernbar zu machen. In diesem Sinne waren Konflikte für uns nichts Negatives, sondern vielmehr eine Chance, ein Potenzial, eine Möglichkeit zwischenmenschlicher Begegnung. Dass dieser Fokus der Beobachtung und die Energie für die Entwicklung der Demokratiefähigkeit – unserer eigenen wie die der Kinder – zu einer gewissermaßen selektiven Wahrnehmung führten, wurde uns durch jene Prozesse bewusst, die – wie oben beschrieben – zwar konfliktfrei, aber nicht wirklich demokratisch bzw. gleichberechtigt abgelaufen sind. Das selbstbewusste, raumgreifende Spiel von einigen Kindern führte laut unseren Beobachtungen – zu welchen immer das gesamte Team aufgefordert war (auch Helferinnen) – dazu, dass andere von ihrem Spielort, manchmal auch von ihrer Spielaktion gewichen sind, sich verdrängen haben lassen.

Hier waren wir Pädagoginnen in einem Dilemma der Verwirklichung erzieherischer Werte angelangt. Einerseits war unser oberstes Ziel, das Selbstbewusstsein von Kindern, andererseits die Fähigkeit für einen partnerschaftlichen, demokratischen Umgang miteinander zu stärken. Dass diese beiden Werte nicht nur einander bedingen, sondern auch einander gegenüberstehen können, wurde uns erst durch diese Ereignisse bewusst. Eine Intervention auf Seiten jener, die andere verdrängen, würde zwar in der konkreten Situation eine mögliche Lösung herbeiführen, letztendlich aber der erzieherischen Grundhaltung nach Stärkung des Selbstbewusstseins widersprechen. Eine Intervention auf Seiten der Verdrängten würde eine spezifische Auseinandersetzung mit jenen Kindern nach sich ziehen, deren Verhalten als problematisch eingestuft worden ist. Nur so konnten Maßnahmen zielorientiert eingesetzt werden.

Wahrscheinlich ahnen Sie, welchen Geschlechts jene Kinder waren, die verdrängt wurden, und jene, die andere verdrängten? Erstere waren ausschließlich Mädchen, zweitere ausschließlich Buben. Es wurde uns sehr eindringlich bewusst, dass Mädchen Unterstützung bzw. Begleitung in ihrem Spiel notwendig brauchen. Ideen und Pläne wurden geschmiedet: Ein Mädchentag soll eingeführt werden, an dem in erster Linie die Mädchen bestimmen dürfen; eine Regelung muss aufgestellt werden, wonach Mädchen nicht von ihrem Spielort verdrängt werden dürfen und so weiter. Aus lauter Betroffenheit – schließlich sind wir Pädagoginnen alle Geschlechtsgenossinnen von Mädchen – sprühten wir vor Ideen. Nach Abklingen des ersten Enthusiasmus, Mädchen in ihrem Selbstbewusstsein auf „diese" Weise zu stärken, überprüften wir vor der geplanten Umsetzung noch einmal die Bedingungen und Auswirkungen unserer Ideen.

Zeit für Reflexion

Wir führten eine zusätzliche Reflexionsebene ein, um zu analysieren, welche Aussagen oder Handlungen unbewusste Botschaften an Kinder (und auch Erwachsene) sein könnten. Die konkreten Fragestellungen lauteten:

- Was vermittle ich Mädchen, wenn ein Mal pro Woche an einem Tag ausschließlich auf die Wünsche der Mädchen Rücksicht genommen wird?
- Was vermittle ich Mädchen, wenn eine von uns Erwachsenen vorgeschlagene Regel besagt, dass Mädchen nicht von ihrem Spielort verdrängt werden dürfen?
- Was vermittle ich Mädchen, wenn ich als erwachsene Autoritätsperson für sie das Wort ergreife und Macht demonstriere? Usw.

Sehr bald stellte sich eine große Ernüchterung in unserem sprühenden Tatendrang ein. In all diesen Aktionen ist unterschwellig eine sehr kontraproduktive Botschaft an Mädchen verborgen: Für sie wird deutlich, dass sie stets einen „Anwalt" brauchen, der für sie Partei ergreift, der sich für ihre Rechte einsetzt, der ihren Wünschen Stimme verleiht, der für sie Macht ausübt. Mit all diesen Maßnahmen wird den Mädchen vermittelt, dass wir Erwachsene ihnen gar nicht zutrauen, dass sie für sich selber sprechen können, dass sie selber ihre Rechte verteidigen können, dass sie fähig zu Eigenverantwortung und Selbstbewusstsein sind, dass sie selber Macht haben und ausüben können. Die wöchentlichen Teambesprechungen wurden mehrmals hintereinander diesen intensiven Diskussionen und Auseinandersetzungen gewidmet. Alle waren mit Eifer und Engagement involviert. Das Überraschende an unserem Prozess war, dass sich offenbar ein Wandel in unserer Haltung, in unserem Auftreten, in unseren Beobachtungen, in unserer pädagogischen Begleitung und Unterstützung der Kinder vollzogen hat. Denn ohne jegliche von uns Erwachsenen ausgedachte Intervention tatsächlich durchzuführen, veränderte sich das Spannungsverhältnis zwischen raumgreifenden und weniger raumgreifenden Kindern.

Aktionen und Diskussionen

Dass wir keine der oben genannten Aktionen umgesetzt haben, heißt nicht, dass wir in der Zwischenzeit tatenlos zugesehen haben. Sicherlich hat sich durch den Prozess der Auseinandersetzung etwas in uns selber verändert, wodurch wir im pädagogischen Alltag auf beschriebene Verdrängungsprozesse anders reagiert haben. Nicht selten ergaben sich Diskussionen mit spielenden Kindern, wenn sich Spielorte verlagerten. Manchmal hatte dies einen ganz banalen Grund: „Wir fahren nämlich auf Urlaub, deshalb gehen wir von hier weg", des Öfteren aber waren Gründe anders gelagert: „Uns ist es hier zu laut, zu wild. Hier haben wir nicht Platz." Dann hakten wir Pädagoginnen ein und diskutierten gemeinsam mit den Kindern, wer wann und aus welchem Grund weicht bzw. weichen muss, ob dies auch gerechtfertigt sei, ob es auch andere Lösungen gäbe und so weiter und so fort.

Unter anderem ergab sich im Rahmen derartiger Diskussionen mit den Kindern jene Regelung, dass turbulente, wilde, raumgreifende Spiele in den Bewegungsraum verlagert werden sollen. Der Bewegungsraum wurde zu je-

nem Ort, an welchem dem Bedürfnis nach Austoben, nach großflächigem, raumgreifendem Spiel, nach Bauen, Umbauen und Gestalten (ohne von Erwachsenen vorgegebener „Turnstundenstruktur") Rechnung getragen werden konnte. Da es Prozesse des Verdrängens und Verdrängtwerdens überall (in jedem Spielbereich) geben kann, wird die tägliche Beobachtung zu einer steten Herausforderung an die Sensibilität und Feinfühligkeit der Wahrnehmung von uns Pädagoginnen.

Besonders freuten wir uns natürlich, dass kurz nach dieser Phase im Bauzimmer der höchste Kappla-Turm von einem Mädchen gebaut wurde. Vera umzäunte ihr Bauwerk mit einem Baustellenband und beschriftete es mit ihrem Namen. Vera galt von da an als „die beste Baumeisterin im ganzen Kinderhaus".

(Geschlechts-)Sensibilität

Dass die Sensibilität von PädagogInnen in engem Zusammenhang mit der Sensibilität und Beobachtungsgabe von Kindern steht, wird daran ersichtlich, dass Kinder nie nur das wahrnehmen, was aus- und angesprochen, was bewusst inszeniert wird. Vielmehr sind es ihre feinen Sensoren, die sich einprägen, welche Grundhaltung und Werthaltung ErzieherInnen verkörpern, die Art und Weise, wie der zwischenmenschliche Kontakt gestaltet wird, wie Erwachsene auf Kinder zu- und eingehen, etc.

So stellte beispielsweise eines Tages ein Mädchen fest, dass sie es nicht gut findet, wenn Stefan ausgelacht wird. Es war die Situation des Morgenkreises, wo sich alle Kinder und Kindergartenpädagoginnen zum Erzählen, Diskutieren, Planen, Spielen, Singen, Tanzen ... treffen. Das Mädchen wusste intuitiv, dass sie in dieser Runde, in diesem Setting ihre Wahrnehmung jener Situation – als Stefan etwas erzählte und andere lachten – zum Thema machen durfte. Die Erfahrung sagte ihr, dass derartige Beobachtungen ausgesprochen werden können und bei den anderen auch Gehör finden werden. Diese Sicherheit hatte sie dadurch gewonnen, dass die Gespräche im Morgenkreis schon zu einer regelrechten Kultur des Miteinanderredens, des Aufeinanderhörens, des Sichaustauschens gewachsen waren, wo auch individuelle Gefühle benannt werden konnten.

Interessant waren die Reaktionen der anderen Kinder, vor allem auch jener, die gelacht hatten. Reihum konnte jede/r zu Wort kommen. Dabei wurde klar ersichtlich, dass das Lachen einer anderen Situation gegolten hatte und nicht als ein Auslachen von Stefans Erzählungen gedeutet werden durfte. Das von besagtem Mädchen wahrgenommene „Auslachen" entpuppte sich als ein klassisches Missverständnis, das durch die Sensibilität des Mädchens aufgezeigt werden konnte. Ihr Wunsch war es, um dieses Thema gut abschließen zu können, dass Stefan seine Geschichte noch einmal erzählte und währenddessen nicht gelacht wurde. Dies akzeptierten alle, Stefan erzählte und der Morgenkreis nahm seinen gewohnten Lauf.

Möglicherweise fragen Sie sich am Ende dieser Szene, was das mit Geschlechtssensibilität zu tun habe. Wenn hierbei das Thema des Geschlechts nicht das ausschließliche Zentrum darstellte, wird für mich die Geschichte umso interessanter und ertragreicher für Fragen an die (Geschlechts-)Sensibilität. Dass es gerade ein Mädchen war, das in dieser speziellen Situation Feinfühligkeit an den Tag legte, kann einerseits als sozialtypisch weibliches Phänomen bezeichnet werden, andererseits als ein großer Vertrauensbeweis, der innerhalb dieser Kindergruppe geherrscht hat. Dieses Vertrauen ist Ausdruck einer gegenseitigen Wertschätzung und eines gegenseitigen Ernstnehmens, nicht nur von Seiten der Pädagoginnen, sondern auch der Kinder untereinander. Geschlechtssensible Kindergartenarbeit baut auf einem solchen Ernstnehmen und gegenseitigen Wertschätzen auf. Werden Kinder in ihren Bedürfnissen tatsächlich ernst genommen, werden die Handlungsweisen der Kinder selber zu einer Unterstützung dessen, was die Pädagogin, der Pädagoge umzusetzen versucht.

Traditionelle Rollenzuschreibungen

Dass die Beobachtungsgabe von Kindern ein höchst feinfühliges System ist, das Stimmungen und Atmosphären von agierenden Erwachsenen aufnimmt und in irgendeiner Form um- und fortsetzt, zeigte uns unter anderem jene Frage eines Mädchens kurz vor der Weihnachtsferien: „Sag, gibt es eigentlich auch heilige Frauen?" Was das Mädchen hier kritisch hinterfragte, war uns bis dato nicht aufgefallen, nämlich dass die meisten traditionellen, biblischen Geschichten, die wir in der Vorweihnachtszeit erzählten, lediglich von männlichen Helden bzw. männlichen Hauptpersonen handelten. Auf der Suche nach heiligen Frauen ergaben sich interessante Diskussionen rund um das Geschlecht und (ihm zugeordnete) Fähigkeiten und Wertigkeiten.

Im Dunstkreis der Fest- und Feierrituale wäre außerdem zu hinterfragen, wie geschlechtsneutral oder -zuschreibend es ist, wenn die Mutter am Muttertag mit einem verzierten Kochlöffel oder mit selbst gebackenen Kokosbusserln, der Vater am Vatertag mit einem in der Holzwerkstatt produzierten Geschenk oder einem von den Kindern verzierten Timer (für seine beruflichen Termine) überrascht wird. Zudem stellt sich bei den beiden angesprochenen Festen die Frage, ob dabei nicht eine Familienkonstellation – nämlich Vater-Mutter-Kind – verherrlicht und zum Maßstab erhoben wird, von der heute großteils nicht mehr selbstverständlich ausgegangen werden kann. Ab wann ist von Diskriminierung jener zu sprechen, die eben nicht der Mutter-Vater-Kind-Norm entsprechen? Wie lange müssen jene Familien es aushalten, die im Kindergarten zelebrierte Mutter- oder Vatertagsfeier beschämt vorübergehen zu lassen (weil z.B. der Vater nicht greifbar ist), bis sie irgendwann vielleicht doch wieder einmal der Norm angehören?

Mit Traditionen sind oftmals massive Rollenzuschreibungen und ganz spezifische Verhaltenserwartungen verknüpft, die unbedingt kritisch zu hinterfragen sind. Auch hierbei sind Kinder weitaus nicht so festgefahren wie wir Erwachsene. So war die alternative Idee, anstelle des Mutter- und Vatertagsfestes ein Familienfest zu feiern. Familien – so legten wir fest – können ganz unterschiedlich aussehen, wodurch einschränkende Normierungen und rollenspezifische Erwartungen ihre Macht verloren haben. Lassen Sie sich von den Kindern auf Ihrem Weg zu (Geschlechts-)Sensibilität begleiten!

Literatur

Bauer, Ingrid/Neissl, Julia (Hg.) (2002): Gender Studies. Denkachsen und Perspektiven der Geschlechterforschung. Innsbruck: Studienverlag, S. 67–80

Becker-Schmidt, Regina/Knapp, Gudrun-Axeli (³2003): Feministische Theorien. Zur Einführung. Hamburg: Junius Verlag

Behm, Britta L./Heinrichs, Gesa/Tiedemann, Holger (Hg.) (1999): Das Geschlecht der Bildung – Die Bildung der Geschlechter. Opladen: Leske + Budrich

Braun, Karl-Heinz/Wetzel, Konstanze/Dobesberger, Bernd/Fraundorfer, Andrea (Hg.) (2005): Handbuch Methoden der Kinder- und Jugendarbeit. Studien zur pädagogischen Entwicklungsforschung und Qualitätssicherung. Wien: Lit Verlag

Bundesministerium für Unterricht und kulturelle Angelegenheiten, Abt. für geschlechtsspezifische Bildungsfragen (Hg.) (1999): Geschlechtssensible Pädagogik in Kindergarten & Vorschule: Konzepte & Erfahrungen – Herausforderungen & Perspektiven; im Rahmen des Projekts „Partageons l'égalité – Gleichheit teilen – gläichheet delen". Konzept, Endredaktion & Gesamtkoordination: Doris Guggenberger. Wien

Heiliger, Anita (2002): Mädchenarbeit im Gendermainstream. Ein Beitrag zu aktuellen Diskussionen. München: Verlag Frauenoffensive

Kapfer-Weixlbaumer, Anna/Radler, Iris (²2004): Kinderhaus – Werkstatt der Zukunft. Wie Theorie und Praxis einander sinnvoll bereichern. Ottensheim: Eigenverlag

Klika, Dorle (2000): Zur Einführung: Konturen divergenter Diskurse über die Kategorie Geschlecht. In: Lemmermöhle, Doris et al. (Hg.): Lesarten des Geschlechts. Zur De-Konstruktionsdebatte in der erziehungswissenschaftlichen Geschlechterforschung. Opladen: Leske + Budrich

Kroll, Renate (Hg.) (2002): Metzler Lexikon Gender Studies. Geschlechterforschung. Stuttgart, Weimar: Verlag J. B. Metzler

Leicht, Irene/Rakel, Claudia/Rieger-Goertz, Stefanie (Hg.) (2003): Arbeitsbuch Feministische Theologie. Inhalte, Methoden und Materialien für Hochschule, Erwachsenenbildung und Gemeinde. Gütersloh: Chr. Kaiser Gütersloher Verlagshaus

Lemmermöhle, Doris et al. (Hg.) (2000): Lesarten des Geschlechts. Zur De-Konstruktionsdebatte in der erziehungswissenschaftlichen Geschlechterforschung. Opladen: Leske + Budrich

Mühlen-Achs, Gitta (1998): Geschlecht bewusst gemacht. München: Frauenoffensive

Niesel, Renate (2004): Geschlechterdifferenzierende Pädagogik im Kindergarten – neue Perspektiven. URL: http://www.kindergartenpaedagogik.de/580.html [Stand: 26.07.2004]

Orner, Daniela et al. (2003): Geschlechtssensible Pädagogik im Kindergarten: Projektbericht aus dem Kindertagesheim fun&care Brunhildengasse/Fun&care Gemeinnützige Kinderbetreuungs-Ges.m.b.H. Frauenbüro d. Stadt Wien [MA 57]. Wien

Oerter, Rolf/Montada, Leo (Hg.) (⁴1998): Entwicklungspsychologie. Weinheim: Beltz Psychologie Verlag Union

Permien, Hanna/Frank, Kerstin (1995): Schöne Mädchen – starke Jungen? Gleichberechtigung: (k)ein Thema in Tageseinrichtungen für Schulkinder. Freiburg: Lambertus-Verlag

Prengel, Annedore (²1995): Pädagogik der Vielfalt. Verschiedenheit und Gleichberechtigung in Interkultureller, Feministischer und Integrativer Pädagogik. Opladen: Leske + Budrich

Rabe-Kleberg, Ursula (2003): Gender Mainstreaming im Kindergarten. Weinheim, Basel, Berlin: Beltz Verlag

Rendtorff, Barbara (2003): Kindheit, Jugend und Geschlecht. Einführung in die Psychologie der Geschlechter. Weinheim, Basel, Berlin: Beltz Verlag

Rhyner, Thomas/Zumwald, Bea (Hg.) (2002): Coole Mädchen – starke Jungs. Ratgeber für eine geschlechtsspezifische Pädagogik. Bern, Stuttgart, Wien: Haupt

Wetterer, Angelika (2003): Gender Mainstreaming und Managing Diversity. Rhetorische Modernisierung oder Paradigmenwechsel in der Gleichstellungspolitik? In: Schacherl, Ingrid (Hg.): Gender Mainstreaming. Kritische Reflexionen. Innsbruck: Studia Universitätsverlag, S. 131–151

Der Beitrag ist eine Überarbeitung des Textes in Kapfer-Weixlbaumer/Radler: „Kinderhaus – Werkstatt der Zukunft" (2004).

ANNA KAPFER-WEIXLBAUMER

Plädoyer für Offenheit im Kindergarten

Das Thema „offener Kindergarten" ist in aller Munde. Es wird in der Praxis emotional und kontroversiell diskutiert. Oft zeigt sich dabei, dass die Vorstellungen darüber, was nun wirklich ein „offener Kindergarten" ist, breit gefächert sind. Das ist verständlich, da eine eindeutige wissenschaftliche Begriffsbestimmung nicht existiert. Auch bei einer pädagogischen Interpretation sind viele Facetten zu berücksichtigen.

Ich möchte schon hier vorwegnehmen: „Offene Kindergartenarbeit" beschränkt sich keineswegs auf räumliche Öffnung. Doch ist (auch) diese eine konsequente und notwendige Umsetzung einer neuen „Offenheit", die in der zeitgemäßen Kindergartenpädagogik unabdingbar ist. Offenheit schafft die Grundlage dafür, dass wir im Kindergarten angemessen auf gesellschaftliche Veränderungen, neue Ansprüche (Integration von Kindern aller Begabungen und Kulturen ...) und geänderte Bedingungen kindlicher Entwicklung reagieren können. Kernpunkt der Auseinandersetzung ist nicht etwa eine nur oberflächliche Änderung von Rahmenbedingungen, sondern Hellhörigkeit und Aufmerksamkeit für die aktuellen kindlichen Bedürfnisse.

1. Geschichtliche Hintergründe

Betrachten wir zunächst die vorwiegend in Deutschland dokumentierte geschichtliche Entwicklung: Erste Tendenzen zur Öffnung des Kindergartens finden sich schon im so genannten **Situationsansatz,** der vor nunmehr fast 30 Jahren vom Deutschen Jugendinstitut – in enger Zusammenarbeit zwischen Praxis und Wissenschaft – entwickelt wurde. Abgrenzung von der einseitig kognitiven Vorschulerziehung der 1970er Jahre war seine Intention.

Situationsorientiertes Arbeiten ist geprägt von Wertschätzung für die Eigenaktivität von Kindern, von der Integration aller Begabungen und Kulturen, von Freiräumen für kindliche Aktivitäten. Den PädagogInnen kommt die Rolle von EntwicklungsbegleiterInnen zu. Ziel ist das autonom, solidarisch und kompetent handelnde Kind, ein Anspruch, den alle nachfolgend angeführten Strömungen stellen. Verbunden ist dieses Konzept mit einer „ganzheitlichen Pädagogik", aber auch damit, dass starre Ritualisierungen und übernommene Traditionen aufgebrochen wurden, um die Kindergartenarbeit für die vielfältigen aktuellen Lebenssituationen von Kindern und Familien (nach außen und nach innen) zu öffnen. Dies bedeutete etwa auch, dass Eltern nicht mehr vor der verschlossenen Türe des Kindergartens auf die Übergabe ihres Kindes warten mussten, sondern dass die Türen jederzeit für sie offen standen und dass sie sich bei unterschiedlichsten Aktivitäten wie Ausflügen, Festen, Projekten einbringen konnten. Auch Großeltern, Nachbarn, Freunde usw. waren in diesem offenen Lern- und Erfahrungsfeld willkommen. Ausgehend vom sozialen Anspruch, kein Kind auszuschließen, wurde (erstmals) auch auf integrative und multikulturelle Erziehung Wert gelegt. Diese zunehmende Bereitschaft, sich sowohl nach außen als auch für die Lebenssituationen von Kindern zu öffnen, wurde schon Mitte der 1980er Jahre erstmals in der pädagogischen Diskussion mit dem Begriff „offener Kindergarten" bezeichnet.

Als weiterer Entwicklungsschritt ist die Aufwertung des **Freispiels** in den 1980er Jahren zu nennen. Mit Fragen wie: Lernen Kinder wirklich nichts, wenn sie „nur" spielen?, Ist Freispiel nur ein Restzeitfüller, bis die „richtige" Arbeit (womit gezielte Förderung gemeint ist) beginnt?, wurde ein Bewusstwerdungsprozess für ein neues Verständnis des freien, spontanen Spiels eingeleitet. Basierend auf den „alten" Erkenntnissen von Piaget und auf neueren wissenschaftlichen Denkansätzen zum ganzheitlichen Aufbau der kindlichen Persönlichkeit (sie schreiben den Wahrnehmungs- und Bewegungserfahrungen eine zentrale Rolle für die kindliche Entwicklung zu – im Sinne einer handelnden Auseinandersetzung des Individuums mit den Gegebenheiten der Umgebung) kam es zu einer Aufwertung und Neubewertung des freien Spiels. Dieses hatte zuvor (in den 1970er Jahren) in der Kindergartenpädagogik durch die so genannte Frühförder- und Intellektualisierungswelle eine tief greifende Abwertung erfahren. Nun wurde (wieder) erkannt, dass Kinder in den von ihnen selbst gewählten Spielhandlungen alle Fähigkeiten erwerben, die sie brauchen, um Probleme zu verarbeiten und Handlungsstrategien zu entwickeln, die sie in ihrer Selbstständigkeit unterstützen (Krenz 1991).

Letztlich haben auch die Erkenntnisse der Psychomotorik zur Neubetrachtung des bewegten freien Spiels beigetragen, was letztendlich – durch Einbeziehung des Bewegungsraumes und der Flure – zu einer inneren Öffnung der Kindergärten führte.

In den späten 1980er und 1990er Jahren kam es zudem zu einer geradezu boomenden Auseinandersetzung mit verschiedenen reformpädagogischen Ansätzen. Auch die Einflüsse der alten und aktuellen alternativen Konzepte (allen voran sei hier Maria Montessori genannt, aber auch Freinet- und Reggio-Pädagogik sowie die nicht-direktive Erziehung nach Rebeca und Mauricio Wild) mündeten in stärkere Kindzentrierung und vermehrte Orientierung an den heutigen kindlichen Bedürfnissen.

2. Verschiedene Formen offener Arbeit

In der Praxis sind in der Ausformung offener Arbeit (und zwar bezogen auf die sichtbare räumliche Öffnung) vier Tendenzen zu beobachten, wobei auch diese Formen durchaus unterschiedliche Ausprägungen aufweisen können:

- **Zeitlich beschränkte Öffnung der Gruppen:** An bestimmten Tagen oder zu festgelegten Zeiten im Tagesablauf besteht für die Kinder eine Besuchsmöglichkeit in anderen Gruppen, zumeist mit einem vereinbarten Ab- und Anmeldemodus.
- **Öffnung durch Miteinbeziehung von Nebenräumen:** Hier bieten Bereiche, die bislang für kindliche Spielaktivitäten ungenützt waren, erweiterte Erfahrungsräume. Dies schließt häufig auch den Bewegungsraum und den Garten mit ein, wobei es zumeist genaue Regelungen und Absprachen gibt, wie viele Kinder pro Gruppe die zusätzlichen Spielbereiche benutzen dürfen und welche ErzieherIn die Verantwortung dafür trägt.
- **Gruppenübergreifende Angebote:** Das sind Spielaktionen oder längerfristige Projekte, die in regelmäßigen Abständen von den KindergartenpädagogInnen ermöglicht werden, zu denen sich die Kinder aller Gruppen frei nach eigenem Interesse zuordnen können. Diese recht häufig praktizierte Form der Öffnung ermöglicht allen Teammitgliedern, ihre besonderen Interessengebiete und Fähigkeiten einzubringen.

Allen drei Organisationsformen ist ein Beibehalten der traditionell eingerichteten Stammgruppen und die schwerpunktmäßige Verantwortung einer ErzieherIn für ihre Gruppe gemeinsam.

- **Offene Arbeit in Funktionsräumen:** Das ist eine meines Erachtens konsequentere Form offenen Arbeitens. Dabei werden die traditionellen Raumstrukturen mit ihren kleinen Funktionsecken aufgelöst, um unter Einbeziehung aller Räume – auch des Außenspielgeländes – Spiel- und Erfahrungsbereiche zu schaffen. Großzügig und – vielleicht unter Mitwirkung der Kinder – unkonventionell gestaltete Räume bieten Möglichkeiten zum Rollenspiel, zum großräumigen Bauen und Bewegen, zum Zurückziehen, Träumen und Lesen, zum kreativen Werken und Malen, zum Essen ...
  Der Kreativität und dem Engagement von KindergartenpädagogInnen und Kindern bleibt hier viel Freiraum. Angebote und Projekte sind für alle Kinder des Hauses offen. Die PädagogInnen sind für einen bestimmten Zeitraum für einen Erfahrungsbereich verantwortlich. In größeren Einrichtungen bleiben dabei die Stammgruppen in der Regel für bestimmte Aktivitäten (wie Geburtstagsfeiern, Morgen- und Schlusskreis, Festvorbereitung etc.) erhalten. Kleinere (zweigruppige) Einrichtungen lösen manchmal ihre Stammgruppen auf und finden andere Formen der Gemeinschaft (Kinderkonferenz, Vollversammlung, Interessengruppen).

Gemeinsamer Nenner aller Erscheinungsformen „offener Arbeit" ist das Bild vom Kind als Akteur und Regisseur seiner Entwicklung. Ihm wird der Wille und die Kraft zugestanden, seine Entwicklung durch aktive Auseinandersetzung mit den Dingen der Welt und mit den sozialen Gegebenheiten selbst zu leiten. – Natürlich sind all diese Formen den heutigen Lebenswirklichkeiten von Kindern und Familien entsprechend auch in die österreichische Kindergartenarbeit eingeflossen. Häufig finden sich engagierte und eigeninitiative Varianten offener Arbeit, die in ihren Grundvoraussetzungen mentale Förderung durch das aktuelle Bildungskonzept erfährt (vgl. Hartmann 2000).

3. Mater Margarete Schörl – Pionierin „offener" Kindergartenarbeit

Österreich kann zudem auch stolz auf heimische Pionierarbeit zurückgreifen: Ich will hier Margarete Schörl besonderen Stellenwert einräumen, da ihren Ideen, die der Entwicklung des Raumteilverfahrens zugrunde liegen, bei näherer Betrachtung und ergänzender historischer Auslegung eine Vorreiterrolle in der offenen Kindergartenarbeit zukommt.

Schörl praktizierte schon in den 1950er Jahren unabhängig von gesellschaftlichen Trends und Modeerscheinungen konsequent eine Pädagogik vom Kinde aus. Auch galt für sie bereits das freie, spontane Spiel in vorbereiteter Umgebung als das Kernstück der Kindergartenpädagogik, das nicht durch Beschäftigung und Animation verdrängt werden darf, denn „... wenn sein ursprüngliches Bedürfnis nach Tun zurückgedrängt wird durch viele Verbote, Gebote, Anleitungen, Einstellungen, dann verschwindet auch die Spontanaktivität. ... Das spielende Kind ist geradezu der Prototyp des durch Spontanität und Initiative sich selbst eine Welt schaffenden Wesens."

Die Hauptaufgabe der PädagogIn sieht sie in der Unterstützung der Eigenaktivität des Kindes und darum „sollen die Kinder immer neu mit Spielraum, Spieldingen und Spielideen experimentieren können und nicht mit Spielzeug abgefertigt und beschäftigt werden".

Das Raumteilverfahren galt für sie nicht als starres Prinzip, das einmal hergestellt keine Veränderung und Weiterentwicklung erfährt, vielmehr sollte es auf der Grundlage einer wachen Beobachtung der Kinder ständig reflektiert und angepasst werden.

Das Auflösen der im Raumteilverfahren entstandenen kleinen Spielbereiche zugunsten großzügiger Erfahrungsräume – unter Einbeziehung des ganzen Kindergartens – sehe ich daher als konsequente Weiterentwicklung an, die sich wegen der stark veränderten kindlichen Entwicklungsumgebungen als notwendig erweist.

Wenn Kinder nun – im Gegensatz zu den Bedingungen der 1950er Jahre – in ihrer häuslichen Umgebung nicht mehr ausreichend Gelegenheit zum intensiven raumgreifenden Spiel vorfinden, wenn Geschwister und Nachbarkinder rar sind, so kommt jetzt dem Kindergarten die wichtige Aufgabe zu, lebendige und interessante Spielräume zu schaffen und räumliche Beengtheit aufzulösen, die für viele Konflikte und Aggressionen verantwortlich ist.

Auch das Menschen- und Weltbild von Mater Schörl zeugt von ihrer pädagogischen Weitsicht und Offenheit: „Jedes pädagogische System, und sei es noch so gut, ist eine Erstarrungsform und gerät damit in Widerspruch zu sich selbst und seinem Schöpfer. Die Pädagogik soll Dienst am Leben sein. Das Leben aber fließt, unentwegt verändert es sich, und damit ändern sich auch die pädagogischen Bedürfnisse und Notwendigkeiten, aber auch die pädagogischen Möglichkeiten." (Schörl 1956) Ihre Aussagen sind insofern aktueller denn je, da sie dem Bild einer lebensoffenen Arbeit entsprechen, die von jeder Erziehergeneration mit einem kritischen Blick auf die bestehenden gesellschaftlichen Verhältnisse weiterentwickelt werden muss.

4. Offenheit als Haltung

Ernst gemeinte, aufrichtige Kindzentriertheit fordert geradezu zwingend verschiedenste Formen der Offenheit ein: Offenheit der Pädagogik für das Erkennen und Ernstnehmen wirklicher kindlicher Bedürfnisse, Offenheit in Bezug auf Themen, die Kinder momentan berühren, und auch Offenheit, die eine Aufarbeitung dieser Themen zeitlich und räumlich ermöglicht. Die Zielvorstellung, Kinder in ihrer Entwicklung zu autonomen, selbstbestimmten, emotional ausgewogenen und solidarisch handelnden Persönlichkeiten zu begleiten, kann meines Erachtens nur in einer in diesem Sinn offenen Umgebung erreicht werden. Jede Einengung – wohl gemerkt aber auch jede Grenzenlosigkeit – würde sich hemmend auswirken!

Gefordert ist auch eine Offenheit im Sinne einer Aufgeschlossenheit für alle Anliegen derjenigen, um die es geht – Kinder, Eltern und PädagogInnen. Gefordert ist auch Aufgeschlossenheit für neue Ideen und Konzepte! Die notwendige Offenheit betrifft zudem die Bereitschaft, neue Formen der Zusammenarbeit und der Kommunikation im Team zu erproben, Konfliktlösungskompetenz zu entwickeln und traditionelle Arbeitsgewohnheiten zu hinterfragen. Dabei ist vor allem ein Ernst- und Annehmen des schon von Schörl erkannten Prinzips nötig, dass jede pädagogische Arbeit entsprechend dem Lebensfluss zur fortlaufenden Veränderung bereit sein muss, um nicht zu einer Erstarrungsform zu verkommen, die mit sich selbst in Widerspruch steht.

Dies bedeutet, dass die räumliche Öffnung, auf die der Diskussionspunkt „offener Kindergarten" allzu oft beschränkt bleibt, nur Teil einer viel breiter gefächerten Offenheit ist, der manchmal nur untergeordnete Bedeutung zukommt. Räumliche Öffnung ist allenfalls mit Kreativität und Initiative ersetzbar – „innere Offenheit" jedoch soll als Grundeinstellung jedenfalls vorhanden sein.

Diese bezeichne ich als die erforderliche, weil weiterreichende Offenheit in der Kindergartenarbeit. Meiner Ansicht nach sollte der Diskussionsschwerpunkt in der Praxis nicht auf die unterschiedlichen Erscheinungsformen des (räumlich) „offenen Kindergartens" beschränkt bleiben, sondern sich darauf konzentrieren, dass eine zeitgemäße Kindergartenpädagogik innere Offenheit voraussetzt.

5. Der Weg zur individuellen Offenheit

Für alle, die diesen Weg der offenen Pädagogik beschreiten wollen, muss die Bestimmung des Ist-Zustandes der erste Schritt sein. Es ist abzuklären, welche Veränderungen im Konkreten erforderlich und welche persönlichen und strukturellen Ressourcen vorhanden sind.

Dazu, aber auch zur Auslotung der Richtung und Qualität einer Veränderung, wird eine Art Coaching sinnvoll sein, um nicht einer Betriebsblindheit aufzusitzen und womöglich wesentliche Aspekte zu übersehen. Offenheit für noch Unbekanntes scheint zunächst risikobehaftet und löst Unsicherheiten aus, doch führt (nur) sie auch zur Chance einer positiven Weiterentwicklung. Durch Hinterfragen unserer Positionen eröffnen sich Optionen schrittweiser Veränderung, die zur Entwicklung einrichtungsspezifischer, unverwechselbarer Modelle führen kann. Die für mich schönste Folge wäre eine bunte Vielfalt an individuellen Konzeptionen, die sich in einem viel stärkeren Ausmaß als bisher an den Bedürfnissen und Lebensbedingungen der Kinder vor Ort orientieren und die persönlichen Stärken und Kompetenzen aller PädagogInnen (HelferInnen sind für mich hier immer mit eingeschlossen) einbinden. Dabei können Hospitationen in innovativen Einrichtungen, einschlägige Fortbildungen (die am besten das gesamte Team besucht) und Fachliteratur viele Entwicklungsimpulse und Denkanstöße zur konzeptionellen Auseinandersetzung im Team geben und zum Weg der kleinen Schrit-

te ermutigen. Das „Maß der Dinge" soll aber immer der eigene Kindergarten bleiben, als Sozialisationsinstanz individueller Prägung, die ihre ureigene Aufgabe dort beginnt, wo „ihre" Kinder stehen, um ihnen von gerade diesem Standpunkt aus Sachkompetenz, Selbstkompetenz und Sozialkompetenz zu vermitteln und sie in ihrer Entwicklung zu selbstständigen, liebesfähigen und autonomen Persönlichkeiten zu begleiten.

6. Beziehung und Autonomie in Familie und Kindergarten

Mit offener Arbeit werden oft vorschnell Begriffe wie Chaos, Unverbindlichkeit, Lieblosigkeit, Beziehungslosigkeit und Überforderung assoziiert. In der österreichischen Fachdiskussion werden zudem die Aspekte Bindung und Autonomie oft zu Unrecht gegeneinander ausgespielt – sie scheinen einander entgegenzustehen, obwohl sie meines Erachtens starken Bezug zueinander haben.

Das Bild von der „natürlichen" Erziehung in der Familie kann als anschauliches Modell dafür gelten, dass die Sicherheit, die aus der Beziehung zu einer vertrauten und verlässlichen Bezugsperson entsteht, Voraussetzung für eine immer größer werdende Autonomie des Kindes ist. Dieser natürliche familiäre Prozess findet seine Entsprechung im Kindergarten, wenn bestimmte Rahmenbedingungen bedacht werden.

Das junge Kind spielt erfahrungsgemäß bevorzugt in unmittelbarer Nähe seiner Mutter. Die Vertrautheit der Situation gibt ihm den notwendigen Halt und die Sicherheit sich mit seiner kleinen Welt auseinander zu setzen, intensiv zu spielen und immer neue Fähigkeiten zu erwerben. Wenn die Mutter im Verlauf des Tages in verschiedenen Räumen des Hauses ihre Arbeiten verrichtet, lernt das Kind in ihrer Nähe spielend alle diese Räume kennen – und wird auch mit den unterschiedlichsten Regeln vertraut. Zum Beispiel: Im Wohnzimmer darf ich nicht mit Wasserfarben malen, dafür gibt es einen Platz in der Küche; Dreiradfahren ist bei Regenwetter im großen Flur und sonst im Garten möglich usw.

Mit zunehmenden Fähigkeiten und Kompetenzen des Kindes vergrößert sich auch sein Handlungsspielraum. Es wird zunehmend selbstständiger und sicherer – und vermag nun schon einen längeren Zeitraum alleine zu spielen, auch wenn die Mutter kurzfristig den Raum verlässt. Die Mutter wird dem Kind immer mitteilen, wo sie erreichbar ist, und dieses Wissen gibt dem älteren Kind genug emotionale Sicherheit, um alleine und für sich sein zu können. So erobert sich das Kleinkind nach und nach entsprechend seinem individuellen Rhythmus und Tempo das familiäre Umfeld. Die wachsende Autonomie, die sich im eigenständigen Welterobern, in der Offenheit für neue und überraschende Erfahrungen, im Drang alles selber zu tun zeigt, setzt voraus, dass das Kind sich vorbehaltlos angenommen und wertgeschätzt fühlt – ohne dabei von den Eltern ganz vereinnahmt und von einer übermäßigen Fürsorge behindert zu werden. Verlässliche Beziehung und genügend Zuwendung ermöglichen dem Kind mit Nähe und Distanz spielerisch Erfahrungen zu sammeln. Jedem ist klar, dass das Spiel und der Aufenthalt von Kindern nicht auf einen einzigen Platz, etwa das Kinderzimmer, beschränkt werden kann.

Das Hineinwachsen in das Beziehungs- und Gemeinschaftsgefüge des Kindergartens erfolgt nach ähnlichen Gesetzmäßigkeiten. So erleben wir, dass dann, wenn im Herbst die „Neuen" zu uns kommen, sich die erfahrenen Kinder schon freuen, sie in die Spielbereiche im Haus einzuführen und ihnen die Regeln durch Vorleben zu vermitteln. Dabei erleben sie sich als kompetent und verantwortlich und dies stärkt im Besonderen ihr Selbstbewusstsein. Wir können beobachten, dass die neuen Kinder in den ersten Wochen und Monaten – es gibt natürlich große individuelle Unterschiede – bevorzugt in der Nähe ihrer vertrauten ErzieherIn bzw. in ihrer Heimatgruppe spielen. Durch Freundschaften und Spielkontakte mit erfahrenen Kindern erobern sie nach und nach auch die Spielbereiche in den anderen Räumen und lernen die dort geltenden Regeln kennen. So beginnen zunehmend Interaktionen mit allen PädagogInnen des Hauses, da jeder Raum – der Garten als elementarster Erfahrungsraum zählt natürlich auch dazu – im Verantwortungsbereich einer ErzieherIn liegt, die hier für jene Rahmenbedingungen sorgt, die für ein kindgemäßes, konzentriertes Tun Voraussetzung sind.

Grundsätzlich haben alle Kinder das Bedürfnis groß und selbstständig zu werden. Doch setzen wir nicht voraus, dass sie es bereits ausreichend sind, um das gesamte Erfahrungsangebot für sich zu nutzen, vielmehr sind wir wachsam, um das Autonomiestreben jedes einzelnen Kindes wahrzunehmen, zu respektieren und behutsam zu unterstützen.

Emotionale Zuwendung, Ausbildung verlässlicher Beziehungen zu ErzieherInnen, aber auch zu Gleichaltrigen sowie die Vermittlung tragfähiger Orientierungen bilden die Grundlage dieser anspruchsvollen pädagogischen Arbeit.

Literatur

Hartmann, W./Stoll, M. (1996): Mehr Qualität für Kinder. Qualitätsstandards und Zukunftsperspektiven für den Kindergarten. Wien: öbv

Hartmann, W. et al. (2000): Bildungsqualität im Kindergarten. Transaktionale Prozesse, Methoden, Modelle. Wien: öbv

Kapfer-Weixlbaumer, A./Radler I. (²2004): Kinderhaus – Werkstatt der Zukunft. Wie Theorie und Praxis einander sinn-voll bereichern. Ottensheim: Eigenverlag

Krenz, A. (1991): Der „Situationsorientierte Ansatz" im Kindergarten. Grundlagen und Praxis. Freiburg: Herder

Regel, G. (1997): Der offene Kindergarten. Eine Weiterentwicklung, die überzeugt. In: Kindergarten heute 9

Zimmer, J. (Hg.) (1973): Curriculumentwicklung im Vorschulbereich, Bd. 1. München: Piper

Der Beitrag wurde erstmals in „Unsere Kinder" 1/2002 publiziert.

Der Wald ist ein „Spielgelände" für jede Jahreszeit und jedes Wetter. – Die Idee des Waldkindergartens kommt aus Dänemark und wird in zwei Formen verwirklicht: Beim reinen „Waldkindergarten" gibt es kein festes Haus, die Kinder verbringen die ganze Zeit (täglich drei bis vier Stunden) unter freiem Himmel. Beim „integrierten Waldkindergarten" wechseln sich die Gruppen eines allgemeinen Kindergartens ab und verbringen einen bestimmten Zeitraum (zum Beispiel ein bis zwei Monate) im Wald.

BRIGITTE APPELT

Um den Wald ist kein Zaun

Erfahrungen aus dem integrierten Waldkindergarten

Als ich 1995 zum ersten Mal einen Bericht über einen Waldkindergarten in Deutschland las, blieb mir erst einmal vor Staunen der Mund offen stehen: Ein Kindergarten ohne Dach und Wände, nur draußen in der freien Natur, bei jedem Wind und Wetter! Hunderttausend Fragen schossen mir durch den Kopf:

- Wie machen die das, wenn's mal tagelang ununterbrochen regnet?
- Oder wenn ein Unwetter kommt, was dann?
- Was genau tun die da draußen die ganze Zeit?
- Und wo gehen sie aufs Klo?

Und, und, und ...

1. Eine Idee

Erste Gespräche zum Thema Waldkindergarten im Kreis der Kolleginnen waren geprägt von Skepsis und Zweifeln: „Eigentlich ist das eine super Idee, aber so etwas wäre bei uns nicht möglich und auch gar nicht notwendig. Das ist eher etwas für Stadtkinder, die sonst vielleicht gar keinen Bezug zur Natur aufbauen können. Aber doch nicht hier bei uns in Bayrischzell, wo so viel Natur bei jedem gleich vor der Haustür liegt. Man kann auch wirklich alles übertreiben und außerdem sind wir mit den Kindern ja sowieso viel draußen im Garten."

Doch trotz dieser und ähnlich gearteter ablehnender Argumente hat mich die Idee des Waldkindergartens nicht mehr losgelassen. Immer und immer wieder habe ich darüber nachgedacht, versucht Vor- und Nachteile abzuwägen, Literatur gewälzt ... – Es ging sogar so weit, dass ich nachts davon geträumt habe, die Kräfte der Natur, die ich selbst so intensiv spüre, wenn ich draußen bin, und die so heilend sein können für Körper und Seele, verstärkt in der pädagogischen Arbeit mit den Kindern einzusetzen.

Nein, einsetzen ist das falsche Wort. Ich müsste diesen Kräften nur entsprechenden Raum geben, damit sie sich entfalten und ganz von selbst wirken können. Und ich könnte den Kindern draußen so vieles zeigen, so viele Dinge direkt erlebbar machen, die sie sonst vielleicht nur aus zweiter Hand (z.B. aus Bilderbüchern oder dem Fernsehen) erfahren.

2. Auch für Landkinder sinnvoll

Es ist schon richtig, dass die Situation der Kinder auf dem Land ganz anders ist als in der Stadt, dass Kinder mehr draußen spielen können, dass Wald und Wiesen, Berge und Täler in greifbarer Nähe sind. Aber in welcher Weise nützen sie diese Umgebung?

Eltern gehen wohl mit ihren Kindern hinaus, aber auf den Spielplatz. Man macht Spaziergänge und Wanderungen – aber meist mit einem ganz bestimmten Ziel, das man sich gesteckt hat. Da geht man z.B. auf eine Hütte, der Weg dauert so und so lange, das ist schon zu schaf-

Die Kinder sind in die natürliche Umgebung mit Pflanzen und Tieren eingebunden, sie erleben jahreszeitliche Abläufe, erkennen die Notwendigkeit, bestimmte Regeln einzuhalten (zum Beispiel keine Beeren, Pilze zu essen). Selbstständigkeit, Kraft, Ausdauer ... nehmen zu, Aggressionen nehmen ab. Der niedrige Lärmpegel erhöht zudem die Konzentrationsfähigkeit.

Der Titel dieses Beitrags ist der Ausspruch eines Mädchens. Im weitläufigen, naturnahen Garten fragte sie, wann sie denn endlich wieder im Wald spielen dürfe. Auf die Frage, ob das Spiel im Garten nicht mit dem Spiel im Wald vergleichbar sei, antwortete sie mit Nein und begründete das damit, dass der Wald nicht eingezäunt sei.

fen für die Kinder. – Aber es bleibt dabei nicht die Zeit, der Schnecke am Wegrand so lange zuzuschauen, bis sie es endlich geschafft hat, den Weg zu überqueren, und sich währenddessen zu überlegen, welche Geschichten aus ihrem Schneckenleben sie uns dabei vielleicht erzählen könnte.

Und dass Kinder alleine, ohne Eltern, den Wald als Spiel-, Erlebnis- und Erfahrungsraum nutzen, das ist sicher bei den allerwenigsten der Fall. Ist auch verständlich, wenn man immer wieder Berichte darüber hört und sieht, was so alles passieren kann.

Es ist also allem Anschein nach nicht richtig, dass Kinder, bloß weil sie in ländlicher Umgebung leben, automatisch einen Zugang zur Natur finden. (Diesen Zugang, so wie ich ihn meine, finden sicherlich nicht alle Kinder in gleichem Ausmaß, auch wenn man allen die grundlegenden Möglichkeiten dazu bietet. Dazu sind die Menschen, ob groß oder klein – Gott sei Dank – zu verschieden, auch was ihre unterschiedliche Empfänglichkeit für Eindrücke betrifft.)

Wenn ich mir den Grundsatz „Kinder lernen aus dem Handeln, nicht aus dem Denken" von Dr. Armin Krenz vor Augen halte, dann muss ich mir zwangsläufig überlegen, wo und wann Kinder heute Möglichkeiten finden zu handeln und damit zu erleben, zu erfahren, zu begreifen, zu lernen.

Gewiss sind die Möglichkeiten vielfältig, aber ich möchte behaupten, dass durch das Angebot der Medienwelt die eigenen Erlebnisse immer weniger werden.

Schlussfolgerung: Wir PädagogInnen sollten uns in der Pflicht fühlen, Kindern Chancen und Möglichkeiten zum eigenen Erleben zu verschaffen.

Auch ein guter Ansatz, um mit den Kindern in die freie Natur zu gehen! Hier finden sie bestimmt entsprechende Gelegenheiten, um sich zu erproben, um zu experimentieren, zu forschen, zu lernen, zu lachen und zu spielen – also eigentlich all das, was nötig ist, damit sie sich gesund entwickeln können.

Es liegt mir fern, die Natur romantisch zu verklären oder Erfahrungen, die man da draußen macht, als das allein Seligmachende hinzustellen. Tatsache ist aber (und das sollten wir nicht außer Acht lassen), dass eine intakte Umwelt die Lebensgrundlage für uns alle bildet und ihr Schutz eine absolute Notwendigkeit darstellt. Allein aus diesem Grund müsste es uns schon angelegen sein, eine Wertschätzung der Flora und Fauna, die Achtung und Ehrfurcht vor der Schöpfung als ein Ziel unserer pädagogischen Arbeit zu sehen.

Nach dem Motto „... ich schütze nur, was ich liebe – ich liebe nur, was ich kenne – ich kenne nur, was ich wahrnehme – und ich nehme nur wahr, was für mich eine Bedeutung hat ..." ist es unsere Aufgabe, das Wahrnehmungsvermögen der Kinder im Bereich der Naturerfahrungen entsprechend ernst zu nehmen und zu stärken.

3. Ein Konzept mit großem Echo

Die Gespräche im Team drehten sich immer häufiger um dieses Thema. Mittlerweile konnten sich auch alle Kolleginnen gut vorstellen, die Idee des Waldkindergartens in die Praxis umzusetzen. Nur wie, das war die Frage.

Am liebsten wäre ich losgefahren, um in Flensburg oder in Braunschweig (den einzigen beiden Einrichtungen, die mir damals bekannt waren) einmal ein paar Tage zu hospitieren, mitzuerleben, Eindrücke zu gewinnen. Aber erstens war das viel zu weit weg, zweitens kommt man viel zu leicht in Versuchung einfach nachzumachen, was man gesehen hat, und drittens ging es doch letztlich darum, eine Form zu finden, die für unseren Standort sinnvoll und praktikabel ist.

Wir diskutierten verschiedene Möglichkeiten: Zunächst eine reine Waldkindergartengruppe. – Hier hätte

Ob allein, zu zweit oder in der Gruppe ... Beim Spiel ohne Spielsachen werden auch die eigenen Wünsche und Bedürfnisse klarer erkannt und die der anderen wahrgenommen und respektiert. Sprache wird zu einem sehr wichtigen Spielelement. Auch andere Fähigkeiten und Fertigkeiten, die auf die Schule vorbereiten (Feinmotorik, Stillsitzen, Zählen, Farben und Formen ...), werden spielerisch erworben.

es entweder immer Wald oder gar nicht Wald gegeben. Für uns wenig zielführend.

Wir entschlossen uns also zu einer anderen Variante: Für einen bestimmten Zeitraum (wir hatten uns drei Wochen vorgestellt) sollten die Kinder die Möglichkeit haben, intensive Erfahrungen in und mit der Natur zu machen. Und zwar so, dass sie in dieser Zeit gar nicht mit den Räumen des Kindergartens in Berührung kamen. Die Kinder sollten bereits im Wald zusammentreffen, dort gemeinsam den Vormittag verbringen (zirka vier Stunden) und auch von dort wieder abgeholt werden.

Den Rahmen für die Verwirklichung unseres Vorhabens, nämlich eine Form von sanfter Erlebnispädagogik im Lebensraum Wald anzubieten, bildete unser Jahresschwerpunkt, der „Zeit zum Spielen" lautete. Der Grundgedanke dabei war, den Kindern so viel Freiraum wie nur irgend möglich zum eigenen Erleben, Experimentieren und Erfahren einzuräumen. Zu diesem Thema passte es sehr gut, für eine gewisse Zeit das Leben in die freie Natur auszulagern.

Als dieser Weg für uns klar war, ging es an die Organisation:

- Absprache mit dem Träger.
- Auswahl des Waldgebietes, Absprache mit dem Förster, Organisation einer Hütte als Notunterkunft, Beschaffung von Funkgeräten.
- Klärung versicherungstechnischer Fragen.
- Detaillierte Informationen an die Eltern in einem ausführlichen Elternbrief.
- Intensive Gespräche mit den Kindern. (Es war den Kindern freigestellt, ob sie teilnehmen möchten oder nicht. Ihre Entscheidung war dann allerdings verbindlich, um konstante Gruppen zu gewährleisten.)
- Einholen von schriftlichen Einverständniserklärungen.
- Elternabend: Der Besuch dieses Abends war verpflichtend für die Eltern aller teilnehmenden Kinder, denn es gab wichtige Informationen und noch viele Fragen zu klären: Ausrüstung, Treffpunkt, Fahrgemeinschaften, Zeit- und Gruppeneinteilung etc.
- Personalplanung: Wer geht mit in den Wald? Wer bleibt im Kindergarten? Notfallregelung bei Krankheit.
- Pädagogische Planungsarbeit: Für den Wald – Zusammenstellen von geeigneten Spielen, Liedern, Geschichten etc. Für den Kindergarten – Auch hier sollte der Schwerpunkt bei Naturerfahrungen liegen.

Die Vorbereitungszeit war aufregend. Die Kinder waren schneller zu begeistern als ihre Eltern. Nachdem wir selbst anfangs gezweifelt hatten, mussten wir nun auch den Eltern eine gewisse Skepsis zugestehen. Wir brauchten nicht nur viel Fingerspitzengefühl und Behutsamkeit, um sie für die Idee des Waldkindergartens zu gewinnen. Wir mussten auch lernen, ihnen klar und deutlich zu vermitteln, welche Motive uns zu diesem Experiment bewegten und welche Ziele wir damit verfolgten. Doch als sich letztendlich 42 von unseren 50 Kindern für den Waldkindergarten anmeldeten, war dies der Beweis, dass es uns in vielen intensiven Gesprächen gut gelungen war, die durchaus verständlichen Bedenken der Eltern nicht nur zur Kenntnis zu nehmen, sondern auch weitgehend zu entkräften.

Schon standen wir vor ersten organisatorischen Schwierigkeiten, denn mit einem so großen Echo hatten wir nicht gerechnet. Kurz entschlossen disponierten wir um und entschieden uns dafür, nicht mit einer Gruppe drei Wochen, sondern mit zwei Gruppen jeweils zwei Wochen im Wald zu verbringen.

4. Der Wald als Spielgelände

Nach den intensiven Vorbereitungen wagten wir den „Sprung ins kalte Wasser" und ich war gespannt auf das, was da kommen würde.

Was dann allerdings wirklich passierte, übertraf meine kühnsten Vorstellungen. – Schon nach den ersten Tagen, an denen ich die Wege vorgegeben hatte, um den Kindern das Gelände zu zeigen, hatten sie sich einen derart guten Überblick über unser Waldstück verschafft, dass sie an jedem weiteren Morgen je nach ihren Spielbedürfnissen

Das Prinzip der Ganzheitlichkeit hat in einem Waldkindergarten großes Gewicht. Kinder haben Raum zum Fühlen, zum „Untertauchen", für ihren Bewegungsdrang, ihre individuellen Bedürfnisse ... Die Zeit an der frischen Luft wirkt sich auch positiv auf die Gesundheit aus. Die körperliche Entwicklung und die Fantasie werden durch die vielfältige Umgebung ohne Reizüberflutung und die unterschiedlichen Betätigungsmöglichkeiten intensiv gefördert.

selbst entscheiden konnten, wohin sie gehen wollten. Auch wenn erfahrungsgemäß Vorschulkindern Wege mit maximal zwei bis drei Kilometer Länge zuzumuten sind, zeigte sich deutlich, dass die Kinder ohne zu jammern oft viel längere Strecken in Kauf nahmen, wenn sie sich aus eigener Motivation (sie **wollen** beim Stausee spielen oder sie **wollen** einmal zu Fuß nach Hause gehen) dafür entschieden. Meine Rolle war die der Begleiterin, die alle Impulse von Seiten der Kinder aufgreift und unterstützt.

Und wie war das nun mit den Regentagen? – Aufregend schön! Die meisten Kinder wollen ohnehin zu jeder Jahreszeit und Witterung hinaus ins Freie, was wir Erwachsene oftmals unterbinden, weil es ja nass oder kalt ist oder windig ...

Mit entsprechender Kleidung und Bewegung sind die meisten Wetterverhältnisse jedoch kein Problem. Sicher eingepackt in Regenmäntel, Stiefel und Matschhosen lässt es sich wunderbar durch Pfützen patschen, der nasse Boden quietscht und quatscht unter den Füßen und man kann genauso spielen wie sonst auch. Nur die Brotzeit ist etwas ungemütlich und droht zu verwässern. Dann nutzten wir die Hütte, die uns der Förster zu diesem Zweck zur Verfügung gestellt hatte.

Die Kinder entwickelten außergewöhnlich schnell eigene, sehr kreative Ideen zum Spiel mit allem, was die freie Natur zu bieten hatte. Holz, Wasser, Erde, Lehm, Stein, die verschiedensten Gerüche, die Waldfrüchte, die Tiere und das Wetter wurden in ihrer Ursprünglichkeit erlebt und regten die Fantasie und Kreativität der Kinder an. Da wurden Hölzer zu Figuren, umgestürzte Baumstämme zu Flugzeugen, es entstanden Mooshäuschen für kleine Waldbewohner, Wigwams aus Ästen, Rindenschiffchen, Zaubertafeln aus Lehm, auf denen man mit Stöckchen malen konnte und vieles vieles mehr.

Jeder neue gemeinsame Tag im Wald wurde sowohl von den Kindern als auch von mir mit Freude und Spannung erwartet, denn es gab für uns immer wieder neue Dinge zu entdecken, zu bestaunen und zu bespielen. Viele Fragen musste ich beantworten über Pflanzen, über Tiere, über den Kreislauf des Wassers, über das Leben und den Tod und, und, und ... – Oft war ich überfragt. Doch das machte nichts. Wir suchten uns ganz einfach Hilfe – in Büchern (z.B. Bestimmungsbüchern) oder bei ExpertInnen (z.B. Verwandten, FreundInnen, dem Förster).

Einige wenige Kinder waren in den ersten Tagen etwas ängstlich, gingen nur an der Hand, trauten sich selbst nur sehr wenig zu und blieben zunächst in der Rolle der BeobachterInnen. Es war eine Freude mitzuerleben, wie diese Kinder im Laufe der Tage mehr Selbstvertrauen entwickelten, endlich aktiv an den Spielprozessen teilnahmen und sich durch die natürliche Umgebung zu intensivem Spiel anregen ließen.

Bei Kindern mit motorischen Defiziten war eine deutliche Steigerung der Sicherheit ihrer Bewegungsabläufe zu beobachten. Kinder, die durch ihr auffälliges Sozialverhalten im Kindergarten immer wieder aneckten, ordneten sich hier draußen relativ problemlos ein und konnten sich eine sichere Stellung im Gruppengefüge erobern.

Auf die unruhigen, ausgesprochen lebhaften Kinder hatte der Wald eine positive, beruhigende und ausgleichende Wirkung.

Es herrschte durchwegs eine entspannte, harmonische Gruppenatmosphäre. Mit bedingt durch die freie und weiträumige Umgebung ergaben sich nur wenige Konflikte und diese konnten von den Kindern konstruktiv gelöst werden.

5. Waldkonferenzen

Die Einhaltung der wenigen Regeln, die immer gemeinsam erarbeitet und besprochen wurden, bereitete keinerlei Schwierigkeiten, da ausnahmslos alle Kinder ihre Notwendigkeit verstanden und anerkannten.

Die wichtigsten dieser Regeln sind z.B.:

- Sich nur auf Rufweite von der Gruppe entfernen
- Keine Alleingänge im Wald unternehmen
- Unbedingtes Warten an vereinbarten Haltepunkten, bis die Gruppe vollzählig ist
- Abfälle werden nicht weggeworfen, sondern wieder eingepackt
- Pflanzen/Tiere dürfen nicht mutwillig oder achtlos beschädigt bzw. verletzt werden
- Beeren, Pilze etc. werden nicht gegessen (Schutz vor Giftpflanzen, Fuchsbandwurm)

Die Sache mit dem „großen und kleinen Geschäft" gestaltete sich relativ problemlos, denn in meinem Rucksack hatte ich stets eine kleine Schaufel und Klopapier dabei, um bei Bedarf ein „Erdklo" auszuheben und anschließend wieder zu verschließen. Für die Kinder war das zunächst eine sehr abenteuerliche Regelung, die aber nicht als besonders unangenehm empfunden und bald schon zur Normalität wurde.

Bei Besprechungen („Waldkonferenzen") mit den Kindern wurde ich tatkräftig unterstützt von einer Handpuppe, die ich mir zu diesem Zweck angefertigt hatte. Ein kleiner Bär aus Plüsch bekam ein paar Wuschelhaare aus grüner Wolle und wurde damit zum „Waldbären", den die Kinder bald auf den Namen „Fridolin Zapferl" tauften.

Er war es gewesen, der die Kinder am Anfang im Kindergarten besucht und sie eingeladen hatte, mit ihm den Wald kennen zu lernen. Nun wartete er Tag für Tag irgendwo im Wald darauf, dass die Kinder ihn fanden, dass sie ihm erzählten, was sie alles erlebt hatten und dass sie mit ihm spielten. Und er wiederum erzählte ihnen Geschichten von den Waldbewohnern, er erklärte, was man im Wald darf und was man nicht tun soll.

Ganz entgegen meinen Erwartungen brauchte ich von meiner zurechtgelegten Auswahl an Naturerfahrungsspielen nur sehr, sehr wenig. Wohl hatte ich immer ein Angebot parat, falls sich die Notwendigkeit dazu ergeben sollte, aber meistens hatte ich eher das Gefühl, ich würde die Kinder in ihren selbst gesuchten Aktivitäten stören, Spielsituationen unterbrechen – und das wollte ich nicht.

Eine spannende Geschichte in täglichen Fortsetzungen, die gab es allerdings immer. Und als meine Geschichte dann zu Ende war, dachten sich die Kinder ganz einfach eigene Fortsetzungen aus – das war für mich dann sehr spannend.

Ein Lied zum Wandern wollten die Kinder auch haben. Als aber keines der mir bekannten gängigen Wanderlieder so richtig passen wollte, dichteten wir kurzerhand eins, das die Kinder von nun an mit Begeisterung sangen.

Kurz und gut: Wir hatten zufriedene, fröhliche und ausgeglichene Kinder!

6. Abschluss und Ausblick

Es folgten ein Nachbesprechungs-Elternabend mit Erfahrungsaustausch und ein Dia-Vortrag über die Zeit im Waldkindergarten. Durch die Berichte, die Bilder und Auszüge aus meinem Tagebuch (das ich sehr gewissenhaft geführt hatte) wurde es den Eltern möglich, an den Erlebnissen ihrer Kinder teilzuhaben. ... Und noch etwas ist wunderbar: In manchen Familien wurden die Kinder zu „LehrmeisterInnen" ihrer Eltern in Sachen Natur.

Die positive Resonanz von Seiten der Kinder und der Eltern hat uns dazu veranlasst, die Waldkindergartenwochen als festen Bestandteil in unsere Jahresplanung aufzunehmen. So starteten wir im Februar 1998 unseren ersten Winter-Waldkindergarten mit viel Elan und Zuversicht. – Er wurde ein voller Erfolg. Unsere Erfahrungen haben wir dokumentiert und im Rahmen einer Ausstellung der Öffentlichkeit präsentiert.

Mittlerweile sind die Wochen im Wald aus unserem Kindergartenalltag nicht mehr wegzudenken.

Literatur

Cornell, Joseph (1991): Mit Kindern die Natur erleben. Mülheim an der Ruhr: Verlag an der Ruhr

Gebhard, Ulrich (1994): Kind und Natur. Die Bedeutung der Natur für die psychische Entwicklung. Opladen: Westdt. Verlag

Kalff, Michael (1993): Handbuch zur Natur- und Umweltpädagogik. Theoretische Grundlegung und praktische Anleitungen für ein tiefes Mitweltverständnis. Tuningen: GA Ulmer Verlag

Reidelhuber, Almut et al. (1992): Was dir die Erde sagt – Praxisvorschläge zur Umwelterziehung im Vorschulbereich. München: Oikos Verlag

Der Beitrag wurde erstmals in „Unsere Kinder" 2/1999 publiziert.

Barbara Benoist und das Team des Arche-Noah-Kindergartens

Hinaus in die Natur!

Der Arche-Noah-Kindergarten in Hilpoltstein/Bayern

Freitags geht's hinaus in die Natur: Mit Rollwägen ziehen alle Kinder und KindergartenpädagogInnen für einen ganzen Vormittag lang los. Fünf Spiellandschaften stehen zur Verfügung. Wohin es geht, hängt vom Wetter und von den Wünschen der Kinder ab. Da gibt es einen schönen, lichten Laubwald, in dem sie Hütten bauen können. Eine alte, frei stehende Eiche, die der beste Kletterbaum der Welt ist. Ein abschüssiges Wiesengelände, auf dem es sich wunderbar rodeln oder einfach nur herunterkullern lässt. Eine Wiese, die im Herbst ideal zum Drachensteigen und im Sommer ein blühendes und surrendes Entdeckerparadies für kleine ForscherInnen ist. Nicht fehlen darf natürlich das Wasser! Keine Kindheit ohne die Erinnerungen an schier endloses Staudammbauen, waghalsige Bachüberquerungen und Entdeckungsreisen in die Wasserwelt.

„Die Natur als Erfahrungsmöglichkeit für die Kinder hat einen sehr hohen Stellenwert bei uns", sagt Barbara Benoist, Leiterin des Arche-Noah-Kindergartens. Die Naturerfahrung – und darin unterscheidet sich der ganzheitliche Ansatz dieses Kindergartens vom Konzept der Waldkindergärten – ist jedoch nicht abgekoppelt von den Erfahrungsbereichen, die ein festes Kindergartenhaus mit seinen Materialien, Erlebnis- und Rückzugsräumen bietet. Aber auch sonst unterscheidet sich dieser Kindergarten von anderen.

Umweltpädagogische Aktivitäten sind fixer Bestandteil der täglichen Kindergartenarbeit. Außerdem gibt es jeden zweiten Montag im Monat Projektnachmittage, bei denen klassische Umweltbildung im Mittelpunkt steht. Die Kinder können sich freiwillig an diesen Projekten beteiligen – genauso wie die Eltern.

Außerdem bilden die Kinder zwei Mal wöchentlich altershomogene Gruppen, die an demselben Thema arbeiten, z.B. „die Kartoffel". An diese Themen gehen die Kinder mit allen Sinnen heran.

Selbst ist das Kind

Der Trägerverein des Kindergartens ist der Landesbund für Vogelschutz in Bayern e. V. (LBV), dem der Kindergarten als Vorzeigeprojekt für theoretische und praktische umweltbildnerische Arbeit den Rücken stärkt. „Eigene Konzepte und Methoden können erprobt werden und die Weiterbildungsangebote für ErzieherInnen und KinderpflegerInnen haben eine ganz neue, praxisbezogene Qualität", so Projektinitiator und Umweltbildner Klaus Hübner. Wichtig ist, dass die Kinder nichts Fertiges vorfinden, sondern angeregt werden selbst tätig zu sein. Das spiegelt sich sowohl bei der Spielzeugauswahl als auch bei der Gestaltung der Innen- und Außenanlagen wider. Diese sind kleinräumig gestaltet und bieten Rückzugsräume, in denen die Kinder auch einmal unbeobachtet von Erwachsenen agieren können.

„Das ist sehr wichtig, denn unter ihresgleichen benehmen sich Kinder anders und sind viel mehr sie selbst", sagt Barbara Benoist. Und weiter: „Wir arbeiten nach dem offenen Konzept der Montessori-Pädagogik, d.h., nach dem gemeinsamen Morgenkreis gibt es keine festen Gruppen. Der Morgenkreis hat aber für die Kinder eine große Bedeutung. Sie begrüßen sich und schauen nach, ob jemand fehlt. Das alltägliche Erlebnis, dass auf jede/n Einzelne/n geachtet wird, dass sie/er gegebenenfalls vermisst wird und dass sich alle freuen, wenn sie/er wieder da ist, bestätigt die Kinder darin, wichtig zu sein." Nach dem Morgenkreis können die Kinder wählen, ob sie sich im Bewegungsraum austoben oder in der Forscherecke mit Büchern, einem Mikroskop und Pflanztöpfen ihren Wissensdrang befriedigen wollen. Ob sie im Träumeland Märchen lauschen, im Atelier mit Farben experimentieren, auf der Baustelle ganze Dörfer bauen oder im Sandwannenkämmerchen bei meditativer Musik Formen im Sand ziehen wollen. Außerdem steht ihnen zu jeder Jahreszeit und bei jedem Wetter der Garten offen.

Harmonische Formen rufen harmonische Reaktionen hervor. Für die Gestaltung der Außenanlagen spielen harmonische Formen eine große Rolle. Nicht der rechte Winkel bestimmt das Bild des Gartens, sondern geschwungene, organische Formen, was den Wünschen der Kinder nach Erlebnisräumen in offenen Park- und Waldlandschaften entspricht.

Natur hautnah erleben

Mit der Schaffung von Naturerlebnisräumen werden den Kindern viele Bereiche der „freien" Natur vertraut. Das Außengelände des Arche-Noah-Kindergartens ist in viele Nischen geteilt, die durch kleine Hügel, Gebüsch- und Staudenzungen voneinander getrennt sind. Gepflanzt wurden nur heimische Stauden, Sträucher und Bäume, die verschiedenen Tieren, darunter eine Vielzahl von Wildbienen und Schwebfliegen, Nahrung bieten. Die Kinder können die Insekten dabei gut beobachten. Natürlich gibt es auch einen kleinen Teich und eine Feuerstelle.

Alle Spielgeräte im Garten haben einen hohen Aufforderungscharakter für die Kinder. So wird ihre Grob- und Feinmotorik ganzheitlich und permanent gefordert. Daher verzichtet man im Arche-Noah-Kindergarten auf obligatorische „Turnstunden". Auch Kinder mit Bewegungseinschränkungen finden sich in dem Gelände gut zurecht. Jedes Kind sucht sich die seinen Möglichkeiten entsprechenden Anforderungen aus, tastet sich an seine körperlichen Grenzen heran und entwickelt so seine Fähigkeiten weiter.

„Wir möchten die Kinder darin unterstützen, starke, in sich gefestigte Persönlichkeiten herauszubilden, die ihrer Mitwelt aufgeschlossen gegenüberstehen und über die Kompetenzen Respekt, Offenheit und Flexibilität verfügen", erläutert Barbara Benoist eine der grundlegenden Zielsetzungen des Kindergartens. So sind es die Kinder gewöhnt, auf die Jüngeren oder auf Kinder mit Behinderungen zu achten.

Offenheit als Prinzip

Eltern sind im Arche-Noah-Kindergarten nicht nur jederzeit willkommen, er bietet ihnen zudem die Möglichkeit, ihre eigenen Kompetenzen einzubringen oder auszubauen. So können sie auch unabhängig vom Kindergartenbetrieb die Räumlichkeiten nutzen, sei es zur Vorbereitung des Weihnachtsbasars, zur Fußzonenreflexmassage oder für einen selbst organisierten Holzarbeitskurs. Außerdem veranstaltet der Kindergarten Familienaktionen, zu denen nicht nur die Eltern, sondern auch die Geschwister herzlich eingeladen sind.

Die Küche des Kindergartens wirkt wie eine gemütliche Familienküche. Täglich essen die Kinder gemeinsam mit den Erzieherinnen ihre mitgebrachten Jausen, zu denen es Tee aus dem eigenen Kräutergarten oder selbst gemachtes Mineralwasser gibt. Gerade auch beim Essen sind sich die Erzieherinnen ihrer Vorbildfunktion bewusst. Meist essen sie Müsli, das sie sich vor den Augen der Kinder frisch zubereiten. Dienstage sind Lecker-Schlecker-Tage: Da gibt es ein gemeinsam gekochtes Essen mit Lebensmitteln aus der Region, die, soweit es geht, ökologisch angebaut sind. „Es ist uns jedoch wichtiger, Lebensmittel aus der Nähe zu verwenden als ökologische, wenn sie von weit herkommen", erklärt Frau Benoist.

Kleine, große Persönlichkeiten

Zahlreiche positive Rückmeldungen bestätigen die Richtung des eingeschlagenen Weges. So haben die einmal durchgeführten Waldwochen bei einigen Familien sogar die gesamte Wochenendplanung verändert. Die Eltern berichten von Sonntagsspaziergängen, die doppelt so lang sind wie früher und trotzdem viel mehr Spaß machen. Denn auf den Spaziergängen zeigen die Kinder den Eltern, was es Spannendes zu sehen gibt! Sie zeigen ihnen ihre kleinen „Welten" und sind voller Stolz darüber, mehr zu wissen als ihre Eltern. Ähnlich äußerte sich die Lehrerin einer ersten Klasse in Hilpoltstein: „Diese Kinder sind einfach gnadenlos neugierig und kreativ", erzählte sie. „Kürzlich habe ich die Klasse gefragt, wo wir wohl unseren Adventskranz herkriegen. Da sind die Arche-Noah-Kinder gar nicht auf die Idee gekommen, einen zu kaufen. Sofort haben sie begonnen Pläne zu schmieden: Da brauchen wir Kerzen und müssen aus Weiden einen Kranz flechten. Im Wald finden wir bestimmt Tannenzapfen und Tannengrün ..."

Für das Kindergartenteam ist dies positiv. Es zeigt, dass ihre Intention, die Kinder zu selbstbestimmten Persönlichkeiten heranzubilden, die nicht einfach nur konsumieren, sondern selbst gestalterisch tätig sind und ihre Fähigkeiten in den Lebensalltag einbringen, wirklich funktioniert.

Literatur

Der Text stammt zu weiten Teilen aus dem Artikel „Mit allen Sinnen wachsen" im Sonderheft 12 – „Schnittmenge Mensch" der Zeitschrift „Politische Ökologie" (erschienen 2000).

Weiterführende Informationen: Landesbund für Vogelschutz in Bayern e. V. (LBV), Referat Umweltbildung, Barbara Benoist, Eisvogelweg 1, D-91161 Hilpoltstein

Der Beitrag wurde erstmals in „Unsere Kinder" 2/2003 publiziert.

Elke Schubert, Rainer Strick

Spielzeugfreier Kindergarten

Ein Projekt zur Suchtprävention für Kinder und mit Kindern

Die Idee des „spielzeugfreien Kindergartens" geht zurück auf die in der Gesellschaft immer bedrückender werdende Problematik der Sucht und die Frage, welche Möglichkeiten es gibt, dieser Entwicklung bereits bei Kindern vorzubeugen. Gemeinsam wurde das Projekt vom Suchtarbeitskreis des bayerischen Landkreises Weilheim-Schongau und dem Städtischen Kindergarten in Penzberg entwickelt und umgesetzt. Sämtliche Veröffentlichungen hierzu werden von der Aktion Jugendschutz e. V. in Bayern mit Unterstützung des Bayerischen Staatsministeriums für Arbeit und Sozialordnung, Familie, Frauen und Gesundheit herausgegeben.

1. Suchtprävention durch Lebenskompetenzförderung

Der „Spielzeugfreie Kindergarten" entstand 1992. Damals begann sich das Grundverständnis von Suchtprävention, einem Teil der Gesundheitsförderung, dahingehend zu verändern, dass nicht mehr die Verhinderung einer Krankheit bzw. eines Suchtproblems im Vordergrund stehen sollte, sondern die Förderung der Gesundheit.

Einige Jahre vorher schon bezog die WHO (Weltgesundheitsorganisation) in ihrer Ottawa-Charta ausdrücklich das ganze Lebensumfeld des Menschen in ihre Definition von Gesundheitsförderung mit ein: „Um ein umfassendes körperliches, seelisches und soziales Wohlbefinden zu erlangen, ist es notwendig, dass sowohl Einzelne als auch Gruppen ihre Bedürfnisse befriedigen, ihre Wünsche und Hoffnungen wahrnehmen und verwirklichen sowie ihre Umwelt meistern bzw. verändern können. ... Gesundheit wird von Menschen in ihrer alltäglichen Umwelt geschaffen und gelebt: dort, wo sie spielen, lernen, arbeiten und lieben. Gesundheit entsteht dadurch, dass man sich um sich selbst und für andere sorgt, dass man in die Lage versetzt ist, selber Entscheidungen zu fällen ..." (Ottawa Charter for Health Promotion, 21. Nov. 1986)

Schaut man sich dieses Verständnis von Gesundheitsförderung an, das die Entwicklung des Menschen durch Information, gesundheitsbezogene Bildung sowie die Verbesserung von persönlichen, sozialen und lebenspraktischen Kompetenzen beinhaltet, was sich als Lebenskompetenzförderung zusammenfassen lässt, dann wird klar, dass dies zum einen nicht auf den Kreis der von Suchtproblemen betroffenen Menschen beschränkt bleiben und zum anderen nicht erst beim Erwachsenen oder Jugendlichen ansetzen kann, sondern wesentlich früher.

Wenn Menschen, die von Suchtproblemen betroffen sind, versuchen die Ursachen ihrer Sucht aufzudecken, erkennen sie meist bis in ihre Kindheit zurückreichende Verhaltensmuster wie: schwaches Selbstvertrauen; fehlende Grenzsetzung; übergroßes Harmoniebedürfnis; Vermeiden von Konfrontation; mangelnde Kritikfähigkeit bei sich und anderen gegenüber; Angst vor Liebesverlust; Überspielen unangenehmer Situationen mit Aggressivität oder mit Rückzugsverhalten. Im Vordergrund steht die Befürchtung etwas nicht zu können, etwas nicht auszuhalten, etwas nicht zu wagen. Durch ihre instabile Lebenskompetenz entsteht schnell erst eine diffuse und dann eine konkrete Lebensangst. Oft werden Fluchtwege gesucht, die in Abhängigkeit oder Sucht, aber auch zu Aggressionen oder Gewalt führen können.

Es müssen also Kompetenzen entwickelt werden, um altersentsprechend das Leben meistern zu können. Je früher vertrauensvolle Selbsterfahrungen gemacht werden können, umso mehr kann sich der Mensch stabilisieren. Daraus folgt, dass bereits beim kleinen Menschen Lebenskompetenzen gefördert werden müssen. Hierzu braucht ein Kind Auseinandersetzungen mit dem Erwachsenen, dem anderen Kind, seiner Umwelt und sich selbst. Freiräume sind zu schaffen, damit es seine individuellen Stärken und Schwächen erkennen und lernen kann damit umzugehen. Besonders wichtig ist es, dass der Erwachsene darauf vertraut, dass das Kind, wenn er ihm Freiraum lässt, diesen auch nutzt, um sich zu entwickeln. Wichtig ist, dem Kind seinen ihm eigenen Rhythmus und seine Zeit zu lassen, ohne dass der Erwachsene sofort eingreift und bestimmt.

Für das soziale Lernen der Kinder ist es unverzichtbar, dass ihnen unverplante Zeiträume zur Verfügung stehen, die sie selbst organisieren, die nicht von Angeboten der Erwachsenen oder der Freizeitindustrie geprägt sind. Wenn Kinder sich z.B. unorganisiert zusammenfinden können, sind sie zunächst gezwungen auszuhandeln, was sie tun wollen. Hier kommt es unweigerlich zu Interessenkonflikten, z.B. zwischen größeren und kleineren Kindern, Mädchen und Jungen. Wenn sie das Ziel erreichen wollen gemeinsam zu spielen, müssen sie verhandeln, argumentieren, zurückstecken und Kompromisse schließen. Oder aushalten, dass die eigenen Interessen nicht durchgesetzt werden konnten. Kinder bewältigen diesen Prozess meist in bewundernswerter Lösungskompetenz, wenn Erwachsene ihnen diese Möglichkeit geben und sich zurückziehen. Dabei lernen sie gleichzeitig und spielerisch und immer wieder alle Kompetenzen, die sie später einmal brauchen werden. Leider verschwinden diese unverplanten Freiräume der Kinder zunehmend dadurch, dass sie immer stärker durch zeitlich strukturierte Angebote verplant werden. Es muss immer eine wichtige Aufgabe von Erwachsenen sein, diese „Zeitinseln" für die Kinder zu erhalten. Und genau dieses Ziel verfolgen wir mit dem „Spielzeugfreien Kindergarten".

So bietet das Projekt schon die erste „Einübung" zur Gewinnung von Lebenskompetenzen.

Um kein Missverständnis aufkommen zu lassen: Es soll hier nicht darum gehen, „Symptome" unserer Gesellschaft durch eine Art Askese zu kurieren, sondern darum zu fragen, wie sich die Lebensvollzüge von Kindern – darunter auch ihr Spiel – verändert haben und ob es einen Zusammenhang zwischen massiven Lebensproblemen, wie z.B. der Suchtproblematik, und dem Verdrängen der kindlichen Bedürfnisse durch die oben genannten Faktoren gibt.

Die „spielzeugfreie Zeit" im Kindergarten ist ein pädagogischer Ansatz Kindern neue, heute ungewohnte Spiel- und Erfahrungsräume zu öffnen. Dadurch wird die Möglichkeit der Kinder erweitert, dass sie ihre vorhandenen Lebenskompetenzen, die sie ja schon vorher durch ihr Elternhaus entwickeln konnten, auf eine andere Weise entfalten und einsetzen können.

2. Das Projekt „Spielzeugfreier Kindergarten"

2.1. Planung und Verlauf

1992 bildete sich nach langer Vorarbeit mit Rainer Strick vom Amt für Jugend und Familie, Elke Schubert vom Gesundheitsamt, beide Landratsamt Weilheim-Schongau, und dem Städtischen Kindergarten in Penzberg folgendes Konzept heraus:

- Vor dem Beginn des Projektes sollte die gesamte Literatur, herausgegeben von der Aktion Jugendschutz, den KindergartenpädagogInnen vorliegen.
- KindergartenpädagogInnen und interessierte Eltern nehmen vor Projektbeginn hierzu an Schulungen teil.
- Die Kinder werden individuell von dem Kindergarten auf das Projekt vorbereitet.
- Vor Beginn des Projektes wird mit Wissen und Hilfe der Kinder aus den beteiligten Kindergartengruppen das Spielzeug entfernt.
- Das Projekt dauert drei Monate.
- Die KindergartenpädagogInnen benutzen den „Leitfaden" bei der Durchführung des Projektes.
- Die KindergartenpädagogInnen werden durch eine regelmäßige Projektbegleitung (Fachkräfte von Gesundheits- und Jugendamt oder Suchtberatungsstelle) unterstützt.
- Vor und während des Projektverlaufs werden Elternabende durchgeführt und Sprechstunden angeboten (mit ProjektbegleiterIn).
- Großeltern können in den Kindergarten eingeladen werden, um aus ihrer Kindheit zu berichten.

- Die KindergartenpädagogInnen halten ihre Beobachtungen themen-, selbst- und kindzentriert in dafür vorgesehenen Erfassungsrastern fest. (Leitfaden)
- Die Eltern werden weiter über Fragebögen in das Projekt einbezogen. (Leitfaden)
- Von dem Projekt sollen mit Einverständnis der Eltern und eventuell deren Hilfe Dokumentationen erstellt werden.
- Das Projekt wird am Ende von KinderpädagogInnen, Eltern und Kindern reflektiert mit dem Ziel, Schlussfolgerungen für die weitere Gestaltung des Kindergartenalltags herauszuarbeiten.

2.2. Fragen zum Verlauf

Natürlich gab es 1992 und gibt es auch heute, trotz des Bekanntheitsgrades des Projektes, bei allen beteiligten Erwachsenen nicht nur Hoffnungen, sondern auch Befürchtungen angesichts der ungewohnten Situation: Wie werden die Kinder reagieren, wenn das Spielzeug gänzlich entfernt ist? Was wird geschehen, wenn nur noch Tische, Stühle, Decken und Kissen in den Räumen sind? Wird es den KindergartenpädagogInnen gelingen zu warten, bis die Kinder eigene Ideen entwickeln? Werden die Kinder oder die Erwachsenen frustriert sein? Wie verhält sich das schüchterne – das aggressive Kind? Ist uns ein „bisschen" Spielzeug erlaubt?

3. Mögliche Reaktionen

3.1. ... der Kinder

Die Kinder zeigen immer wieder, dass sie ungezwungen und ohne Vorurteile mit der neuen Spielsituation umzugehen verstehen. Sie nutzen die „Leere" im Laufe des Projektes zunehmend intensiver, um Tätigkeiten zu realisieren, für die vorher zu wenig Raum bestand. Zum einen geht vieles langsamer, ruhiger und gelassener vor sich, weil die Kinder eher in der Lage sind, ihren eigenen Rhythmus zu finden, der individuell sehr unterschiedlich sein kann, was sich, zum anderen, dann auch in großer Lautstärke und teilweise aggressivem Verhalten darstellt.

Die Aktivitäten der Kinder verändern sich deutlich: Rollenspiele werden bevorzugt, Tische und Stühle mit Hilfe

von Decken zu Höhlen umfunktioniert, in die man sich verkriechen kann. Fensterbänke und Kuschelecken werden fast immer von Kindern belegt, die sich Geschichten erzählen oder die vor sich hin träumen. Die Frühstücksrunde, die auch vorher zeitlich nicht festgelegt wurde, ist oft so groß, weil die Kinder mehrere Tische zusammenstellen und sehr viel länger sitzen bleiben, essen, trinken und erzählen. Im Freien machen sie Laufspiele, sammeln Steine und Stöcke, beobachten die Natur und bauen Häuser oder Wigwams. Kreative Tätigkeiten nehmen sehr viel Raum ein; es werden ganz neue Spiele erfunden und Fantasievolles gebastelt oder das, was nicht mehr verfügbar ist, nachgebaut. Die KindergartenpädagogInnen jedoch werden meist erst dann zu Hilfe gerufen, wenn die „Arbeit" für die Kleinen zu schwer ist.

Deutliche Veränderungen gibt es auch im Gruppenverhalten: Gerade diejenigen Kinder, die sich vorher nur schwer integrieren konnten, ob sie nun zu aggressiv, zu dominant, zu ruhig oder zu schüchtern sind, bekommen die Chancen, sich mit Ideen oder Fähigkeiten einzubringen, die früher oft untergegangen sind. So konnte z.B. ein Junge, der sonst kaum in der Lage war, mit anderen Kindern zu spielen, durch das Mitbringen von Holz aus der heimischen Schreinerei für das gemeinsame Bauprojekt Zugang zu den anderen Kindern finden.

Während vor der Zeit ohne Spielzeug oft Gleichaltrige oder nur Jungen oder Mädchen miteinander gespielt haben, werden im Laufe des Projektes diese Strukturen immer offener. Bei gemeinsamen „Bauprojekten" löst sich häufig das traditionelle Rollenverhalten auf; Mädchen sägen, nageln und hämmern gemeinsam mit den Jungen und umgekehrt werden Jungen in Mädchenspiele integriert.

Konflikte in der Gruppe, die es natürlich auch in dieser Zeit gibt, werden meist von den Kindern selbst gelöst, auch wenn es für die KindergartenpädagogInnen manchmal schwer ist, nicht einzugreifen und sich zurückzuhalten, bis die Kinder die Probleme angehen. Ist es z.B. einmal so laut, dass sich Kinder beim Spiel gestört fühlen, versuchen andere ihnen Grenzen zu setzen, allerdings meist viel später, als dies die Erwachsenen getan hätten. Oft bestehen Kinder bei wichtigen Anlässen auch auf einer selbst geleiteten Kinderkonferenz, die ihnen schon aus dem Kindergartenalltag vorher bekannt ist. Dort werden Probleme und Störungen angesprochen, Lösungen herausgefunden, Regeln ausgehandelt und vereinbart, an die sich alle Kinder dann streng halten.

Erstaunlich ist die Reaktion der Kinder am Ende der Projektzeit, wenn die Frage diskutiert wird, ob denn nun das Spielzeug wieder eingeräumt werden soll. Die meisten Kinder wollen lieber ohne Spielzeug weitermachen, auch weil sie noch nicht alle Ideen verwirklicht haben. Auf Vorschlag einiger Kinder wird bestimmtes Spielzeug wieder hereingeholt, findet dann aber meist wenig Interesse.

3.2. ... der KindergartenpädagogInnen

Wenn sich herausstellt, dass die von den Erwachsenen vor dem Projekt aufgetürmten Befürchtungen nicht gerechtfertigt sind, stellt sich Erleichterung ein. Schwierigkeiten der KindergartenpädagogInnen, die eigene Rolle jetzt neu zu definieren, tauchen jedoch immer wieder auf. Einige von ihnen fühlen sich anfangs überflüssig, da die Kinder sie deutlich weniger beanspruchen – viele müssen erst das intensive Beobachten, Begleiten und Loslassen der Kinder lernen. Es scheint nicht einfach zu sein für die Erwachsenen, sich mit eigenen Ideen und Spielangeboten zurückzuhalten, wenn bei den Kindern einmal längere Ruhephasen eintreten, oder nicht einzugreifen, wenn ein Kind für eine Tätigkeit lange braucht bzw. etwas nicht gelingt. Manchmal ist es auch sehr schwer zuzusehen, bis z.B. ein Kind den Mut fasst, selbst aus seiner Außenseiterrolle herauszufinden, oder zu akzeptieren, dass es Zeiten gibt, in denen ein Kind zufrieden damit ist, nicht am Gruppengeschehen teilzunehmen bzw. sich zurückzuziehen.

Durch das Wegfallen der Programmvorgaben durch die KindergartenpädagogInnen werden diese zu begleitenden PartnerInnen. Somit machen alle gleichzeitig Erfahrung mit eigenen Fähigkeiten, Grenzen, Stärken und Schwächen und lernen damit umzugehen – dies ist ja ein zentrales Anliegen des Projektes.

Im Laufe des „Spielzeugfreien Kindergartens" verändert sich die Sichtweise der Erwachsenen. Die gemeinsame Auseinandersetzung des pädagogischen Teams und der Eltern mit den Grundlagen der Prävention im Allgemeinen und mit dem Projekt im Besonderen wirkt sich erleichternd auf die KindergartenpädagogInnen aus, weil sie zunehmend die Unterstützung der Eltern erhalten. Es ermutigt sie, ihre Aufgabe nicht in der „Unterhaltung", sondern vorrangig in der partnerschaftlichen Begleitung der Kinder zu sehen. Daraus resultieren intensive Gespräche, die von den Kindern gesucht werden und denen viel Raum gelassen werden kann – auch weil die Zeit dafür vorhanden ist.

3.3. ... der Eltern

Ziel des Projektes „Spielzeugfreier Kindergarten" ist es, alle am Erziehungsprozess Beteiligten zu erreichen, also auch die Eltern intensiv in das Projekt mit einzubeziehen. Schon vor dem Beginn und im Laufe der Projektphase von drei Monaten werden Abende und Gespräche für Eltern angeboten. Außerdem können Eltern in Fragebögen ihre Gedanken und Reflexionen zum Projekt wiedergeben.

Beim ersten Elternabend zu Beginn des Projektes geht es vor allem darum, die Eltern über den Hintergrund und Sinn des Projektes zu informieren und sie mit dem Präventionsgedanken vertraut zu machen. Verständlich ist den Eltern, dass die Förderung persönlicher und sozialer Kompetenzen eine wichtige Grundlage dafür ist, dass Kinder in ihrer Entwicklung Stärke erlangen, um Gefährdungen abzuwehren. Ein Teil der Eltern kann sich jedoch kaum vorstellen, dass ihre Kinder noch in den Kindergarten gehen wollen, wenn dort kein Spielzeug mehr ist. Andere Eltern sind der Meinung, dass der Kindergarten effektiver auf die Schule vorbereiten soll, indem dort verlangtes Wissen schon kleinen Kindern beigebracht wird, und dass das Projekt das „Vorschullernen" ausschließe. Den meisten Eltern ist jedoch klar: Persönliche und soziale Kompetenzen sind für die Schule ebenso wichtig wie das Vorschulwissen.

Beim zweiten Elternabend sind in der Regel auch die Eltern, die große Bedenken geäußert haben, davon überzeugt, dass der „Spielzeugfreie Kindergarten" für die Kinder kein Problem ist. Es wird intensiv und sehr lange über Konsumverhalten, Grenzsetzung und über die Erfahrungen der KindergartenpädagogInnen mit den Kindern diskutiert. Das Kindergartenpersonal erhält für den Mut und das Engagement, auch einmal unkonventionelle Dinge im Kindergarten zu tun, sehr viel Anerkennung und Unterstützung.

Beim dritten Elternabend steht dann vor allem die Frage im Vordergrund, wie das im Projekt Erreichte im Kindergarten, in der Schule und im Erziehungsprozess zu Hause fortgeführt werden kann. Durch die Auswertung des Elternfragebogens wird sehr deutlich, dass sich für die meisten zu Hause positive Effekte ergeben haben.

Viele Eltern reduzieren ihre „Unterhaltungsangebote" und sind überrascht, dass ihre Kinder den frei gewordenen Zeitraum nutzen können zum Nichtstun, für Rollenspiele u.a. Die Kinder spielen häufiger mit anderen Kindern, auch mit kleineren oder größeren Geschwistern oder FreundInnen. Ihr Spiel ist ausdauernder und konzentrierter, was ebenfalls eine gute Vorbereitung für die Schule ist.

Die Erwachsenen schildern oft, dass sie einiges für sich selbst vom Projekt übernommen haben, zum Teil ihr Konsumverhalten kritischer betrachten und sorgsamer mit ihrer Freizeit umgehen.

4. „Spielzeugfreier Kindergarten" – ein Projekt zur Suchtprävention für Kinder und mit Kindern im Jahr 2005

Die Herausgeberin des Projektes, die Aktion Jugendschutz in Bayern, wählte 1992 das Projekt deswegen aus, weil es sich um ein „außergewöhnliches und innovatives suchtpräventives Projekt" handelt (Dokumentation „Spielzeugfreier Kindergarten"). Seit dieser Zeit hat es sich in vielen Ländern verbreitet. Dies beweisen zahlreiche Rückmeldungen, Praxisberichte, wissenschaftliche Begleitstudien und Diplomarbeiten, Veröffentlichungen in Medien und im Internet. Ein Beispiel für dieses pädagogische Interesse zur Thematik Suchtprävention im Kindergarten auf internationaler Ebene ist die Eltern-Info-Broschüre zum „Spielzeugfreien Kindergarten", die in sechs Sprachen übersetzt ist.

Literatur

Schubert, Elke/Strick, Rainer: Projektdokumentation „Spielzeugfreier Kindergarten", ein Projekt zur Suchtprävention

Schubert, Elke/Strick, Rainer: Leitfaden zum „Spielzeugfreien Kindergarten"

Schubert, Elke/Strick, Rainer: Elterninfo zum „Spielzeugfreien Kindergarten" (in sechs verschiedenen Sprachen)

Video „Der Spielzeugfreie Kindergarten. Ein Beitrag zur Suchtprävention". COCO-Filmproduktion

Winner, Anna: Studie „Der Spielzeugfreie Kindergarten" – ein Projekt zur Förderung von Lebenskompetenzen bei Kindern? Begleitstudie zur Suchtprävention.

Winner, Anna: Leitfaden für die Begleitung des Projektes „Spielzeugfreier Kindergarten"

Herausgeber der angeführten Publikationen und Bestellmöglichkeit: Aktion Jugendschutz, Landesarbeitsstelle Bayern e. V., Fasaneriestraße 17, D-80636 München, Fax: +49 (0)89/121573-99, E-Mail: info@aj-bayern.de
Internet: www.spielzeugfreierkindergarten.de

Diese bei der Aktion Jugendschutz Bayern erschienenen Broschüren zum „Spielzeugfreien Kindergarten" sind – ebenso wie eine Projektbegleitung – Grundlagen zur Durchführung des Projektes.

Der Beitrag wurde erstmals in „Unsere Kinder" 2/1995 publiziert; Überarbeitung 2005.

Judith Reimitz

Trends in der Pädagogik

Trends, die neuesten Entwicklungen, an denen teilzuhaben in unserer Gesellschaft nahezu ein Muss ist, sind zunehmend auch Thema der Pädagogik. Einer Pädagogik, die immer mehr geprägt ist von der Suche nach dem neuesten Schrei, der möglichst laut möglichst einfache Lösungen für diverse Probleme verspricht.

Beobachtungen

Und so lesen sich die Kindergarten- und Schulrankings wie ein pädagogischer Fortbildungskalender: Pädagogik nach Montessori, Steiner oder Wild wird angeboten, aber auch Früh- und Zusatzförderung in allen erdenklichen Bereichen ist en vogue (Bewegung, Muttersprache, Fremdsprachen, Musik, Tanz, Zeichnen, Malen, Töpfern ...); auch Kinesiologie, Stilleübungen, Meditationen ... bei diversen Konzentrations-, Lern- oder Verhaltensstörungen ... gehören zu den Angeboten, die trendy sind. – Bald werden sich auch pädagogische Institutionen diversen KritikerInnen und Kommissionen ausliefern, die dann statt Sternen, Hauben oder Blumen vielleicht Kinder vergeben.

In unserer Gesellschaft scheint es kaum Zeit zu geben, genau zu erforschen, was hinter diesem Feuerwerk von „trendigen" Schlagwörtern steckt, die zur Beschreibung und Bewertung der pädagogischen Angebote verwendet werden. Doch wo Montessori draufsteht, muss nicht unbedingt Montessori drin sein, und auch wenn Montessori drin ist, so kann man in einer von konkreten Menschen und Situationen so stark geprägten Disziplin wie der Pädagogik nicht davon ausgehen, dass es sich überall um das gleiche Produkt handelt.

Ich persönlich nehme auch nicht an, dass es sich bei einem pädagogischen Trend, also bei einer „über einen gewissen Zeitraum zu beobachtenden, statistisch erfassbaren Entwicklungstendenz" (Duden) automatisch um eine Tendenz handelt, die der Entwicklung von Kindern und Jugendlichen in allem Belangen förderlich ist. Auch möchte ich in Frage stellen, dass all das vereint werden kann, was in den Angebotsspalten der kolportierten pädagogischen Best-of-Listen miteinander kombinierbar scheint. Ich bezweifle, dass sich aus den pädagogischen Trends wirklich gefahrlos all die Cocktails mixen lassen, die auf dem Markt sind. Mir drängt sich hier geradezu der Vergleich mit Medikamenten auf, von denen bekannt ist, dass nicht jedes mit jedem eingenommen werden kann.

Was steckt dahinter?

Während ich meinen Sarkasmus spüre, frage ich mich, was wohl hinter diesen Phänomenen steckt:

Zuerst stoße ich auf die großen, oft nur maskierten **Ängste** in unserer Zeit. Ängste vor unserer eigenen ungewissen Zukunft, vor Arbeitsplatz- oder Beziehungsverlust, Ängste vor allem jedoch die Zukunft unserer Kinder betreffend. Mit diesen Ängsten hat sich noch jede Elterngeneration herumschlagen müssen. Doch werden sie zur Geißel in einer Zeit, die vom Streben beherrscht wird, schneller, besser, stärker, jünger, reicher, schöner ... zu sein, in einer Zeit, in der wir die Grenzen der menschlichen Machbarkeit immer weniger anerkennen, während sie uns tagtäglich in Form von katastrophengeilen Medienberichten präsentiert werden. Und je mehr wir nach (pädagogischer) Machbarkeit gieren, umso ohnmächtiger fühlen wir uns. Leben mit Kindern ist schwerer geworden, Kinder und ihre Bezugspersonen sind heute eine an den Rand gedrängte gesellschaftliche Minderheit, auf der ein enormer pädagogischer Erfolgsdruck lastet. – Die Suche nach Methoden, die Erfolg versprechen, ist nur zu verständlich, nützt jedoch langfristig gesehen lediglich denen, die diese Methoden vermarkten.

Institutionalisierte Pädagogik, so eine andere Antwort, ist heute wichtiger denn ja. Fast jedes Kind besucht den Kindergarten, viele Eltern benötigen eine über die Schule hinausreichende Unterstützung bei der Begleitung ihrer Kinder. Während sie vor wenigen Jahren noch froh sein mussten, irgendeinen Bildungs- oder Betreuungsplatz zu ergattern, sind sie heute erstmals in der Lage, aus mehreren Angeboten zu wählen. Daher steht die Qualität von Pädagogik verstärkt zur Diskussion – und wen wundert, dass diese Diskussion in einer mitunter recht oberflächlichen Weise geführt wird.

Kundenorientierung (vor allem die Berücksichtigung von elterlichen Wünschen) hat in der Pädagogik eher wenig Tradition. Doch weder bedingungsloses Befriedigen elterlicher Bedürfnisse („Wir bieten Full-Service, Sie können uns Ihr Kind auch am Heiligen Abend bringen") noch pädagogisches Moralisieren („Sie sollten sich wirklich mehr Zeit für Ihr Kind nehmen") helfen hier weiter. Pädagogik, so meine tiefe Überzeugung, ist nicht nur eine Frage von Trends.

In der Pädagogik geht es immer auch um begründete und verantwortete inhaltliche Positionen, die heute viele Institutionen in Form von Konzeptionsschriften festhalten, die meist ein ernsthaftes Bemühen um pädagogische Qualität dokumentieren. Ihr Kernpunkt ist für mich das formulierte und gelebte Menschenbild. Verstehen PädagogInnen sich als FührerIn oder als BegleiterIn von Kindern und Eltern? Sind sie bereit, ihre Positionen zu vertreten, gegebenenfalls auch einmal flexibel zu sein, nötigen-

Pädagogik lebt vom Blick auf den Menschen und von der geduldigen Suche nach vielfältiger Balance, nicht aber vom modischen Trendbewusstsein.

falls aber fest und gleichzeitig einfühlsam zu bleiben, wenn ihre „Kunden" Wünsche äußern, die sie nicht erfüllen können? Eltern, Kinder und professionelle PädagogInnen waren immer damit beschäftigt und werden auch immer damit beschäftigt sein, vor dem jeweiligen gesellschaftlichen Hintergrund (eigene und fremde) Bedürfnisse wahrzunehmen, anzuerkennen und Interessenkonflikte möglichst rücksichtsvoll miteinander auszutragen. Das klingt zwar banal, scheint mir jedoch umso wichtiger in einer Zeit, in der – der Dynamik des Konsums und der Macht gehorchend – Bedürfnisse immer unmittelbarer und unbedingter befriedigt werden müssen.

Die kolportierten pädagogischen Trends, so lautet eine andere meiner Antworten, stehen in einer so engen wie **komplexen Wechselwirkung** mit allen anderen Entwicklungen in der Gesellschaft. Pädagogik würde sich überschätzen, wenn sie jede ihrer Aktionen als reflektierte Reaktion auf die veränderten Lebenswelten von Kindern und Jugendlichen begreifen wollte. Pädagogik findet immer auch in dieser Gesellschaft statt, unterliegt also auch selbst jenen Mechanismen (z.B. Konsum), die sie im Zusammenleben mit Kindern und Jugendlichen zu bearbeiten versucht. Sowohl Eltern als auch pädagogische Institutionen sind Teil unserer „süchtigen Gesellschaft", die mit einer Vielzahl von Aktivitäten Gefühle von Spannung, Angst oder Leere zu unterbinden sucht. Viele unserer rund um die Uhr familiär oder institutionell betreuten (und dabei auch animierten) Kinder haben wenig Erfahrung damit, auch einmal alleine oder unter sich zu sein. Oft fehlt ihnen die Gewissheit, dass sie selbst Verantwortung für ihr Wohlbefinden übernehmen, Spannungen durchstehen, Angst bewältigen, zur Ruhe kommen und zu ihrer eigenen Fülle finden können. In letzter Zeit beobachte ich jedoch gerade an diesem Punkt Zeichen für einen Wandel. Montessori- und Reggio-Pädagogik, aber auch Aktivitäten zur Suchtprophylaxe (wie z.B. das Projekt „Spielzeugfreier Kindergarten", bei dem für etwa drei Monate alles vorgefertigte Spielzeug aus dem Gruppenraum entfernt wird) versuchen PädagogInnen Mut zu machen, sich mit ihren Aktivitäten zurückzunehmen und als präsente Person auf die Impulse der Kinder einzugehen. Auf diesen Wegen kommt es zu Erfahrungen, die sich lohnen!

Es gehört zum Wesen eines neuen Trends, so meine letzte Antwort, dass er in starkem **Kontrast zum Alten** steht, sonst wäre er nicht wahrnehmbar. Auf Mini folgt Maxi, auf Grau Bunt. In Gesellschaft und Pädagogik haben z.B. Werte wie Selbstständigkeit, Flexibilität und Spontaneität Werten wie Gehorsam, Ordnung und Pünktlichkeit den Rang abgelaufen. Dementsprechend ist es heute schick, voll auf kindliche Autonomie zu setzen, während es eher verpönt ist, Kindern auch einmal etwas vorzugeben. Natürlich bedarf die pädagogische Fachdiskussion pointierter Positionen, doch die pädagogische Praxis braucht allemal die Suche nach **Balance.** In jedem Alter benötigt der Mensch – vor allem jedoch als Kind oder Jugendlicher – eine Umgebung, die ihn in einer seinem Entwicklungsstand entsprechenden Weise festhält und loslässt, dabei aber auch in seiner Nähe bleibt. Natürlich ist es begrüßenswert, wenn schulischer Drill und Druck nachlassen. Wenn unsere Kinder aber ihren Wunsch Lesen, Schreiben und Rechnen zu lernen ohne jede pädagogische Unterstützung in die Tat umsetzen sollen, so ist das meiner Ansicht nach eine andere Form schulischer Überforderung.

Wie Leben mit Kindern gelingt

In einer Zeit, die den ideologischen „Extremismus" pflegt, der sich medial so viel besser vermarkten lässt als jede differenzierte Position, sollte es bei der beruflichen oder privaten Begleitung von Kindern und Jugendlichen den nötigen Raum für die stete Suche nach Balance geben, die die Entwicklung und das Zusammenleben von Menschen ausmacht. Pädagogik ist für mich keine perfekt zu stylende Ware, die ins richtige (methodisch-didaktische) Outfit verpackt Kunden gewieft verkauft werden muss. Pädagogik ist für mich vielmehr eine Disziplin, die von warmherzigen und wahrhaftigen Beziehungen zwischen Menschen lebt, die ich für die Basis jedes Entwicklungsfortschritts halte. In der Pädagogik ist es nicht nötig auf jeden neuen Trend so rasch wie möglich aufzuspringen. Ganz im Gegenteil, Leben mit Kindern gelingt nur dann, wenn sich unser Blick vom Markt löst und auf den Menschen wendet.

Die Erstfassung dieses Artikels erschien im November 2000 in „Caritas Aktuell", der Mitarbeiterzeitung der Caritas der Diözese Linz; der Beitrag erschien auch in „Unsere Kinder" 1/2001.

Zum Vertiefen, Wiederholen und Weiterdenken ...

1 Célestin Freinet, Rudolf Steiner, Janusz Korczak, Rebeca und Mauricio Wild, Henriette Schrader-Breymann, Hildegard Hetzer, Loris Malaguzzi, Clara Grunwald – Namen von Personen, die eine wichtige Rolle in der Geschichte der (Kleinkind-)Pädagogik gespielt haben bzw. spielen. Informieren Sie sich in der Fachliteratur bzw. auf zuverlässigen Websites über ihr Leben und die pädagogischen Ziele, die diese PädagogInnen verfolgen/verfolgt haben.

Wenn Sie sich mit Ihren KollegInnen abstimmen, können Sie sich eine informative und individuelle Informationsmappe über Persönlichkeiten anlegen, die großen Einfluss auf die Kindergartenpädagogik ausüb(t)en. Sie können die Reihe der Personen natürlich aufgrund Ihrer Recherchen erweitern.

2 Gibt es in Ihrem Kindergarten eine „Hauschronik", die über die Geschichte und die handelnden Personen dieser Institution Aufschluss gibt?

Wenn ja: Informieren Sie sich über das bisherige Geschehen, die konkreten Erziehungs- und Bildungsziele und die wichtigen Ereignisse.

Wenn nein: Vielleicht können erste Schritte hin zu einer Dokumentation der Geschichte des Kindergartens gesetzt werden. Welchen Aufbau, welche Gestaltung halten Sie für zweckmäßig?

3 Während Anneliese Walk aus ihrer sehr positiven Erfahrung mit der Montessori-Pädagogik referiert, setzt sich Charlotte Niederle in ihrem Beitrag kritisch damit auseinander. Stellen Sie die zentralen Unterschiede in den Sichtweisen gegenüber und bringen Sie abschließend Ihren Standpunkt ein.

4 Johanna Mierl berichtet aus der Praxis eines Waldorfkindergartens, Elisabeth Wurst nimmt als Betrachterin „von außen" Stellung. Stellen Sie die zentralen Unterschiede in den Sichtweisen gegenüber und bringen Sie abschließend Ihren Standpunkt ein.

5 Legen Sie eine strukturierte Übersicht zu den vorgestellten pädagogischen Konzepten an, in der Sie die wichtigsten Aspekte der jeweiligen Richtung herausgreifen. Mit diesen Daten sollten Sie in der Lage sein, folgende Fragen zu beantworten:

Was verbindet die pädagogischen Konzepte? Gibt es Gemeinsamkeiten, die auf alle zutreffen oder lassen sich lediglich Gruppierungen feststellen?

Wo lassen sich markante Unterschiede benennen?

Welche Elemente der verschiedenen Konzepte sind in der Kindergartenarbeit inzwischen zum Standard geworden?

6 In welcher Art von Kindergarten (Montessori-Kindergarten, Waldorfkindergarten, offener Kindergarten ...) möchten Sie am liebsten arbeiten? Welche Gründe geben den Ausschlag für Ihre Wahl?

7 Bei einer Podiumsdiskussion zum Thema Kindererziehung kommt aus dem Publikum folgende Wortmeldung: „Ich halte es nicht für richtig, dass Elemente aus unterschiedlichen pädagogischen Konzepten – z.B. aus der Montessori- und Waldorfpädagogik – herausgenommen und dann in der Kindergartenarbeit zusammengemischt werden. Dadurch werden die Konzepte verwässert und es gibt keine klare pädagogische Linie." Sie sind auf dem Podium die KindergartenexpertIn. Welche Antwort geben Sie?

8 Eine Kollegin erzählt Ihnen, dass sie und ihre KollegInnen nun das Konzept des „offenen Kindergartens" praktizieren. Sie möchten gerne Genaueres über die Umsetzung des Konzepts wissen. Welche Fragen würden Sie der Kollegin stellen?

9 Nehmen Sie schriftlich zum Thema „Welchen Sinn macht geschlechtssensible Kindergartenpraxis?" Stellung und bauen Sie in Ihren Text Bezüge zu den Bildern im Beitrag von Iris Radler ein.

10 Eine befreundete Kollegin bittet Sie um Hilfe: Die KollegInnen möchten in ihrem Kindergarten einen Waldkindergarten einführen in der Art, wie ihn Brigitte Appelt vorstellt. Ihre Freundin hat den Part übernommen, die Information der Eltern vorzubereiten. Mit welchen Vorschlägen unterstützen Sie Ihre Kollegin, die fürchtet, dass von einigen Eltern mit Widerstand zu rechnen ist?

11 In der Zeitung Ihrer Gemeinde/Stadt werden für die Bevölkerung von Zeit zu Zeit Informationen aus dem Kindergarten veröffentlicht. Sie haben die ehrenvolle Aufgabe, in der nächsten Nummer die Ziele, Inhalte, Möglichkeiten ... des Konzepts „Spielzeugfreier Kindergarten" vorzustellen, wobei Ihnen aufgrund des Layouts der Zeitung zwischen 450 und 600 Wörter zur Verfügung stehen. Wie sieht Ihr Artikel aus?

12 Lesen Sie den Beitrag „Trends in der Pädagogik" von Judith Reimitz genau durch und machen Sie sich mit ihren Standpunkten und Argumenten vertraut.

Deckt sich das mit Ihrer Meinung, welche Punkte finden Sie besonders wichtig, wo vertreten Sie eine andere Meinung?

Diskutieren Sie mit KollegInnen.

Fähigkeiten und Fertigkeiten

Bewegung

Bewegungserziehung nimmt im Rahmen frühkindlicher Bildungsprozesse einen besonderen Stellenwert ein. Eine differenzierte Begründung dieser Aussage liefert Renate Zimmer im einleitenden Text „Bildung durch Bewegung". In ihrem anschließenden Beitrag geht sie ausführlich auf die Zusammenhänge von Wahrnehmung und Bewegung ein. Auch Anna Kapfer-Weixlbaumer greift dieses Begriffspaar auf; sie legt den Schwerpunkt ihrer Ausführungen auf die Psychomotorik, deren Geschichte, Intentionen und Umsetzung im Kindergarten.

Die Verschränkung von Bauen und Bewegung hat das Konzept der Bewegungsbaustelle als Grundidee. Hintergründe und Möglichkeiten zeigt Klaus Miedzinski auf, der dieses Konzept in die Kindergartenpraxis einführte. Er weist auch auf die große Verbreitung der endlos entwicklungsfähigen Bewegungsbaustelle hin, was die beiden angeschlossenen Praxisbeispiele beweisen.

Zur Bewegung gehört auch Ruhe, was der Beitrag von Michaela Moratelli mit Anleitungen zu Entspannungsspielen thematisiert.

Vielfältige Bewegungsmöglichkeiten bietet das Spiel im Freien, dessen Grundlagen Elisabeth Soukup näher beleuchtet. Nur einen kleinen Ausschnitt der Umweltsituationen, die Bewegungsanreize bieten, können die Beispiele aus der Praxis zeigen: das Spiel im Schlamm, Schwimmen oder Eislaufen.

Der Kreativität der KindergartenpädagogInnen steht jedenfalls ein breites Spektrum an Möglichkeiten offen, Bewegungserziehung in der für die Kinder und das Umfeld passenden Weise zu realisieren.

Renate Zimmer

Bildung durch Bewegung

In keinem anderen Lebensalter spielt Bewegung eine so große Rolle wie in der Kindheit und zu keiner Zeit war Bewegung aufgrund der Veränderungen in der kindlichen Lebenswelt so wichtig wie heute.

Auf den ersten Blick gehört Bewegung zu den natürlichen und unmittelbaren Äußerungsformen kindlicher Lebensfreude: Kinder rennen und schaukeln, steigen und springen, klettern und balancieren, wo auch immer sie dazu Gelegenheit haben. Dies tun sie aus Lust an der Tätigkeit und den damit verbundenen Empfindungen, aber auch aus Interesse an den dinglichen und räumlichen Gegebenheiten. Bewegung und Spiel sind die dem Kind angemessenen Formen, sich mit der personalen und materialen Umwelt auseinander zu setzen, auf sie einzuwirken, die Welt zu begreifen und für sich jeweils neu zu konstruieren.

Körper und Bewegung sind zudem Mittler der Selbstständigkeitsentwicklung. Bewegungserziehung ist in diesem Sinne nicht nur eine Erziehung des Körpers und der Bewegung, sie ist auch eine Erziehung und Bildung durch den Körper und die Bewegung.

Freie Bewegungsangebote – Bewegungserziehung

Neben den freien, von den Kindern frei gewählten Spiel- und Bewegungsaktivitäten in den Räumen des Kindergartens, auf dem Außenspielgelände der Kinder oder auf dem Spielplatz ist es wichtig, den Kindern auch regelmäßig Bewegungszeiten anzubieten, die von der PädagogIn geplant und betreut werden. Sie sind nicht durch situative Bewegungsgelegenheiten zu ersetzen, da hier in einem größeren Zeitrahmen mit den Kindern auch komplexere Themen und Inhalte bearbeitet werden können. So kann ihr Bewegungsrepertoire erweitert werden, Regelspiele werden gelernt, rhythmische Elemente aufgegriffen, Tänze gestaltet oder Entspannungsübungen angeboten.

Auch diese eher angeleitete Form der Bewegungserziehung sollte im Sinne von Offenheit durchgeführt werden, das heißt, dass trotz der Vorplanung und Betreuung durch die PädagogIn innerhalb der Bewegungsstunden genügend Spielraum bleibt für situative Bedürfnisse der Kinder, für ihre spontanen Einfälle und Ideen (vgl. Zimmer 2004a).

Begründung der Bewegungserziehung

Bewegungserziehung nimmt im Rahmen frühkindlicher Bildungsprozesse einen besonderen Stellenwert ein, dieser kann aus unterschiedlichen theoretischen Perspektiven begründet werden:

Aus **anthropologischer Sicht** ist der Mensch ein auf Bewegung und Erfahrung angelegtes Wesen, das des Einsatzes aller Sinne bedarf, um sich ein Bild über die Welt und sich selbst in ihr zu machen. Der Mensch benötigt seinen Körper und seine Bewegung, um sich mit der Umwelt auseinander zu setzen, um sich ein Bild von ihr zu machen und auf sie einzuwirken. Der Körper ist dabei Mittler der Erfahrungen, er ist aber zugleich auch Gegenstand, über den Erfahrungen gemacht werden. Dies trifft auch noch auf uns Erwachsene zu, ist aber insbesondere für die kindliche Entwicklung von Bedeutung: Das Kind nimmt die Welt weniger mit dem „Kopf“, also mit seinen geistigen Fähigkeiten, über das Denken und Vorstellen auf, es nimmt sie vor allem über seine Sinne, seine Tätigkeit, mit seinem Körper wahr.

Aus **entwicklungspsychologischer Sicht** benötigt das Kind vielfältige Gelegenheiten zum Explorieren und Erkunden seiner dinglichen und räumlichen Umwelt über Spiel und Bewegung. Kindliche Entwicklung kann als Prozess ständigen Strebens nach Unabhängigkeit angesehen werden. Für das Selbstständigwerden und die Ich-Findung des Kindes hat der Körper daher eine wichtige Funktion. An den körperlichen Fähigkeiten kann es seine Fortschritte ablesen: Zum ersten Mal alleine über den Zaun steigen, Fahrrad fahren, den Baum hinaufklettern – all das sind Zeichen wachsender Selbstständigkeit und Unabhängigkeit vom Erwachsenen.

Aus **lernpsychologischer und neurophysiologischer Sicht** bilden Wahrnehmung und Bewegung die Grundlage kindlichen Lernens. Die Netzwerkbildung im Gehirn wird durch Sinnesaktivitäten unterstützt. Wissen kann umso besser und langfristiger gespeichert werden, je mehr Sinneskanäle beim Erwerb der Erkenntnisse genutzt werden. Sensomotorische Erfahrungen gehören zur Grundvoraussetzung für die Entwicklung der Sprache. Um feinmotorische Anforderungen beim Schreibenlernen bewältigen zu können, muss die Auge-Hand-Koordination ausgebildet sein. Und die Bedeutung von Buchstaben kann ein Kind nur dann erkennen, wenn es ihre Lage im Raum einordnen kann. Diese Fähigkeit zur Raum-Lage-Wahrnehmung baut sich ebenfalls zunächst über den Körper und die Bewegung auf (vgl. Zimmer 2004c).

Aus **sozialökologischer Sicht** sind Bewegungsangebote notwendig, um die durch den gesellschaftlichen Wandel bedingten Defizite der heutigen Lebenssituation auszugleichen. Bewegungsarmut prägt das Alltagsleben unserer Gesellschaft. Davon sind insbesondere die Kinder betroffen. Heutige Kindheit ist gekennzeichnet durch den Verlust an unmittelbaren körperlich-sinnlichen Erfahrungsmöglichkeiten, durch eine immer stärker eingeengte Bewegungswelt. Veränderungen der sozialen und ökologischen Umwelt haben dazu geführt, dass Kindern der aktive, selbstbestimmte Umgang mit ihrer Lebenswelt immer mehr verwehrt wird.

Zwar hatten Kinder noch nie ein so großes Angebot an Freizeitaktivitäten, an Spielmaterial und Anregungen durch die Medien, genauso drastisch sind auf der anderen Seite jedoch ihre Möglichkeiten beschnitten worden, selbstständig Erkenntnisse über die Zusammenhänge ihrer Umwelt zu gewinnen und nachvollziehen zu können.

Aus **gesundheitspädagogischer Sicht** ist es unerlässlich, der Vielzahl der Bewegungsmangelerkrankungen, die viele Kinder bereits bei der Einschulung aufweisen, entgegenzuwirken. Die zuvor beschriebene Einschränkung der Spiel- und Bewegungsmöglichkeiten von Kindern, der Verlust an unmittelbaren körperlich-sinnlichen Erfahrungen haben ohne Zweifel entscheidenden Anteil an den bei Kindern in den letzten Jahren gehäuft auftretenden Haltungs- und Bewegungsauffälligkeiten.

Gerade im vorschulischen Alter werden grundlegende Entwicklungsvorgänge vollzogen, die den Grundstock der späteren Haltung und Gesundheit bilden. Es besteht jedoch auch eine erhöhte Anfälligkeit gegen Störfaktoren, bedingt durch Zivilisationseinflüsse wie z.B. Bewegungsmangel oder falsche Ernährung.

Aus der Sicht der **Unfallprävention und Sicherheitserziehung** ist es unabdingbar, die motorischen Fähigkeiten der Kinder zu trainieren, um Unfällen vorzubeugen. Galt noch vor Jahren das Thema Aufsichtspflicht und Sicherheitsmaßnahmen im Kindergarten vielen PädagogInnen als eines der wichtigsten Hindernisse für das Zulassen kindlicher Bewegungsaktivitäten, so sind es heute die Träger der gesetzlichen Unfallversicherungen, die sich für eine kindgemäße Bewegungserziehung einsetzen.

Es wächst die Einsicht in die Tatsache, dass die zunehmende Einschränkung des Bewegungsraumes auch dazu führt, dass elementare Fähigkeiten, die das Kind zur Auseinandersetzung mit seiner Umwelt benötigt, verkümmern. Ständig steigende Unfallzahlen in Kindergärten, auf Schulhöfen und auf Spielplätzen setzten bei den Unfallversicherungsträgern ein Umdenken in Gang: Nicht die Vermeidung von Bewegung, sondern das Training der motorischen Fähigkeiten und Fertigkeiten lässt bei Kindern die notwendigen Kompetenzen zur Bewältigung von Alltagssituationen wachsen.

Die angeführten Gesichtspunkte begründen, warum Bewegung in der frühen Kindheit als unersetzbares Mittel der Erziehung und Bildung anzusehen ist. Über Wahrnehmung und Bewegung setzt sich das Kind mit seiner dinglichen und räumlichen Umwelt auseinander, es gewinnt Erkenntnisse über deren Gesetzmäßigkeiten; über Bewegung macht es Erfahrungen über seinen Körper, über seine Person und über seine Mitmenschen. Diese Erfahrungen stellen wichtige Bereiche der Bewegungserziehung dar.

Literatur

Schaffner, Karin (2004): Der Bewegungskindergarten. Schorndorf: Hofmann

Zimmer, Renate (1996): Motorik und Persönlichkeitsentwicklung bei Kindern. Schorndorf: Hofmann

Zimmer, Renate (2001): Alles über den Bewegungskindergarten. Freiburg: Herder

Zimmer, Renate (2002): Bewegung und Entspannung. Anregungen für die praktische Arbeit mit Kindern. Freiburg: Herder

Zimmer, Renate (2003a): Kreative Bewegungsspiele. Psychomotorische Förderung im Kindergarten. Freiburg: Herder

Zimmer, Renate (2003b): Handbuch der Psychomotorik. Theorie und Praxis der psychomotorischen Erziehung von Kindern. Freiburg: Herder

Zimmer, Renate (2003c): Was Kinder stark macht. Fähigkeiten wecken – Entwicklung fördern. Freiburg: Herder

Zimmer, Renate (2004a): Handbuch der Bewegungserziehung. Grundlagen für Ausbildung und pädagogische Praxis. Freiburg: Herder

Zimmer, Renate (2004b): Handbuch der Sinneswahrnehmung. Grundlagen einer ganzheitlichen Erziehung. Freiburg: Herder

Zimmer, Renate (2004c): Toben macht schlau. Bewegung statt Verkopfung. Freiburg: Herder

Zimmer, Renate (2004d): Kursbuch Bewegungsförderung. So werden Kinder fit und beweglich. München: Don Bosco

Der Beitrag wird erstmals in diesem Buch publiziert.

Renate Zimmer

Wahrnehmung und Bewegung

Die Grundlage kindlichen Handelns

Hoppe-Reiter-Spiele auf dem Schoß eines Erwachsenen – seit Generationen gehören sie zu den beliebtesten Kinderspielen. Nicht hoch genug kann der Reiter dabei wippen und nicht tief genug in den Graben fallen. Und wie begeistert sind Kinder davon, auf Matratzen und Polstern wie auf einem Trampolin zu springen, sich im Kreis zu drehen, bis sie umfallen, auf einem Bürostuhl durch die Flure zu sausen. Erwachsene sehen in diesen alltäglichen Begebenheiten nur selten einen Sinn, für sie sind sie nichts anderes als nutzloses Spiel. Dabei vermitteln die als Beispiel angegebenen Situationen Kindern grundlegende Wahrnehmungserfahrungen, die für ihre Entwicklung eine ganz wesentliche Bedeutung haben. Sie sind Ausdruck des Bedürfnisses von Kindern, in der Begegnung mit der Umwelt ihre Sinne einzusetzen und die Welt auf möglichst vielfältige Weise sinnlich zu erfahren.

Die enge Verbindung von Wahrnehmen, Bewegen, Denken und Handeln ist im Kleinkind- und Vorschulalter ganz besonders deutlich ausgeprägt. Man kann sogar sagen, dass Lernen im frühen Kindesalter in erster Linie Lernen über Wahrnehmung und Bewegung ist.

Der Begriff **Sensomotorik** kennzeichnet die untrennbare Einheit von Sinnes- (sensorischen) und Bewegungs- (motorischen) Handlungen. Sensomotorische Erfahrungen stellen auch aus der Sicht des Entwicklungspsychologen Piaget die Grundlage der kindlichen Entwicklung dar, sie werden als Voraussetzung für die Entwicklung der Intelligenz und den Aufbau des logischen Denkens angesehen.

Die folgenden Überlegungen zeigen die Bedeutung der Wahrnehmung für die kindliche Persönlichkeitsentwicklung auf und geben Beispiele, wie im Kindergarten durch lustvolle und spannende Situationen zur Förderung der Wahrnehmungsfähigkeit beigetragen werden kann.

1. Die Bedeutung der Wahrnehmung

Unter „Wahrnehmung" wird das Aufnehmen und Verarbeiten von Reizen über die verschiedenen Sinne verstanden.

Voraussetzung für die Orientierung in der Umwelt ist die Fähigkeit, Sinnesreize zu differenzieren, wichtige Informationen von unwichtigen zu unterscheiden. So muss ein Kind z.B. fähig sein, sich auch bei einem höheren Geräuschpegel im Gruppenraum auf die Stimme der ErzieherIn, die gerade ein Spiel erklärt oder eine Geschichte vorliest, konzentrieren zu können. Es muss lernen, aus der Fülle der auf es einströmenden Informationen diejenigen auszuwählen, die für die jeweilige Situation wichtig sind. Diese Fähigkeit stellt für Kinder eine hohe Anforderung dar.

Die Sinnesreize und Umwelteindrücke müssen erkannt, interpretiert, einander zugeordnet und behalten werden. Sinnliche Erfahrungen in der richtigen Weise miteinander zu verbinden ist eine wichtige Voraussetzung für jede Art von Lernen. Man bezeichnet diesen Prozess auch als „Integration der Sinne" (Ayres 1984).

Der Ort der Integration und Koordination der Sinnesreize ist das zentrale Nervensystem. Um sich entwickeln zu können, bedarf das Gehirn vielfältiger Empfindungen und Informationen; sie dienen quasi als „sensorische Nahrung", die dazu führt, dass es sich weiterentwickelt. Ein gut funktionierendes Wahrnehmungssystem kann als Voraussetzung für die Auseinandersetzung des Kindes mit seiner Umwelt betrachtet werden. Zwar sind die meisten Menschen von Geburt an mit einer durchschnittlich guten Fähigkeit zur Wahrnehmung ausgestattet, diese Grundfähigkeit muss jedoch vor allem in der Kindheit durch beständige Anpassung an Situationen, Dinge und Anforderungen geübt werden. Je vielfältiger sensorische Funktionen geübt werden, umso sicherer werden Kinder in ihren Bewegungen und umso besser gelingt es ihnen, den an sie gestellten Anforderungen gerecht zu werden.

Ein sensorisches System kann sich nur dann optimal entwickeln, wenn es geübt wird. Das Zusammenspiel der Sinne wird gefördert durch körperliche Aktivitäten; sie setzen komplexe Anpassungsreaktionen in Gang, Kinder lernen Neues hinzu, durch die Anpassungsreaktionen hat das Gehirn die Chance, sich weiterzuentwickeln und sich damit besser zu „organisieren“ (Zimmer 2004a).

Im Kindergarten wird die Förderung der Wahrnehmungsfähigkeit auch deswegen zu einer wichtigen Aufgabe, weil gerade jüngere Kinder heute in ihrem Lebensalltag sehr darin eingeschränkt werden, ihre Umwelt mit allen Sinnen zu erfahren. An die Stelle der für ihre Entwicklung so notwendigen Primärerfahrungen treten Erfahrungen aus zweiter Hand: Fernsehen und Computerspiele ersetzen mehr und mehr die selbstständige Auseinandersetzung mit der Umwelt und hindern die Kinder an der unmittelbaren Erschließung ihrer Lebens- und Erfahrungsräume.

Bevor an einigen Beispielen erläutert wird, wie eine kindgemäße, spielerische Sinnesförderung im Kindergarten aussehen kann, werden zunächst die verschiedenen Wahrnehmungsbereiche vorgestellt.

2. Bereiche der Wahrnehmung

Im Alltagsverständnis wird die Wahrnehmung meist mit dem Sehen und dem Hören in Verbindung gebracht, dabei stellen gerade die taktilen (das Tasten und Berühren), die vestibulären (das Gleichgewicht) und die kinästhetischen Sinne (die Bewegungsempfindungen) die Basis der sensorischen Verarbeitung dar. Man kann folgende Wahrnehmungsbereiche unterscheiden:

- Tastsinn (taktile Wahrnehmung)
- Gleichgewichtssinn (vestibuläre Wahrnehmung)
- Bewegungsempfindung (kinästhetische Wahrnehmung)
- Sehsinn (visuelle Wahrnehmung)
- Hörsinn (auditive Wahrnehmung)
- Geruchssinn
- Geschmackssinn

Die Grundlage der Wahrnehmungsentwicklung bilden die taktilen, die kinästhetischen und die vestibulären Erfahrungen, da sie die grundlegenden Formen der Wahrnehmung sind, auf denen alle weiteren aufbauen. Zuerst entwickeln sich die Sinne, die uns Informationen über unseren Körper und seine Beziehung zur Anziehungskraft der Erde geben. Dazu gehören der Tastsinn, der Bewegungssinn und der Gleichgewichtssinn. Erst danach folgt die Differenzierung der Sinne, die uns Informationen über körperferne Dinge liefern: das Sehen und das Hören.

3. Spielanregungen zur Förderung der Körperwahrnehmung

3.1. Die taktile Wahrnehmung

Das taktile System ist das erste sensorische System, das sich schon im Mutterleib entwickelt und das bereits funktionsfähig ist, wenn visuelle und auditive Systeme sich erst zu entwickeln beginnen. Reize werden über die Haut aufgenommen, die Haut kann somit als das größte Wahrnehmungsorgan aufgefasst werden. Über die Haut nimmt das Kind Temperatur wahr, es ertastet die Beschaffenheit von Material und Gegenständen, es lernt, mit den Händen zu „sehen“. Besonders intensiv wird der Tastsinn angesprochen, wenn die Augen geschlossen werden.

Zur Vermittlung taktiler Sinneserfahrungen eignen sich Spiele, bei denen z.B.

- mit geschlossenen Augen Gegenstände unter einem Tuch ertastet werden,
- mit den Händen bzw. Füßen Spuren aus Fingerfarbe gelegt werden,
- die Oberflächenbeschaffenheit, Form und Größe von Materialien durch Tasten erkannt und geordnet wird (alles Weiche, Feuchte, Raue etc. herausfinden; was ist aus Holz, was aus Plastik? etc.),
- im Freien auf Plastikplanen Wasserrutschen hergerichtet werden.

3.2. Die kinästhetische Wahrnehmung

Unter kinästhetischer Wahrnehmung wird die Lage- und Bewegungsempfindung, die nicht durch das Sehen vermittelt wird, verstanden. Sie ist uns meist nicht bewusst, wir können automatisch auf sie zurückgreifen, da wir sie oft geübt haben und ein inneres Bild über den Ablauf alltäglicher Bewegungen in uns tragen. Die kinästhetische Wahrnehmung umfasst die Empfindung von Bewegungen des eigenen Körpers, der Stellung der Gelenke zueinander, der bei jeder Bewegung notwendigen Kraftleistungen und der Anspannung der Muskulatur. Die Bewegungswahrnehmung erfolgt über Muskeln, Sehnen und Gelenke; über die sog. **Propriozeptoren** (lat. *proprius* = der Eigene) werden dem Gehirn Informationen über die Muskelspannung und die Stellung der Gelenke zum Körper vermittelt.

Dieses Wahrnehmungssystem ist also für die Kontrolle der Eigenbewegung wichtig. Kinästhetische Erfahrungen tragen auch zur Entwicklung von genaueren Bewegungsvorstellungen bei und unterstützen das Bewegungsgedächtnis.

Die kinästhetische Wahrnehmung wird gefördert durch Spiele, bei denen die Kinder ihren Körper spüren, ihre Kraft dosiert einsetzen oder die Körperspannung regulieren lernen. Das Unterscheiden von Gewichten – durch Heben und „Abwiegen“ von Gegenständen – dient der Sensibilisierung des Kraftsinns; Körperpositionen wie „Schaufensterpuppen“ oder darstellende Aufgaben wie der „Roboter“ sprechen den Stellungssinn an. Stellungs- und Bewegungssinn sind gleichermaßen bei komplexeren Aufgaben wie dem „Hampelmannspringen“ erforderlich. Entspannungsübungen – in kindgerechte Vorstellungsbilder eingekleidet – geben den Kindern ein Gefühl für den Grad der Anspannung ihrer Muskulatur. Der bewusste Wechsel zwischen Anspannung und Entspannung kann dazu beitragen, auch psychische Gelöstheit und Ruhe zu empfinden.

3.3. Die vestibuläre Wahrnehmung

Die vestibuläre Wahrnehmung ist für die Gleichgewichtsregulation des Körpers verantwortlich. Für diese Funktion wichtige Rezeptoren befinden sich im Innenohr, daher wird das Ohr oft auch als „Gleichgewichtsorgan" bezeichnet. An der Gleichgewichtserhaltung sind jedoch mehrere Bereiche beteiligt, man bedenke nur, wie unsicher das Gleichgewicht wird, wenn man versucht, mit geschlossenen Augen über einen Balken zu gehen. Die Gleichgewichtsregulation ist also ein sehr komplexer Vorgang, an dem mehrere Sinne Anteil haben, andererseits wirkt sich das vestibuläre System jedoch auch auf die Funktionsfähigkeit der anderen Sinne aus. Die Verbesserung vestibulärer Funktionen wird z.B. geübt durch

- Bewegungsangebote, die Auf- und Abbewegungen des Körpers in der Senkrechten und in der Waagrechten (z.B. Federungen auf elastischem Untergrund, auf Matratzen oder Trampolin, Wippen) beinhalten,
- schaukelnde Bewegungen (z.B. in Hängematten, auf Kinderschaukeln oder an einem Tau),
- Dreh- und Rollbewegungen um die Körperlänge und Querachse (z.B. sitzend oder liegend in Tonnen, Röhren oder Autoreifen gerollt werden, sich einen Hang hinunterrollen oder -wälzen),
- Balancespiele (das Gleichgewicht auf labilem Untergrund wie z.B. Wackelbrett oder Therapiekreisel halten, Pedalo fahren, balancieren „mit etwas auf etwas").

Bei all diesen Spiel- und Bewegungsvorschlägen muss allerdings beachtet werden, dass sensorische Erfahrungen nicht verordnet, der Spaß am Schaukeln nicht erzwungen werden kann. Kinder haben eine unterschiedliche Toleranzgrenze hinsichtlich der Intensität der sensorischen Reize: Dem einen wird bereits schwindelig, wenn er nur zwei Stufen auf der Sprossenleiter hochklettert, andere lassen sich an Füßen und Händen gehalten im Kreis herumschleudern und können nicht genug davon bekommen. Das Kind muss selbst das Maß bestimmen, wie hoch, wie weit, wie lange es schaukelt, wie schmal die Unterstützungsfläche beim Balancieren ist oder wie hoch es auf einer Leiter klettert. Solange das Kind sich der Spiel- und Bewegungssituation aufmerksam widmet, solange sein Interesse und seine Konzentration anhalten, kann man davon ausgehen, dass das Angebot richtig ist, dass es den Voraussetzungen des Kindes entspricht und es weder über- noch unterfordert wird.

Die Förderung der Wahrnehmungsfähigkeit ist daher auch nicht mit starren Lernprogrammen zu erreichen, die die individuellen Fähigkeiten und Bedürfnisse der Kinder kaum berücksichtigen. Hier sollte dem Kind vielmehr Gelegenheit gegeben werden, aus möglichen Bewegungsangeboten selbst auszuwählen, die Intensität der Reizeinwirkungen selbst zu bestimmen und eine Handlung auch dann abzubrechen, wenn es das selber möchte.

4. Werkstatt für alle Sinne

Die Förderung der sinnlichen Wahrnehmung kann in interessante und erlebnisreiche Spiele eingebunden werden. Während bei den alltäglichen Spiel- und Bewegungsaktivitäten meistens mehrere Sinne gleichzeitig angesprochen werden, kann es im Hinblick auf die Förderung spezifischer Wahrnehmungsformen von Vorteil sein, diese zu isolieren und sie durch die Spielregeln besonders herauszustellen. Durch das zeitweise Ausschalten des dominanten Sehsinns ist es möglich, andere Sinnesbereiche besonders zu aktivieren. Spiele mit geschlossenen Augen intensivieren die taktile und die auditive Wahrnehmung (vgl. Zimmer 2004a).

Wahrnehmungsförderung sollte im Kindergarten keine einmalige Aktion sein, sie sollte den Kindergartenalltag permanent begleiten. Das Thema „Sinne" eignet sich besonders gut zur Bearbeitung in Form von Projekten, weil es viele Bereiche der Frühpädagogik berührt (Sprache, Motorik, kognitive Entwicklung etc.) und eine längerfristige Beschäftigung auch der Komplexität und Vielseitigkeit des Themas eher gerecht werden kann.

So können im Kindergarten Werkstätten für alle Sinne entstehen. Dazu zählen Situationen und Vorhaben, in denen Kinder mit allen Sinnen experimentieren, ihre Wahrnehmungsfähigkeit neu entdecken, ungewohnte Sichtweisen gewohnter Sachverhalte und Dinge einnehmen, auf ihre Umwelt verändernd einwirken (siehe Zimmer 2004b). Der Kindergarten kann zu einem Erlebnisraum für alle Sinne werden.

Literatur

Ayres, J. (1984): Bausteine der kindlichen Entwicklung. Berlin/Heidelberg/New York: Springer

Zimmer, R. (³1991): Kreative Bewegungsspiele. Psychomotorische Förderung im Kindergarten. Freiburg: Herder

Zimmer, R. (2004a): Handbuch der Sinneswahrnehmung. Freiburg: Herder

Zimmer, R. (2004b): Sinneswerkstatt. Projekte zum ganzheitlichen Leben und Lernen. Freiburg: Herder

Der Beitrag wurde erstmals in „Unsere Kinder" 5/1993 publiziert; Überarbeitung 2005.

Anna Kapfer-Weixlbaumer

Psychomotorik – ein Modetrend oder mehr?

Theoretische Einführung in das weite Gebiet der Psychomotorik

1. Was bedeutet Psychomotorik?

Psychomotorik betont nicht allein die enge Verknüpfung von Wahrnehmung und Bewegung, sondern auch die tiefe Verwobenheit von Geist und Seele. In der Psychomotorik werden psychische und motorische Vorgänge als funktionelle Einheit angesehen. Diese wissenschaftlich belegbare Grundannahme führt zu einer speziellen Sicht von menschlicher Entwicklung, von der die Annahme ausgeht, dass Entwicklungsförderung durch PädagogInnen bzw. TherapeutInnen möglich ist. So wird beispielsweise Bewegung als elementares Medium natürlicher bzw. geförderter Entwicklungsprozesse angesehen.

2. Geschichtliche Entwicklung

Die Psychomotorik hat sich in den 1950er Jahren als eigenständige Richtung in der pädagogisch-therapeutischen Arbeit mit entwicklungsverzögerten und verhaltensauffälligen Kindern und Jugendlichen entwickelt und ist im deutschen Sprachraum eng an die Person Prof. E. J. Kiphard gebunden. Er erkannte, dass durch ein rein funktional-mechanistisches Übungsprogramm die therapeutischen Möglichkeiten einer Bewegungstherapie nicht ausgeschöpft sind und die psychischen Wirkkräfte viel stärker berücksichtigt werden müssen. Aus der Beobachtung, dass gerade bei Kindern jede Art des psychischen Erlebens sich in ihrem Bewegungsverhalten ausdrückt, hat Kiphard den Begriff „Psychomotorik", der bereits an der Wende vom 19. zum 20. Jahrhundert in der Wahrnehmungsforschung verwendet wurde, für seine Bewegungstherapie gewählt.

Ursprünge psychomotorischen Gedankengutes lassen sich allerdings bis ins 19. Jahrhundert zurückverfolgen, vor allem reformpädagogische Strömungen beeinflussten die Entwicklung der Psychomotorik. Schon Jean Itard (1774–1838), ein französischer Heilpädagoge, erkannte, dass bei der Förderung eines 11-jährigen „Wolfsjungen" die gezielte Ansprache der Sinne größten Erfolg zeigte. Edouard Séguin (1812–1880) baute auf diesen Erkenntnissen auf und postulierte, dass die Bewegungs- und Wahrnehmungsentwicklung die Grundlage der intellektuellen Entwicklung sei. Ein halbes Jahrhundert später griff Maria Montessori Séguins Ansätze auf und machte sie zum Fundament ihrer Pädagogik, in der sie u.a. die Bedeutung der Selbsttätigkeit des Kindes betonte. In Bezug auf das freie kindliche Spiel, das Montessori nur als unnützes Tun ablehnte, während die Psychomotorik das Spiel als natürliche kindliche Ausdrucks- und Tätigkeitsform sowie therapeutisches Medium sieht, unterscheiden sich allerdings ihre Arbeitsweisen wesentlich. Natürlich gibt es noch andere Verbindungen zur Psychomotorik – besonders erwähnenswert erscheint mir hier die Rhythmik. Charlotte Pfeffer, eine bekannte Rhythmikerin, verwendete 1941 erstmalig den Begriff der „psychomotorischen Erziehung" für ihre Arbeit.

Von ihr übernahm Univ.-Prof. Dr. E. J. Kiphard diese Bezeichnung. Er nannte seine Behandlungsmethode die er Ende der 1950er Jahre gemeinsam mit Dr. Helmut Hünnekens am Westfälischen Institut für Jugendpsychiatrie und Heilpädagogik entwickelte, „Psychomotorische Übungsbehandlung". Mit dieser zielte er darauf ab, erziehungsschwierigen und gehemmten, motorisch und psychisch gestörten Kindern zu geordneter Selbstständigkeit, zu Selbstsicherheit und damit zu einer harmonischen Persönlichkeitsentwicklung zu verhelfen.

Kiphards „Psychomotorische Übungsbehandlung" umfasst Übungen zum Körperschema und den Sinnen, zur Behutsamkeit und Selbstbeherrschung sowie zum Erfinden und Darstellen. Ziel ist die „Förderung der gesamten Körperlichkeit (Sinnes- und Bewegungsschulung), des Selbstwertgefühls und des Gemeinschaftsgefühls, um damit eine Harmonisierung des Psycho- und Funktionsgefüges und eine tief greifende Verbesserung des emotional-sozialen Verhaltens zu bewirken" (Schäfer 1989).

Fördereinheiten sind in der Regel in eine Spielhandlung eingebunden, die auch noch viel Freiraum für das Umsetzen eigener Fantasien lässt. Ein besonders hoher Stellenwert kommt der Beobachtung der kindlichen Bewegungsmuster in den verschiedensten Spielsituationen zu.

3. Die Begriffe Motopädagogik – Mototherapie – Motologie – Psychomotorik

Vorträge, Veröffentlichungen und Tagungen lösten damals bei der Fachwelt großes Interesse aus und führten in der Folge zur Notwendigkeit, die Psychomotorik auch lehrbar zu machen, wie dies in vielen europäischen Ländern schon lange der Fall ist. Kommissionen und Arbeitsgruppen bemühten sich, eine einheitliche Terminologie und ein Curriculum für Fort- und Ausbildungslehrgänge zu konzipieren.

Der Terminus „Motologie" wurde in der Folge als Oberbegriff eingeführt, sollte Wissenschaftlichkeit repräsentieren und sich so von der „Psychomotorik", die als Meisterlehre bezeichnet wurde, abheben. Der Begriff Psychomotorik wurde somit im deutschen Sprachraum verdrängt durch den der „Motopädagogik" und der „Mototherapie", die praktischen Anwendungsfelder des Wissenschaftsgebietes Motologie. Es entstanden Ausbildungslehrgänge auf Fachschulebene zum/zur MotopädIn bzw. MototherapeutIn und ein viersemestriges Diplomstudium der Motologie, das sich mit der gesamten Breite der Motorik als Bewegungsgesamt des Menschen, ihrer Entwicklung und ihren Störungen befasst.

International wird allerdings nach wie vor der historisch gewachsene Begriff „Psychomotorik" verwendet, den auch ich bevorzuge, da er viel klarer die Wechselwirkungsprozesse von Wahrnehmen, Fühlen, Erleben und Denken bei Bewegungs- und Spielhandlungen verdeutlicht.

4. Psychomotorische Erziehung erfolgt ganzheitlich

Die gesellschaftlichen Veränderungen der vergangenen Jahrzehnte sind auch an unseren Kindern nicht spurlos vorübergegangen. Dauerberieselung durch Medien, zu wenig Bewegungsmöglichkeiten und Aktionsraum, wenig Raum für zweckfreies Spiel, volle Terminkalender auch schon bei Vorschulkindern sind sicherlich mit Gründe dafür, dass es häufiger als früher zu psychomotorischen Auffälligkeiten kommt. Symptome wie Bewegungsunruhe und Neigung zu destruktiven Handlungen, leichte Reizbarkeit und Ablenkbarkeit machen die Notwendigkeit einer ganzheitlichen psychomotorischen Erziehung immer deutlicher.

In der Wissenschaft der Psychomotorik wird der Mensch als eine psychomotorische, also leib-seelische Einheit betrachtet. Gerade im Kleinkindalter ist dieser Zusammenhang von Bewegung und gefühlsmäßigen sowie kognitiven Prozessen allgemein sichtbar, man kann sogar von einer psychomotorischen Entwicklungsphase sprechen.

4.1. Warum Bewegungsförderung?

Betrachten wir einmal die Welt aus der Perspektive des Kindes: Kinder laufen, hüpfen, springen, klettern, schaukeln, probieren aus, erforschen, sind neugierig ... – und alle diese mit Bewegung verbundenen Tätigkeiten machen ihnen großen Spaß. In der Regel brauchen sie für diese Aktivitäten keine Anleitung, vielmehr scheinen sie einem ihnen innewohnenden Drang folgend zu agieren.

Ein Grund dafür ist, dass Kinder die Welt nicht so wie die Erwachsenen abstrakt mit dem „Kopf" begreifen, sondern vielmehr konkret über ihre Sinne, vor allem aber über aktives Tun, also Bewegung.

Diese Erkenntnis geht letztlich auf Jean Piaget zurück, der als Erster eindrucksvoll beschrieb und belegte, dass die im konkreten Handeln immer besser ausgebildeten und immer enger vernetzten Bewegungs- und Wahrnehmungsleistungen das unverzichtbare Fundament unserer kognitiven Entwicklung darstellen. Vielfältige Bewegungs- und Wahrnehmungstätigkeit – den Prinzipien des Experimentierens und Variierens folgend – stellt daher die Basis für unser Wissen dar.

Durch Schaukeln, Balancieren, Rollen und Klettern gewinnen Kinder eine Vorstellung von Gleichgewicht, Schwerkraft und Schwung; Entfernungen, Geschwindigkeiten und Richtungen werden nur über das eigene Zurücklegen von Strecken erfahren; durch das Betasten von Gegenständen und Materialien entsteht ein Bild von unterschiedlichen Oberflächenbeschaffenheiten.

In diese intensive Wechselwirkung zwischen Sensomotorik und Kognition, die im Kleinkindalter besonders stark ist, sind auch die Emotionen und das Sozialverhalten hineinverwoben.

Beobachtet man das Bewegungsverhalten eines Kindes, so ist man auch häufig über seine psychische Befindlichkeit im Bilde. Wenn Kinder sich freuen, so zeigt sich das vom Kopf bis zu den Zehenspitzen. Wut, Ärger und Frustration werden zumeist nicht hinuntergeschluckt, sondern hör- und fühlbar ausgedrückt.

Dabei kommt dem freien Spiel eine elementare Bedeutung zu. In Spiel- und Bewegungshandlungen, meist mit symbolhaftem Charakter, spielen sich Kinder Erlebtes und Erlittenes buchstäblich vom Leibe und integrieren dabei neue Erkenntnisse oder verarbeiten Belastungen. Das Spiel hat also sowohl bildende als auch im Sinne einer Katharsis selbstreinigende Funktion.

Wenn wir nun von einer Ganzheitlichkeit kindlichen Erlebens ausgehen, wird deutlich, dass es unzweckmäßig ist, diese Ganzheit in der pädagogischen Praxis zu zerteilen und den Kindern Bewegungsförderung, Wahrnehmungstraining sowie die Förderung der kognitiven Fähigkeiten und des sozial-emotionalen Verhaltens getrennt anzubieten.

Kinder benötigen vielmehr eine umfassende Entwicklungsbegleitung, die ihre ganze Person anspricht und nicht nur Teilgebiete zu verbessern versucht.

Psychomotorische Erziehung will diesem Anspruch gerecht werden, indem sie Bewegung, hier primär als aktives Tun verstanden, als elementares Medium der Entwicklungsförderung betrachtet und das pädagogische Handeln danach ausrichtet.

Unter diesen Gesichtspunkten ist der Bewegung und Bewegungserziehung ein anderer Stellenwert einzuräumen. Dabei geht es nicht mehr um das Erlernen motorischer Fertigkeiten als frühzeitige Vorbereitung auf sportliche Aktivitäten, viel wesentlicher erscheint mir der Aspekt, dass Bewegung in der frühen und mittleren Kindheit ein elementares Erfahrungs- und Ausdrucksmedium darstellt. Deshalb erachte ich die Bewegungserziehung – hier vorrangig verstanden als Raumschaffen für vielfältige Erkundungs- und Erkenntnistätigkeit – als einen zentralen Bestandteil der Kleinkindpädagogik. Angeleitete Turneinheiten im Bewegungsraum bilden daher nur einen von vielen Bausteinen der psychomotorischen Erziehung im Kleinkindalter.

4.2. Wo bleibt die Wahrnehmung?

Wahrnehmung und Bewegung werden in der einschlägigen Wissenschaft als Einheit erkannt.

Unter **Wahrnehmung** versteht man die Fähigkeit, Reize primär aus der Außenwelt über die sensorischen Systeme aufzunehmen und ans Gehirn/Zentralnervensystem weiterzuleiten. Dies wird als objektiver Teil der Wahrnehmung bezeichnet. Das Verbinden, Vergleichen, Analysieren und Interpretieren der im Gehirn angekommenen Reize mit bereits früheren Erfahrungen und Emotionen gilt als der subjektive Teil der Wahrnehmung. Unsere Welt-Wahrnehmungen sind daher immer subjektive Konstruktionen, abhängig von den eigenen Vorerfahrungen, Eindrücken und Erlebnissen. Das heißt, es ist nicht das Auge, das sieht, und nicht das Ohr, das hört, sondern immer der ganze Mensch mit seinen individuellen Empfindungen und Gefühlen.

Jean Ayres, eine weltweit bekannte amerikanische Psychologin und Ergotherapeutin, bezeichnet dieses Zusammenwirken der Sinne als **sensorische Integration.** Es ist mit auch ihr Verdienst, dass die zentrale Bedeutung der körpernahen Sinne, also des Gleichgewichtssinnes und der taktil-kinästhetischen Wahrnehmung, wieder ins Blickfeld rückte. Als eine ihrer wichtigen Grundannahmen gilt, dass der Gleichgewichtssinn, der Tastsinn und der Bewegungssinn die Grundlage für jegliche Wahrnehmungsverarbeitung bilden.

Damit sich unser Sinnessystem optimal entwickelt, müssen ihm vor allem in der Kindheit viele Übungsmöglichkeiten geboten werden. Hier meine ich nicht isoliertes Wahrnehmungstraining – nach dem Motto: „An jedem Wochentag einen anderen Sinneskanal" –, sondern eine Förderung des Wahrnehmungsprozesses durch vielfältige Bewegungshandlungen. Denn der Prozess der Wahrnehmung ist als Erkundungsaktivität zu sehen, womit gemeint ist, dass sich die Wahrnehmungsfähigkeit nur in der aktiven (motorischen) Auseinandersetzung mit der Umwelt entwickelt.

4.3. Was bewegt sich im Kindergarten?

Bei einer Arbeitsbesprechung mit interessierten Eltern unserer Kindergartenkinder – es ging um eine kindgerechte und möglichst natürliche Gartengestaltung – wurden auch eigene Kindheitserinnerungen zur Frage ausgetauscht: „Wo haben wir als Kinder gespielt und was?"

Hier wurde sowohl den Eltern als auch uns Erzieherinnen deutlich bewusst, wie eingeengt heute der Spiel- und Bewegungsraum von Kindern ist. Sicherlich gab es früher kaum öffentliche Spiel- und Abenteuerplätze oder organisierte Sportangebote für Kinder, dafür gab es weitaus mehr zweckfreie Spielflächen wie Wiesen, Böschungen, wilde G'stätten, Hinterhöfe und verlassene Schuppen, die unerschöpfliche Spiel- und Bewegungsmöglichkeiten boten. Auch die Straßen gaben vielfach noch Raum für Ball- und Hüpfspiele, Rollerfahren, Seilspringen, Stelzengehen, Murmelspiele ...

Die Bilder in diesem Beitrag zeigen, wie vielfältig Kinder sich mit Einsatz ihrer ganzen Persönlichkeit aktiv ihre Umwelt aneignen und damit ihre Handlungskompetenz vergrößern – ein wichtiges Richtziel der psychomotorischen Erziehung. Mit Absicht sind alltägliche Situationen aus der freien Spielzeit, die das Kernstück der hier dargestellten Pädagogik bildet, gewählt. Dies soll bewusst machen, wie Kinder in einer vorbereiteten Umgebung von sich aus solche Tätigkeiten suchen, die sie für ihre gesunde Entwicklung benötigen.

Für uns PädagogInnen stellt sich die Frage, wie wir Kindern unter heutigen Bedingungen wichtige Sinnes- und Bewegungserfahrungen verstärkt ermöglichen können. Die neuesten Erkenntnisse über die kindliche Entwicklung müssen für uns ErzieherInnen Anlass sein, der Bewegung jenen Stellenwert einzuräumen, der ihr im Rahmen psychomotorisch orientierter Pädagogik zukommt.

In diesem Sinne soll der Kindergarten heute für Kinder einen erweiterten Erfahrungsraum bieten, in dem sie eigenständig individuelle Erfahrungen mit sich (Körpererfahrung), mit Materialien (Materialerfahrung) und mit anderen (Sozialerfahrung) sammeln und somit ihre Handlungs- und Kommunikationskompetenz vergrößern können.

5. Zusammenfassung

Die psychomotorische Erziehung ist kein modisches Konzept einer „neuen" Bewegungserziehung, sondern eine konsequente Besinnung darauf, wie Kinder die Welt begreifen und in ihr leben.

Kinder sind heutzutage zunehmend Spannungsfeldern von Reizüberflutung und Bewegungs- und Handlungseinschränkung ausgesetzt und der Kindergarten muss darauf reagieren.

Die Beschäftigung mit psychomotorischer Erziehung führt uns konsequenterweise zur Auseinandersetzung mit dem freien selbsttätigen Spiel und dessen Stellenwert in der Kindergartenpädagogik.

Die vertieften Erkenntnisse über die Lernprozesse bei Kindern steigern unser berufliches Selbstwertgefühl und stützen uns in der Argumentation gegenüber Eltern oder Erhaltern.

Literatur

Ayres, J. (1992): Bausteine der kindlichen Entwicklung. Berlin: Verlag Springer

Fischer, K. (1996): Entwicklungstheoretische Perspektiven der Motologie des Kindesalters. Schorndorf: Verlag Hofmann

Irmscher, T./Fischer K. (1989): Psychomotorik in der Entwicklung. Schorndorf: Verlag Hofmann

Kiphard, E. J. (1980): Mototherapie. Dortmund: Verlag modernes lernen

Philippi-Eisenburger, M. (1991): Motologie. Schorndorf: Verlag Hofmann

Piaget, J. (1992): Das Erwachen der Intelligenz beim Kinde. München: dtv

Schäfer, I. (1989): Grundbausteine der psychomotorischen Übungsbehandlung. In: Irmscher, T./Fischer, K.: Psychomotorik in der Entwicklung. Schorndorf: Verlag Hofmann

Zimmer, R. (2003): Handbuch der Bewegungserziehung. Freiburg: Verlag Herder

Zimmer, R. (1999): Handbuch der Psychomotorik. Freiburg: Verlag Herder

Zimmer, R./Cicurs, H. (1995): Psychomotorik. Schorndorf: Verlag Hofmann

Der Beitrag wurde erstmals in „Unsere Kinder" 1/1999 publiziert; Überarbeitung 2005.

KLAUS MIEDZINSKI

Bauen und Bewegen

Spielen und Gestalten nach dem Konzept der Bewegungsbaustelle

Am Beginn der 1980er Jahre wurde das Konzept der Bewegungsbaustelle erstmals in einem „Modellprojekt" der Frankfurter Arbeitsgruppe auf Anregung von Gerhard Landau vorgestellt und in seinem späteren Tätigkeitsfeld an der Universität Braunschweig von Klaus Miedzinski in die Kindergartenpraxis eingeführt. Seither hat sich die Idee ständig weiterentwickelt und große Verbreitung gefunden. Neben der Welt der Computer und Gameboys scheint das „Elementare" im Kinderspiel auch heute seinen Reiz zu haben, wie es sich am Beispiel des Fröbel'schen Holzbaukastens mit den elementaren Formen Würfel, Quader und Zylinder gezeigt hat. Die Entwicklung der ersten Materialien hat sich daran orientiert.

Das Bemerkenswerte an diesem Konzept ist seine Offenheit und Vielschichtigkeit der Umsetzung in die Praxis, je nach örtlichen Bedingungen. Durch die Beobachtung der Kinder und durch die Rückmeldungen aus den Kindergärten kam es zur weiteren Entwicklung ansprechender Materialien und zu einem immer besseren Wissen und Verständnis der Aktivitäten auf einer Bewegungsbaustelle. Dabei konnte der Autor auf Beobachtungen von Kindern in verschiedenen Ländern Lateinamerikas zurückgreifen. Im Rahmen einer Projektarbeit in Peru wurde ein Spielplatz mit einer Bewegungsbaustelle hergestellt. In ihren spontanen, kreativen Spielsituationen entwickelten die peruanischen Kinder unterschiedlicher Altersstufen variationsreiche Aufbauten von Wippen, Balancierstationen u.Ä. Daraus ergab sich eine Fülle von Anregungen zur Herstellung neuer Bauteile.

Die Bewegungsbaustelle ist inzwischen zu einem wirksamen Bestandteil praktischer psychomotorischer Entwicklungsförderung geworden. Betont wird dabei die Identitätsfindung und Entwicklung des Selbstkonzeptes des Kindes. Von besonderer Bedeutung sind das Vertrauen in eigene Fähigkeiten, das aktive Zugehen auf andere und Bewältigen vielfältiger Anforderungen.

Kinder können sich mit einfachen Bauteilen (Brettern, Kanthölzern, Autoreifen ...) ihre je eigenen Bewegungsanlässe zum Klettern, Schaukeln, Wippen, Rutschen, Balancieren, Fahren errichten, Rollenspiele damit inszenieren und natürlich ihre Bewegungskünste und Geschicklichkeiten entwickeln. Die Bewegungsbaustelle stellt somit ein einfach umsetzbares Konzept dar, das vor allem im Vor- und Grundschulalter Kinder auf attraktive Weise herausfordert, ihre großräumigen Bewegungen zu aktivieren.

Die Grundidee von Bauen und Bewegen ist keinesfalls neu. Bauen und Bewegen im Sinne des Herstellens von Bewegungsanlässen im natürlichen Umfeld ist immer schon ein Thema im kindlichen Bewegungsspiel gewesen. Die bedeutende österreichische „Leibeserzieherin" Margarete Streicher hat im „Natürlichen Turnen" schon vor langer Zeit aufgezeigt, wie Kinder sich mit Hilfe von Bank, Schemel, Stuhl, Brett und Leiter ihre Turngelegenheiten selbst schaffen.

1. Mehr Geschicklichkeit durch Bewegung

Es ist ein besonderes Verdienst des Konzeptes der Motopädagogik, dass Bewegung auch in den Kindergärten als sehr wichtiges Prinzip der allgemeinen Entwicklungsförderung der Kinder angesehen wird. Inzwischen gibt es wohl kaum noch einen Kindergarten, in dem Bewegung nicht im Tagesablauf eingeplant ist. Ansatzpunkt für die unterschiedlichsten Aktivitäten sind immer wieder die großräumigen Bewegungen, also Gelegenheiten zum Kriechen und Wälzen, Drehen und Rollen, Überschlagen,

Gehen, Laufen, Springen, Klettern, Schaukeln, Schwingen, Wippen und Balancieren. Können Kinder diese großräumigen Bewegungen ausleben, kommen sie zur inneren Ausgeglichenheit und Ruhe. Sie können dann feinmotorische Tätigkeiten wie Basteln, Malen, Scherenschneiden konzentriert ausführen. In den vielfältigen Situationen des Balancierens kommt es beispielsweise immer wieder auch bei zunächst ungeschickten, motorisch auffälligen Kindern zu kleinen Erfolgserlebnissen. Das Gefühl der Bewältigung einer sich selbst gestellten schwierigen Balanceaufgabe kann einen ersten kleinen Baustein für mehr Selbstvertrauen bedeuten.

Die großräumigen Bewegungen sind nicht selten mit Lustgefühlen und Freude über die Angstbewältigung und ihren Erfolg verbunden. Bei manch riskantem Bewegungsabenteuer holen sich die Kinder den kleinen Kick. Das gelingende Bewegungskunststück fördert das Wohlbefinden und gibt Vertrauen in eigenes Bewirken. Gleichzeitig vermittelt es Sicherheit für künftige ähnliche Situationen und führt zu kompetentem Bewegungsverhalten.

2. Gesetzmäßigkeiten entdecken, Wissen erwerben und das Chaos ordnen

Besonders wirkungsvoll für die Kinder ist ihr ganz eigenes, selbstständiges Konstruieren der Bewegungsanlässe, z.B. sich die Wippe zu schaffen, einen Balanciersteg anzulegen, eine schiefe Ebene für den Absprung zu bauen, einen Kletterturm aufzurichten, sich ein Karussell für mehrere auszudenken oder gar eine ganz besondere Schaukel aufzuhängen. Dabei entdecken die Kinder Eigengesetzlichkeiten der Dinge, ihre Bewegung löst Wissen über die Materialien aus, die Umgangsmöglichkeiten damit erweitern sich, je variationsreicher die Auseinandersetzung ist. In ihren unermüdlichen Bewegungsversuchen nutzen sie Beschleunigungs- und Bremskräfte beim Fahren, das verstärkte Pendeln beim Schaukeln, die Federkraft eines Traktorschlauches, die Schleuderkräfte der Wippen und die Rotationsgeschwindigkeit einer Drehscheibe.

Außerdem erfordert ein solches Bauen und Bewegen die Zusammenarbeit in der Kleingruppe. Wie selbstverständlich wird das sperrige, schwere Brett zu zweit getragen. Beim Turmbau müssen mehrere Hände den Unterbau absichern und anderes mehr. Dazu kommt ein kognitiver Aspekt: Das Wissen über Stabilität und Labilität, über Fliehkräfte, Gewicht und Sperrigkeit von Gegenständen, über Kraftverhältnisse entwickelt sich vorwiegend über taktil-kinästhetische Sinneseindrücke. Kenntnisse über die Realitäten in dieser Welt gründen sich über den Tastsinn. Beim Überprüfen der Aufbauten mit Händen und Füßen im Abtasten, Ertasten und Erspüren findet der kleine Mensch heraus, ob etwas hält, nachgibt, wackelt etc. und wie weit die Brücken, Stege, Wippen, schiefen Ebenen im Balancieren, Springen, Rutschen belastbar sind. Es entwickeln sich im „Spüren und Bewirken" stimmige, elastische Bewegungen. (Hierzu weitere Ausführungen bei Sobczyk/Landau 2003, S. 100f.)

Auf der Bewegungsbaustelle kommt die Lust des Eingreifens, des ordnenden Handelns, etwas zu erbauen und sich daran aufzurichten zum Tragen. Aus einem anfänglichen Chaos entstehen Gestalten, ganz eigene Bauwerke, symmetrische, harmonische Figuren, die den jeweiligen physikalischen Bedingungen entsprechen, den Bewegungsabsichten entgegenkommen und Erfahrungen wie Dynamik, Akzentuierung, Gegliedertheit, Fluss oder Rhythmus zulassen.

3. Die Wippe – praktisches Beispiel elementaren Bauens und Bewegens

Am Beispiel einer einfachen Wippe kann das „Begreifen" von Ursache und Wirkung von Kräften deutlich werden. Ein Kind hat ein Brett über einen Klotz gelegt und geht zunächst Schritt für Schritt vom Aufstieg über den Auflagepunkt mit kurzen Schritten behutsam nach unten und bringt damit das Brett zum Kippen. Dieser Vorgang kann schon bei zweijährigen Kindern beobachtet werden, wenn das Gehen, Hüpfen und Springen vielfach geübt sind. In den zahlreichen Wiederholungen dieses Ablaufes der etwas größeren Kinder werden die Schritte schneller, das Gehen steigert sich zum Laufen und Springen. Ist ein Spielpartner zur Stelle, wippen die Kinder in der Gegenüberstellung, bis sie durch verstärktes Hüpfen in die Höhe schnellen (Foto nächste Seite oben).

Später erweitern sie das „Wippspiel", indem sie das Brett auf der Auflage verschieben, um einen kurzen und langen Hebelarm zu bekommen. Durch Springen auf den kurzen Hebel kann dann gegenüber ein beliebiger Gegenstand (Puppe oder Ball) mittels des langen Hebels in die Höhe geschleudert werden. Entsprechend der Auflage für das Brett (Walze, Halbrund, federnder Autoreifen etc.) kommt es zu je unterschiedlichen Effekten, die auch den Schwierigkeitsgrad der Handlung bestimmen. Aus einer Wippe kann eine schiefe Ebene entstehen, die zum Springen in Höhe und Weite herausfordert. Kinder sind geduldig auf der Suche nach solchen lohnenden Effekten. Das muss nicht immer gleich gut gelingen. Am Anfang genügen kleinste Spuren einer sich anbahnenden Bewegung, die sich durch vielfaches Wiederholen zu einem vergnüglichen Kunststück entwickelt. Der Pädagoge würde sagen: „Der Weg ist das Ziel."

Die Bewältigung selbst gestellter Bewegungsaufgaben verstärkt das Vertrauen in das eigene Können, vermittelt Mut und Selbstvertrauen. Das Könnenserleben ist gepaart mit dem „Selber-Ursache-Sein". Die Bewegungsbaustelle bietet dafür immer wieder neue Herausforderungen. Legt das Kind ein Brett auf eine erhöhte Unterlage und macht darauf erste Balancierschritte, bekommt es sogleich entsprechende Rückmeldungen über Gelingen oder Misslingen. Schritt für Schritt wird es den Schwierigkeitsgrad verändern, z.B. die Kippligkeit oder Höhe steigern, Sprünge wagen und später den Balancierweg verlängern. Vorgaben für die Bewegungsherausforderungen ergeben sich nahezu zwangsläufig aus der Beschaffenheit der Bauteile.

4. Bewegungsbaustelle ganz konkret

In den Jahren der Entwicklung von Bewegungsbaustellen haben sich von Beginn an eine Reihe einfacher Materialien bewährt, die den Bau-, Bewegungs- und Gestaltungsabsichten der Kinder entsprechen. Sie sind in Anlehnung an den Fröbel'schen Holzbaukasten mit Quader, Zylinder und Würfel entstanden. Es sind dies Bretter (2 m Länge, 25 cm Breite und 3 cm Stärke), große Holzklötze (Leimbinderabschnitte, 40 cm lang, 20 cm breit und 12 cm hoch), dazu kommen mehrere Autoreifen. Inzwischen haben sich die breiten „Sportwagenreifen" (Schumireifen) als ideale „Bauteile" erwiesen. Durch Stabilität und breite Auflagefläche bieten sie stabile Auflagen für die Bretter.

Mit diesen einfachen Bauteilen können sich die Kinder schon Lauf- und Balancierwege bauen, Sitzgelegenheiten schaffen, Fahrzeuge und Häuser bauen etc. Um ein Bauen in die Höhe zu ermöglichen, kamen später selbst hergestellte Großwürfel (50 cm Seitenlänge) aus Styroporplatten oder Vollstyropor (aus dem Baustoffhandel) dazu, mit Teppichboden bzw. Filz belegt. Die Konstruktion anspruchsvollerer Gebilde für die Kinder ist mit den Turn- und Stapelkästen (Zauberkästen) gegeben, diese sind mit Löchern und Schlitzen versehen. Damit können sie mit Brettern untereinander verbunden werden (s. Foto rechts).

So entstehen immer wieder neue raumgreifende Bauten zum Balancieren, Klettern, Springen, Rutschen. Im Kindergarten entwickeln sich diese Bewegungsaktivitäten zu Rollenspielen. Als Beigabe für den Hütten- und Budenbau eignen sich große Schwungtücher, Decken und auch Aufsprunghilfen in Form von Matratzen oder kleineren Weichbodenmatten. Die großen Traktorschläuche in Kombination mit Weichbodenmatte oder Matratze bieten ideale Sprunggelegenheiten, Herausforderungen an Mut und Geschicklichkeit. Dabei enwickelt sich das Springen auf dem Schlauch mit jeder Wiederholung zu einem verbesserten Absprunggefühl, das zum Gelingen unterschiedlichster Sprunggestalten beiträgt.

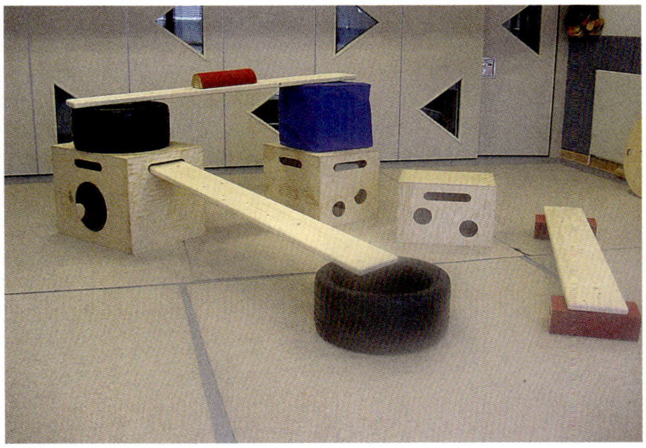

5. „Die kleine Bewegungsbaustelle"

Eine Erweiterung der Bewegungsbaustelle hat sich mit der Entwicklung des kleinen Baukastens „Cubito" zur Mini-Baustelle ergeben. Dieser Baukasten zum Bauen und Bewegen, Spielen und Gestalten ist erst nach dem überraschenden Erfolg in der Spielpraxis mit Kindern in verschiedenen Kindergärten einer größeren Öffentlichkeit bekannt gemacht worden. Er gehört zu den „elementaren" Bauteilen, die sich durch einfache Herstellung, geringe Kosten (s. auch die Zauberkästen) und überzeugende Praxis im Spiel der Kinder hervorgetan haben. Inzwischen sind in verschiedenen Jugendwerkstätten zahlreiche Bausätze kostengünstig hergestellt worden. Grundmaterial sind gehobelte lange Bauhölzer aus den Baumärkten. Seine vier unterschiedlichen Bauteile (s. Zeichnung) Block, Quader, Zylinder und Fläche (Brettchen) verleiten zunächst, wie bei anderen Baukästen auch, unterschiedlichste Bauwerke (Türme, Brücken, Gebäude etc.) zu errichten. Haben die Kinder eine größere Bewegungsfläche (größer als übliche Bauteppiche), dann fördert Cubito Bewegung heraus: Balancieren auf ausgelegten Straßen, Überspringen von kleinen Hürden, geschicktes Schreiten über viele verstreute Quader auf dem Boden, Durchlaufen eines „Klotzwaldes" oder einer „Neubausiedlung" etc.

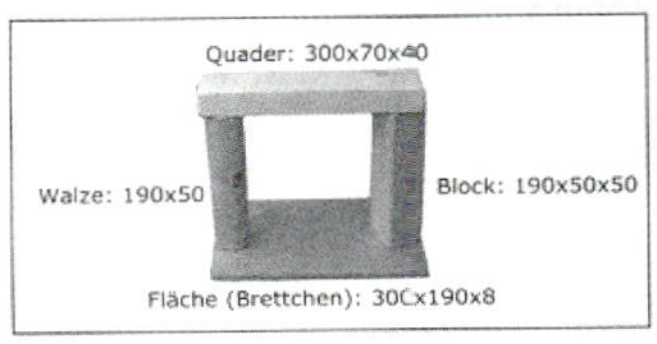

Im Vorwort zur Broschüre „Cubito" hebt Klaus Fischer die Bedeutung der Planungsfähigkeit als „Basiskompetenz" der Kinder heraus: „Diese Basiskompetenz ist notwendig, um Schreiben, Lesen und Rechnen zu lernen. Dazu müssen die Kinder lernen, die Raumdimensionen zu erkennen, Reihenfolgen einzuhalten, Formen, Größen, Mengen zu differenzieren und Symbole zu verstehen. Dieses erfahren sie im Spiel. Der hohe Aufforderungscharakter des Materials fordert die Kinder zu Konstruktionen und Kombinationen heraus und lässt ‚en passant' die Basiskompetenzen entstehen, die die Kinder zur Bewältigung gegenwärtiger und zukünftiger Herausforderungen benötigen" (Fischer in: Cubito, S. 4/5).

6. Halbtechnologie ermöglicht Vielfalt

Dem Errichten von auffordernden Bewegungsanlässen des Schaukelns, Rotierens und Fahrens sind mit diesen einfachen Materialien aus dem Selbstbau Grenzen gesetzt. Im Laufe der Entwicklungen von Bauteilen musste für diese Art von Bewegungen auf die Technik zurückgegriffen werden. Unter der Bezeichnung „Loquito" sind technische Hilfsmittel hinzugekommen bzw. wurden weitere Bauteile entwickelt: Karabinerhaken, Drehwirbel, Arbeitsschlaufen, Schaukelgurte, Drehscheiben, Schienenfahrzeuge und dergleichen mehr. Diese Bauteile einer Halbtechnologie sind nicht als fertige Spielgeräte gedacht, sondern lassen sich wie bei einem Baukasten miteinander zu immer wieder neuen Schaukeln, Wippen, Karussells und Fahrzeugen verwandeln.

Der Begriff Halbtechnologie weist auf die sogleich erkennbare Funktion der Bauteile hin und auf deren einfachen praktischen Umgang mit ihnen (z.B. Karabinerhaken). Die schon vorhandenen Gerätschaften im Bewegungsraum (Bänke, kleine Kästen etc.) lassen sich mit den Bauteilen von Loquito kombinieren: z.B. in die Arbeitsschlaufen einhängen oder Bank auf die Drehscheibe auflegen.

Beispiel Drehscheibe:

Das Karussellfahren in Bodenhöhe mit Hilfe einer Drehscheibe und Brettern hat seinen besonderen Reiz. Zunächst steht das Erkunden der Drehscheibe im Mittelpunkt. Durch Verändern der Körperpositionen wird der Drehimpuls gesteigert, die Auswirkungen von Fliehkräften werden unmittelbar in Erfahrung gebracht. Die Faszination darüber, wie kleinste Bewegung großen Einfluss auf die Drehgeschwindigkeit ausüben kann, lässt stets neue Bewegungen in vielfacher Wiederholung entstehen. Der nächste Schritt ist das Drehen zu zweit gegenüber auf einem Brett. Beim Annähern der Oberkörper nimmt die Drehgeschwindigkeit rasant zu, um im langsamen Nach-hinten-Beugen wieder allmählich abzuklingen. Weitere Variationen sind möglich, indem auf zwei über Kreuz gelegten Brettern eine kleine Turnmatte postiert wird. Es entsteht eine Drehfläche, auf der mehrere Kinder Platz finden und sich liegend selbst den Drehabstoß vom Boden geben. Anfangs wird für die Herstellung der Konstruktionen die Hilfe und Anregung eines Erwachsenen erforderlich sein, bis die Kinder bald darauf ganz eigenständig das Aufbauen übernehmen. Karussellfahren, Schaukeln oder schnelles Fahren haben starke Wirkung auf die Befindlichkeit der Kinder (Emotionen, „Angstlust", Angstbewältigung ...).

„Dieser natürlichen Reizsuche, dieser Lust am Schaukeln, Schwingen, Schleudern und Gedrehtwerden liegt ein biologisches und psychologisches Grundbedürfnis zugrunde. Es ist das Verlangen nach vestibulären, d.h. den Lage- und Gleichgewichtssinn im Innenohr stimulierenden Bewegungsreizen. Sie sind gleichzeitig wichtige Entwicklungsreize für die sich entfaltende kindliche Sensomotorik" (Kiphard 1996, S. 232).

7. Sicherheitsfragen und -aspekte

Immer wieder kommen Fragen auf, welchen Gefahren Kinder auf der Bewegungsbaustelle ausgesetzt sind bzw. ob nicht dann und wann ein Unfall passiert. Bis heute sind mir keine schwerwiegenden Verletzungen von Kindern bekannt geworden. Vielmehr bestätigt die Erfahrung, dass Kinder im Umgang mit den Situationen zunehmend sinnessicher und trittsicher werden. Ihr zunehmendes Selbstvertrauen hilft ihnen, konzentrierter und in richtiger Einschätzung ihres Bewegungskönnens zu handeln. Das hängt nicht zuletzt von einer einladenden Umgebung ab, die ihnen Vertrauen gibt und wo die noch nicht so sicheren Kinder vorsorglich von Erwachsenen im Hintergrund betreut werden. Mit den selbst geschaffenen Bewegungssituationen können sie schon beim Bauen Gefahren einschätzen und sich Schritt für Schritt, Entscheidung für Entscheidung darauf einlassen. Der/Die betreuende Erwachsene strukturiert durch entsprechende Auswahl von Bewegungsbauteilen die Situation vor. Natürlich gilt es, durch eigenes Bewegen mögliche Handlungsspielräume herauszufinden und selbst Bewegungshandlungen auszuprobieren, um im Sinne der Sicherheit und der Spielfreude motivierend, helfend eingreifen zu können, ohne das Spiel zu stören. Im Spannungsfeld von Eingreifen und Gewährenlassen ist abzuschätzen, was Kindern zuzumuten ist. Sinnvoll und sicherer ist das Bauen und Bewegen in der Kleingruppe (vier bis sechs Kinder). Auch ist die Raumgröße und Strukturierung von Bedeutung.

Dieser Gedanke der Förderung „aktiver Sicherheit" wurde im Modellprojekt im Landkreis Schaumburg bei Hannover (mit zwölf beteiligten Kindergärten 1999–2001) „Bewegung als Motor kinderlicher Entwicklung – eine kinderpolitische Maßnahme" durch den Gemeinde-Unfallversicherungsverband Hannover weitgehend unterstützt, wie das folgende Zitat aus der Informationsschrift belegt:

„Sicheres Bewegen erfordert die Fähigkeit, mit Risiken verantwortlich und kompetent umgehen zu können. Diese Selbstsicherungsfähigkeit entsteht erst über die vielfältige Konfrontation mit bewegungsreichen Anforderungssituationen und durch die bewusste Auseinandersetzung im selbsttätigen Lernen damit. Die Aufgabe von Erwachsenen in Kindergärten liegt darin, diese Handlungsspielräume bereitzustellen, Situationen zuzulassen, sie überschaubar zu gestalten, ‚Fallen' zu entfernen und berechenbare Gefahrensituationen mit Kindern zu thematisieren." (Info: Kinder in Bewegung, 9)

8. Modellhafte Umsetzung – abschließende Hinweise

Dieser Beitrag kann nur einen Ausschnitt der vielfältigen Facetten dieses komplexen und über viele Jahre bis heute lebendigen Projektes herausstellen. Es lebt vor allem durch die sichtbare, anziehende Praxis, die sich auch in vielen Kindergärten Österreichs entwickelt hat. Zahlreiche Fortbildungen haben zur Verbreitung der Idee in Niederösterreich beigetragen. Wertvolle Anregungen für die Praxis kommen dabei immer wieder aus einzelnen Kindergärten, die quasi Modellcharakter aufweisen, besonders in der Weise, wie die Bewegungsbaustelle in das Alltagsgeschehen eingebunden ist und wie die Erwachsenen selbst diese Idee mit Liebe vermitteln. Im Heft 1/98 von „Unsere Kinder" berichtete Helga Penz vom Besuch einer Gruppe Kindergarteninspektorinnen aus Niederösterreich und über ihre Erfahrungen in der Kindertagesstätte Schuntersiedlung in Braunschweig mit der Bewegungsbaustelle. Dieser Kindergarten wurde 2004 mit dem „Deutschen Präventionspreis" für das Gesamtkonzept ausgezeichnet. Dazu heißt es in der Projektbeschreibung: „Die Bewegungsbaustelle erfüllt alle an sie gesetzten Erwartungen bezüglich des didaktischen Prinzips von Denken und Machen. Sie bietet vielfältige Möglichkeiten für motorische, sensomotorische und materiale Erfahrungen. Soziales Verhalten wird erlernt und praktiziert. Positive wie zum Teil auch negative Erfahrungen ermöglichen den Kindern eigene Kräfte, Fähigkeiten und auch Schwächen einschätzen zu lernen und ein eigenes Ich-Bild zu entwickeln. Die Spielsituationen sind ausreichend unreglementiert und offen, sodass die Kinder ihre schöpferischen Fähigkeiten entwickeln und entfalten können ..." (Broschüre „Deutscher Präventionspreis" 2004, S. 27)

Literatur

Gemeinde-Unfallversicherungsverband Hannover (2002): Info Modellprojekt Landkreis Schaumburg

Kiphard, Ernst Jonny (1996): Die Bewegungsbaustelle geht neue Wege ... In: Praxis der Psychomotorik 4, S. 231–233

Miedzinski, Klaus ([9]2000): Die Bewegungsbaustelle. Kinder bauen ihre Bewegungsanlässe selbst. Dortmund: Verlag modernes lernen (vergriffen)

Miedzinski, Klaus (2000): Cubito. Wissersheim

Miedzinski, Klaus ([2]1995): Erlebnispädagogik in Südamerika. Lüneburg: Verlag edition erlebnispädagogik

Miedzinski, Klaus/Fischer Klaus (in Vorbereitung): Die Neue Bewegungsbaustelle. Modell psychomotorischer Förderung, Lernen mit Kopf, Hand, Fuß und Herz

Penz, Helga (1998): Bewegungsbaustelle – ein spannendes Lernfeld. In: Unsere Kinder 1, S. 10–11

Sobczyk, Barbara/Landau, Gerd (2003): Das mobile Klassenzimmer. Immenhausen: Prolog Verlag

DVD-Filme zur Bewegungsbaustelle und zu Cubito (jeweils ca. 18 Min.)

Weitere Informationen über Literatur, Bauanleitungen etc. im Internet: www.bewegungsbaustelle.com; www.cubito.de

Information

Die Bewegungsbaustelle hat sich in einer Reihe von Modellprojekten bewährt: AWO Landesverband Thüringen e. V., Hamburger Forum Spielräume, Modellprojekt „Bewegung als Motor kindlicher Entwicklung", Jugendamt Stadthagen. In zahlreichen Jugendwerkstätten sind kostengünstige Materialien hergestellt worden.
Die Fa. Hagedorn, Frongasse 15, D-52388 Wissersheim, stellt Loquito-Bauteile her und veranstaltet Fortbildungen. Der informative Katalog zeigt vielfältige Anwendungen der Loquito-Bauteile, berichtet über Sicherheit und pädagogisches Konzept.

Der Beitrag wurde erstmals in „Unsere Kinder" 2/2004 publiziert; Überarbeitung und Ergänzung 2005.

Helga Penz

Lernfeld Bewegungsbaustelle

Anfang der 1990er Jahre lernten wir bei einem Symposion Klaus Miedzinski und sein Konzept der Bewegungsbaustelle kennen. Beim Besuch in dem Kindergarten in Braunschweig, in dem er die Bewegungsbaustelle entwickelt hatte, konnten wir uns mit den konkreten Umsetzungen vertraut machen.

Kreative Umsetzungen

Interessant ist, wie schnell sich die Idee einer Bewegungsbaustelle verbreitet und entwickelt hat. Es gibt kaum mehr einen Kindergarten, in dem nicht irgendein Ansatz einer Bewegungsbaustelle zu finden ist. Jede Nische wird zum Schaukeln, Hüpfen oder Bewegungsbauen genützt. Meist wird im Bewegungsraum vom Anfang bis zum Ende eines Tages eine Bewegungslandschaft angeboten, die nur bei gezielten Aktivitäten gesperrt ist. Aber auch die Garderoben werden verändert – verlegt oder verkleinert –, um mehr Platz für Bewegungsmöglichkeiten zu schaffen. In einem viergruppigen Haus funktionierten die Kolleginnen – unterstützt durch die Gemeinde und die Eltern – einen ganzen Dachboden zur Bewegungsbaustelle um. Kreative Welten tun sich auf, nicht nur bei der Suche nach Raum, sondern auch beim Finden von Material. Meine Kolleginnen erwiesen sich als äußerst erfinderisch. Neben den herkömmlichen Materialien sehe ich Schachteln in allen Größen und Variationen, Papprohre, Garnspulen ... – Sogar die Schreibtische der KindergartenpädagogInnen fand ich schon in Bewegungsbaustellen eingebaut.

Die Grundidee von Klaus Miedzinski ist auf fruchtbaren Boden gefallen, sie wurde aber nicht einfach kopiert, sondern den jeweiligen Verhältnissen entsprechend umgestaltet und weiterentwickelt.

Ein wichtiges Lernfeld

Da es keine fertigen Bewegungssituationen gibt, haben die Kinder die Chance, selbst zu gestalten oder zumindest mitzugestalten. So haben sie die Möglichkeit, das zu finden, was sie ihrer Entwicklung entsprechend gerade brauchen. Spielerisch lernen sie die physikalischen Gesetzmäßigkeiten der Materialien kennen und gelangen dabei zu einem fantasievollen Umgang mit ihnen. Die Kinder haben zahlreiche Möglichkeiten, ihren eigenen Körper gut kennen zu lernen. Die vielen großräumigen Bewegungen bilden eine gute Basis für die Feinmotorik. Diesbezüglich haben wir auch positive Rückmeldungen von den Schulen. Besonders beeindruckt bin ich von einem „Nebenaspekt" – nämlich von den Auswirkungen auf den sozialen Bereich. Es ist so, wie Dr. Ingeborg Flemming schreibt: „Bewegung ist Voraussetzung für vieles, doch Kommunikation ist ohne Bewegung nicht möglich. Wer kein Gefühl für den eigenen Körper entwickeln konnte, wird mit anderen Menschen nicht so gut zurechtkommen." In den Bewegungsbaustellen entwickeln sich fast immer Rollenspiele. Die Kinder überlegen, planen, besprechen und entwickeln dabei ganz selbstverständlich ihre eigenen Regeln.

Wenn SchülerInnen versuchen, unseren Kindern Bewegungsangebote zu machen, kann es mitunter vorkommen, dass diese sich wehren. Denn Kinder, die gewohnt sind, sich ihre Bewegungslandschaft selbst zu gestalten, vertragen nicht zu viele vorgesetzte Ideen und schon gar keine Leerläufe oder Wartezeiten. Manchmal habe ich schon gehört, dass Kinder den SchülerInnen vorschlugen: „Lasst es uns doch selber machen!" Es ist ein abenteuerlicher Weg, auf dem ErzieherInnen und Kinder viel voneinander lernen können. Und in keinem anderen Bereich ist unsere Möglichkeit, die Kinder zu beobachten, so gut wie in der Bewegungsbaustelle.

In unseren Bewegungsbaustellen geht es zwar etwas laut zu, doch die Kinder sind dort nicht wild, sondern fröhlich. In den Gruppenräumen ist es angenehm ruhig geworden. Vor allem auf die problematischen Kinder wirken sich Bewegungsbaustellen sehr positiv aus. Ein sehr schwieriger Bub schaukelte gerade sehr hingebungsvoll, als ich in seinen Kindergarten kam. „Du", sagte er zu mir, „Schaukeln ist so gut für mich, so gut für meine Seele."

Der Beitrag wurde in längerer Form erstmals in „Unsere Kinder" 1/1998 publiziert.

Johanna Hammerle

Alternative Spiel- und Bewegungsangebote

Seit ich selbst Kinder habe, verstehe ich besser, was auch im Kindergarten vonnöten ist. Herkömmliches habe ich eliminiert oder umfunktioniert, um Platz zu schaffen für alternative Möglichkeiten. Mit „alternativ" und „improvisiert" meine ich aber nicht schlampig. Ganz im Gegenteil! Je einfacher Angebote sind, desto sorgfältiger müssen sie aufbereitet sein.

Die Hüpfecke

Was passt in eine Nische in der Garderobe mit einer Größe von 2 x 2,5 m? Eine Sitzgruppe, eine Musikecke, ein Bilderbuchplatz …?

Meine eigenen Kinder brachten mich auf eine Idee: Die beiden würden am liebsten täglich in den Betten hüpfen. Wenn sie einmal Gelegenheit dazu haben, nützen sie diese intensiv und drücken dabei durch Lachen, Singen und Schreien ihre Freude aus. Diese Anregung wollte ich auch im Kindergarten umsetzen.

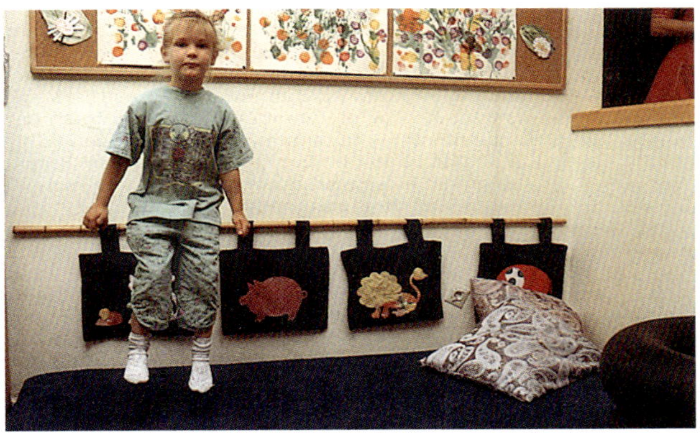

Bei den vielen Elterngesprächen am Morgen erwähnte ich, dass ich auf der Suche nach einer Matratze sei. Eine Mutter reagierte prompt und stellte uns eine zur Verfügung. Das gute Stück passte genau auf den vorgesehenen Platz und wurde mit einem blauen Spannleintuch überzogen, das Rundherum wurde zudem gemütlich ausgestaltet. Vor die Matratze legte ich einen Teppichboden, damit die Kinder nicht mit dem kalten Fußboden in Berührung kommen.

Unsere „Hüpfecke" war damit geboren!

„Bitte darf ich hüpfen?", ist seither die häufigste Frage. Wenn man die hüpfenden Kinder sieht, merkt man, wie glücklich sie sind und welchen Bewegungsdrang sie haben, sei es zum Heraushüpfen des Schlafes am Morgen, der aufgestauten Aggressionen oder einfach nur, um lustig zu sein.

Der Hirsetisch

Eigentlich wurde die Hirse im umfunktionierten Tontisch für unser Integrationskind angeschafft, um Schütt-, Wühl- und Suchspiele zu ermöglichen. Es machte aber auch allen anderen Kindern Spaß, diese Tätigkeiten auszuüben.

Hirse vermittelt ein sehr angenehmes Gefühl in den Händen und auf den Armen und regt deshalb die Kinder zu längerer Ruhe und Konzentration an. Vor allem das Wühlen in der Hirse ist den Kindern wichtig, das Finden der darin versteckten Gegenstände zweitrangig.

Trotzdem entwickelten die Kinder lustige Suchspiele mit Holzkugerln, Schneckenhäusern, Steinchen, Murmeln oder Knöpfen. Vorher wurden die Gegenstände abgezählt, da alle wieder gefunden werden mussten. Dominik (sechs Jahre) stand lange Zeit und immer wieder beim Hirsetisch und steigerte sich von anfangs fünf Knöpfen auf zwanzig Stück. „Das spürt sich so herrlich an", sagte er.

Der Beitrag wurde erstmals in „Unsere Kinder" 6/1993 publiziert.

Michaela Moratelli

Entspannungsübungen im Kindergarten

1. Entspannungsübungen

Kinder erkennen nicht von vornherein den Nutzen von „Entspannung", sondern müssen zunächst – in einer spielerischen Art – dazu motiviert werden. Der Aufbau der einzelnen Übungen erfolgt vom Einfachen zum Schwierigen, vom Lauten bzw. Schnellen zum Leisen bzw. Langsamen, von außen nach innen.

1.1. Stilleübungen

Bei Stilleübungen (Friebel et al. 1993) haben die Kinder die Augen – für kurze Zeit – geschlossen und versuchen dabei nicht zu sprechen, um ihre Sinne auf ein bestimmtes Objekt bzw. Geräusch aus der Umgebung oder auf eine bestimmte Körperempfindung zu richten. Die Konzentration soll auf die eigene Wahrnehmung gelenkt werden, da dies die Voraussetzung für das Gelingen von späteren Übungen ist:

- Auf Geräusche im Haus oder im Garten achten.
- Für eine andere Stilleübung nehmen in einem Sesselkreis etwa fünf bis sechs Kinder Platz. Jedes Kind befühlt mit geschlossenen Augen die Beschaffenheit und Größe des Luftballons und gibt ihn dann langsam weiter. Diese Übung lässt sich gut in ein Stundenthema, z.B. „Eine Fahrt mit einem Heißluftballon", einbauen.
- Eine Variation ist, die Beschaffenheit eines Steines wahrzunehmen; dadurch werden Gegensätze (leicht – schwer; groß – klein) erspürt und erfahren.

1.2. Körperübungen

Bei den Körperübungen wird die kindliche Wahrnehmung auf den eigenen Körper fokussiert. Häufig handelt es sich hierbei um Partnerübungen:

- Ein Kind legt sich auf den Rücken, das andere bedeckt es mit Bierdeckeln; dabei wird nicht gesprochen. Das liegende Kind soll ruhig und regelmäßig atmen, damit kein Deckel hinunterfällt.
- Die Kinder können sich mit dem Massage- oder Igelball gegenseitig massieren.

1.3. Bewegungsspiele

Da Kindergartenkinder einen großen natürlichen Bewegungsdrang haben, sollten Bewegungsspiele eingebaut werden, in die Elemente der Rhythmik oder Yogaübungen (Rücker-Vogler 1993) einfließen. Bewegungsspiele eignen sich gut vor dem Beginn einer Geschichte, da die Kinder somit den Vergleich zwischen Aktivität und Ruhe deutlicher wahrnehmen können. Außerdem haben sie mit einem derartigen Spiel die Möglichkeit zum Austoben:

- **Beispiel aus der Rhythmik:** Eine Kissenschlacht oder Luftballonjagd bereitet den Kindern viel Spaß. Bevor eine derartige Aktivität ausklingt, lässt man die Kinder langsamer werden, indem man sie die Bewegungen in Zeitlupe ausführen lässt.
- **Beispiel einer Yogaübung,** „Der Löwe": Im Fersensitz beugt sich das Kind ausatmend leicht nach vorne. Dabei reißt es Augen und Mund so weit wie möglich auf und streckt die Zunge heraus. Gleichzeitig werden die Finger zu „Krallen" gespreizt oder als Andeutung der Löwenbarthaare rechts- und linksseitig an den Mund gelegt. Kinder führen diese Haltung häufig mit einem Löwengebrüll aus. (Rücker-Vogler 1993, S. 25)

1.4. Thematische Übungen

Mit den thematischen Übungen zu Schwere, Wärme, Atmung wird eine Beziehung zu den Begriffen hergestellt und eine Vertiefung der Entspannung erreicht, da die Kinder eigene innere Bilder finden und diese auf unterschiedliche Art darstellen. Derartige Übungen dienen der Vorbereitung von Entspannungstechniken.

Wenn vor Entspannungsübungen Bewegungsspiele , z.B. die Yoga-Übung „Der Löwe" angeboten werden, können die Kinder den Vergleich zwischen Aktivität und Ruhe deutlicher wahrnehmen.

- **Beispiel zur Schwereübung:** Jedes Kind denkt sich ein „schweres Tier“ aus und stellt es für die anderen pantomimisch dar. Die anderen sollen herausfinden, um welches Tier es sich handelt. Diese Übung kann auch als Aktionsspiel gestaltet werden, indem alle Kinder gleichzeitig als schweres Tier herumkrabbeln, laufen, schwimmen, fliegen ... und entsprechende Geräusche machen. Erweiterung: „Das Tier hat viel ausprobiert und möchte sich ausrasten. Es findet einen Platz und ist ganz ruhig.“ Im Anschluss daran könnte ein Märchen mit Elementen aus dem autogenen Training (Müller 1992) vorgelesen oder die Fantasiereise „Ein kleines Kätzchen“ (Teml 1991, S. 25) durchgeführt werden.
- **Beispiel zur Wärmeübung** (diese Übung ist gleichzeitig eine Stille-, Körper- und Konzentrationsübung): Zwei unterschiedlich warme Gegenstände werden herumgegeben und die Kinder fühlen die Temperaturunterschiede.
- **Beispiel zur Atemübung,** „Das Atemboot“: Die Kinder haben Papierschiffchen gebastelt (evtl. zu einem bestimmten Stundenthema). Sie legen sich für die Übung auf den Rücken und setzen die gebastelten Schiffchen auf die Brust. Die KindergartenpädagogIn kann die Kinder nun zu folgender Vorstellung anregen: „Stellt euch vor, ihr seid ein See, auf dem ein Schiffchen schwimmt. Die Wellen gehen auf und ab, wie euer Atem. Das Schiff lässt sich von den Wellen des Sees tragen.“ Die Kinder können danach die Augen schließen und sich dies selbst vorstellen. Dieses Thema kann zu einem späteren Zeitpunkt, beispielsweise mit der Fantasiereise „Im Boot“ (Teml 1991, S. 58), wieder aufgegriffen werden.

1.5. Entspannungsgeschichten

Haben die Kinder Erfahrung mit diversen Entspannungsübungen, so kann mittels kurzer Entspannungsgeschichten (für Kinder ab fünf Jahren, teilweise auch bereits ab vier) fortgefahren werden.

- **Beispiel: „Auf der Wiese“** (Friebel et al. 1993, S. 114f.). „An einem sonnigen Nachmittag machst du einen Spaziergang ... Alles um dich ist ganz ruhig und friedlich. Ruhe ist auch in dir. Du fühlst dich ruhig und wohl. Jetzt betrittst du die Wiese. Du kannst das Gras unter dir spüren. ... Du gehst ein Weilchen auf der Wiese, dann ruhst du dich aus. Du legst dich ins Gras. Die Sonne scheint angenehm warm auf deinen Bauch. Du bist ganz ruhig und atmest regelmäßig ein und aus, ein und aus. Du genießt die Ruhe in dir und um dich herum.
  Nach einer Weile hast du dann wieder genügend Kraft geschöpft und gehst weiter, ganz langsam, ohne Hast. ... Du siehst dir alles genau an, vielleicht willst du später ein Bild von deiner Wiese malen.“ Nach einer Pause wird die Entspannung beendet.
  Die Autoren dieser Geschichte wählen dafür das Recken und Strecken. Ich schlage das Zurücknehmen vor (Faust ballen – an den Oberkörper anziehen – locker lassen, dies wird dreimal wiederholt; dann werden die Arme in die Höhe gestreckt, recken und strecken wie am Morgen, wenn man erwacht), wie es beim autogenen Training praktiziert wird und stets der Abschluss des Trainierens ist. Die Kinder aktivieren sich dadurch bewusst. Besondere Wichtigkeit hat das Anspannen für jene Kinder, die einen schlaffen Körpertonus haben. Für die ganzheitliche Lernerfahrung ist wichtig,

Zuerst zeigt der im Fersensitz sitzende Löwe seine Krallen und brüllt.

Weiterhin brüllend richtet er sich auf und legt seine Hände, deren Finger die Löwenbarthaare andeuten sollen, links und rechts an den Mund.

Nach dieser Phase der Anspannung wird die Übung in entspannter, aufrechter Haltung beendet.

dass Entspannung ihren Gegenpol in der Aktivierung findet.

In den so genannten mittellangen Entspannungsgeschichten (ab sechs Jahren) erlebt jeweils ein Mädchen bzw. ein Bub ein Abenteuer. Bei diesen Abenteuergeschichten wird besonders auf das Erleben der Entspannung eingegangen. Es geht dabei um Schwere, Wärme, Atmung und Ruhe. Das Ziel dieser Geschichte ist, dass sich die Kinder mit der Heldin, dem Helden der Geschichte identifizieren und die Entspannung nachfühlen.

- **Beispiel: „Imma auf dem Zauberblatt“** (Friebel et al. 1993, S. 126f). Imma ist ein sechsjähriges, ziemlich quirliges Mädchen, das immer in Bewegung ist. Sie kann viele Aktivitäten (tanzen, springen), von ihrem Baum hat sie aber auch gelernt, wie sie still sein und aufpassen kann. Manchmal ist sie traurig, wenn die Eltern mit ihr geschimpft haben, weil sie so aufgeregt ist, auch wenn sie es gar nicht will. Dann zieht sie sich zurück und hat einen Traum von einem riesigen Baum. Sie klettert auf diesen und legt sich dann in ein großes Blatt, das mit dem Zauberwind in den Himmel hineintreibt.
  „Imma ist ganz ruhig, denn sie weiß, der Wind ist gut, und das sagt sie sich auch. ‚Ich bin ganz ruhig.‘ ... Und Imma fühlt, wie sie schwer ist, schön schwer ...“
  Die Geschichte endet folgendermaßen: „... seither kann Imma lustig sein – und still. Lustig sein kann sie immer, still sein ist schwerer. Aber wenn es einmal zu schwer ist, dann denkt Imma an ihre Reise und dann geht es.“

2. Der äußere Rahmen

2.1. Gruppengröße

Entspannungsübungen (ab 3–4 Jahren) und kurze Entspannungsgeschichten (ab 4 Jahren) können im Kindergartenalltag selbst bei einer größeren Kinderzahl eingesetzt werden.

Mittellange Entspannungsgeschichten bzw. kurze Fantasiereisen zur Entspannung sind für 6-Jährige geeignet. Wenn der Entspannung eine Gestaltungs- und Gesprächsphase angeschlossen ist, dann empfiehlt sich eine Kleingruppe von maximal sechs Kindern. Dies erfordert meist eine Gruppenteilung. Die jüngeren Kinder setzen gemeinsam mit einer BetreuerIn den Kindergartenalltag fort.

2.2. Gruppenzusammensetzung

Gruppendynamische Überlegungen aus der therapeutischen Arbeit (Lutz 1976) lassen sich zum Teil auf den Einsatz von Entspannungsübungen im Kindergarten übertragen. Folgende Punkte sind bei der Gruppenzusammensetzung zu berücksichtigen:

Homogenität sollte hinsichtlich **des Alters** gegeben sein (annähernd gleiche Aufmerksamkeitsspanne, Interessen usw.).

Bezüglich des **Temperaments** empfiehlt sich eine **heterogene Zusammensetzung.** Verhaltensauffällige Kinder profitieren dabei besonders. Bisherige Erfahrungen mit Kindergruppen haben gezeigt, dass nur ein Kind mit schweren Störungen in einer Gruppe sein sollte.

2.3. Wo wird geübt?

Entspannungsübungen oder kurze Entspannungsgeschichten können im Gruppenraum stattfinden. Es empfiehlt sich ein ruhiger Ort. Die Kinder lernen recht rasch mit äußeren Störeinflüssen umzugehen, indem sie sich zunehmend weniger ablenken lassen.

Werden mit Vorschulkindern kontinuierlich Entspannungsübungen und darauf folgende Gestaltungsphasen durchgeführt, so sollte dafür ein eigener Raum gewählt werden. Durch das Verlassen des Gruppenraums, der mit Spiel und Aktivität verbunden ist, gehen die Kinder in einen Raum, der sie Entspannung und Ruhe erleben lässt. Es empfiehlt sich, diesen Raum möglichst reizarm zu gestalten, d.h. wenig Spielangebot, da dies Ablenkung verursacht. Freiflächen an den Wänden bieten den Kindern mehr Möglichkeit, die eigene Fantasie zu entwickeln und den eigenen Gedanken nachzugehen. Grelles Licht kann beim Entspannen störend wirken. Ein gut durchlüftetes Zimmer und eine angenehme Zimmertemperatur schaffen eine angenehme Atmosphäre.

2.4. Wann wird geübt?

Wenn Entspannungsgeschichten bzw. meditative Übungen zu bestimmten Zeitpunkten im Kindergartenalltag ihren Platz finden und einen rhythmischen Ablauf haben, dann gewöhnen sich die Kinder daran und dies gibt ihnen Sicherheit und Selbstvertrauen.

2.5. Wie wird geübt?

Stilleübungen können im Sesselkreis gemacht werden. Bei der Entspannungsgeschichte nehmen die Kinder die gelöste Sitzhaltung ein, wobei diese Stellung variiert werden kann: den Kopf an die Wand anlehnen, evtl. eigenen Polster mitnehmen. Der Polster kann auch auf den Tisch und der Kopf darauf gelegt werden.

Die Entspannung kann auch im Liegen erfolgen (in der Kleingruppe bringt jedes Kind seine eigene Decke und Polster mit). In diesem Fall ist es notwendig, dass genügend Platz für jedes Kind vorhanden ist, um gegenseitiges Stören und Konflikte zu vermeiden.

Der äußere Rahmen – wie ein angenehmer Raum, ein geeigneter Zeitpunkt und ein klarer Ablauf – bietet den Kindern eine wichtige Orientierungshilfe. Die Kinder erhalten durch die klare Struktur Sicherheit und können diese umso eher mit ihren Inhalten füllen.

3. Probleme bei der Entspannung

In der Regel macht das Kindergartenkind bei Entspannungsübungen und -geschichten gerne mit. Zeigt es jedoch Widerwillen, so soll es zum Mitmachen nicht gezwungen werden und aussetzen. Beim nächsten Mal hat es jedoch wieder die Möglichkeit mitzumachen. Bei oftmaligem Ablehnen können tiefere Gründe (z.B. Angst und Unsicherheit) die Ursache sein.

Entspannung bringt manchmal Kribbeln, Muskelzuckungen u.Ä. mit sich; diese Empfindungen sind als Zeichen für die einsetzende Entspannung zu verstehen. Wenn das Kind die körperliche Empfindung unangenehm erlebt, so kann es beispielsweise die betroffenen Körperteile bewegen, denn dadurch wird die Entspannung wieder etwas zurückgenommen.

Die Kinder müssen mit Entspannungsübungen allmählich vertraut werden. Kleineren und nur gelegentlichen Störungen begegnet man am besten durch Ignorieren. Bei unruhigen Kindern hat sich der längere Einsatz von Stilleübungen im Sesselkreis mit der gelösten Sitzhaltung und – wenn möglich – mit geschlossenen Augen bewährt. Derartige Übungen fördern die Konzentration und Aufmerksamkeit des Kindes sowie die Differenzierung der Sinnesqualitäten. Erfolgserlebnisse nimmt das Kind wahr und so entsteht eine positive Einstellung zur Entspannung. Beim Vorlesen von Entspannungsgeschichten kann es hilfreich sein, sich zum störenden Kind zu setzen und es eventuell mit der Hand zu berühren oder zu streicheln. Es besteht die Möglichkeit, den Namen der Identifikationsfigur in den des Kindes umzuwandeln oder auf andere Weise in der Entspannungsgeschichte auftauchen zu lassen. (Bei schwierigen Situationen oder Konflikten in der Gruppe ist es möglich, sich Anregungen aus dem Buch „Anna zähmt die Monster" von D. Brett zu holen.) Ein Ausschluss aus der Gruppe sollte nur in seltensten Fällen erfolgen, da er Auswirkungen auf das Selbstvertrauen des Kindes haben kann.

Entspannungsübungen im Kindergarten haben vorwiegend präventiv vorsorgenden Charakter und können den Kindern im Umgang mit zu erwartenden schulischen Belastungen hilfreich sein. Bereits bestehende Probleme im Kindergartenalter können teilweise durch Entspannung gebessert werden. Die Erwartungen dürfen jedoch nicht zu hoch angesetzt werden, vor allem, wenn es sich um verhaltensauffällige und verhaltensgestörte Kinder handelt. Da die KindergartenpädagogIn die Kinder im Alltag erlebt, kann sie aufgrund ihrer Beobachtungen für eine eventuelle Therapie differenzierte Verhaltensbeschreibungen geben und über Auffälligkeiten berichten. Auf spezifische Probleme kann sie jedoch nicht ausreichend eingehen, denn eine KindergartenpädagogIn ist keine TherapeutIn. In derartigen Situationen ist eine Beratungsstelle zu empfehlen.

Literatur

Brett, D. (1994): Anna zähmt die Monster. Therapeutische Geschichten für Kinder. Salzhausen: Isopress

Brunner, R. (1991): Hörst du die Stille? Meditative Übungen mit Kindern. München: Kösel-Verlag

Friebel, V./Erkert, A./Friedrich, S. (1993): Kreative Entspannung im Kindergarten. Freiburg im Breisgau: Lambertus-Verlag

Lutz, Ch. (1976): Praxis der Gruppentherapie mit Kindern. Stuttgart: Bonz

Moratelli, M. (1995): Modell einer psychotherapeutischen Kindergruppe mit begleitender Elternarbeit. Erfahrungen in der Anwendung mit dem Autogenen Training bei Kindern (Grund- und Oberstufe). In: Festschrift für Heinrich Wallnöfer zum 75. Geburtstag. Wien. Facultas-Universitätsverlag

Müller, E. (1992): Auf der Silberstraße des Mondes. Autogenes Training mit Märchen zum Entspannen und Träumen. Frankfurt/Main: Fischer Verlag

Rücker-Vogler, U. (1993): Yoga und Autogenes Training mit Kindern. München: Don Bosco Verlag

Teml, H. & H. (1991): Komm mit zum Regenbogen. Phantasiereisen für Kinder und Jugendliche. Linz: Veritas Verlag

Die **Autogene Psychotherapie (= ATP)** sollte unbedingt von einer Ärztin/einem Arzt oder Klinischen PsychologIn mit einer Psychotherapieausbildung für autogenes Training vermittelt werden, wobei die Gruppenerfahrung vorzuziehen ist. Das Erleben und auch „Störendes" der TeilnehmerInnen ist ein wichtiges Therapeutikum. Die Gruppen bei Erwachsenen umfassen in der Regel sieben Doppelstunden einmal wöchentlich.
Die Österreichische Gesellschaft für angewandte Tiefenpsychologie und allgemeine Psychotherapie (ÖGATAP, A-1070 Wien, Kaiserstraße 14/13, Tel. 01/5233839; Fax: 01/5233839-10; www.oegatap.at) gibt Adressen von KollegInnen weiter, die Gruppen für Autogene Psychotherapie anbieten. Bei Angeboten an Volkshochschulen überprüfen Sie, ob es sich um TherapeutInnen der ÖGATAP handelt (Verzeichnis anfordern).

Der Beitrag wurde erstmals in „Unsere Kinder" 1/1996 publiziert, Überarbeitung 2005.

Elisabeth Soukup

Das Spiel im Freien

„Das Ärgste, was mir jemals im Kindergarten passiert ist, war, dass die Kinder nach der Katastrophe in Tschernobyl draußen nicht mehr spielen durften. Es war mir gar nicht bewusst, in welchem Ausmaß die Kinder im Gegensatz zum ‚Drinnen' das ‚Draußen' brauchen."

(Zitat einer Kindergartenpädagogin)

So sehr die Kinder das Haus lieben, seine Bekanntheit, die Wärme und Geborgenheit in Räumen, so sehr streben sie nach dem anderen, dem „Draußen". Sie wollen den frischen Wind um die Ohren, das Neue, das vor der Haustür liegt, das Abenteuer. Diese entgegengesetzten Bedürfnisse stehen in einer Wechselbeziehung zueinander. Je sicherer und geborgener sich ein Kind fühlt, desto größer ist seine Bereitschaft, seiner natürlichen Expansionslust nachzugehen.

Im Kindergartenalltag kommt dem Spiel im Freien aus dieser Sicht große Bedeutung zu. Es wird in erster Linie im Spielgarten stattfinden, dessen entsprechende Größe und Bespielbarkeit die Voraussetzung sind, dass die bestehenden Erwartungen erfüllt werden können. Ein „möblierter Rasen" wird den Anforderungen nicht gerecht. Die Kinder brauchen ein Stück Natur, wo es Dinge zum Entdecken gibt, wo man sich verstecken und auf einen Baum klettern kann. Gehen die Kinder nur manchmal ins Freie hinaus und das nur dann, wenn die Sonne scheint und sicher kein Tropfen vom Himmel fällt, dann werden ihre Erlebnismöglichkeiten stark eingeschränkt sein.

Die folgenden Punkte verweisen auf die besonderen Qualitäten des Spiels im Freien.

1. Mehr Selbstbestimmung und Bewegungsfreiheit

Das Spiel im Freien gewährt den Kindern mehr Freiheit. Viele Rücksichtnahmen, die sie als Einschränkung empfinden, die „drinnen" aber notwendig sind, fallen „draußen" weg.

Spiele oder Arbeiten, die im Gruppenraum den Lärmpegel ins Unerträgliche ansteigen lassen, sind im Freien ohne weiteres möglich. Rollenspiele wilderer Art, wie das Indianerspiel oder das Spielen von Sciencefiction-Geschichten und Ähnliches, stören nicht. Es kann gehämmert oder Mundharmonika gespielt werden, ohne dass es den anderen Kindern allzu schnell auf die Nerven geht.

Auch Tätigkeiten, die viel Schmutz machen, wie Matschen und Gatschen, oder viel Platz brauchen, wie umfangreiche Bauvorhaben, sind draußen meist kein Problem.

Die Kinder können ihrem nahezu unstillbaren Verlangen nach Bewegung nachgeben, ohne andere Kinder zu stören oder sich an vorhandenem Mobiliar wund zu stoßen. Umfassende Bewegungserfahrungen sind möglich, vom Rollen bis zum Hangeln und Klettern. Diese Bewegungserfahrungen sollten aber nicht nur an Turngeräten erworben werden können, sondern auch an Gegebenheiten im natürlichen Terrain. Die Anstrengungen, die sich die Kinder zumuten, sind nach ihrem eigenen Bedürfnis dosierbar.

Auch ihre Funktionslust können sie voll ausleben, z.B. beim Dreiradler- und Rollerfahren, beim Schnurspringen und Ballspielen. Sobald die Kinder bestimmte Fertigkeiten erlernt haben, werden solche Übungsspiele meist durch Regelspiele abgelöst, wodurch der Schwierigkeitsgrad angehoben wird, wie dies z.B. beim Gummitwist, beim Zehnerln, Tempelhüpfen der Fall ist. Vielfach gibt es unter den Kindern Traditionsträger, die diese alten Regelspiele weitergeben.

Die ErzieherIn ist aufgrund des weitläufigen Terrains im Spielgarten nicht so allgegenwärtig wie im Gruppenraum. Daraus ergibt sich, dass die Kinder ihre Konflikte häufiger allein lösen und die Beziehung der Kinder untereinander intensiver wird. Die selbstständige Auseinandersetzung mit gleichwertigen PartnerInnen begünstigt das Einüben demokratischer Grundhaltungen. Kinder können eigene Wege gehen, ohne dass es gleich auffällt. Man kann einem Kind ausweichen, das man nicht mag, oder aber auch nur zu zweit ein Spiel betreiben. Es ist leichter, Distanz zu halten, aber auch Freundschaften zu pflegen oder eine „Bande" zu bilden.

Im gut strukturierten Gruppenraum gibt es zwar interessante Spiel- und Arbeitsbereiche, aber Plätze, die von den Kindern einfach in Beschlag genommen werden können, sind aufgrund des beschränkten Raumes eher rar. Draußen finden die Kinder leichter Plätze, die sie nach Lust und Laune als Szenerie für ihre jeweiligen Spielideen gestalten können. Sie können einen liegenden Baumstamm zu einem Piratenschiff umgestalten, mit Tüchern ein Klettergerüst abdecken und dadurch einen begehbaren Raum gewinnen oder in der Gartenhütte eine Sommerfrische für die Puppen einrichten.

Die PädagogIn ist im Spielgarten vor allem als SpielpartnerIn gefragt. Die Kinder erwarten von ihr Eigenschaften, die sie auch bei gleichaltrigen SpielpartnerInnen schätzen, wie Einfallsreichtum, Toleranz den Ideen anderer gegenüber, Flexibilität bei Änderung der Bedingungen, Ausdauer, Anstrengungsbereitschaft und Ähnliches mehr.

In der Sommerzeit, in der die Kinder den Großteil des Tages im Garten verbringen, kann der Tagesablauf den Möglichkeiten im Garten angepasst und lockerer gestaltet werden, z.B. einmal statt eines Mittagessens ein Picknick veranstalten, die Mittagsruhe in Hängematten und auf Decken abhalten.

2. Spezifische Eigenart und Vielfalt der Materialien

Die meisten Kinder sammeln gerne alles Mögliche: Schneckenhäuser, schöne Kieselsteine, verschiedene Blätter, Wildfrüchte und Ähnliches mehr. Dieses Sammelgut regt zum Legen von Ornamenten oder zum Gestalten fantastischer Gärten auf Gras- oder Moospolstern an. Aus Blumen und Gräsern können Ketten und Kränze hergestellt werden. Aus Laub und Gras lässt sich der eine oder andere verrückte Kopfschmuck kreieren. Kleine Blütenblätter, mit Eiklar im Gesicht aufgeklebt, erzielen reizvolle Verwandlungseffekte.

Der Sandkasten verliert als Bauplatz kaum jemals seine Attraktivität. Zusätzliche Materialien, wie Zapfen, Steine, Holzsteckerl, können zum Gestalten kleiner Welten einbezogen werden.

Auch als „Straßenmaler" können sich die Kinder betätigen, wenn entsprechende Hartspielflächen vorhanden sind und ihnen Kreiden zur Verfügung gestellt werden. Es ist aber auch möglich, auf dem Erdboden mit einem Steckerl Figuren einzuritzen oder mit dem Gartenschlauch Linien in den Sand zu zeichnen.

Eis und Schnee sind ebenfalls ein exklusives Gestaltungsmaterial. Neben dem beliebten Schneemann wird auch anderes, z.B. Iglus oder Schneelaternen, gebaut.

In der spezifischen Eigenart der Materialien, die nur im Freien zur Verfügung stehen, liegt für die Kinder ein gro-

ßer Reiz. Als Ausgleich zu den perfekten Spieldingen und dem üblichen Fördermaterial sind sie in hohem Maß motivierend. Vielfach finden die Kinder selbst, womit sie spielen wollen, und entwickeln eigene Spiel- und Gestaltungsideen. Trotzdem bleibt für die ErzieherInnen die Aufgabe bestehen, allenfalls erforderliches Zusatzmaterial zur Verfügung zu stellen, Impulse zu setzen, um auf interessante Verwendungszwecke hinzuweisen oder auch Hilfen zu geben, damit die Kinder ihre Ideen realisieren können. Es ist ja nicht sicher, dass der Spielgarten von vornherein so gestaltet ist, dass sich Interessantes finden lässt und man damit rechnen kann, dass die Kinder von sich aus aktiv werden und z.B. die vielen lustigen Verwendungsmöglichkeiten von Löwenzahnstängeln kennen oder den anderen zeigen können, wie man eine Gänseblümchenkette macht.

Es wird Dinge geben, die man von drinnen nach draußen mitnimmt. Bücher anschauen ist z.B. auch im Garten möglich. Ein Bücherkoffer, der eine Decke zum Drauflegen beinhaltet, wirkt motivierend. Ebenso braucht auf andere beliebte Tätigkeiten, wie Handarbeiten oder Basteln, im Spielgarten nicht verzichtet werden, wenn Tische und Behälter zum Transport der erforderlichen Materialien vorhanden sind.

Manches wird aus dem Spielgarten mit in das Haus genommen, um sich eingehend damit zu befassen oder es zu bearbeiten, z.B. Blätter und Blüten zum Pressen für das Herbarium oder zum Herstellen von Memorys, Wildfrüchte zum Fädeln von Ketten, Kräuter zum Trocknen und zur Teebereitung, Obst zum Herstellen von Säften und Marmeladen usw.

3. Eine Fülle von Wahrnehmungen

Der Aufenthalt im Spielgarten fordert zu einer Fülle von Wahrnehmungen heraus. Welche verschiedenen Bäume und Sträucher es gibt, welche Früchte sie tragen und wann man diese ernten kann. Welche Blumen es gibt und welche von ihnen duften, welche zu Ostern und welche zum Muttertag blühen. Man könnte einen Wettbewerb veranstalten, wer die meisten verschiedenen Gräser findet. Es gilt herauszufinden, welche Farbe die Regenwürmer haben, wo sich die Schnecken am liebsten aufhalten und was sie gerne fressen. Besonders schöne und interessante Winzigkeiten, wie Blütensamen oder ein toter Käfer, werden von den Kindern mit Vorliebe unter der Lupe eingehend betrachtet. Durch die Vergrößerung werden Details sichtbar. Man kann plötzlich Strukturen wahrnehmen, die über einen eigenen ästhetischen Reiz verfügen.

Es gibt Phänomene, die faszinieren, wie der Schatten, der einmal kurz und einmal lang ist, und das Windrad, das sich an einer Hausecke dreht und an der anderen nicht.

Auch viele Geräusche sind wahrnehmbar, vom aus der Ferne hörbaren Verkehrslärm bis zu den Vogelstimmen und den Geräuschen, die der Wind macht.

Für die Kinder ist es auch interessant, die unterschiedliche Beschaffenheit des Gartenbodens wahrzunehmen. Sie können mit verbundenen Augen zu erkennen versuchen, ob sie auf dem Rasen, dem Sand oder auf dem betonierten Weg gehen.

Verschiedene Experimentiermöglichkeiten bieten sich an: im Sommer Schüttspiele mit Sand und Wasser oder erkunden, welche Dinge schwimmen und welche nicht. Im Winter: experimentieren mit Eis, indem man verschiedene Gegenstände mehrmals mit Wasser übergießt und so die bizarrsten Eisgebilde entstehen lässt oder eine Eisrutschbahn anlegt und ausprobiert, welche Schuhsohlen man braucht, um am schnellsten rutschen zu können. All dies kommt der Intelligenzentwicklung des Kleinkindes besonders entgegen, da sein Denken auf die Handlungs- und Wahrnehmungsebene bezogen ist.

Die ErzieherIn ist manchmal überfordert, die aufgrund von Wahrnehmungen und Beobachtungen im Spielgarten entstehenden Fragen richtig zu beantworten. Daraus ergibt sich jedoch die Chance, mit den Kindern gemeinsam Antworten zu suchen, etwa durch weitere eingehende Beobachtung, durch Befragen von diesbezüglich besser informierten Erwachsenen oder durch das Heranziehen von Sachbilderbüchern und Lexika. So eine Antwortsuche auf eine Problemstellung kann zu einem intensiven und langfristigen Bildungsprozess führen.

Unterschiedliche Schneemänner und -frauen zu bauen ist ein beliebter Winterspaß.

4. Besondere Erlebnisqualitäten

Kinder entwickeln häufig zu dem Stück Natur, das ihr Spielgarten darstellt, eine besondere Beziehung. Dies drückt sich z.B. darin aus, dass sie von „unseren Vögeln" oder „unserer Haselstaude" reden. Die vielen Wahrnehmungen und Beobachtungen, die sie im Spielgarten machen können, beeinflussen ihre Intelligenzentwicklung positiv. Darüber hinaus sind für die Kinder besondere Erlebnisqualitäten gegeben, wenn sie z.B. Erfahrungen mit dem Wetter machen, indem sie an einem windgeschützten Platz die erste Frühlingssonne genießen oder an einem Regentag den Regen messen, den Wechsel der Jahreszeiten verfolgen, im Herbst das Laub zusammenrechen, darin wühlen und hineinspringen und im Frühling die ersten Knospen entdecken, Tiere beobachten, z.B. den Vögeln beim Brüten zuschauen oder eine Ameisenstraße entdecken. Solche Erlebnisse beeindrucken die Kinder tief und schaffen wichtige Voraussetzungen für richtiges und sinnvolles Verhalten in der Natur.

Aber auch Arbeiten, die im Garten erforderlich sind, können für die Kinder zum Erlebnis werden, z.B. mithelfen beim Rasenmähen, Heu rechen, Holz sammeln das beim Baumschnitt abfällt, Sand aufschaufeln, umstechen, Beeren und Obst ernten oder Arbeiten durchführen, die sich im Garten leichter organisieren lassen als im Gruppenraum, z.B. Puppenwäsche waschen, Bau- und Konstruktionsmaterialien reinigen, Zierpflanzen umtopfen.

Diese Tätigkeiten kommen dem Bedürfnis der Kinder entgegen, quasi groß zu sein und wie Erwachsene agieren zu können. Die Sinnhaftigkeit des Tuns ist augenscheinlich und animiert motivationsarme Kinder aktiv zu werden.

Es ist durchaus möglich, dass die ErzieherIn von speziellen Arbeiten, die im Garten erforderlich sind, nicht allzu viel versteht. Ihre Aufgabe wäre es, Fachleute, es können dies Eltern oder Großeltern sein, für die Durchführung solcher Arbeiten oder für eine Beratung zu gewinnen, z.B. für das Anlegen von Beeten, das Aufstellen von Nistkästen, das Anlegen eines Komposthaufens. Die Kinder werden mit Interesse die Arbeiten verfolgen, mithelfen und mit diesen Erwachsenen ins Gespräch kommen. Aktionen dieser Art bewirken eine große Bereicherung der Kindergartenarbeit.

Feste im Garten sind meist Erlebnishöhepunkte im Kindergartenjahr, sei es ein Kartoffelfest im Herbst, ein Blütenfest im Frühling, ein Erdbeer- oder Kirschenfest im Frühsommer oder irgendwelche anderen Feste, für die der Garten die entsprechende Kulisse bieten kann.

Die eher ungezwungene Atmosphäre im Garten dürfte ein Grund dafür sein, dass Eltern einer Einladung zu solchen Festen gerne nachkommen und auch bereit sind, bei der Vorbereitung und der Durchführung mitzumachen. Bei solchen Festen zeigt sich immer wieder, dass das gemeinsame Spielen von Erwachsenen und Kindern große Zufriedenheit bei den Beteiligten auslöst. Beliebt sind vor allem die verschiedensten Wett- und Geschicklichkeitsspiele. Dieses gemeinsame Spielen sollte nicht auf ein einmaliges Fest im Jahr beschränkt bleiben. Ein Kindergartennachmittag könnte fallweise mit einem Ballspiel abschließen, bei dem interessierte Eltern mitmachen dürfen. Vielleicht gibt es den einen oder anderen sportbegeisterten Elternteil, der den Kindern ein neues spezielles Geschicklichkeitsspiel vermitteln will. Die ErzieherIn sollte danach trachten, nicht die einzige Erwachsene zu bleiben, die den Kindern Anregungen gibt.

Das Schlagwort „Spielgarten – Gruppenraum im Freien" entspricht der Vorstellung, im Spielgarten all das zu ermöglichen, was auch im Gruppenraum getan werden kann. Diese Forderung besteht zum Teil zu Recht. Wenn wir aber die Kinder bei ihrem Spiel im Freien beobachten, so sehen wir, dass im Mittelpunkt ihres Interesses das Spezifische steht, eben das, was das „Draußen" vom „Drinnen" unterscheidet.

Der Beitrag wurde erstmals in „Unsere Kinder" 4/1989 publiziert, redaktionelle Bearbeitung 2005.

Claudia Deininger

Schlammstunden

Im Sommer zu arbeiten – und da meine ich Juli und August, ich nehme es gleich vorweg – ist entsetzlich, um nicht zu sagen: Es ist manchmal die Hölle. Das muss ich natürlich erklären, denn eigentlich könnte es wunderbar sein.

Jetzt endlich wäre Zeit auf die Wünsche der Kinder wirklich einzugehen, sich durch den Tag treiben zu lassen, eine Hängematte im Garten aufzuhängen und darin zu schaukeln mit einer guten Zeitung in Händen. Doch die Hochsommerenergie im Kindergarten ist eine brisante Mischung aus allerhand Faktoren, die man im Detail kennen muss, um sich dazwischen nicht total aufzureiben.

Die Gruppe, die sich im Lauf des Jahres zusammengefunden und gefestigt hat, beginnt auseinander zu driften und zerbröselt unaufhaltsam. Die Kinder, die bald in die Schule kommen, fallen einigermaßen aus dem Lot, sei es aus Vorfreude, aus Angst, aus Abschiedstrauer oder weil sie noch einmal so richtig zeigen wollen, wer sie jetzt sind. Sie bilden Banden, spielen sich gegenseitig aus, kichern und machen große Bogen um alles, was irgendwie als Anforderung oder Beitrag zum Allgemeinwohl gesehen werden kann. Wer mit wem und wer nicht, das Getuschel zieht sich über Wochen und Monate, es findet zwar im streng Geheimen statt, aber dafür dauernd. Ich bin da absolut ausgeschlossen und entsprechend uninformiert, vor allem aber einsam. Nicht nur, dass ich mich plötzlich unwichtig fühle, auch wenn es jedes Jahr das Gleiche ist, die Großen verlassen mich und es tut weh.

Da ist es erst recht kein Trost, wenn sie sich gerade jetzt so richtig danebenbenehmen. Nach so viel gemeinsamer Zeit und Entwicklung, nach so viel Bemühen, Beziehung, Lachen und Weinen, Wachsen und Stolzsein ziehen sie einfach davon – und das ist eben traurig. Wenigstens bringt es mich innerlich zum Schmunzeln, wie mutig und selbstbewusst die Sechsjährigen sich jetzt geben. Mit Regeln und Vorschlägen lassen sie sich sicher nicht abspeisen, denn diese wollen sie jetzt selber aufstellen. Manchmal – sehe ich es durchschimmern – kommt ihre Unsicherheit zum Vorschein, denn sie wissen nicht, was kommt, doch das Alte wollen sie auch nicht mehr. Sie schaukeln sich gegenseitig auf, es entsteht eine ganz verrückte Dynamik. Die Burschen haben dabei die Nase vorn und das Einzige, das gegen die schlimme Spirale des Ärgerns hilft, ist auch was „Verrücktes“ beizutragen, dann gibt's auch für mich wieder was zu lachen.

Einmal hat die „wilde Horde“ eine neue Packung Straßenkreiden auf die Terrasse mitgenommen und mit Schuhen und Steinen innerhalb von fünf Minuten in Staub verwandelt. Was geht da vor? Eine Provokation? Ein Beweis von Stärke und Mut? Zerstörungstrieb? Kreativer Impuls? Da schießt mir durch den Kopf: Vorsicht, Falle! Nicht nach dem Warum fragen, nicht schimpfen, sonst lachen sie laut

und rennen davon und ich hinter ihnen drein wie Witwe Polte bei Max und Moritz und die Situation geht völlig daneben. Also schnappe ich einen Spiegel, trage ihn hinaus und erkläre den verdutzen Buben mit stolzem Lächeln, dass sie die Ersten sind, die diese Idee hatten seit den Aborigines in Australien und sie könnten es jetzt mit Körperbemalung versuchen. Der Kreidestaub blieb ganz gut an der Haut haften, das hat ihnen gefallen.

Eine andere „Sommerpartie" hat sich heimlich Messer aus der Besteckla de gefischt und im Garten einen Strauch verstümmelt, darauf ich: „Jetzt haben wir endlich einen Strauß in der Vase." Aber die Äste waren so zerkleinert, dass nur ein Haufen Blätter und Stängel in einer Schüssel möglich war.

Es gilt: Mit dem Unerwarteten rechnen, abwarten, durchatmen, schmunzeln, sonst verpufft die Kraft sinnlos beim Schimpfen. Aber leicht ist es nicht, es gibt ja auch noch andere Kinder, die im Sommer so ihre Probleme haben. Da hat einer endlich nach allen Anfangsschwierigkeiten eine fixe Freundin gefunden, mit der er alles teilt, von der Jause bis zur Schaukel, und dann steht er alleine da, weint ärger als am ersten Tag: Sie ist auf Urlaub gefahren! Und dann weint sie und will nicht in den Kindergarten gehen, denn jetzt ist er verreist. Da ist guter Rat wirklich teuer. Zu guter Letzt fährt eine KindergartenpädagogIn nach der anderen auf Urlaub.

Manche Kinder vertragen den Gruppenwechsel schlecht, andere vermissen ihre KindergartenpädagogIn. Da macht sich schon depressive Verstimmung breit, wenn ich frühmorgens bei der Eingangstür stehe. Spätestens jetzt bemerke ich, dass auch ich sehr, sehr urlaubsreif wäre, obwohl der ganze Urlaub schon verbraucht ist. Fehlt nur noch, dass irgendein Elternteil bemerkt, im Sommer passiere nichts, es gäbe kein Programm! „Im Sommer ist eh wenig los, da können wir euch die Handwerker schicken und ein paar Gastkinder, das ist doch alles kein Problem!"

Da aber habe ich längst entschieden, mich nicht irre machen zu lassen. Stattdessen krame ich die Fotokiste aus der Kammer und beginne in aller Ruhe das letzte Jahr Revue passieren zu lassen. Mit Rührung, Stolz und Andacht breite ich die wunderschönen Erinnerungen vor mir aus, die wertvollen Schätze aus den besten Tagen. Bei der Abteilung „Schlammstunde" verweile ich. Da war so viel Freude, Lust, Sinnlichkeit und Bewegung!

Ursprünglich hatte ich mit den Kindern aus altem Ton auf der Terrasse riesige Insekten formen wollen. Es war Ende Mai und warm und der Ton war etwas trocken. Mit Messer und Säge schnitten die Kinder die Klumpen in immer kleinere Stücke, von Zweckorientiertheit wollten sie nichts wissen, aber es kam über das Zusammenwirken ein sehr netter Gemeinschaftsgeist auf. Als meine Spinnen längst fertig waren, arbeiteten die Kinder immer noch eifrig und ich schaute ihnen nur zu, was nicht ganz leicht, aber gut und wichtig ist. „Wir kochen eine Suppe!", stand bald fest. „Was braucht ihr dafür?" „Einen ganz großen Topf." Ich brachte die blaue Wanne und ein Brett als Deckel. Als alle Tonfuzel im Topf waren, kam Wasser dazu, dann ließen wir alles über Nacht stehen. Der nächste Tag war damit schon gelaufen und wie sich später herausstellen sollte, die nächsten zwei Wochen auch.

Zuerst verlangte ein Kind nach einem ganz großen Kochlöffel, darauf sagte ich: „Den hast du doch mit!" „Hmm??" „Nimm doch einfach deine Füße!" Das Gewand musste natürlich in Sicherheit gebracht werden. Da stampften nun Kinder im feinen Schlicker, der Schlamm quoll ihnen zwischen den Zehen heraus, es war einfach herrlich! Dann gingen sie dazu über, gegenseitig den ganzen Körper behutsam einzustreichen. Schlicker ist so weich und fein, mindestens wie Béchamelsauce. Kurz hatte ich befürchtet, das Ganze könnte zu einer Schlammschlacht entgleisen, aber immer, wenn ein Kind einen Schlammpatzen zwischen den Fingern hielt, musste es ihn verstreichen, es war magisch! Nach einiger Zeit war klar, es war im Topf zu eng, Schlittern und Rutschen waren jetzt angesagt. Es ist unglaublich rutschig und glitschig, wenn der Schlicker auf einer glatten Plane verteilt wird, da kann normales Wasser überhaupt nicht mithalten. Die Kinder fetzten über die Plane, manchmal mit halsbrecherischen Stürzen, mir blieb die Spucke weg, aber es waren immer Lacher zu hören. Einmal brachte ich großes Papier hinaus, dann malten sie mit Händen und Füßen Schlammbilder, die zum Leidwesen der Eltern nicht transportfähig waren.

Am Ende jeder „Schlammstunde" gab es ein ausführliches Waschritual. Ein Kind wusch das andere im warmen Wasser ab, von allen Seiten und in alle Ritzen. Als der Schlamm ziemlich aus war, reinigten alle das Areal mit einem Becher Schmierseife und allen verfügbaren Besen und Bürsten, besonders die Plane musste mehrmals eingeschäumt werden, weil es so schön war.

Mein Resümee: Kinder wissen, was sie tun, sie wissen, was gut ist, was sie brauchen. Führen kann ich nur in diesem Bewusstsein und unter der Voraussetzung, dass ich selbst folgen und verstehen kann!

Der Beitrag wurde erstmals in „Unsere Kinder" 4/2002 publiziert.

Ferdinand Schimpelsberger

Kinder wollen ans Wasser

Frühe Schwimmpädagogik

Bewegungserfahrungen im Urelement Wasser spielen ohne Zweifel in der Bewegungserziehung von Kindern eine herausragende Rolle. Wasser ist neben Erde, Luft und Feuer eines der vier Urelemente und bis heute ein schwer fassbares sowie geheimnisvolles und unheimliches Element.

Nach dem Gehenlernen ist das Schwimmenlernen wahrscheinlich die größte motorische Leistung des Kindesalters und sollte einen dementsprechenden Stellenwert erhalten. Es geht nicht darum, Kleinkindern das Kraulen, Rückenschwimmen, Brustschwimmen oder eine andere der festgeschriebenen Schwimmarten beizubringen. Auch beim Schwimmen erfolgen die ersten Lernschritte durch spielerisches Nachahmen und in der Entdeckung eigener Fähigkeiten. Das Kind wird einen Stil erlernen, der unter dem Namen „dog paddle" („paddeln wie ein Hund") bekannt ist. Wichtig ist, dass ein Kind lernt, sich im Wasser vollkommen sicher zu bewegen und dass es sich in Sicherheit bringen kann, wenn es ins Wasser fällt oder gestoßen wird.

1. Pädagogische Prinzipien

Das Kind kann aus einer Fülle **spielerischer Bewegungsimpulse** wählen, um das Wasser als tragendes Element spielerisch zu begreifen und zu erleben. Als hauptsächlicher Lernmotor soll die angeborene Entdeckungs- und Bewegungsfreude des Kindes genützt werden. Unter den zahlreich angebotenen Bewegungsimpulsen, Aufgabenstellungen und Spielformen soll das Kind selbst entscheiden, was es sich zutraut und wo es überfordert ist.

Drei wichtige Faktoren beim Schwimmunterricht sind **Vorzeigen, Wiederholen und Loben.** Ein Kind muss wissen, was es erwartet. Beobachten Sie daher gemeinsam andere Kinder beim Schwimmen!

Die Verwendung von **Auftriebshilfen** (Schwimmflügel, Schwimmreifen) hat in vielen Fällen ihre Berechtigung, doch sollte sie durchaus kritisch betrachtet werden. Denn durch das Tragen von Schwimmflügeln wird der Auftrieb künstlich erhöht. Dem Kind wird das eigene Erleben und Empfinden des Auftriebes vorenthalten. Durch den Auftrieb an den Oberarmen wird das Kind in eine schlechte Wasserlage versetzt, das heißt, es „hängt" im Wasser. Ein weiterer Aspekt: Das Kind hat verinnerlicht, dass Schwimmhilfen ihm Sicherheit geben. Es kann passieren, dass es sich mit Händen und Füßen sträuben wird, ohne Schwimmflügel ins Wasser zu gehen.

Ich bevorzuge den Aufenthalt in hüfthohem Wasser und ein **vielfältiges Angebot an buntem Spielmaterial.** Dafür gibt es keine starren Vorgaben, sondern die Auswahl der Geräte ist der eigenen Fantasie überlassen. Voraussetzungen sind Wasserfestigkeit (kein Verschmutzen des Wassers, Abfärben etc.), Intensivfarbigkeit und Buntheit (gut sichtbar und motivierend), Sicherheit (keine scharfen Kanten etc.). Alles, was die oben genannten Kriterien erfüllt, ist verwendbar und gerade die billigsten Lösungen können die besten sein (Luftballons, Wasserbälle, Legobausteine als Tauchgegenstände, Gleitbrett, Schwimmsprossen, Kunststoffbänder, Reifen, Schaumstoffrohre usw.).

Zuerst kommt das **sichere Beherrschen** des Elementes Wasser, dann das **lustbetonte Entdecken** verschiedener Bewegungsarten im Wasser und erst zuletzt die Befriedigung etwaigen sportlichen Ehrgeizes. Wenn die Zeit reif ist, wird das Kind die verschiedenen Schwimmarten erlernen. Direktes Eingreifen in die Spiel- und Probierphase z.B. vor dem vierten Lebensjahr könnte ungünstig sein.

2. Methodisch-Didaktisches

Wählen Sie Spiel- und Übungsformen und sprachliche Vergleiche, die die Vorstellungskraft des Kindes am ehesten ansprechen und mit denen es spielend lernt. Welche Vorstellungen verbinden Kinder mit dem Anblick von Wasser? Am ehesten: „Fisch", „Frosch", „Nilpferd", „Delfin", „Krokodil", „Motorboot", „Schnecke" usw.

2.1. Springen

Das Springen ins Wasser hat eine hohe Bedeutung. Bei diesem Vorgang wirken die Reibungskraft, der Wasserwiderstand, der Wasserdruck und die Auftriebskraft auf das Kind ein.

Ein Kind braucht nicht lange, um zu lernen, ins Wasser zu springen. Es ist besonders einfach, wenn das Kind schon anderen Kindern beim Springen zugeschaut hat. Stellen Sie das Kind an den Beckenrand. Sie stehen vor ihm im Wasser. Halten Sie es unter den Achseln, zählen Sie: „Eins, zwei, drei – Simon springt ins Wasser!", und ziehen Sie es dabei sanft zu sich heran, ohne es untertauchen zu lassen. Nachdem das Kind einige Male so hineingesprungen ist, lassen Sie es ganz untertauchen. Als nächsten Schritt lassen Sie das Kind unter Wasser für einen Augenblick los und holen es dann hoch. Nun können Sie es bei den Händen halten, wenn Sie es ins Wasser ziehen, anstatt unter den Achseln. Es wird bald so weit sein, dass es allein ins Wasser springt.

2.2. Untertauchen

Eine weit verbreitete falsche Annahme ist, dass ein Kind versucht einzuatmen, wenn das Gesicht unter Wasser ist. Solange Mund und Nase unter Wasser sind, wird instinktiv die Luft angehalten. Vielleicht schluckt es ein wenig Wasser aber es atmet nicht ein. Es wird versuchen zu atmen, wenn sein Mund, nicht aber die Nase mit Wasser bedeckt ist. Deshalb ist es sehr wichtig, dass das Gesicht des Kindes entweder ganz im Wasser ist oder ganz außerhalb. Ich halte es nicht für ratsam, mit dem Unterricht fortzufahren, bevor das Kind gerne untertaucht.

2.3. Spiel- und Probierphase

Ich habe festgestellt, dass es am besten ist, Kinder lange Zeit die Freude an ihren neu erworbenen Fähigkeiten genießen zu lassen. Erwachsene verspüren den Drang, mit dem Kind eine der herkömmlichen Schwimmarten zu beginnen, wie Brustschwimmen oder Kraulen. Dabei möchte das Kind einzig und allein Spaß im Wasser haben. Warum auch nicht? Zunächst lernt das Kind, unter dem Wasser zu paddeln. Es entwickelt so den Stil „dog paddle" („paddeln wie ein Hund"). Danach lernt es, wie man zum Atmen an die Oberfläche kommt und dann wieder unter Wasser weiterschwimmt. Hat das Kind genug Erfahrung im Wasser, kann es auch an der Wasseroberfläche paddeln und nur untertauchen, wenn es will. Es kann im seichten Wasser etwas vom Grund aufheben, manchmal auch aus tiefem Wasser.

Hinweise

Empfehlungen für den Schwimmunterricht bzw. Vorübungen für das Schwimmen (inkl. konkreter Empfehlungen und detaillierter Skizzen) von Ferdinand Schimpelsberger sind als Kopien im Institut Sicher Leben (Ölzeltgasse 3, 1030 Wien, Tel. 01/7156644-312, sicherleben@sicherleben.at) erhältlich.

Wasser-Sicherheitshinweise bietet auch die Homepage: www.grosse-schuetzen-kleine.at

Der Autor hat Arbeitsunterlagen und einen 12-minütigen Videofilm zum Thema produziert, die bei ihm bezogen werden können: Ferdinand Schimpelsberger, Leitnerstraße 20, 4209 Engerwitzdorf, Tel. 07235/50303, ferdinand.schimpelsberger@utanet.at

Der Beitrag in längerer Form wurde erstmals in „Unsere Kinder" 4/2003 publiziert.

Nadia Doblhammer, Ferdinand Schimpelsberger

1, 2, 3 im Eislaufschritt

Wenn Kinder vor dem Schuleintritt mit Sportarten vertraut werden, die auf dem Spiel mit dem Gleichgewicht aufbauen, können sie sich später besser, schneller und sicherer bewegen.

In den letzten Jahren erlebte der Eislaufsport durch das bewegungsverwandte Inline-Skaten eine Renaissance. Eislaufen zählt übrigens wie Schifahren zu den ältesten Sportarten der Welt. In vielen Kindergärten gehören Besuche auf dem Eislaufplatz zum Programm der kalten Jahreszeit. Normalerweise ist diese Fortbewegungsart gefahrlos auszuüben. Gegen Sturzverletzungen schützt ein Helm, höchste Vorsicht ist jedoch beim Laufen auf zugefrorenem Wasser (Teich, See ...) geboten.

Erste Schritte auf dem Eis wagte auch eine Gruppe des Kindergartens Treffling, OÖ. Im Rahmen eines spielpädagogischen Projekts trafen sich die Kinder mit ihren Begleitpersonen an zwei Vormittagen auf dem Eislaufplatz. Natürlich wurden zuvor die Eltern mit einem eigenen Infoblatt in Kenntnis gesetzt. Begleitet wurden die Vormittage durch den Vater eines Kindes, der Sportpädagoge ist. Er hatte viele bunte Materialien vorbereitet, die den Kindern ermöglichten, das Laufen auf dem Eis spielend und lustbetont zu erleben.

Praktische Hinweise für die ersten Schritte auf dem Eis

Wer Kindern zu ersten Schritten auf dem Eis verhelfen möchte, knüpft am besten an Vertrautes und Bekanntes an. Lassen Sie sie auf der Eisfläche krabbeln und machen Sie mit! Üben Sie das Aufstehen aus der Krabbelstellung. So wie ein Kind lernen muss, im Gleichgewicht auf seinen Füßen zu stehen, so muss es jetzt erst einmal das Gleichgewicht auf den Schlittschuhen finden. Um diese Aufgabe zu erfüllen, lassen Sie das Kind auf dem Eis mit kleinen Schritten stampfen (Stampfschritte). Fortgesetzt wird mit Seitwärtsschritten nach links, dann nach rechts und zuletzt dreht sich die kleine Eisprinzessin, der kleine Einprinz auf der Stelle.

Die Arme werden dabei wie bei einem Seiltänzer am besten vor/seitlich gehalten. Helfen Sie nicht zu viel! Laufen Sie am besten neben dem Kind her und unterstützen Sie es von hinten mit einer Hand unter dem Oberarm, mit der anderen Hand halten Sie es an der Hand. Später reicht die einfache Handfassung. Gibt es zu viel Stütze von hinten, so neigt das Kind dazu, sich zurückzulehnen und kann das Gleichgewicht verlieren.

Die Art der Fußstellung ist zu Beginn nicht von großer Bedeutung. Das Ziel ist jedoch die V-Stellung (Fußspitzen geöffnet, Fersen beisammen), denn aus dieser Stellung kann ein Abdruck und damit der Gleitschritt erfolgen.

Hinweis

Zum Projekt des Kindergartens Treffling wurde ein kurzer Videofilm produziert. Kontakt: Ferdinand Schimpelsberger, Leitnerstraße 20, 4209 Engerwitzdorf, Tel. 07235/50303, ferdinand.schimpelsberger@utanet.at

Der Beitrag wurde erstmals in „Unsere Kinder“ 1/2004 publiziert.

Zum Vertiefen, Wiederholen und Weiterdenken ...

1 Welche Erinnerungen haben Sie aus Ihrer Kindheit in Bezug auf Bewegung ?

An welchen Plätzen haben Sie gespielt?

Mit wem haben Sie gespielt?

Welche Spiele aus Ihrer Kindheit können Sie auch heute noch?

2 Welche verschiedenen theoretischen Ansätze führt Renate Zimmer in „Bildung durch Bewegung" an, die die Wichtigkeit von Bewegungserziehung im frühen Kindesalter unterstreichen?

3 Vertiefen Sie Ihre Kenntnisse über die menschlichen Sinne und Sinneswahrnehmungen in aktueller Fachliteratur. Sie werden dadurch vermutlich nicht nur für Ihre Arbeit profitieren, sondern spannende Informationen erhalten, die Ihre eigene Wahrnehmung und Ihr Körperbewusstsein schärfen.

4 Überlegen Sie weitere konkrete Beispiele für Spielanregungen zur Förderung der Körperwahrnehmung (vgl. Beitrag von Renate Zimmer: „Wahrnehmung und Bewegung"), die jeweils einen bestimmten Wahrnehmungskanal im Zentrum haben.

5 Welche Räume oder Raumteile des Kindergartens wirken bewegungsfördernd?

Welche Bereiche des Kindergartens wirken bewegungshemmend?

6 Welche Argumente sprechen für die Einplanung eines großen Bewegungsraumes in jedem Kindergarten?

Wie lässt sich das Prinzip der Bewegungsförderung in einem Kindergarten ohne Bewegungsraum verwirklichen?

7 Wodurch kann im Kindergarten trotz vielfältiger und umfassender Bewegungsmöglichkeiten für größtmögliche Sicherheit gesorgt werden?

8 Welche Auswirkungen hat Ihrer Meinung nach Bewegungsmangel auf die Entwicklung der Kinder?

9 Was sind die zentralen „Botschaften" der psychomotorischen Erziehung? Werden diese in Kindergärten, die Sie kennen, Ihrer Meinung nach berücksichtigt?

10 Worin sehen Sie die Unterschiede zwischen einem „üblichen" Bewegungsraum bzw. Bewegungsangebot in einem Kindergarten und dem Konzept der „Bewegungsbaustelle"?

11 Überlegen Sie mindestens zwei weitere einfache Möglichkeiten für „improvisierte Bewegungsangebote" (vgl. Hammerle, S. 125).

12 Wenn Sie mit Kindern bislang noch keine Stille- oder Entspannungsübungen durchgeführt haben, bereiten Sie eine entsprechende Übung vor, die Sie mit KollegInnen realisieren. Tauschen Sie sich im Ansch uss daran mit den TeilnehmerInnen darüber aus, wie es Ihnen als LeiterIn der Übung und den anderen als Mitwirkenden ergangen ist.

13 Eine Außenspielfläche gehört üblicherweise zum Kindergarten. Was halten Sie für die Vor- und Nachteile von Spielen im Freien? Welchen Stellenwert würden Sie in „Ihrem" Kindergarten dem Aufenthalt der Kinder im Freien geben? Was wäre Ihnen in diesem Zusammenhang besonders wichtig?

14 Welche Voraussetzungen halten Sie für unabdingbar, damit kleine Kinder Freude am Schwimmen oder Eislaufen haben?

15 Welche „sportlichen" Aktivitäten außer Schwimmen und Eislaufen könnten Ihrer Meinung nach im Rahmen eines Kindergartenprojektes realisiert werden? Was sind die entsprechenden Bedingungen dafür? Sind solche Projekte Ihrer Meinung nach sinnvoll, notwendig, eher vernachlässigbar ...?

16 Im Bereich der Bewegungserziehung werden viele verschiedene Fachbegriffe verwendet. Klären Sie unter Zuhilfenahme von Fachbüchern oder zuverlässigen Internetseiten die folgenden Begriffe und legen Sie sich ein persönliches Fachbegriffe-Wörterbuch an:

Sensomotorik, Nahsinne, Fernsinne, Motorik, Grobmotorik, Feinmotorik, willkürliche Motorik, unwillkürliche Motorik, Motologie, Motopädagogik, Mototherapie, Psychomotorik, psychomotorische Erziehung.

Hilfreich ist es, wenn Sie auch zusätzliche Fachtermini, auf die Sie beim Lesen, in Gesprächen ... stoßen, in Ihr individuelles Glossar aufnehmen.

17 Welche Bedeutung kommt regelgebundenen Bewegungsspielen zu? Welche Kreis- und Gruppenspiele halten Sie für den Kindergarten für gut geeignet? Welche sind Ihrer Meinung nach im Kindergarten nicht am rechten Platz?

18 Eine Kollegin erzählt Ihnen, dass in ihrem Kindergarten Gruppenwettspiele nur sehr selten durchgeführt werden, weil es bei der Gruppenbildung immer wieder zu Streitereien komme, manche etwas ungeschickte Kinder würden von den anderen in der eigenen Gruppe abgelehnt. Ihre Kollegin möchte gerne Ihre Meinung zum Thema Wettspiele ja oder nein bzw. zur ausgewogenen Gruppenbildung erfahren.

Musik

Musik ist einerseits durch gesellschaftliche Wandlungsprozesse, andererseits durch die ihr eigene Komplexität ein äußerst weit gespannter und sensibler Lernbereich. Um die für jedes methodische Vorgehen erforderliche Betrachtung und Analyse der jeweiligen Ausgangssituation der Kinder zu gewährleisten, sollen einige Überlegungen über das musikalische Umfeld der Kinder, die in unsere Kindergärten kommen, vorangestellt werden.

Es gibt in unserer Umwelt viele Gelegenheiten der Begegnung von Kindern mit Musik, man kann fast von einer „Allgegenwart“ von Musik sprechen – im Supermarkt, bei Sportveranstaltungen, im Auto, zu Hause, im Fernsehen ... Es handelt sich hier vor allem um medial vermittelte Musik, auch um elektronische Klänge (Handy, Computer- und Videospiele ...). Klänge, Töne und Rhythmen sind so sehr Teil der Umwelt, dass es möglich ist, dass Kinder (und auch Erwachsene!) sie gar nicht als „abgehoben“, als etwas Besonderes wahrnehmen.

Sehr wohl als „vom Alltag abgehoben“ kann Musik aber bei bestimmten für die Gesellschaft wichtigen Anlässen erlebt werden – als „Element unserer Kultur“, wie Wolfgang Mastnak in seinem Beitrag ausführt. Hier wird es regional Unterschiede geben, was den Stellenwert kultureller Veranstaltungen und der dabei zum Einsatz kommenden Musik betrifft. Hier kann Musik auch live erfahren werden – man denke nur an die wieder stark auflebende Volksmusikkultur in manchen Gegenden.

Musizieren in der Familie wird von Kindern eher seltener erlebt werden können – was oft beklagt wird –, aber auch hier darf nicht übersehen werden, dass es starke regionale Unterschiede gibt. Jedenfalls wird man jeweils berücksichtigen müssen, welche Vorerfahrungen auf dem Gebiet der Musik die Kinder in den Kindergarten mitbringen.

Ein weiterer Umstand, den man sich vor Augen halten muss, ist die **unterschiedliche Bewertung** einzelner Lernziele und Inhalte der Musik innerhalb der Gesellschaft. Niemand wird wohl bezweifeln, dass „Freude an Musik“ ein erstrebenswertes Ziel ist. An **welcher** Musik Kinder Freude finden sollen bzw. welche Musik Kindern Freude macht, das ist schon nicht mehr so eindeutig – zu unterschiedlich sind die Stilrichtungen und Möglichkeiten. Wie es um die Bewertung von „singen können“ bzw. „Lieder können“ (welche?) bestellt ist, ist schwer zu beurteilen. Dass es aber auch wichtig für Kinder ist, Erfahrungen mit Klängen zu machen, auf Instrumenten zu spielen, mit oder zu Musik kreativ zu gestalten, Eigenes zu erfinden, aufmerksames Musikhören oder gar Grundbegriffe der Notation zu lernen, mag unter Umständen (z.B. bei Eltern) nicht das gleiche Verständnis finden wie das Erlernen anderer Kulturtechniken.

So manche KindergartenpädagogIn hat schon irritiert erlebt, dass ihre Bemühungen in diese Richtung wenig geschätzt wurden. Hier kann es nur heißen: im Bewusstsein dieser Zusammenhänge zwar ein klares Konzept haben, dann aber bereit sein, sich am Kind zu orientieren, hinzuhorchen, was es braucht, aber auch, was es lernen möchte und kann.

Als **Konsequenz** kann es die erwähnte Allgegenwart von Musik im Alltag nötig machen, dass im Kindergarten der Fokus erst wieder auf die Musik gerichtet werden muss – dass die Kinder erst lernen müssen, Musik überhaupt als solche wahrzunehmen bzw. zu den unbefangenen Verhaltensweisen, die man als PädagogIn üblicherweise voraussetzt, zurückzufinden.

Musikerziehung möge – wie Wolfgang Mastnak vor allem für das Singen von Kinderliedern einmahnt – sehr wohl in einem ganzheitlichen Kontext erfolgen, sodass die Musik, das Lied für die Kinder und ihr Erleben „bedeutsam“ werden kann. Musik soll demnach möglichst eingegliedert in die Vollzüge des Lebens im Kindergarten betrieben werden – aber eben solcherart, dass sie nicht irgendwie nebenbei abläuft, sondern ihr eigenes Gewicht, ihre besondere Stellung behält.

Das methodische Prinzip „vom Einfachen zum Komplexen“ scheint in der Musik nicht ausschließliche Gültigkeit zu haben, wird man doch in manchen Zusammenhängen von komplexer Musik ausgehen bzw. mit ihr arbeiten (vgl. Christine Gauster).

Zur Fokussierung des Bereiches Musik und seiner spezifischen Inhalte wird aber sehr wohl die Besinnung auf das Elementare angebracht sein. Damit ist nicht nur das gemeint, was „dem Wesen des Kindes entspricht“ (Rudolf Nykrin), sondern auch das Zurückgehen zu den Wurzeln, aus denen sich Musik entwickelt hat und wohl auch noch immer entwickelt. Die Beiträge von Rudolf Nykrin und Christian Hoerburger entfalten hier entsprechende Grundsatzüberlegungen und die nötigen und möglichen Schritte.

Musik wird somit zum einen den Kindern als Spiel- und Gestaltungsmaterial erschlossen und zugänglich gemacht, zum anderen wird die Förderung der „musikalischen Anlagen des Kindes – und zwar jedes Kindes – als ein Teil der allgemeinen menschlichen Anlagen“ (Christian Hoerburger) angestrebt. Damit wird das Erlernen der entsprechenden Kulturtechniken ermöglicht – was sowohl für „den Weg zum musikalisch interessierten Erwachsenen“ (Rudolf Nykrin) erforderlich ist, aber auch, was „für das Leben in unserer Gesellschaft notwendig und sinnvoll“ ist (Wolfgang Mastnak) und über das rein musikalische Können weit hinausgeht.

Hier setzt der Beitrag von Christine Gauster an, hier geht es vor allem um die persönlichkeitsbildenden und therapeutischen Aspekte der Musik – zum einen als Lebenshilfe, wenn Kinder bereits Probleme haben, zum anderen als Prävention bzw. im Sinne allgemeiner Lernziele. Hier spielt vor allem die Vernetzung mit anderen kreativen Bereichen eine große Rolle.

Im Sinne der bereits erwähnten Ganzheit müssten alle Ansätze, Intentionen und Ziele, so vielfältig sie auch sein mögen, wieder einmünden in das, was Wolfgang Mastnak für das Lied als „metaphysisches Symbol“ geltend macht: die beglückende Erfahrung des „Lebens als solches“.

Christine Gauster

Rudolf Nykrin

Elementare Musikerziehung

Alle Kinder interessieren sich für die Klänge und Geräusche ihrer Umwelt. Lebenslust und Traurigkeit, Für-sich-Sein und Hineintreten in die Welt finden bei jedem gesunden Kind schon nach wenigen Lebensmonaten musikalischen Ausdruck (Moog 1968; Stadler Elmer 2000). Dementsprechend ist jedes Kind auch bereit, überschaubare musikalische Gestalten – klangvolle Sprache, Gesänge und Lieder, einfach gestaltete Formen des Klatschens, Patschens oder Stampfens, des Sich-Bewegens und Tanzens – aufzunehmen und in das eigene Spielen und Gestalten einzubeziehen. Es sind allein die kulturell bestimmten Einflüsse, die dieses Grundbild des kindlichen musikalischen Verhaltens allmählich ändern, die das Singen vom gestisch-begleitenden Musizieren, von der Bewegung und vom Tanzen, das Sprechen von Klang und Rhythmus, am Ende auch viele Menschen vom Singen trennen. Die elementare Musikerziehung dagegen will zu einer kontinuierlichen Vermittlung der im Kind lebendigen Verhaltensquellen mit der uns umgebenden Musikkultur beitragen.

1. Intentionen

Ziele und Inhalte des musikalischen Spielens, Lernens und Gestaltens sollen sich nach einem doppelten Maßstab bestimmen, wie er auch in anderen Erziehungsbereichen Gültigkeit hat: Musikalische Erziehung soll dem Wesen des Kindes entsprechen, aber auch Wege bezeichnen für ein späteres musikalisch erfülltes Leben des Menschen (vgl. Niederle 2005, S. 11).
Drei Stichworte mögen die allgemeine Aufgabe umreißen:

1.1. Anregung

Kein Kind ist „unmusikalisch“: In der Spannweite musikalischer Tätigkeit können noch geistig und seelisch extrem behinderte Kinder angesprochen, angeregt werden. Jedes „normale Kind“ findet bei einem entsprechenden Angebot zu Musik vielgestaltigen Zugang.

1.2. Orientierung

Kein Kind ist musikalisch uninteressiert, die musikalische Neugier der Kinder ist vielseitig ausgerichtet: Kinder spüren, dass Musik wesenhaft aus dem oft belanglosen und verwirrenden Geräuschalltag herausgehoben ist. Sie horchen auf, wenn irgendwo gesungen oder musiziert wird, wenn gestaltete Sprache klingt. Sie möchten spontan mitmachen, wenn andere Kinder tanzen. Sie erforschen unvoreingenommen die Klangmöglichkeiten eines Instrumentes, das wir ihnen in die Hand geben. Unabhängig von der Frage einer späteren musikalischen Ausbildung hat jedes junge Kind Anspruch darauf, möglichst viele der sich mit Musik verbindenden Verhaltensmöglichkeiten in elementarer Weise selbst zu erfahren.

1.3 Weckung von Lern- und Ausbildungsinteressen

Manche Kinder entwickeln für eine bestimmte musikbezogene Tätigkeit besondere Neigung, besonderen Ehrgeiz. Dies kann ein Zeichen dafür sein, dass sie sich stärker und früher als andere Kinder aktiv der Musik zuwenden möchten. Es kann ein aufkeimendes Interesse einzelner Kinder am Erlernen eines Instrumentes sein, das schon im Kindergarten erkannt und gegebenenfalls auf einen sinnvollen Weg geleitet werden sollte.

Alle von musikalischer Erziehung angeregten Erlebnisformen wurzeln im Hier und Jetzt des kindlichen Spielens,

Lernens und Gestaltens. Zugleich öffnen sie sich aber auch der Zukunft der Kinder und wollen den Weg zum musikalisch interessierten Erwachsenen bereiten und anbahnen. Solche doppelte Blickrichtung musikalischer Erziehungsarbeit erfordert die kundige oder zumindest interessierte (und sich damit Schritt um Schritt von selbst kundig machende) ErzieherIn, die das musikalische Lernen der Kinder auch als ein auf Zukunft gerichtetes Geschehen begreift und anleitet.

2. Inhalte

Musikalische Erziehung im Kindergarten darf sich nicht auf das Singen beschränken. Langjährige Erfahrungen zeigen, dass jeder der folgenden Lernbereiche Kindern zugänglich ist und in elementaren Erlebnissen angesprochen werden kann (in Haselbach/Nykrin/Regner 1985 und 1986 wird die Arbeit in allen wichtigen Inhaltsbereichen theoretisch und praktisch erläutert):

2.1. Singen und musikalisches Sprechen

Singen und musikalisches Sprechen sollten als die am leichtesten zugänglichen musikalischen Tätigkeiten einen ersten und täglichen Platz in der Erziehungsarbeit haben.

- **Singnamen, gesungene Formeln, Lieder:** Singen kann man im Kindergarten jeden Tag. Man kann sich singend begrüßen und sich zur Jause singend einen guten Appetit wünschen. Das Singen von Liedern verbindet sich mit dem Musizieren, dem darstellenden Spielen und dem Tanzen. (Wichtig: Es soll nicht zu tief gesungen werden – ein Fehler, den viele ErzieherInnen aus Bequemlichkeit begehen. Die Singstimme sollte sich möglichst zwischen d' und d" bewegen und die Lautstärke nicht forciert werden.)
- **Singendes Erzählen:** Wenn wörtliche Rede spontan melodisiert, also gesungen wird, spricht man von „singendem Erzählen". Es gehört – irgendwann – zum musikalischen Verhalten eines jeden Kindes, verschwindet aber häufig, da es von der Umwelt nicht verstärkt oder durch Unverständnis seines Spontancharakters beraubt wird. Auch im Kindergarten gibt es immer wieder Kinder, die z.B. beim Betrachten eines Bilderbuches darüber „singend erzählen". Viele Kinder öffnen sich dem „singenden Erzählen" wieder, wenn es von der ErzieherIn gelegentlich ins Spiel gebracht wird. In Ritualen der Begrüßung und Verabschiedung oder im singenden Improvisieren kleiner Erzählungen kann das geschehen.
- **Klingende Sprache:** Alle Kinder lassen sich von Nonsenssilben oder Zaubersprüchen klanglich verführen, lieben intuitiv den Klangreiz des Reimes und haben an rhythmisch-metrisch geordnetem Sprechen große Freude. Klangliche und rhythmische Erziehung haben in der Sprachgestaltung, die sich mit Körperklängen, mit Instrumentalspiel und passenden Bewegungsformen verbinden kann, einen wichtigen Ausgangspunkt.

2.2. Spiel auf elementaren und selbst gebauten Instrumenten

Elementare Instrumente können von allen Kindern gespielt werden. Die Kinder erfahren dabei den Zusammenhang zwischen den körperlichen Funktionen (Bewegungsform, Kraft) und dem klanglichen Resultat und lernen die Klangeigenschaften verschiedenartiger Materialien kennen. Bei aufmerksamer Handhabung entfaltet das elementare Instrumentarium eine große Palette von Klängen, und im gemeinsamen Musizieren ergeben sich eindrückliche Impulse für eine aufmerksame, kooperative und gemeinschaftliche Haltung der Kinder.

- **Der eigene Körper, das erste Instrument:** Neben der Stimme (dem Mund) sind es Hände und Füße, die den Körper und den Raumboden zum Klingen bringen. Mit dem „Körperinstrument" zu musizieren (klatschen, patschen, stampfen, aber auch tippen, reiben, wischen usf.) bedeutet für Kinder die sinnlich direkteste, dichteste Erlebnisform von Musik. Die Lust der Kinder an der Imitation erweitert den Spielraum der Aktivitäten, ihr Interesse an eigener Geschicklichkeit ist ein wichtiges Motiv des Spielens und Übens. Im Mitgestalten zu Sprache, einbezogen in Liedgestaltungen, Bewegungsspiele und Tänze, findet das Musizieren mit dem eigenen Körper unerschöpfliche Anlässe.
- **Elementares Instrumentarium:** Instrumente des kleinen Schlagwerks (wie Schlagstäbe, Rasseln, Holzblocktrommeln, Hand- und Schellentrommeln, Triangeln, Cymbeln, Becken, Schellenbänder ...) sollten mehrfach vorhanden sein. Eine große Trommel und ein Paar kleiner Pauken können grundieren. Aber auch einzelne Xylofone, Metallofone und Glockenspiele sind wichtig für Liedbegleitung und klangliche Differenzierung. Besonders vielseitig einsetzbar sind „Klangbausteine" (auch „Klingende Stäbe" genannt): Es handelt sich dabei um Einzelton-Instrumente (Holz- oder Metallplatten mit Resonator), die für Begleitungen gezielt ausgewählt, für Hörübungen von den Kindern gereiht, in das bewegte Spiel im Raum mitgenommen werden können u.v.m.
- **Instrumente selber bauen:** Auch der Bau einfacher Instrumente verhilft den Kindern zu wichtigen musikalischen Grunderfahrungen, darüber hinaus aber vor allem zum erstmaligen Gefühl, ein „eigenes Instrument" zu haben.

2.3. Tanzen und andere Formen ausdruckhafter Bewegung

Bewegung und Tanz sind im kindlichen Verhalten tief verwurzelt. Im Gegensatz zum „kopflastigen" Erwachsenen erfahren Kinder die Welt „bewegt", findet ihr Erleben immer auch bewegten Ausdruck (Leiser 1985). Kinder an die spannungsreiche Dynamik des Sich-Bewegens heranzuführen bedeutet umgekehrt, ihnen wesentliche Reize für ihre Entwicklung zu geben, da ihre ganze Persönlichkeit hier dem physiologischen und psychischen Wechsel von Anregung und Entspannung, Herausforderung und Lösung, Anstrengung und Ruhe ausgesetzt wird.

Die spontane Bewegungslust der Kinder ist der Ansatzpunkt für die Körpererfahrung, für die freie Bewegungsgestaltung wie auch für ein gebundenes Tanzen zu Musik.

- **Möglichkeiten des eigenen Körpers erfassen:** Wie können wir uns strecken und zusammenziehen, den ganzen Körper und einzelne Teile bewegen, locker und erstarrt sein, klein und groß machen? Wie ist es, wenn der Körper „auf Touren" kommt, wenn er ausruht (Atem, Herzschlag, Bauchdecke)? Das Aufspüren und Spüren des Körpers verbindet sich mit dem Benennen, und nach und nach werden die Kinder dazu geführt, die Möglichkeiten des eigenen Körpers in bewussten Gestaltungen einzusetzen.
- **Bewegungsformen entdecken und gestalten:** Formen der Fortbewegung, aber auch der Gestik und Mimik werden in Spielsituationen, in Rollenspielen, im Spiel mit Objekten, im Bewegungsspiel zu Texten, Liedern und Musik angeregt, sichtbar gemacht, von den Kindern imitiert und variiert.
- **Tanzen:** In vielen Kinderspielen entdecken wir das Vergnügen an der kontrollierten Wiederholung und Reihung von Bewegungsmotiven, z.B. bei Hüpfspielen. In der Arbeit an rhythmisch-gebundenen – festen oder improvisierten – Tanzformen werden die natürlichen Bewegungsmöglichkeiten und -interessen der Kinder angesprochen und differenziert. – Daneben finden alle Kinder aber auch spontanen Zugang zur freien Bewegungsgestaltung (mit und ohne Musik), wobei konkrete Darstellungsimpulse (z.B. ein „Katzentanz") wichtige Hilfen sind.

2.4. Hören von Musik

Viele Kinder hören schon im Vorschulalter oft und verhältnismäßig lange Musik, vor allem vom Kassettenrekorder. Dies kann durchaus eine Bereicherung für das Kind sein. Voraussetzung ist, dass das Hören aufmerksam und wach geschieht. Konnte das Kind bereits zu sinnlichen und begrifflichen Anhaltspunkten finden, die im Musikhören eine Differenzierung ermöglichen, wird es diese Erfahrungen beim Musikhören wie von selbst anwenden und dabei weiter ausbilden. Wichtige Orientierungen für das Musikhören, die in der Erziehungsarbeit aufgebaut werden können, sind z.B. Instrumentalklänge, die die Kinder wiedererkennen, das Aufmerksammachen für Vor- und Nachspiele, auf Wiederholung und Veränderung. Gefördert werden sollte auch die Bereitschaft der Kinder zur Versprachlichung und Mitteilung ihrer musikalischen Erlebnisse. Auch die gelegentliche Nachfrage nach Musikkassetten, die den Kindern besonders gut gefallen, und dann das gemeinsame Hören von Ausschnitten können Schritte auf dem Weg sein, die persönliche Bereitschaft dafür zu wecken, Musik nicht einfach als „Hintergrund" im Alltagsleben mitlaufen zu lassen.

Hörerziehung bei vielen Gelegenheiten: Hörerziehung geschieht zunächst einmal immer dann, wenn die Kinder dazu geführt werden, sich selbst oder anderen Kindern bzw. der ErzieherIn aufmerksam zuzuhören. Mit entsprechenden Impulsen lässt sich beim Singen ebenso wie beim Instrumentalspiel oder Tanzen eine wache Hörbereitschaft wecken: Ein Lied, das vom Nüsseschütteln erzählt, werden wir kräftiger singen als eines vom schwebenden Nebel. Der Schwerpunkt medial vermittelter Hörbeispiele liegt dagegen darin, Instrumente oder Musikgruppen vorzustellen oder das Tanzen zu grundieren.

2.5. Erleben von Instrumenten

Für eine „systematische Instrumentenkunde" ist in Schule und Musikschulen noch reichlich Zeit. Aber die nähere Begegnung mit einigen jener Instrumente, die auf eine in den Augen der Kinder zumeist höchst wundersam erscheinende (und deshalb zur Erkundung reizende) Weise Töne und Musik erzeugen, sollte schon früher geschehen.

- **Die ErzieherIn als MusikerIn:** Zunächst ist es die ErzieherIn selbst, die ihr(e) Instrument(e) mit in die Gruppe nehmen und darauf spielen sollte. Schon ein Vor- oder Nachspiel zu einem Lied reicht aus, um das Instrument den Kindern vorzustellen und ihnen die persongebundene Erfahrung eines musizierenden Menschen mitzugeben.
- **Eltern und andere Musikanten:** Auch musizierende Eltern oder freundliche InstrumentallehrerInnen der örtlichen Musikschule können eingeladen werden – oder man begibt sich auf eine „Exkursion" zu ihnen.
- **Rollenspiele:** Es beginnt bei Liedern wie „Wir sind die Musikanten", deren orientierende Bedeutung auch heute nicht zu verkennen ist, und reicht bis zur Imitation der Musiker einer Blaskapelle oder Jazz-Band, die live im Kindergarten zu Gast sind oder deren Musik von einer Schallplatte erklingt.
- **Kinder zeichnen sich mit Instrumenten:** Ein guter Anlass dazu wäre gegeben, wenn die Kinder selbst Instrumente näher erleben und sich anschließend dazu in ihren Bildern „in Beziehung" setzen könnten.

2.6. Entdecken und Gebrauchen von Zeichen für Gespieltes, Gesungenes, Gehörtes

Befreien wir uns zunächst von der Vorstellung, dass im Mittelpunkt dieses Lernbereiches die herkömmlichen „Musiknoten"stehen! Sie sind nur eine von vielen Formen, um Musik „dingfest zu machen". Elemente dieser Notenschrift spielerisch kennen zu lernen sollte niemals an den Beginn musikalischer Erfahrungsprozesse gestellt werden.

- **Bewegung, grafisches Notieren, Malen zu Musik:** Noch vor der sprachlichen Beschreibung ist es das Medium der Bewegung, das es Kindern erlaubt, innere musikalische Vorstellungen zum Ausdruck zu bringen und anderen mitzuteilen (Bewegung zu Musik; Dirigieren von Musik). Auch die vielfältigen Formen der grafischen Notation sowie das freie Malen zu Musik sind dem Vorschulkind gemäße Arbeits- und Ausdrucksformen, wobei Letzteres weniger zu einer genauen Übereinstimmung zwischen der erklingenden Musik und den Malereien der Kinder führen soll, wohl aber zu einer besonders ruhigen, aufmerksamen Atmosphäre, die beidem, dem Musikerleben wie dem Malen, zugute kommt.
- **Traditionelle Notenschrift:** Kinder können (müssen aber nicht) ausgewählte Elemente der herkömmlichen Notenschrift schon im Kindergartenalter verstehen und spielerisch anwenden. Entscheidet man sich für die Beschäftigung mit diesem Inhalt, so sollte zuerst eine sichere sinnliche und motorische Basis für einfache rhythmische und melodische Verhältnisse gelegt worden sein.
  Sprachliche Erfahrungsformen (z.B. eine kindgemäße Rhythmussprache) und bewegungsbetontes Erleben von rhythmischen Verhältnissen ebenso wie von Tonhöhenverläufen (z.B. durch Mitzeigen) müssen der Beschäftigung mit einer stärker abstrahierenden Symbolik vorausgehen.
  Bewährt hat sich eine Rhythmussprache, die abstrakte Silben benutzt (z.B. „ta" für den Wert einer Viertelnote, „tate" für ein Achtelnoten-Paar). Die Kinder können damit rhythmische Bausteine sprechen, dann z.B klatschen, auf Instrumenten spielen und zu kürzeren und längeren Formen reihen (vgl. Haselbach/Nykrin/Regner 1986, S. 63f.).

3. Musikalische Lerngelegenheiten

Die zeitliche, räumliche und soziale Struktur des Kindergartens bietet zahlreiche Gelegenheiten, um musikalisches Verhalten anzusprechen und anzuregen. Bereits beim Eintreffen der Kinder kann ab und zu Musik erklingen: einmal eine Musik, die nicht mehr als „wohl tun" und zum entspannten Hinhören verlocken will; ein anderes Mal vielleicht Instrumentalfassungen zu Liedmelodien, die die Kinder gerade lernen sollen. Viele Rituale, wie das Sich-Begrüßen, Verabschieden, gemeinsame Essen usf. können einen musikalischen Ausdruckbestandteil haben. Neben den musikalisch (musikalisch-tänzerisch) orientierten thematischen Einheiten bieten viele andere Themen der Kindergartenarbeit die Möglichkeit, mit den Kindern singend, musizierend und im Bewegungsausdruck Sachverhalte zu erschließen und zu vertiefen, begünstigen doch gestalterische Mittel die erlebnishafte Erfassung einer Thematik in besonderer Weise.

Dass Kinder Musik teilnahmsvoll erleben und Zuneigung zu ihr fassen, kann man andererseits nicht erzwingen. Eine geschickte Auswahl von Lernsituationen und eine lebendige, kindgerechte Vermittlung können die Freude an der Musik zwar anregen – letztlich bleibt diese den-

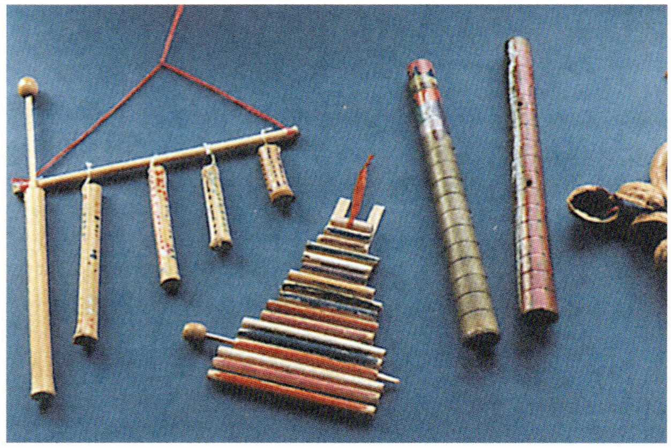

Beispiele von selbst gebauten Instrumenten.

noch ein geheimnisvolles Ereignis, das dem Kind widerfährt. Schon aus diesem Grunde sollte es, über im Kindergarten bewusst veranstaltete Musikaktivitäten hinaus, Gelegenheiten geben, wo Kinder selbstständig auf die Musik zugehen können.

Musik sollte im Kindergarten so zugänglich sein wie Farben, Papier oder Bausteine. Einige Ideen dazu:

- Eine „Musikecke" wäre wünschenswert, in der es (zu gewissen Zeiten?) auch einmal etwas lauter sein darf.
- Neben einigen elementaren Instrumenten (darunter ein Xylofon) könnten z.B. kleine Musikwalzen (die die Kinder selbst drehen können), Tierstimmendosen oder eine „rauschende" Muschel auf interessierte Kinder warten.
- Selbst gebaute Instrumente (z.B. ein Rassel-Memory, eine Teufelsgeige, kleine Kastagnetten, ein Nagelspiel) sollten zum Ausprobieren bereitstehen.
- Im Buchregal sollte es für die Kinder auch Bücher geben, die auf Musik hinweisen.
- Bilder von musizierenden Kindern, Musikposter etc. an den Wänden könnten Kinder zum verweilenden Schauen anregen.
- Und irgendwo sollte eine Notentafel sein, denn einige Kinder wollen vielleicht ebenso früh „Noten schreiben" wie sie gerne „Briefe schreiben".

Es wäre schön, wenn Kinder im Kindergarten den Zugang zu Musik täglich finden könnten. Auch Musik sollte ohne Einschränkung zur Welt jener Gegenstände gehören, die der Kindergarten durch räumliche und zeitliche Präsentation und durch eine bewusste und stimulierende Raumgestaltung (zur bildenden Funktion von Raum und Einrichtung vgl. Groh 2005) in den Horizont der Kinder zu heben trachtet.

Literatur

Groh, Maria ([6]2005): Entwicklung eines Raumkonzeptes. In: ZeitRaum Kindergarten. Methoden des Kindergartens 1. Linz: Unsere Kinder

Haselbach, B./Nykrin, R./Regner, H. (Hg.) (1985): Lehrerkommentar I zu „Musik und Tanz für Kinder". Mainz

Haselbach, B./Nykrin, R./Regner, H. (Hg.) (1986): Lehrerkommentar II zu „Musik und Tanz für Kinder". Mainz

Leiser, Holmrike (1985): Die Bedeutung der Bewegung für die Entwicklung des Vorschulkindes. In: Zarius, K. H. (Hg.): Musikalische Früherziehung. Grundfragen und Grundlagen. Mainz.

Moog, Helmut (1968): Das Musikerleben des vorschulpflichtigen Kindes. Reihe: Bausteine für Musikerziehung und Musikpflege. Mainz

Niederle, Charlotte ([6]2005): Frühkindliche Lernformen. In: EntwicklungsRaum Kindergarten. Methoden des Kindergartens 2. Linz: Unsere Kinder

Stadler Elmer, Stefanie (2000): Spiel und Nachahmung. Über die Entwicklung der elementaren musikalischen Aktivitäten. Aarau

Der Beitrag wurde erstmals in „Unsere Kinder" 3/1990 publiziert; Überarbeitung 2005.

Christian Hoerburger

Musikinstrumente für den Kindergarten

Musikinstrumente üben eine große Anziehung auf Kinder aus. Außerdem sind sie zur Förderung der musikalischen Entwicklung der Kinder von zentraler Bedeutung. Daher wird ein zeitgemäßer Kindergarten mit einer größeren Anzahl geeigneter Musikinstrumente ausgestattet sein.

Nicht jedes Musikinstrument ist für Kinder gut geeignet. Das gilt besonders für das Kindergartenalter. Am besten eignen sich elementare Instrumente, die auf die altersbedingte Motorik Rücksicht nehmen, die also mit relativ großen Bewegungen zum Klingen gebracht werden. Instrumente mit beschränktem Tonumfang bis zu sieben Tönen sind gegenüber jenen mit mehr Tönen vorzuziehen. Wenn ein Instrument beim Spielen tragbar ist, so ist das ein Vorteil für den Einsatz beim Tanzen. Besonders wünschenswert ist es, dass die Instrumente Klangfülle besitzen und in der Klangqualität ein gewisses Niveau nicht unterschreiten.

Das Angebot der Instrumentenhersteller ist zwar reich; doch es ist erforderlich, für kleinere Kinder weitere Instrumente zu entwickeln. Dabei sollten Anregungen von Volks- und Kultinstrumenten aus Asien, Afrika und Südamerika aufgegriffen werden. Die Möglichkeiten, selbst Instrumente oder Klangspielzeuge zu basteln, sollten ebenfalls ausgeschöpft werden.

1. Bewährte Instrumente für den Kindergarten

1.1. Stabspiele

Stabspiele sind als Orff-Instrumente bekannt. Je größer diese Stabspiele sind, desto besser eignen sie sich für den Kindergarten: Es sind Alt-Xylophon (AX), Alt-Metallophon (AM), Bass-Xylophon (BX) und Bass-Metallophon (BM).

Hier ist das Verhältnis von Schlägelgewicht und Schlägelgröße zu Kinderarm und zur Breite der Tonstäbe am günstigsten. Die Tonlage der größeren Instrumente (kleine und eingestrichene Oktave) ist wärmer und angenehmer als die der hellen Glockenspiele. Man wird ihrer nicht so schnell überdrüssig.

Ein Alt-Glockenspiel (AG) und ein Sopran-Glockenspiel (SG) sollten aber aus klanglichen Gründen nicht fehlen. Es müssen nicht immer alle 13 Tonstäbe aufgelegt sein. Die Kinder haben es dann leichter, die für die betreffende Musik ausgewählten Töne zu treffen.

Einige klassische Orff-Instrumente: Alt-Xylophon (AX, 1), Alt- und Sopran-Glockenspiel (AG und SG, 2a und b), Klangbausteine aus Holz (3) bzw. aus Kunststoff (4).

Schlaginstrumente im Kindergarten: Tamburin (1a), Schellenring (1b), Fingerzimbeln (2), Glocken- und Schellenkranz (3a und b), Cabasa (4), Claves (5), Röhrenholztrommel (6), Triangel (7), Becken (8), Gong (9), Rühr-Xylophon (10), Holz-Agogo (11), Holzblocktrommel (12), Bongas (13), Chimes (14).

1.2. Schlaginstrumente mit unbestimmter Tonhöhe

Sie sind zum Teil aus dem Orff-Schulwerk als „kleines Schlagwerk" bekannt und bringen nur einen oder wenige Klänge hervor. Es sind der Triangel, die Schlagstäbe (Claves), die Holzblocktrommel, die Schellen, die Rasseln, die Trommeln, die Schellentrommel (Tamburin), das Becken, die Zimbeln, die Tempelblöcke, die Kastagnetten, das Tam-Tam (der Gong), das Flexaton, die Agogo-Bells, die Lotosflöte, das Kazoo (die Tröte), die Cabasa, das Reco-Reco.

Ihre Vorteile sind, dass sie kleiner und daher während des Spiels tragbar sind sowie in der Anschaffung erheblich billiger als die Stabspiele. Die Vorteile auf musikalischem Gebiet liegen in der Begrenztheit der Klänge. Es können gewissermaßen kaum „falsche" Töne oder Klänge gespielt werden. Auch wird das Kind herausgefordert, durch Differenzierung in der Spielweise die klanglichen Möglichkeiten des Instrumentes zu entdecken. Schließlich ist die Verbindung zwischen Instrument und Körperbewegung hier so unmittelbar wie sonst bei keinem anderen Instrument. Um diese Vorzüge der Idiophone (d.h. ihrer Natur nach klingenden Instrumente) geht es vor allem.

1.3. Saiteninstrumente

Saiteninstrumente sind bisher bedauerlicherweise nur wenig entwickelt und erprobt. Der Streichpsalter findet zwar das Interesse der Kinder, er ist jedoch noch zu kompliziert für das Kindergartenalter. Zither und Ukulele können bei vereinfachter Spielweise verwendet werden, damit man wenigstens überhaupt Saiteninstrumente anbietet. Gut geeignet ist die Kantele.

1.4. Instrumente für die ErzieherInnen

Der Vollständigkeit halber sollen auch jene Instrumente angeführt sein, die sich für die Hand der ErzieherInnen bewährt haben. Es sind vor allem die Gitarre und die Flöte.

Bei entsprechenden Fähigkeiten und Neigungen kommen auch das Klavier und das Akkordeon in Frage. Die Gitarre ist verhältnismäßig leicht zu lernen und für die Liedbegleitung ideal. Dagegen kann die Blockflöte eher für melodiöses Spiel sowie für die Begleitung tänzerischer Aufgaben eingesetzt werden. Ihre suggestive Wirkung ist vergleichsweise größer als bei der Gitarre.

2. Der Umgang mit Musikinstrumenten

Die Anschaffung der Instrumente wird sich nach den Arbeitsvorstellungen der ErzieherInnen richten. Sind sie flexibel im Umgang mit den Instrumenten, wird es ihnen immer wieder möglich sein, ihren Kindergartenträger zu überzeugen und im Laufe der Zeit ein vielfältiges Instrumentarium zu beschaffen. Die ErzieherInnen können und dürfen sich aber nicht damit entlasten, dass der Kindergartenerhalter keine Instrumente kaufe und folglich in der aufgezeigten Weise nicht gearbeitet werden könne.

2.1. Begleitung von Liedern

Bei der Begleitung von Liedern mit Instrumenten ist der Spielraum der Verwendung vergleichsweise eng. Bei Liedern sind eine bestimmte Tonart, ein bestimmter Takt, bestimmte Dreiklänge festgelegt, auf die die Begleitung Rücksicht nehmen muss. Entsprechend ist man auf geeignete Liedsätze, auf das Üben, auf hinreichend begabte Kinder und natürlich auf bestimmte Instrumente mit bestimmten Tönen angewiesen.

Für die Begleitung von Liedern sind daher die Stabspiele erforderlich. Wenigstens die Instrumente der Alt-Lage sollten vorhanden sein. Es ist möglich und auch wünschenswert, wenn sie mehrfach vorhanden sind und auch mehrfach gespielt werden. Dadurch gerät das Spiel nicht gleich auseinander, wenn einmal ein Kind „drauskommt". Außerdem können dann in mehrteiligen Liedern (z.B. Refrainliedern) verschiedenartige Stimmen (Spielparts) mit derselben Klangfarbe (nämlich dem gleichen Instrument) ausgeführt werden.

Die Instrumente der hellen Sopran-Lage und der dunklen Bass-Lage sollten sich in der Anzahl die Waage halten.

Auch die Instrumente des kleinen Schlagwerks werden in wohl überlegter sparsamer Form angewendet. Sie haben bei der Liedbegleitung färbende und rhythmische Aufgaben.

Informationen über die Beschaffenheit der Begleitsätze und auch Beispiele sind bei Hoerburger/Widmer (1992, S. 42–55) zu finden.

2.2. Klangspiele

Diese Bezeichnung für Instrumental-Musikstücke ist seit mehreren Jahren gebräuchlich geworden und soll hier zuerst kurz erläutert werden. Komponierte Musik, die durch Tonart, Takt und Aufteilung der Instrumentalstimmen gekennzeichnet ist, wäre für Kinder im Kindergartenalter zu schwer. Sie müsste lange geübt werden.

Klangspiele sind stattdessen improvisierte Musik, bei der sich die Klangvorgänge im Spiel des Zufalls entfalten. Daher gibt es keinen Takt, keine bestimmte Tonart und keine vorgeplanten Einzelstimmen. Der geistige und formale Zusammenhalt dieser Musikstücke geschieht durch äußere Umstände (etwa die Auswahl und Anordnung der Instrumente, die Funktion der Musik in einer bestimmten Situation, das Verhältnis zu einem parallel dazu ablaufenden Vorgang) bzw. durch das Gestaltungsprinzip der Aleatorik, also durch das Zufallsprinzip. Die vorantreibende Kraft in dieser Art Musik ist die Emphase, das Ausdrucksbedürfnis der einzelnen TeilnehmerInnen. Klangspiele erinnern an das sog. Charivari in der Volkstradition, das vom gebildeten Musiker zu Unrecht als „Katzenmusik“ (Lärm-Machen, Durcheinander) abgewertet wird (vgl. Hoerburger 1969, S. 195, und Busoni o. J., S. 8–14).

Klangspiele eröffnen so vielfältige Möglichkeiten, dass es sich lohnt, sie als Musizierform für kleine Kinder stärker zu beachten.

In den Klangspielen haben die Instrumente des kleinen Schlagwerks eine wichtigere Aufgabe als bei der Liedbegleitung. Sie haben tragende Funktion, weil sie nicht tonal gebunden sind (unbestimmte Tonhöhe haben). Allerdings können sie diese tragende Funktion oft erst dann erreichen, wenn diese Instrumente mehrfach besetzt sind: also drei und mehr Trommeln, Rasseln, Triangel, Schellen, Gongs und Lotos-Flöten. In der Mehrzahl ist es leichter damit, jene Klangflächen und Klanggewebe zu erzeugen, aus denen die Klangspiele sich weitgehend zusammensetzen.

Die Stabspiele haben dagegen nicht mehr die Hauptfunktion, obwohl ihre Tonalität innerhalb der geräuschhaften Umgebung eine ganz neue Bedeutung erfährt. Klangspiele sind möglich als

- Zwischenmusiken in Geschichten,
- Begleitmusiken zu Bewegungsspielen, Tanzgestaltungen, Texten und Liedern,
- musikalische Gebilde, die für sich allein stehen.

Klangspiele sollen für SpielerInnen und ZuhörerInnen ansprechend wirken. Für kleine Kinder ist aber das Gestaltungsprinzip der Aleatorik (lat. *alea* = Würfel; vom Zufall abhängige Gestaltung) nicht ohne weiteres verständlich. Immerhin lässt sie sich für unsere Zwecke mit dem Begriff „gemischte Musik“ umschreiben und verständlich machen.

Häufiger wird es sein, dass im Kindergarten die Klangspiele durch einen äußeren Rahmen geformt und zusammengehalten werden. So gibt es dann

- eine Schneeflockenmusik (im Bilderbuch „Frederick“)
- Sammelmusik der Mäuse (im Bilderbuch „Frederick“)
- Traummusik (im Bilderbuch „Gute Reise“)
- Arbeitsmusik (im Bilderbuch „Der Schneider“)
- Hochzeitsmusik (im Märchen „Dornröschen“)
- Wandermusik (im Märchen „Hans im Glück“)
- Krippenmusik (zum Lied „Ihr Kinderlein kommet“)
- Wintervertreibungsmusik (zum Lied „Winter ade“)
- Bienenreisemusik (zum Lied „Summ, summ, summ“)
- Sonnenrufmusik (zum Reim „Liebe Sonne“)
- Geburtstagsmusik für den Löwen
  usw.

Zudem hat die ErzieherIn noch die Möglichkeit, durch die Auswahl der Instrumente und Töne auf die Form des Klangspiels Einfluss zu nehmen. Die diatonischen Stabspiele werden in der Regel nicht alle Töne aufliegen haben, sondern eine Auswahl von aufeinander abgestimmten Tönen. Dadurch wird das Klangspiel vorstrukturiert und gefällig gemacht.

Zuletzt kann man auch dem Klangspiel eine eigene charakteristische Prägung geben, indem man den Zweck der Musik für die spielenden Kinder besonders deutlich macht, z.B.: Die Schneeflockenmusik ist besonders leicht, die Krippenmusik besonders freundlich, die Traummusik besonders aufregend (lustig, leise ...).

3. Pädagogische Gesichtspunkte für das instrumentale Spiel im Kindergarten

Im Kindergarten gestaltet sich der Umgang mit den Instrumenten zwangsläufig anders als beispielsweise in der Musikschule oder Grundschule. Die Zuwendung der Kinder zu den Instrumenten kann man nur wenig nützen, um anspruchsvollere Liedbegleitungen oder Klangspiele zu üben oder das Zusammenspiel zu verbessern.

3.1. Vorrang des Experimentierens vor dem Einstudieren

Am Anfang allen Musizierens steht das Kennenlernen des Instrumentes, seiner klanglichen Möglichkeiten, seiner Handhabung und nicht zuletzt seiner Bauart (bauli-

Die Welt(musik) trifft sich im Kindergarten: Ukulele (1), Djembe (2), Kastagnetten (3), Maracas (4), Guiro (Reco-Reco, 5), Caxixi (6).

chen Besonderheiten). Mit einem Instrument vertraut werden ist eine unabdingbare Voraussetzung vor dem Musizieren. Dem Experimentieren wird deshalb immer wieder viel Zeit eingeräumt werden müssen.

Dazu wählt die ErzieherIn eine begrenzte Zahl von Instrumenten aus. Ihre Auswahl wird an einem anderen Tag wieder etwas anders getroffen. Die Instrumente stellt sie den Kindern so auf, dass sie sich frei von Ablenkung damit beschäftigen können. Die ErzieherIn wird sich dabei möglichst zurückhalten, allerdings wird sie aufmerksam beobachten und sich selbst nicht bei dieser Beobachtung ablenken lassen. Ihre erzieherische Tätigkeit besteht darin zuzuhören, Anteil zu nehmen, Freude und Begeisterung der Kinder zu teilen, Entdeckungen mit Zustimmung zu bedenken, Fragen zu beantworten und Beschädigungen der Instrumente zu verhindern. Erst wenn sie Überdruss bei einzelnen Kindern beobachtet, wird sie aktiv werden und etwa ein Kind auf das Spiel eines anderen aufmerksam machen oder das Kind zu einem anderen Instrument führen, selbst ein Instrument nehmen, mit einem Kind korrespondieren u.Ä.

Beim Experimentieren wird immer wieder zu beobachten sein, dass sich einzelne Kinder in einem Rausch der Lautstärke verlieren. Sie erleben dabei ihre eigene Vitalität, Macht und ihre Fähigkeit, Eindruck auf andere zu machen. Auch dieses Erlebnis ist ein elementares Bedürfnis im Zusammenhang mit Musikinstrumenten. Die ErzieherIn sollte nicht entsetzt auf dieses Kind losstürzen und ihm das Instrument wegnehmen. Vielmehr sollte sie behutsam mit dem Kind umgehen; es auf die anderen Kinder aufmerksam machen, deren Spiel nicht mehr hörbar ist; ihm leisere Spielmöglichkeiten mit diesem Instrument vorschlagen; es auf die begrenzte Erträglichkeit großer Lautstärken hinweisen u.a.m.

Zwangsläufig werden die Gruppen für das musikalische Experimentieren nicht groß sein können und nur etwa drei bis fünf Kinder umfassen.

3.2. Die ErzieherIn als SpielführerIn

Musikalische Gestaltungen (Musikstücke) können hier nur in geringem Rahmen erarbeitet werden, wenn man sich darunter festgelegte Kompositionen (z.B. Orff-Schulwerk) oder Liedsätze (z.B. R. R. Klein) vorstellt. In der Regel werden es hier stattdessen freie Spielformen (z.B. Klangspiele) sein, bei denen Töne, Takt und Länge nicht genau festgelegt sind. Die ErzieherIn wird also nicht wie eine DirigentIn die korrekte Ausführung leiten und überwachen. Sie wird vielmehr SpielführerIn sein und den Kindern eine Orientierung geben. Das macht sie, indem sie das Lied singt oder mit einem Instrument (z.B. Flöte) spielt, während die Kinder dazu „tönen". Eine andere Möglichkeit ist die darstellerische Aktion (Tanz, darstellendes Spiel, Vorgang), von der die Länge und das Temperament der begleitenden Instrumentalklänge bestimmt werden. Die ErzieherIn oder Kinder selbst, die sich im darstellenden Spiel befinden, lenken also die musikalische Gestaltung. Dies ist eine elementare Beziehung zwischen Musik und Bewegung, die in den musikpädagogischen Konzepten noch zu wenig beachtet wird.

3.3. Der spielerische Umgang mit den Instrumenten hat Vorrang

vor der Ausbildung an einem Instrument. Ausbildung an einem Instrument kann im Kindergarten normalerweise nicht geleistet werden. Deshalb wird das Kind sein Interesse auch nicht auf ein einziges bestimmtes Instrument (z.B. Flöte, Xylophon, Trommel) beschränken. Vielmehr werden die Kinder immer wieder wechseln und von Fall zu Fall andere Instrumente benutzen – nicht nur dann, wenn ein neues Spiel gemacht wird. Es kann selbstverständlich auch innerhalb ein und desselben Spieles vorkommen, dass das Instrument gewechselt wird. Die Kinder werden sich also bei Beginn eines Spieles durchaus mit etwa zwei bis fünf Instrumenten versehen. Nicht zuletzt auch aus diesem Grund ist eine größere Anzahl von Instrumenten wünschenswert, wobei auch etliche mehrfach vorkommen können.

3.4. Pädagogisches Leitziel ist die Förderung der musikalischen Disposition

des Kindes durch gestaltendes Spiel. Damit ist der Förderung bzw. Anregung Vorrang vor der systematischen Ausbildung eingeräumt. Auch wird deutlich, dass die Musik nicht etwa als Medium für allgemeine Erziehungsziele gesehen wird, sondern die musikalischen Anlagen des Kindes unmittelbar – und zwar jedes Kindes – als ein Teil der allgemeinen menschlichen Anlagen gefördert werden. Schließlich ist hier einer aktiven spielerischen

Beschäftigung mit der Musik mit den Schwerpunkten Experimentieren und Improvisieren der Vorrang vor einer rezeptiven Musikerziehung gegeben. Musikinstrumente kann man dabei nicht entbehren.

Literatur

Busoni, F. (o. J., 1907): Entwurf einer neuen Ästhetik der Tonkunst. Leipzig

Friedemann, L. (1983): Trommeln – Tanzen – Tönen. 33 Spiele für Große und Kleine. Wien: Rote reihe universal edition

Fuhrmann, R. (1979): Grundsätzliche Bemerkungen zur Methodik musikalischer Früherziehung. In: Finkel, K.: Handbuch Musik und Sozialpädagogik. Regensburg

Hoerburger, Ch. (1990): Unser Frosch mag Musik. In: Kinderzeit. Sozialpädagogische Blätter 1

Hoerburger, Ch. (2003): Kreativität. In: Kleinen, G. (Hg.): Musik und Kind. Laaber: Laaber-Verlag

Hoerburger, Ch. (2004): Klangspiele für Vorschulkinder – musikalisch kreativ sein und selbstbestimmt lernen. In: Rieder-Aigner, H. (Hg.): Zukunfts-Handbuch Kindertageseinrichtungen. Regensburg: Walhalla

Hoerburger, Ch./Widmer, M. (1992): Musik- und Bewegungserziehung. Ein Handbuch für die Ausbildung von Erzieherinnen und Erziehern. Donauwörth

Hoerburger, F. (1969): Elementare Vorformen der Mehrstimmigkeit. In: Jahrbuch III des Orff-Institutes an der Akademie „Mozarteum" Salzburg. Mainz, S. 191–199 (auch als Sonderdruck)

Schwabe, M. (1992): Musik spielend erfinden. Improvisieren in der Gruppe für Anfänger und Fortgeschrittene. Kassel

Der Beitrag wurde erstmals in „Unsere Kinder" 3/1990 publiziert; Überarbeitung 2005.

Wolfgang Mastnak

Psychologische Aspekte zum Kinderlied

„Das Lied vom Owi" – darauf freut sich ein Kind vor Weihnachten. Die Eltern sind ratlos. Bis sich am Heiligen Abend das Geheimnis lüftet: „Stille Nacht, heilige Nacht, Gottes Sohn, *oh wie* lacht ..." *Wie* ein Kind ein Lied erlebt und *was* es für ein Kind bedeutet, hängt von den individuellen Erfahrensprozessen des Kindes ab. Diese gründen auf seinen biografischen Vorerfahrungen, seinem Bildungsstand, seiner Persönlichkeitsstruktur und seiner kreativen Interpretation. Gerade im fantasievollen Deuten sind Kinder dabei den „schon wissenden" Erwachsenen oft weit überlegen. Die Erfahrensprozesse des Kindes unterscheiden sich damit in der Regel sehr von jenen des Erwachsenen. Und sie entziehen sich oft auch dem, was in didaktischen Zielen beabsichtigt ist.

Hier setzt eine entscheidende pädagogische Chance an: Das Bildungsangebot, das sich auf ein Lied bezieht, bildet eine Brücke zwischen der Welt des Kindes und dem Kulturraum, in dem das Kind lebt und in den es hineinwächst. Es vermittelt zwischen der dynamischen Persönlichkeitsentwicklung des Kindes und den oft stabilen (bis starren) kulturellen Einstellungen des Erwachsenen. Und es vermittelt oft zwischen einem Kulturgut des „Früher" und dem „Jetzt" und leistet damit einen wesentlichen Beitrag zu einem Verständnis der Entwicklung und Veränderung der sozialen Wirklichkeit.

Ob dabei ein Lied wirklich neu ist, ist für das Kind selbst meist nicht so wichtig. Maßgeblich für den Wert einer Liederarbeitung ist vielmehr die Stimmigkeit seines Erlebens. Genauso, wie der „Uraufführungssucht" des heutigen Konzertlebens oft zu Recht entgegengehalten wird, dass sich der Sinn von Musik doch vielmehr an ihrer individuellen Dynamik entfalte, genauso scheint ein Neuschaffen von Kinderliedern nur des „Neuen" wegen das eigentliche Ziel zu verfehlen. Freilich hat viel neue Kunst – auch viel neues Kinderliedgut – ihre unbestreitbare Daseinsberechtigung. Entscheidend bleibt aber die Beziehung zwischen Mensch und Werk im kulturellen und sozialen Kontext.

Die Faszination des Neuen im Kinderlied ist also nicht primär an den Neuerscheinungen des Kinderliedguts zu messen, sondern vielmehr daran, *wie* ein Lied dem Kind eine neue, eine aktuelle, eine in die einmalige Situation passende, berührende Erfahrung ermöglichen kann: in der Vertiefung von Vertrautem ebenso wie in der spannungsgeladenen Erwartung oder dem „aus dem Herzen" dringenden Schöpfungsakt.

Entgegen einer bloßen Reduktion des Kinderlieds auf das Objekt „Lied" und dem baren Ziel, das sich auf dessen Reproduktion beschränkt, werden im Folgenden fünf musikpsychologisch-didaktische Akzente und Perspektiven für die kindergartenpädagogische Arbeit mit Liedern zur Diskussion gestellt.

1. Verständlichkeit

Arnold Schönberg war der festen Meinung, dass wenige Jahrzehnte nach seiner Musik die Gassenjungen in zwölftönigen Reihen pfeifen würden. Dass diese Vermutung falsch war, lässt sich unschwer nachvollziehen. Anstatt Zwölftonmusik ist die Musik der so genannten „Jugendkulturen" vom Song in den Charts bis zum Kuschelrock „in" – teils auch bei Kindergartenkindern. Wobei das kein Aus für die E-Musik (im Unterschied zur U-Musik) sein muss. So kommen etwa Gottfried von Einems „Himmelreichlieder" aus den späten 1990er Jahren bei Kindern durchaus an. Das Pfeifen allerdings wurde vielfach von CD, MD und Sound am PC abgelöst. Trotzdem ist die Frage wichtig, wann denn ein Lied „kindgemäß" sei.

Der Text muss, wie auch innerhalb der künstlerischen Ausgestaltung eines Themas oder bei Identifikation mit Situationen oder Personen, für das Kind eine Bedeutung haben. Trotzdem heißt das nicht unbedingt, dass es ihn verstehen muss. Oft haben Kinder besonders auch an Texten Spaß, deren Inhalt sie nicht angemessen deuten können. Damit kann auch ein inhaltlich nicht „richtig" begriffener Text für das Kind sinnvoll werden. Regt das Unverstandene den Drang zu deuten an, kann das Kind in seiner kreativen Fantasie den Worten eine eigene Bedeutung aufprägen. Unterhalb des kognitiven Niveaus eines zusammenhängenden Gehalts kann sich die Lust an der Sprache etwa auch an der Lautmalerei entzünden.

Anders verhält es sich bei der musikalischen Gestalt von Liedern. Unsauberkeiten in der Stimmung, etwa der begleitenden Gitarre, werden oft „zurechtgehört" und Melodiefolgen, die für den betreffenden musikalischen Entwicklungsstand zu schwierig sind, oft „zurechtgesungen", also so weit vom Kind selbst verändert, dass sie seinem Fassungsvermögen entsprechen. Widersetzt sich eine Melodie der leichten Umformung auf eine musikalische Gestalt, wie sie dem musikalischen Verständnis des Kindes angemessen ist, dann stehen einer gelungenen musikalischen Beziehung schier unüberwindliche Hemmungen entgegen. Das Lied wird, gibt es nicht andere Gründe für seine Akzeptanz, abgelehnt.

Trotz dieser Fähigkeit des Zurechthörens und Zurechtsingens ist es aus musikpädagogischer Perspektive wichtig, mit gestimmten Instrumenten zu spielen und sauber vorzusingen. Musiklernen ähnelt dem Sprachlernen. Die

Stimmung ist teils mit der Phonetik der Sprache vergleichbar. Und hier entscheidet es sich, ob jemand die Musik (Dur-Moll-System, Takt, Metrum ...) wie die Muttersprache erlernt oder in der Welt der Musik (wenn auch kompetenter) „Ausländer" bleibt. Natürlich kann man aber ein Lied mit „ungestimmten" Kreativinstrumenten ausgestalten. Deren Klangstruktur ist meist so weit von traditionellen Tonleitern entfernt, dass es zu keinen negativen Wechselwirkungen kommt. Ganz im Gegenteil: Das ästhetische Spektrum wird erweitert.

2. Funktion

Ein Lied zu erarbeiten oder zu singen kann verschiedene Funktionen haben: Es kann als „Lückenbüßer" dienen, wenn ein Bildungsangebot zu früh fertig ist. Es kann eine Gruppe nach der freien Spielphase wieder zusammenführen. Ein Morgenlied kann „munter" machen und andere, „zu aufgekratzte" Kinder beruhigen. Ein Lied kann zu bestimmter Tätigkeit oder zur Annahme von Regeln motivieren, wie dies Handwerker- oder Verkehrslieder tun. Es kann aber auch helfen, Alltagsprobleme zu erkennen. Daran könnte eventuell eine (spiel-)therapeutische Bearbeitung anschließen. Ein Lied, immer an der gleichen Stelle des Tagesablaufs gesungen, kann – auch mit therapeutischer Absicht – strukturbildend wirken. Häufiges Singen mag zur Verbesserung von Atmung sowie von Tonbildungs- und Ausdrucksvermögen führen. Genauso ist das Lied für eine Muttertags- oder Geburtstagsfeier wichtig und hat seine bestimmte Rolle beim Martinsfest oder in einer Adventstunde inne.

Lieder erfüllen bestimmte Funktionen, die in drei Gruppen teilbar sind:

- formale Funktion
- personale Funktion
- bildungsspezifische Funktion

„Ich brauche für dies oder jenes ein Lied" weist auf eine formale Funktion hin: etwa ein kroatisches Lied zur Geburtstagsfeier eines neuen kroatischen Kindes. Personal übt ein Lied eine bestimmte Funktion auf die Psyche des Kindes aus. Und bildungsspezifisch vermittelt, vertieft oder erweitert es Wissen und Fertigkeiten.

Immer hat ein Lied aber mehr Funktionen inne als die im didaktischen Ziel beabsichtigten – die es bisweilen dann gar nicht erfüllt – und mehr als die unmittelbar erkennbaren. Das fordert aus zwei Gründen, „verborgenen" Funktionen nachzuspüren. Zum einen kann ein Lied negative Prozesse stimulieren. Das betrifft vor allem Kinder, die gerade in einer Krise stecken und dadurch vielleicht zu negativen Deutungen, Assoziationen und Stimmungen neigen. Dieser Aspekt spielt gegenwärtig im französischen Projekt „Musik im Krankenhaus" (Musique à l'Hôpital), in dem mit Kindern bei längerem stationärem Aufenthalt Musik gemacht wird, eine besonders Rolle. Zum anderen können durch Lieder (unbemerkt) Motivationen geweckt werden, an denen spezifische Lernprozesse fruchtbar ansetzen könnten.

3. Enkulturation

Vordergründig scheinbar im Gegensatz zum pädagogischen Anspruch, die individuelle Entfaltung eines Kindes zu fördern, wird hier der bildungspolitische Auftrag, in die Kultur einzuführen, zentral. Hier geht es um den Erwerb von Kulturtechniken, die für das Leben in unserer Gesellschaft notwendig und sinnvoll sind. Dazu gehören die Sprache, Umgangsformen, Fähigkeiten zur Konfliktlösung und -bewältigung, aber auch weniger komplexe Bereiche wie Telefonieren, Einkaufen oder Busfahren. Diese Fertigkeiten bilden gleichsam den konventionellen Raum, in dem sich Individualität gestalten und entfalten kann.

Enkulturation heißt, die Techniken und Zeichen, die das Zusammenleben und den Lebensraum erst organisierbar und differenzierte Kommunikation möglich machen, verstehen, anwenden und mitgestalten zu lernen. Diese Fähigkeiten ermöglichen es dem Kind, Spannungen und Gegensätze zwischen der eigenen Person und der Gesellschaft, zwischen individuellem Wollen und soziokultureller Forderung zu bearbeiten und Akzente zu setzen, die ein aktives Engagement für ein gelingendes Leben begünstigen.

Das Lied ist unverzichtbares Element unserer Kultur. Zum einen spiegelt sich die Entwicklung eines Kulturraums im Lied wider: von der spirituellen Gregorianik über die werbenden Minnesänger, die oft so markigen Lieder der Renaissance und so facettenreichen der Romantik bis in die Gegenwart. Sie sind Ausdruck von Geisteshaltungen und Seismograph von gesellschaftlichen Veränderungen. Zudem finden verschiedene „Subkulturen" in der Vokalmusik – etwa bei Pop, Jazz, „Klassik" oder Folklore – ihr klingendes Pendant.

Zum anderen führt das Lied in die Ton- und Rhythmussysteme und in die Formen ein, die für unsere Musik typisch sind. Das „westliche" Tonsystem, das in unserem Kulturkreis so vertraut ist, dass ein Nachdenken darüber nicht einmal mehr in den Sinn kommt, ist keineswegs selbstverständlich. Das wird klar, wenn wir im indischen Kulturkreis die Oktave in 22 Tonschritte anstatt wie bei uns in 12 unterteilt finden, wenn das türkische Makam-System Neunteltöne kennt oder wenn in der „Ekmelischen Musik" völlig neue Tonräume entwickelt werden. Nicht zuletzt durch das Lied wird das Kind in unsere Musikkultur eingeführt. Rhythmisch „verwaschenes" oder extrem überakzentuierendes Singen ebenso wie verstimmte Gitarrenbegleitung wirken allerdings, indem sie dem Kind „andere" musikalische Grundmuster vermitteln, einer adäquaten Enkulturation teils entgegen.

Darüber hinaus lernt das Kind, wie Schlüsselereignisse individuellen und gesellschaftlichen Lebens in Kunst gefasst werden: ein Phänomen, das die Kulturen der Welt verbindet und einen Wesenszug des Menschen darstellt. Das Spektrum reicht von Arbeits- und Protestliedern über gesellige und konfliktorientierte Lieder bis zu Segens-, Hochzeits- und Totenliedern. Wahrscheinlich gibt es zu allem, was die Grundfragen des menschlichen Lebens anlangt, eine Entsprechung im Genre Lied.

4. Symbol

Vom „Hinweisreiz“ für das Tier und seinen artspezifischen Reaktionen zieht sich ein weiter Bogen in der Entwicklung höherer Geistigkeit bis hin zu jenem Etwas, in dem sich unaussagbare, ungreifbare und nicht angemessen auf ein „Dies“ oder „Jenes“ eingrenzbare Wirklichkeiten zeichenhaft verdichten: dem Symbol, das Künsten und Religionen gleichermaßen als Kommunikationsbasis dient. In ihm vereinigen sich Erfahrung und Bedeutung in einer Weise, die nicht ohne Abstriche rational mitteilbar oder dinghaft reduzierbar ist.

Das Kind ist höchst sensibel für Symbole. Warum es an bestimmten Gegenständen derart „hängt“ oder an gewissen Dingen seine Aggressionen ablädt, hängt eng mit seinem Symbolverständnis zusammen. Die Psychologie kennt dafür Ausdrücke wie „Besetzung“, „Übergangsobjekt“ oder „Projektion“. In diesen Formenkreis gehört auch die Objektfixierung des autistischen Kindes.

Auch das Lied ist meist mehr als bloß „Objekt“. Vielmehr entfaltet es für das Kind fast immer auch eine symbolische Dimension. Dabei lassen sich drei Typen von Symbolen unterscheiden:

- kognitiv-emotive Symbole
- tiefenpsychische Symbole
- metaphysische Symbole

Kognitiv-emotive Symbole geben dem Lied meist eine assoziative Bedeutung. Es steht beispielsweise für den verstorbenen Großvater, der immer dieses Lied gesungen hat. Tiefenpsychische Symbole lassen sich häufig auf keine spezifischen Erlebnisse zurückführen. In ihnen wird etwa allgemein Trauer oder Freude erfahrbar oder sie stehen in engem Zusammenhang mit dem Gefühl von Getriebenheit oder des Angenommenseins. Als metaphysisches Symbol vermittelt ein Lied die Erfahrung des „Lebens als solches“, ist mit dem „Elan vital“ verwandt, mit dem chinesischen Qi und dem japanischen Ki. Und es schlägt eine Brücke zwischen der irdischen Welt und jenseitigen, spirituellen Welten. Dies scheint eine anthropologische Konstante zu sein. Das intensive und bewusste Erleben des Lebens transzendiert das Wissen darüber, dass man lebt, bei weitem. Und es gehört zu den bewegendsten Schlüsselerlebnissen des Menschen, zu dem in seiner Art wahrscheinlich auch (oder besonders) ein Kind fähig ist. Der berührende Klang, das, was wir als „schön“ empfinden, ohne sagen zu können, was uns daran gefällt, ist häufig mit dieser Elementarerfahrung verbunden.

5. Gestaltung

Ein Lied einfach zu singen ist die in der Praxis sicher gängigste Methode. Beschränkt man die Arbeit am Lied allerdings ausschließlich auf seine bloße Reproduktion, vergibt man sich wertvolle pädagogische Möglichkeiten. Verschiedene Zugänge zum Lied zu nutzen kann seine Bedeutung für das Kind maßgeblich beeinflussen.

Es ist zunächst ein Unterschied, ob ein Kind dem Lied lauscht oder ob es dieses selbst singt. So liegt es im Wesen eines Wiegen- oder Trostlieds, hörend angenommen zu werden. Es selbst zu singen hebt das Kind aber aus der Rolle des Getrösteten heraus und in die des „tröstenden Erwachsenen“ hinein, wo es spezifische Erfahrungen sammeln kann. Oder es kann im Extremfall lernen, sich selbst ein Trostlied zu singen. Das Lied ersetzt dabei gleichzeitig – wenn freilich auch nicht defizitlos – etwa die tröstende Mutter.

Zudem kann ein Lied in seiner Gestalt verändert werden. Man kann musikalische Parameter variieren, kann seinen Takt, sein Tempo oder sein Tongeschlecht ändern. Dadurch verändert es aber auch seinen Charakter und oft seine empfindungsgesteuerte Bedeutung. Das Lied kann etwa ganz zart und sparsam (nicht spärlich) mit einer Flöte und einem Glockenspiel oder pompös mit Pauken und tiefen Metallophonen – so welche vorhanden – arrangiert werden. Ebenso steht – wie in früheren Jahrhunderten vielfach praktiziert – die Möglichkeit offen, der Melodie einen neuen Text zu unterlegen. (Wer weiß heute noch, dass „O Haupt voll Blut und Wunden“ ursprünglich ein Liebeslied war?)

Zudem lässt sich ein Lied auch auf andere künstlerische Medien erweitern. Man kann es pantomimisch oder tänzerisch umsetzen, kann seinen Gehalt darstellen oder „formal“ das klingende Gebilde durch den eigenen Körper ausdrücken. Wie ein Bilderbuch in der musikalischen Umsetzung zur klingenden Geschichte wird, kann umgekehrt das Lied Anlass sein, ein „Bilderbuch“ zu gestalten. Gruppen zeichnen etwa ein Bild zu je einer Strophe oder es wird gemeinsam eine Papierreiß- oder Collagearbeit gemacht. Das Lied kann ebenso Ausgangspunkt für eine szenische Improvisation oder ein Schattenspiel am Overheadprojektor werden.

6. Die Ganzheit nicht verlieren

Die Arbeit mit einem Lied ist oft überaus heikel. Passt es nicht zur Situation und zur momentanen Stimmung des Kindes, mag es seinen Reiz völlig einbüßen. Trifft es aber andererseits vielleicht eine passende Erwartungshaltung, eine spezifische Einstellung – die durchaus nicht bewusst sein muss –, dann kann es zu einer intensiven Berührung von Kind und Lied kommen. Beide verschmelzen empfindungsmäßig zu einer Einheit, die bisweilen nicht nur den gelebten Moment, sondern auch die weitere Entwicklung des Kindes zu prägen vermag. Erleben ist immer ein ganzheitlicher Prozess. So ganzheitlich wie das Leben selbst.

Der Beitrag wurde erstmals in „Unsere Kinder“ 1/1994 publiziert; Überarbeitung 2005.

Christine Gauster

Musik zum Stillwerden

Dass von Musik heilende, ordnende, befreiende u.ä. Kräfte ausgehen können, ist aus den Erfahrungen der Musiktherapie hinlänglich bekannt. Angesichts der zunehmenden Problematik der verhaltensauffälligen Kinder (die ich vor allem als Kinder verstanden sehen möchte, die „aus dem Gleichgewicht geraten" sind) ist es nahe liegend, sich die Kräfte der Musik auch für die alltägliche Arbeit im Kindergarten zunutze zu machen. Dies ergibt einen Ansatz für Musik im Kindergarten, der nicht so sehr als musikdidaktisch, auch (noch) nicht als musiktherapeutisch zu verstehen ist, sondern vielleicht am ehesten als „präventiv" oder „psychohygienisch" bezeichnet werden könnte.

Mit „Stillwerden" ist nicht bloßes Entspannen, „Relaxen" gemeint (Das große Angebot an Meditations- und Entspannungsmusik bedürfte meines Erachtens einer eingehenden kritischen Betrachtung, die auch die ideologischen Hintergründe mit einbezieht.) Es geht vielmehr darum, zum einen die konzentrativen Aspekte der Musik zur Geltung zu bringen, zum anderen aber ihre Strukturiertheit, ihre Gestalthaftigkeit bewusst und gezielt einzusetzen. Eine wichtige Rolle spielt dabei auch der Aspekt von Beziehung und Zuwendung, der in jeder gemeinsamen musikalischen Betätigung enthalten sein kann.

Es werden insbesondere die Elemente Klang, Melodie und Form zum Tragen kommen – in Form von spielerisch-vertieftem Experimentieren – mit ihren sehr elementaren Erscheinungsweisen, auch in der Arbeit mit komplexen Musikwerken.

1. Innere Ordnung durch Musik

Aus Beobachtungen wissen wir, dass Kinder oft erstaunlich großen Gefallen an „ruhiger" Musik finden, vor allem an Barockmusik. Untersuchungen deuten darauf hin, dass diese Musik unmittelbare physiologische Wirkungen ausübt (vgl. die Methode des „Superlearning", die Musikstücke im Rhythmus des Pulsschlages mit Lernprogrammen koppelt, oder den Einsatz von Musik als schmerz- und angstlösendes Therapeutikum in der Medizin). Möglicherweise geht die Faszination dieser Musik aber auch von ihrer formalen Überschaubarkeit aus, die eine gewisse Vorhersehbarkeit mit sich bringt – und damit die Qualitäten von Sicherheit und Vertrautheit.

Im Rahmen meiner Beratungstätigkeit konnte ich immer wieder erleben, dass insbesondere „aggressive" Kinder, die im Kindergarten durch Schlagen, Zerstören, unmotivierte Wutanfälle etc. auffallen, großes Interesse an extrem „geordneten" Aktivitäten haben (Puzzle, Konstruieren ...). Auch im Spiel mit dem Kleine-Welt-Material kommt es unerwarteterweise oft nicht zum Einsatz der Aggressionsfiguren und -symbole, sondern die Kinder bauen auffallend geordnete, „friedliche" Situationen. In der Literatur wird dies meist als neurotische Abwehr ihrer Aggression gedeutet; ich möchte mich dem nicht ganz anschließen, da die von mir beobachteten Kinder ihren Aggressionen im Alltag freien Lauf ließen – in ihren Lebensgeschichten fand sich viel Chaotisches und Desorganisiertes, manchen Kindern dürften sehr früh ihre „subjektiven Ordnungen" zerstört worden sein. Überdies zeigten manche dieser Kinder besondere Wut, wenn irgendjemand im Kindergarten eine Regel, eine Vereinbarung übertrat – auch wenn es gar nicht zum Schaden des betreffenden Kindes war.

2. Therapeutische und präventive Maßnahmen

Möglicherweise brauchen diese Kinder ein Nachholen gewisser existenzieller Grunderfahrungen – nicht nur solche des Angenommenseins, sondern auch der Kompetenz und der Sicherheit.

Ein Kind muss erfahren dürfen:

- Man wendet sich mir zu.
- Ich werde wahrgenommen, angeschaut, angehört ...
- Ich werde „erwählt".
- Ich werde gerufen.
- Ich kann mich geborgen fühlen.
- Ich darf auch einmal im Mittelpunkt stehen. Usw.

Es braucht aber auch die Erfahrungen:

- Ich kenne mich aus.
- Ich kann mich auf etwas verlassen.
- Ich weiß, was kommen wird.
- Meine Ordnungsprinzipien werden angenommen.
- Ich kann etwas bewirken.

Spielpädagogische Ansätze bemühen sich, Defizite an diesen Erfahrungen mit den Mitteln des Spiels auszugleichen; in diesem Rahmen möchte ich auch die Musik einsetzen. Während rhythmusbetontes Musizieren eher zur Entlastung, zum Ausagieren führt und spontanen Gefühlsausdruck ermöglicht (was ebenfalls unverzichtbar ist!), soll der hier beschriebene Ansatz das präventive Musikangebot um die Aspekte des Konzentrierenden, Ordnenden, Strukturierenden ergänzen und somit zu Sicherung und Beruhigung beitragen und auch Erlebnisse von Wahrgenommensein und Zuwendung vermitteln.

3. Sich durch Klänge erfahren

Den Einstieg bilden jeweils elementare und gesamtkörperliche Erfahrungen mit Klängen. Wir arbeiten mit möglichst großen, volltönenden, „faszinierenden" Instru-

menten: mit Schlitztrommeln, Becken, Röhrenglockenspielen, Paddle-Drums ..., bei denen die Kinder auch die Vibrationen spüren, im Klang „baden", sich geborgen fühlen können, die sie aber auch zum vertieften, differenzierten Ausprobieren anregen, die melodische „Zufallsgebilde" zustande kommen lassen, die wieder zum Nachlauschen und Wiederholen verlocken ... Wir bieten aber auch „leise" Instrumente zum Erproben: Regenstab, Leier, selbst gefertigte Saiteninstrumente aus großen Pappröhren und Nylonschnüren etc.

Alle Instrumente dürfen entweder frei erprobt werden (wenn es die räumlichen Voraussetzungen zulassen) oder aber in „Experimentierspielen" – Spielen mit gemeinsam erfundenen Spielregeln, die nur festlegen, wer mit welchem Instrument wie lange spielen darf. Es folgen „Klang-Spür-Spiele", in denen die Kinder auf die Klänge individuell reagieren: nachlauschen, sich zuwenden, sich öffnen oder aber verschließen, wenn ein Klang als unangenehm erlebt wird ...; Spiele, in denen die Kindern einander zuspielen und antworten; ein Kind in einen bergenden „Klangkreis" einschließen, unter einer „Klangbrücke" durchgehen, unter einen „Klanghut" schlüpfen dürfen etc.

4. Neue Ausdrucksformen erleben

Bei der Arbeit mit Musik zum Stillwerden handelt es sich weder um beruhigendes Berieseln noch um analysierende Höraufgaben, sondern es sollen vielerlei Anreize geboten werden, dem Musikstück entweder mit ausschließlicher Aufmerksamkeit zu „begegnen" – dies wird vor allem bei Live-Darbietung möglich, da Vorspielen eine Möglichkeit intensiver Kommunikation sein kann – oder aber sich mit dem Musikstück in irgendeiner Weise zu beschäftigen.

Einige Möglichkeiten hiezu:

- Das Musikstück einfach anhören – vorbereitet durch Körperübungen, die der Entspannung und dem Loslösen dienen, durch Spiele mit Klängen (s. o.) oder durch einfache Imaginationsübungen.
- Das Musikstück gemeinsam zu einem meditativen Tanz gestalten – mit einfachsten Schrittfolgen, gelegentlich unterstützt durch Materialien wie Tücher und Bänder.
- Zu dem Musikstück eine einfache konzentrierte Tätigkeit ausführen – etwa Legen (mit „interessanten" Materialien wie Ketten, Glasmuggelsteinen, Halbedelsteinen ..., auf farbigen Tüchern oder Teppichen) oder das Nachfahren eines einfachen Labyrinths mit einer Spielfigur bzw. das Rollen einer Murmel entlang eines mit einer Kordel gelegten Weges ...

Zu all diesen Tätigkeiten eignen sich langsame Sätze aus Werken von Bach, Vivaldi, Telemann, Haydn und Mozart – bei der Auswahl werden natürlich auch eigene Vorlieben eine Rolle spielen. Ich arbeite vor allem mit eher kurzen, aber ganzen Musikstücken – nicht mit Ausschnitten oder Zusammenschnitten, um eben die Qualität der Geschlossenheit zu erhalten.

- Das Musikstück mitspielen: Dazu eignen sich vor allem live gespielte kleine Stücke, wie sie in der Blockflöten- oder Gitarrenliteratur zu finden sind. Man kann auch musizierende Gäste einladen. – Ebenso lassen sich Liedmelodien sowie Musik des Mittelalters oder auch kleine Instrumentalstücke „moderner" Komponisten (Bartók, Kodály, Takács ...) gut einsetzen. Zu manchen Melodien können die Kinder auf Stabspielen oder auf der Leier den Bordun (die Dudelsackquint) spielen, andere Stücke lassen sich durch rhythmische Ostinati oder das Mitspielen prägnanter rhythmischer Motive ausgestalten. – Hier ist die Kreativität von ErzieherIn und Kindern gefordert.
- Das Musikstück als „Theatermusik" verwenden: Zu einem einfachen Musikstück, das aber charakteristische Bewegungsimpulse aufweist (zum Hüpfen, Strecken, Beugen, Sich-Wenden, Drehen, Sich-Schütteln, Innehalten, Spähen ...), sich selbst oder Puppen bewegen (Stabpuppen, Klappmaulpuppen, Tischmarionetten ...), wobei die Bewegung gleichsam die Musik „ausdeutet".

Dieser Ansatz kann – ergänzend zu anderen spielpädagogischen Aktivitäten – Kindern helfen, zur Konzentration, zum Sich-Sammeln und dadurch zu mehr Ausgewogenheit und Wohlgefühl zu gelangen.

Literatur

Bruhn, Herbert/Oerter, Rolf/Rösing, Helmut (1994): Musikpsychologie. Reinbek: Rowohlt TB

Gauster, Christine (1982): Kinder gestalten Musik. Ein neuer Weg zur Musikerziehung bei Kleinkindern. Wien: ÖBV

Kreusch-Jacob, Dorothee (1981): Instrumenten-Spielbuch für Kinder. Ravensburg: Otto Maier Verlag

Löscher, Wolfgang (1994): Vom Sinn der Sinne. Spielerische Wahrnehmungsförderung für Kinder. München: Don Bosco

Mastnak, Wolfgang (1994): Sinne – Künste – Lebenswelten. Presov: Matus Verlag

Petzold, H. et al. (1983): Poesie- und Musiktherapie. Paderborn: Junfermann-Verlag

Der Beitrag wurde erstmals in „Unsere Kinder" 1/1996 publiziert.

Zum Vertiefen, Wiederholen und Weiterdenken ...

1 Welche Intentionen verfolgt elementare Musikerziehung?

2 Die Eltern eines Kindergartenkindes halten es nicht für sinnvoll, dass im Kindergarten mit den Kindern gesungen wird und dass sie mit Instrumenten experimentieren. Dies sei heutzutage unmodern, andere Bereiche (Sprache, Zahlenverständnis) seien viel wichtiger. Wenn das Kind möchte, könnte es sich musikalische Kenntnisse später ohnehin aneignen.

Wie sehen Sie das? Was würden Sie den Eltern antworten?

3 In welchen Bereichen Ihres Kindergartens wird Musik gemacht, gesungen? Bei welchen Gelegenheiten ist eigene Musik, bei welchen Gelegenheiten Musik von einem Tonträger zu hören?

4 Worauf ist beim Singen mit Kindern zu achten? Was spricht für vertrautes Liedgut, was dagegen? Welchen Tonumfang halten Sie beim Singen mit Kindern für ideal?

5 Betätigen Sie sich als InstrumentenbauerIn und fertigen Sie aus „Alltagsgegenständen" und wiederverwertbaren Materialien ein Musikinstrument an. Ihre Eigenentwicklung sollte möglichst auch von den Kindern gespielt werden können.

6 Sind Sie mit allen im Kindergarten vorhandenen Musikinstrumenten vertraut? Haben Sie sie zumindest einmal ausprobiert?
Wenn nein: Verbringen Sie eine Musikstunde, in der Sie sich auf die Möglichkeiten des Musikmachens auf den vorhandenen Instrumenten einlassen.

Wenn ja: Gönnen Sie sich eine Zeit, in der Sie nur für sich mit den Instrumenten experimentieren.

7 Welche Stabspiele und welche Schlaginstrumente mit unbestimmter Tonhöhe sind in Ihrem Kindergarten vorhanden? Werden sie von den Kindern gerne und häufig verwendet oder fristen sie eher ein Schattendasein? Falls ja: Woran könnte das liegen? Wodurch könnte der Zugang intensiviert werden?

8 Überlegen Sie, zu welchem Thema Sie mit den Kindern ein Klangspiel durchführen könnten. Welche Instrumente stehen dafür zur Verfügung?

9 Die formale, die personale und die bildungsspezifische Funktion von Liedern. Was wird darunter verstanden?

10 Ein Lied entfaltet für das Kind fast immer auch eine symbolische Dimension. Welche Typen von Symbolen gibt es? Können Sie sich daran erinnern, ob für Sie als Kind ein Lied von besonderer symbolischer Bedeutung war?

11 Musik zum Entspannen – Musik zum Stillwerden. Wo liegen die Unterschiede? Was ist das Charakteristische?

12 Nehmen Sie sich Zeit für einen meditativen Tanz – ganz für sich allein: Wählen Sie ein Musikstück von Bach, Vivaldi, Mozart, Haydn ... und überlassen Sie sich der Musik, gestalten Sie Ihren individuellen Tanz. Ob Sie Tücher, Bänder ... verwenden, steht Ihnen frei.

13 Tanzen Sie in Ihrem Kindergarten mit den Kindern von Zeit zu Zeit, öfter, ganz selten ...? Was sind Ihre persönlichen Gründe für oder gegen das Tanzen?

14 KindergartenpädagogIn A möchte mit den Kindern der Gruppe für ein Frühlingsfest einen Tanz einstudieren, der den Eltern vorgeführt werden soll. – KindergartenpädagogIn B hält wenig von dieser Idee, da sie findet, beim Tanz soll die individuelle, situative Befindlichkeit Ausdruck finden können. Sie werden von den beiden gebeten mitzuhelfen, zu einer guten Entscheidung zu kommen. Wie ist Ihre Meinung zu diesem Thema? Welche Möglichkeiten könnten in dieser konkreten Situation überlegt werden?

15 Setzen Sie mittelalterliche Musik als „Theatermusik" ein. Finden Sie gemeinsam mit den Kindern heraus, welche Bewegungen und Abläufe das gewählte Musikstück nahe legt.

16 Das „Instrument" menschliche Stimme will gepflegt werden. Machen Sie sich mit Methoden der Stimmhygiene vertraut, um Ihre Stimme zu schonen.

Zeichnen, Malen, dreidimensionales Gestalten und Werken

„Was tun Sie", wurde Herr K. gefragt, „wenn Sie einen Menschen lieben?" „Ich mache einen Entwurf von ihm", sagte Herr K., „und sorge, dass er ihm ähnlich wird." „Wer? Der Entwurf?" „Nein", sagte Herr K., „der Mensch." (Bertolt Brecht)

Viele Entwürfe, Konzepte, Zielvorstellungen wurden und werden im Hinblick auf das zeichnende, malende, gestaltende Kind formuliert: Kreativitätsförderung, Schule der Fantasie, Kunst als Lernhilfe, visuelle bzw. ästhetische Elementarerziehung, Intelligenzförderung, Kunstvermittlung ... Auf vielen Buchrücken glänzen diese Begriffe und spiegeln die oft einseitig hohen Erwartungen wider, die mit der Förderung des Zeichnens, Malens, Gestaltens der Kinder verknüpft werden. Und daneben und dazwischen drängt sich ein gewaltiges Heer grellbunter Bastelbücher mit totsicheren Rezepten zum braven Ausmalen und Nachfahren – ach, so süßer – kopierbarer Vorlagen, mit vielen niedlichen Dressurnummern zum Nachhampeln für die Halloweenparty, den Weihnachtsschmuck, den lauen Frühlingsbeginn ... – alles Entwürfe in Richtung Schablonisierung des Menschen, des Kindes: Es wird für dumm verkauft, bleibt ohne Vertrauen in die eigene Kraft, ohne Bezug zum eigenen Leben und Empfinden; oberflächlich beschäftigt, ist es unendlich abhängig und letztlich zutiefst gelangweilt.

Ein ganz anderer Wind weht aus den Praxisberichten, Beobachtungen und Reflexionen jener Kindergartenpädagoginnen, die uns die verschiedensten **Funktionen des Zeichnens, Malens und dreidimensionalen Gestaltens** der Kinder vor Augen führen. Hier wird das Kind keinem Entwurf geopfert – weder einem großartig intellektuellen noch einem inhuman verdummenden. Hier wird das Kind mit seiner unverwechselbaren Persönlichkeit als kompetenter Gestalter seiner Entwicklung wahr- und ernst genommen. Hier wird das Zeichnen, Malen, Modellieren, Bauen und Werken nicht als harmloser Zeitvertreib gesehen, sondern als die unverzichtbaren „Fahrzeuge" für kindgemäße Welt- und Selbsterfahrung.

Die Reise kann beginnen! **Weltentdeckung, Orientierung an der äußeren Realität ist angesagt:** Anstoß zu weitläufigen Projekten ist eine *Laterne*, eine *Fasanfeder.* Materialien wie Ruß, Asche, Zeichenkohle, Vogelfedern ... werden mit spürbarer Lust erforscht. Die kindgemäße Neugierde und Explorationsfreude ist allgegenwärtig. Das Tempo bestimmen die Kinder selbst. Alle Themen, für die sich die Kinder auch unter Zuhilfenahme von Fachbüchern interessieren, nehmen auf dem Weg des Zeichnens, Malens, Modellierens klarere Formen an. Leere, vage Begriffe werden gefüllt. Die vielen verschwommenen Welteindrücke werden so für das Kind durchschaubarer, begreifbarer und bekommen Sinn.

Das spielerische Erlernen bzw. **Anbahnen grundlegender handwerklicher und bildnerischer Fertigkeiten und Kulturtechniken** – wie z.B. *Schneiden, Kleben, Papierfalten, das Umgehen mit Pinsel, Schraubenzieher, Rollmeter, Gießkanne* ... – verhilft dem Kind zu Sicherheit, Selbstvertrauen und Frustrationstoleranz in einer gar nicht so sicheren Welt.

Neben den vielfältigen äußeren Anregungen und Aktivitäten, die eine pädagogische Einrichtung Kindern zur Entwicklungsförderung bieten muss, hat jedes Kind das **Recht auf Ruhe und Rückzug.** Alles Wahrgenommene, Erlebte und Gefühlte ruft nach Verinnerlichung, nach der subjektiven Deutung. Das *Malatelier als Erlebnisraum* und das dort entstandene *Weltbild einer Sechsjährigen* erzählen sehr anschaulich und farbig von diesem Blick nach innen.

Ähnlich intensiv kann sich für ein Kind der *Dialog mit dem Material Ton entwickeln oder das ruhige Spiel mit Sand* in einer abgegrenzten Wanne im Gruppenraum. Kinder genießen freie, unzensurierte Spielangebote und formloses, williges Material.

Allzu Festgelegtes, von Erwachsenen Vorstrukturiertes reizt gesunde, aktive Kinder zum **Zerlegen, Umdeuten und Verändern.** *Aus Altem entsteht Neues:* Eine Kindergartenpädagogin erzählt von groß angelegten werkschaffenden Bauaktivitäten und intensiven Rollenspielen. Beide Spielformen verschmelzen ja oft zu einer einzigen Symbolform, die die Welterfahrungen der Kinder widerspiegelt. Gerade das Gestalten mit nicht genormten Konstruktions- und Baumaterialien wie Schachteln, Papprollen, Wellpappe, Stoffbahnen, alten Möbeln und Holz in jeder Dimension fördert ja besonders das kooperative Werken und Spielen. Soziale Kompetenzen entwickeln sich Hand in Hand mit diesen selbsterfahrenden und selbsterweiternden Aktivitäten.

Wer den Weg vom Werkzeugkoffer bis zur kompletten Keller-Werkstatt im Kindergarten mitgeht, wird beeindruckt sein – nicht nur von der Selbstständigkeit der Kinder, sondern auch von der Einfühlsamkeit, Veränderungsbereitschaft und dem Mut des Betreuerinnenteams. Dreidimensionale konstruktive Werk- und Gestaltungsprozesse sind also nicht nur eine Herausforderung und Entwicklungschance für Kinder, sondern ebenso für die KindergartenpädagogInnen.

Zeichnen, Malen und speziell das vom taktilen Erleben bestimmte dreidimensionale Gestalten und Werken spielen sich immer im **vernetzten Feld komplexer Sinneswahrnehmungen** ab. Besonders dem *textilen Gestalten* fällt hier eine recht sympathische Rolle zu. Lesen und staunen Sie, welche Freude junge Männer an farbigen Stoffen, weichen Wollen, schönen Mustern, am Sticken, Weben und Nähen entwickeln.

„Was tun Sie, wenn Sie ein Kind lieben?" „Ich nehme wahr, was ich sehe", sage ich. „Ich mache keinen Entwurf von ihm. Ich sorge dafür, dass dieses Kind der Mensch wird, der es bereits ist. Ich kenne das Leuchten in ihren Augen, wenn Kinder sich beim handfesten Herumwerken mit den Dingen ganz, rund, stimmig, offen und lebendig, in Kontakt mit sich und ihrer Welt erleben. Ich sorge dafür, dass die Farbtöpfe niemals leer werden, dass der Ton feucht bleibt, die Schere schneidet, die Säge sägt, dass die Materiallager bis oben gefüllt sind und die Werkstätten nicht allzu ordentlich aufgeräumt werden, dass in unserem Garten ein Bach von Stein zu Stein, von Baum zu Baum hüpft. Und dass uns das Essen schmeckt. Das tue ich, wenn ich das Kind liebe."

Sr. Margret Heidi Scheurecker

RUTH GSCHWENDTNER-WÖLFLE

Kindergarten ohne Kitsch und Klischee

Frommer Wunsch oder Notwendigkeit?

Müssen Kinder Künstler sein?

Immer wieder höre ich stolze Eltern über ihre malbegeisterten Sprösslinge sagen: „Ja, ein/e ganz große/r KünstlerIn!" Kind und Künstlertum, das Kind als KünstlerIn, Kinderkunst und die dazugehörigen Kindergartenvernissagen werden in den Vordergrund gerückt. Fantastisch – wenn es um den freien, freudigen, großzügigen Ausdruck unserer Kinder geht, um eine Sprachform mit bildnerischen Mitteln.

Fantastisch – wenn neben der Schulung des verbalen Ausdrucks (also dem Benennen, dem Sprechen, Erzählen und Beschreiben durch das Wort) eine ebensolche reichhaltige wie bewusste visuelle Schulung steht.

Kinder nehmen die Welt mit allen Sinnen wahr und sie setzen sich selber ein, um ihre Empfindungen, Wünsche und Beobachtungen mitzuteilen. Sie tun dies mit Händen und Füßen und mit dem ganzen Körper.

Was macht es für einen Sinn, das Malen und Zeichnen, nur weil möglicherweise ein Pinsel im Spiel war und eine visuelle Spur gezogen wurde, mit einem Kunstetikett zu versehen? Ist dies als gönnerhafte Aufwertung kindlicher Wahrnehmungsübungen zu sehen? Brauchen Kinder das? Oder brauchen es die Eltern? Oder gilt: Kunst ist, was niemand versteht, bunt verkleckst und bestenfalls teuer zu verkaufen ist?

Interessanterweise gibt es zur Kinderkunst keine Entsprechung in der wortgebundenen Sprache. Niemand käme auf die Idee, die Erzählung eines Kindes als Literatur zu bezeichnen und zu sagen: Mein Kind ist eben ein Dichter! Vielleicht ist es egal, ob im Kindergarten von Kunst gesprochen wird oder eben „nur" von Bildern. Vielleicht ist es auch kleinlich, über derartige Dinge nachzudenken. Für PädagogInnen dürfte es aber nicht egal sein, Kindern einen völlig falschen Begriff von Kunst zu vermitteln – gleichzeitig aber ihr eigenes, höchst reales Bild von Wirklichkeit als ein künstliches umzudeuten. Wir sprechen unseren Kindern durch eine solche (falsche) Zuordnung ihren so empfundenen und in der Malerei mitgeteilten Wirklichkeitsbegriff ab und schmälern so ihren Freiraum, unbeurteilt und ohne „Gütesiegel" malen zu dürfen.

Ebenso fatal ist, durch die Einführung des Begriffs „Kunst" den ebenso problematischen Begriff der Begabung im Schlepptau zu haben. Begabung ist etwas, das man hat oder eben nicht, meinen viele. Damit gibt es die Begnadeten und das Fußvolk. Ein unerfreulicher Rattenschwanz von Entmutigung, Scham, Versagen. Wer nicht zum erlesenen Grüppchen der „Begabten" gehört, kann ohnehin gleich aufhören – wie ungeschickt und wie unnötig! Warum führen PädagogInnen sich selbst und die Kinder grundlos aufs Glatteis? Ginge es hingegen schlicht und einfach um „Gestaltungen" und „Mitteilungen", wäre „visuelle Erziehung" um vieles unproblematischer und lustvoller!

Brauchen's unsere Kinder süüüß?

Ich erinnere mich noch gut, wie ich aus Empörung über die kitschigen Figuren auf den geschenkt bekommenen Strampelanzügen meines ersten Sohnes Stofffleckchen nähte, weil mir die Anhäufung von Kätzchen, Bärchen und anderen glotzäugigen Süßlichkeiten unerträglich wurde. Die Kinderwelt ist überschwemmt davon, ob auf Tapeten, Handtüchern, Decken, ob als Spielzeug, Schlüsselanhänger, im Bilderbuch oder als Trinktasse – überall finden wir im Überfluss Figuren aus dem gleichen Formenkanon: Kindchenschema und süßliche Farbigkeiten und – man gewöhnt sich daran. Den Babys ist es noch egal, was auf ihre Lätzchen gedruckt ist. Aber spätestens den Kindergartenkindern scheint es zu gefallen, sie reagieren werbepsychologengemäß. Sie sind mit der Formenwelt eines Walt Disney vertraut und verbinden mit all diesen süßen Formen Wärme, Zuwendung und Geborgenheit, nicht weil die Figuren diese Inhalte vermitteln, sondern weil sie zusammen mit Liebe, Wärme und Geborgenheit assoziiert wurden.

Kein Wunder, dass sie später beides nicht mehr voneinander trennen können. Erscheint das eine, so ist es mit dem anderen verknüpft und umgekehrt, das heißt, der Formenkanon des Kitschs ist eindrücklich in uns verankert.

Die Vertiefung und (vorschulische) Aneignung dieser Formenwelt geschieht vielfach im Kindergarten. Hier findet erstes außerfamiliäres Lernen statt – nachhaltige Eindrücke prägen sich ein, die viele von uns noch als Erwachsene im Gedächtnis bewahren. Ein Beispiel: Feinmotorik wird geübt. Die Kinder bekommen Farbstifte und sollen die Hand so trainieren, dass eine Farbfläche entsteht, die an einer vorgedruckten Linie endet. Wunderbar! Weniger wunderbar ist, dass es nur selten eine beliebig geschwungene Linie sein darf, ein Muster, ein Horizont – „viel lieber haben Kinder eben" den wulstlippigen Fisch, die platte Blume, das rauchende Knusperhäuschen. Und – etwas zynisch formuliert: Nach fünfjähriger Gehirnwäsche im „Disneyland" glauben das die Kinder sogar! Wer das Pferd so malen kann, wie es im Malbuch abgebildet ist, hat den ersten Preis gewonnen.

Kindergärten als kitschfreie Zonen

Glücklicherweise gibt es Kindergärten, die sich als Kontrastorte dazu verstehen. In denen nicht alle Kinder im Herbst den lustigen Maler Klecksel malen müssen, der die Blätter in Farbe taucht und auf ein weißes Blatt klatscht. Sie dürfen selber Farben mischen, sie können Farben selber herstellen und damit experimentieren, sie dürfen schauen und riechen, tasten, wiegen und wirbeln lassen.

Ebenso glücklich bin ich darüber, dass es immer mehr Kindergärten gibt, in denen Lehm, Sand und Dreck nicht nur aus dem sauberen Bilderbuch bekannt sind oder durch Filme. Viele PädagogInnen erkennen immer klarer, wie wichtig es für unsere sauberen Stadt- und Stubenkinder ist, die Welt und ihre Urstoffe unmittelbar zu begreifen, ja wie sehr dies zur Begriffsbildung notwendig und für die Entwicklung von Intelligenz unabdingbar ist.

Wenn ich zwischen Kunst und Kitsch wählen dürfte, würde ich sagen: Worte sind geduldig. Lieber öfter eine falsch verstandene „Kunst"-Ausstellung im Kindergarten, bei der die Kinder vielleicht sogar über Beispiele aus der bekannten Kunstgeschichte an interessante Sichtweisen herangeführt wurden und im Anschluss daran selbst ähnliche Gestaltungsversuche und Sehexperimente gemacht haben.

Kitsch und Klischees sind fest verankert und oft unreflektiert im Gebrauch. Dagegen gäbe es reizvolle Übungen, etwa eine Art Desensibilisierungskur, bei der die Kinder auf Kitsch- und Klischee-Beispiele Jagd machen und diese zu einer „Trophäensammlung" zusammentragen: Augen von Komikhelden, Weihnachtsherzen, -sterne, -bäume (die sie ausschneiden, aufkleben und anschließend mit einer echten Tanne vergleichen könnten), das kann intensive Erkenntnisse erzeugen – sogar im Kindergartenalter!

Sehen ist lernbar – Bilder lesen lernen!

Unsere westlichen Bildungssysteme bauen auf dem Wort auf. Lesen und Schreiben wird systematisch gelehrt und gelernt. Dem „Lesen" im Sinn von Verstehen und Auswerten von Bildern messen wir weit weniger Bedeutung und Aufmerksamkeit zu, obwohl wir in einer Welt leben, in der die Bilder immer schneller, komplizierter und virtueller werden.

Ob Filme oder Bilderbücher – wir erfassen, beschreiben und wählen sie nach ihrer Story. Dass Bilder wesentlich tiefere Eindrücke hinterlassen durch Prägnanz oder Originalität, ist uns eher nicht bewusst. Welche Botschaften transportieren sie und mit welchen Mitteln? Was sind die visuellen Codes, was ist die individuelle und was eine offene Bedeutungsebene? Beurteilen wir Bilder – wie zu Kinderzeiten – immer noch rein emotional oder bemühen wir uns als BildvermittlerInnen um einen schärferen Blick, der sich bewusst durch die durchscheinenden Bedeutungsschichten in die „semantische Tiefe" (Ch. Doelker) eines Bildes wagt? Wäre es nicht einen Versuch wert, diese Bilderlesefähigkeit zuerst selbst zu erlernen und bereits im Kindergarten zu vermitteln? Der bewusste Umgang mit Bildern (nicht nur mit Bildern im Sinn von Gemälden, sondern allen visuellen Eindrücken) macht uns und unsere Kinder weniger verführbar, weniger manipulierbar und weniger verletzlich.

Literatur

Baer, Ulrich (2001): Kreativität für alle. Phantasieanregende Ideen für die pädagogische Arbeit (inkl. CD-ROM). Seelze: Kallmeyer

Doelker, Ch./Lürzer, K./Gschwendtner-Wölfle R. (2003): Sehen ist lernbar. Beiträge zur visuellen Alphabetisierung. Oberentfelden: Sauerländer Verlag

Engel, Ingrid (2003): Spaß mit Mozart und Picasso. Kinder gestalten und erleben Kunst (inkl. CD). Boppard/Rhein: Fidula-Verlag

Kohl, Mary Ann F./Potter, Jeane (2002): Kunst aus aller Welt. Aktivitäten, Projekte und Erfindungen. Seelze: Kallmeyer

Leutkart, Christine/Wieland, Elke/Wirtensohn-Baader, Irmgard (2003): Kunsttherapie aus der Praxis für die Praxis. Materialien, Methoden, Übungsverläufe. Dortmund: Verlag modernes lernen

Seitz, Rudolf ([2]2003): Vom Blau, das teilen lernte. Seelze: Kallmeyer (Von Rudolf Seitz stammen viele „Klassiker" zum Thema; eine Recherche im Internet lohnt.)

Der Beitrag wurde erstmals in „Unsere Kinder" 1/2004 publiziert.

ANNA MARIA FENKHUBER

Was nach dem Laternenfest geschah

Durch den Besuch eines Reggio-Seminars stand ich vor der Aufgabe, mit den Kindern ein Projekt durchzuführen und zu dokumentieren. Mit dem Vorsatz mein Projekt aus einer aktuellen Situation spontan entstehen zu lassen und dem Grundsatz „Die Erzieherin muss nicht alles vorher wissen, sie ist in diesem Prozess auch Lernende" ging ich voller Erwartung zu meinen Kindern in den Kindergarten zurück. Da dies zur Zeit des Laternenfestes war, hatte ich anfangs große Bedenken, ob ich auch wirklich Zeit und Ruhe finden würde, eine solche Situation zu erkennen. Doch gerade dieses Fest war der Auslöser für unser Projekt.

1. Ein Brainstorming zum Thema Laterne

Die Kinder verglichen zwei Laternen: eine Holzlaterne (es war die Laterne, die bei der Darstellung der Geschichte von der Laterne „Lumina" verwendet wurde) und eine bemalte und verzierte Laterne aus Kunststoff, die immer bei der Geburtstagsfeier zum Einsatz kommt.
Ich dokumentierte die Aussagen der Kinder:

- Es gibt Laternen aus Holz, Glas, Plastik.
- Es gibt runde, eckige, ovale, große, kleine Laternen.
- Die Holzlaterne ist oben schwarz.
- Der Rauchfangkehrer kehrt „das Schwarze" weg.
- Vielleicht ist es Rauch.
- Rauch kann man nicht kehren.
- Ist es Kohle?
- Wie entsteht Kohle? (Holzkohle)
- Wozu wird Kohle benötigt?
- Was kann man damit machen?
- Kohle kann man verbrennen. (Wärme für den Winter)
- Man kann mit Kohle kochen.
- Wenn die Kohle verbrannt ist, entsteht Asche.
- Man kann mit Kohle zeichnen.
- Plastik darf man nicht verbrennen. (Der Rauch, der aufsteigt, ist giftig und stinkt.)
- Jede Laterne schaut anders aus.
- Eine Laterne ist verziert und eine Laterne ist nicht verziert.
- Eine Laterne ist mit Farbe und Glitzer verziert.

2. Offene Fragen wecken das Interesse der Kinder

Der Ruß an der Holzlaterne beschäftigte die Kinder am meisten. Sie rätselten, was „das Schwarze" wohl sei, und ich ließ sie rätseln und fragen, ohne vorschnell das Problem zu klären. Die neugierige Spannung, die dabei entstand, begann ich auszukosten. So sehr, dass ich den Kindern auch dann nicht antwortete, als sie mich nach dem Namen für „das Schwarze" fragten. Ich wollte ihnen die Chance geben, für längere Zeit im Zustand des Fragens und der Neugierde zu bleiben.

Als ihre Fragen immer drängender wurden, ermunterte ich sie, zu Hause zu fragen, wie „das Schwarze" heißt. Mit großer Spannung erwartete ich den nächsten Tag. Michael drängte darauf, allen zu erzählen, dass es sich bei „dem Schwarzen" um Ruß handle. Daher interessierten sich die Kinder für die Kohlestifte, die ich ihnen mitgebracht hatte. Manche von ihnen nahmen das Malen mit Kohlestiften mit Begeisterung auf. Einige Kinder machten dabei intensive taktile Erfahrungen, indem sie sich die Hände mit dem Stift bemalten. Besonders Patrick konnte damit fast nicht mehr aufhören. Mit seiner Aussage „Jetzt bin ich ein richtiger Rauchfangkehrer" war der nächste Impuls für die Weiterführung des Projektes gegeben. Es wurde nun der Aufgabenbereich des Rauchfangkehrers erarbeitet, indem die Kinder zusammentrugen, was sie darüber wussten. Asche rückte ins Zentrum unseres Interesses, die Kinder betrachteten sie so intensiv, dass sie sogar die Unterschiede zwischen Papier- und Holzasche bemerkten. Sie diskutierten über die verschiedenen Feuerarten und Heizmöglichkeiten und interessierten sich auch für „einschlägige" Fachbücher. Einige Kinder begannen sich besonders für Lagerfeuer zu interessieren und gestalteten auf großen Papierbögen aus verschiedenen Papiersorten, die sie rissen, schnitten, knüllten und klebten, selbst Lagerfeuer. Die Farbe des Feuers wurde dabei genau besprochen.

3. Die Kinder entwickeln individuelle Schwerpunkte

Während die einen mit ihren Lagerfeuern beschäftigt waren, machten sich andere Kinder daran, aus verschiedenen Schachteln Laternen zu gestalten, die sie mit Farben, Folien und Glitzer verzierten. Allmählich wurde die Idee geboren, aus diesen Laternen einen Adventkalender zusammenzustellen.

Dazu wollten natürlich alle Kinder ihren Beitrag leisten. Die Kinder arrangierten ihre Laternen auf einem großen weißen Karton, dessen Hintergrund sie mit Goldfarbe und Materialien aus dem Wald gestalteten, die zwei

nem Seidenpapier versehen.

Da sich die Kinder besonders für Vulkanausbrüche bzw. für den Rauch aus dem Vulkan interessierten, bot ich ihnen abermals ein Experiment („Vulkanausbruch unter Wasser") an. Wir stellten eine Flasche mit heißem, tintenblau gefärbtem Wasser in ein großes Glasbecken mit kaltem Wasser und konnten beobachten, wie das heiße Wasser aus der Flasche im kalten Wasser an die Oberfläche stieg – wie aus einem Vulkan der Rauch. Die Kinder waren fasziniert.

Als sie erfuhren, dass es früher sehr viele Vulkane gegeben hat, wünschten sich die Kinder eine Zeitreise. Sie wollten Außerirdische sein und im Vulkan- und Saurierland landen. Ihre Sprechweise während der Reise war die von Robotern, da Michael behauptet hatte: „Außerirdische sind sowieso Roboter!" Im Vulkanland angekommen, gestalteten wir auf braunem Packpapier das Land, in das wir gereist waren, mit unseren Tonvulkanen und einigen Sauriern, die die Kinder mitgebracht hatten. In der nächsten Zeit waren schließlich Saurier unser Thema. Wieder wurde gefragt und diskutiert, nachgeschaut und gestaltet. So mancher Saurier wurde dem Vulkanland hinzugefügt. Mit einer Gemeinschaftsarbeit – einem Bild als Hintergrund zum Vulkanland – war das Projekt für die Kinder beendet.

von ihnen mitgebracht hatten. (Sie meinten, ihre Adventkalender-Laternen seien die Freunde von Lumina, der Laterne aus unserer Geschichte.)

4. Ein neuer Impuls

Jahreszeit und Projektthema motivierten mich, den Kindern das Experiment „Eislaterne" anzubieten. Dazu ließen wir einen Kübel mit Wasser draußen gefrieren, stürzten den entstandenen Eisblock aus der Form und schufen an seiner Spitze eine Höhle, in die wir eine brennende Kerze stellten. Dieses Experiment wurde von den Kindern mit besonderem Interesse aufgenommen. Viele der Fragen, die sie sich beim Betrachten und Befühlen dieser Eislaterne ganz von allein stellten (z.B. Wann wird das geschmolzene Wasser die Kerze auslöschen?), konnten sich die Kinder im Laufe ihres intensiven Beobachtungsprozesses von selbst beantworten.

5. Ein Projekt kann auch einige Zeit ruhen

Der Jahreszeit entsprechend wandten sich die Kinder in den nächsten zwei Monaten anderen Dingen zu. Die Lagerfeuer aber blieben als letzte Arbeit zu diesem Projekt die ganze Zeit hängen. Ich war schon nahe daran, sie herunterzunehmen und den Kindern mitzugeben, da ich dachte, das Projekt sei für die Kinder beendet. Ein Kind belehrte mich aber eines Besseren. Nachdem es im Buch vom Feuer die Bilder der Lagerfeuer noch einmal genau betrachtet hatte, kam es zu mir und sagte: „Ich möchte einen Vulkan machen." Auch seine Freunde wollten hier mittun.

6. Vom Lagerfeuer zum Vulkan

Nachdem wir in unserem Lexikon nach einem Vulkan gesucht und auch in unseren anderen Büchern nach Anschauungsmaterial Ausschau gehalten hatten, wurden vorerst einmal Vulkane gezeichnet und aus Lego gebaut.

Dann wollten die Kinder, die sich mittlerweile mit Begriffen wie Magma, Lava, Krater, Vulkanasche vertraut gemacht hatten, aus Ton (dieses Material steht ihnen seit einiger Zeit immer zur Verfügung) Vulkane gestalten. Diese wurden bemalt und mit loderndem Feuer aus gerisse-

7. Dokumentation und Reflexion

Die Projektmappe schauten sich die Kinder gemeinsam mit ihren Eltern am Spielnachmittag an. Es war für sie von großer Wichtigkeit ihre Arbeiten, die ich fotografiert hatte, in dieser Mappe wiederzufinden. Einigen Eltern wurde jetzt erst jetzt ganz klar, was ihnen die Kinder zu Hause erzählt hatten. Ich erfuhr, dass viele Kinder, die Experimente zu Hause nachvollziehen wollten. Auch nach verschiedenstem Material, besonders Ton, hatten sie zu Hause verlangt.

Die Dokumentation beim Erarbeiten von verschiedenen Themen ist bei uns ein fester Bestandteil geworden. Ich lese den Kindern auch daraus vor und sie zeigen sich sehr erstaunt über ihr großes Wissen, was auch zur Stärkung ihres Selbstwertgefühls beiträgt.

Der Beitrag wurde erstmals in „Unsere Kinder" 6/1999 publiziert.

Anna Maria Fenkhuber

Eine mitgebrachte Fasanfeder …

… wertvoller Impuls für Naturbetrachtung, Kreativität und Zukunftsgespräche

Ein neues Projekt

Nachdem sich die Kinder im Herbst gut eingewöhnt hatten, war ich sehr gespannt, ob sie auch in diesem Jahr ihr Projekt selber entwickeln würden. Tatsächlich kam der Impuls von Maria, die uns eine Feder in den Kindergarten mitbrachte.

Die Feder wurde betastet – ihre Struktur mit der Lupe erforscht – und Maria erzählte vom Fundort und von welchem Tier diese schöne Feder stammte. Es wurde diskutiert, welche Tiere noch ein Federkleid besitzen, wo sie leben, was man mit den verschiedensten Federn (z.B. Entenfedern) machen kann. Eine Sammlung von Bildern verschiedenster Vögel entstand. Dies war auch für viele Kinder der Anstoß selbst Federn zu sammeln und mitzubringen. Die Vögel wurden dadurch viel intensiver beobachtet. Bewusst erlebten die Kinder, wie sich die Vögel im Herbst sammelten, um sich für den Flug in den Süden bereit zu machen. Es kam auch die Frage: „Welche Vögel aber bleiben bei uns und wie ernähren sie sich im Winter?“

Materialangebot – Motivation der Kinder zu verschiedensten Tätigkeiten

Was machen wir mit den gesammelten Federn? Die Idee hatte Christian. Er begann aus Federn, Papier und Farbe ein Bild zu gestalten, für das er – der ein eher unruhiges Kind ist – zwei Wochen benötigte. Seine Idee wurde von einigen Kindern aufgegriffen. Andere Kinder hingegen wollten **mit den Federn malen.** Interessanterweise wurde vorerst nicht mit dem glatten unteren Teil (Spule), sondern mit dem fedrigen Teil (Fahne) gemalt. Die Kinder bemerkten aber rasch, dass sich der Federkiel besser eignet. Dazu wurden Wasserfarben verwendet. Diese Malereien wurden den Eltern beim Erntedankfest präsentiert.

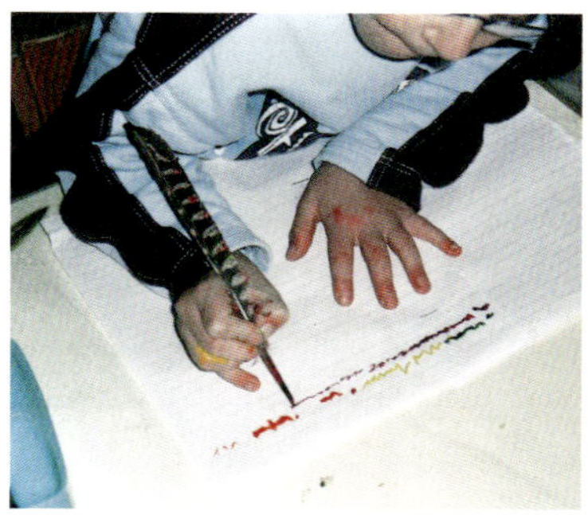

Aus **Ton und Federn** entstanden viele Tiere. Mit Feder und Tinte begannen die Kinder das Schreiben zu üben. Ganz von selbst ergab sich die Frage der richtigen Stifthaltung, die Ausführung verschiedenster Schwungübungen entwickelte sich automatisch, als sich die Kinder gegenseitig zeigten, wie einzelne Buchstaben zu schreiben sind.

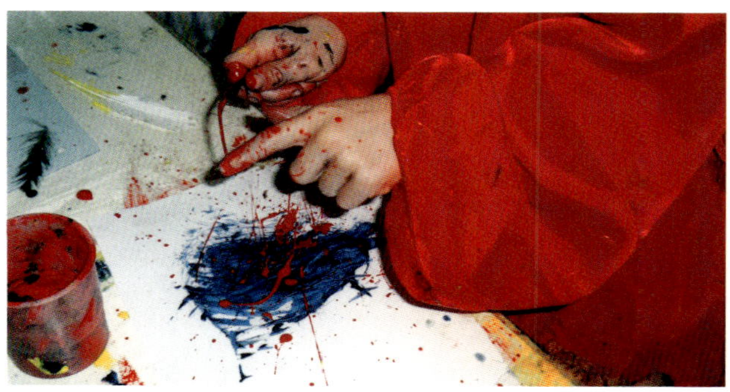

Es tauchte auch die Frage auf: „Wie wurde früher geschrieben?“ Also sammelten wir Material über die **Entwicklung des Schreibens** (von der Höhlenmalerei bis zum Computer). Besonderen Spaß hatten die Kinder mit der Schreibmaschine. Ich musste immer wieder ihren geschriebenen Kauderwelsch vorlesen. Eine alte Schreibmaschine wurde zerlegt. Auch Buchstaben (aus Linoleum ausgeschnitten), die die Kinder in einer Reihe auf dem Boden auflegten, musste ich immer wieder vorlesen.

Den Abschluss dieses Projektes bildete ein Besuch im **Druckereimuseum.** Hier erfuhren die Kinder, wie früher Bücher und Plakate gedruckt wurden.

Der Beitrag in längerer Form wurde erstmals in „Unsere Kinder“ 1/2001 publiziert.

Brigitte Eckl, Maria Reinsperger

Papierfalten im Kindergarten

Wie jedes Können stärken auch Leistungen auf dem Gebiet des Papierfaltens das Selbstvertrauen des Kindes.

1. Grundsätzliche Überlegungen

Falten mit Papier gehörte ebenso wie Täfelchenlegen und Stäbchenlegen oder Flechten und Ausnähen zu den Standardbeschäftigungen in der Kinderbewahranstalt. Ziel dieser Betätigungen war es, die Handgeschicklichkeit zu trainieren, damit insbesondere unterprivilegierte Kinder möglichst frühzeitig in einen entsprechenden Arbeitsprozess eingegliedert werden konnten. So waren beispielsweise viele Kinder in Webereien beschäftigt oder halfen bei der Herstellung von Zwirnknöpfen, die in Heimarbeit produziert wurden. Dabei waren selbstverständlich Genauigkeit, Ausdauer und Sauberkeit gefragte Arbeitstugenden; eine Möglichkeit der Einübung war das Falten.

Lange Zeit wurde Falten als reine „Dressur" bzw. Nachahmungsleistung eingestuft und aus diesem Grund vielfach abgelehnt.

Mit der Betonung der kreativen Fähigkeiten, wie sie in der modernen Kindergartenpädagogik gegeben ist, erfuhr interessanterweise auch das Falten eine völlige Neubewertung. Bereits einfachste Faltformen regen die Kinder zum Variieren und Ausgestalten an. Durch die Kombination von verschiedenen Materialien entstehen reizvolle Produkte und Spielgegenstände. Durch die Beachtung von individuellen Interessen und Vorlieben entwickeln sich in manchen Gruppen richtige „FaltexpertInnen". Sie erlernen und erfinden so schwierige Faltformen, die man üblicherweise einem Kindergartenkind gar nicht anbieten bzw. zutrauen würde. Wenn Kinder ein für sie attraktives Ziel vor Augen haben und die methodische Vorgangsweise der ErzieherInnen stimmt, können aber auch weniger begabte Kinder bestimmte Faltformen und Falttechniken erlernen. Sie können dann ihrem Fähigkeitsstand entsprechend in einen solchen Gestaltungsprozess einsteigen. Lerngewinn und Spielvergnügen halten sich die Waage.

2. Erziehungs- und Bildungsziele

- **Exakt arbeiten können:** Beim Vorzeigen konzentriert zuschauen, das Vorgezeigte möglichst genau nachmachen; eine nicht gelungene Faltform wieder aufmachen und neu falten; Faltkniffe kennen lernen und anwenden.
- **Feinmotorische Geschicklichkeit erwerben:** Kraft und Bewegung beider Hände und der Finger bei den verschiedenen Faltvorgängen differenziert einsetzen; ein Falzbein gezielt führen.
- **Reihenfolge erfassen und merken:** Ein bestimmtes Faltmodell aus dem Gedächtnis nachfalten; nach einem „Plan" falten; anderen einen Faltvorgang zeigen; sich nach einiger Zeit wieder an einen Faltvorgang erinnern.
- **Materialeigenschaften kennen lernen:** Mit Papier experimentieren, Unterschiede in der Stärke, Farbe, Oberflächenbeschaffenheit, Saugfähigkeit, Durchsichtigkeit, Dauerhaftigkeit herausfinden, mit unterschiedlichen Papierarten und -formaten arbeiten und deren Eignung für bestimmte Faltformen prüfen.
- **Verschiedene Vorgangsweisen erproben:** Verbesserungen oder Erleichterungen bei einem Faltvorgang herausfinden, Zwischenfaltformen entdecken, einen Arbeitsvorgang rationalisieren (z.B. Faltschnitte herstellen).
- **Sachrichtige Bezeichnungen verwenden:** Eindeutige Benennungen für die Faltvorgänge, Bezeichnungen für geometrische Formen, Lagebezeichnungen (oben, unten ...).
- **Räumliche Vorstellungen entwickeln:** Ein ungefaltetes Papier liegt flach auf dem Tisch, ein gefaltetes kann räumlich werden und stehen; eine Faltform vergrößern, verkleinern; unterschiedlich große Faltformen in entsprechenden „Räumen" unterbringen, Faltformen ineinander stecken.
- **Vergleiche anstellen und Beziehungen herstellen:** Zuordnungsspiele mit gleichartigen bzw. unterschiedlichen Faltprodukten, Zuordnungsspiele mit Positiv- und

Negativformen (Faltschnitte), Legespiele mit geometrischen Faltformen.

- **Unterschiedliches miteinander kombinieren:** Unterschiedliche Techniken: Falten und Schneiden, Falten und Kleben ...; unterschiedliche Materialien: Papier und Stoff, Styropor, Wolle ...; eine Faltform bemalen, bedrucken, „anziehen“ ...; einzelne Faltformen zu einem Objekt zusammenfügen; aus verschiedenen Faltprodukten eine Spielszene gestalten.
- **Grundformen variieren und übertragen:** Was kann ich alles mit einem Bug machen? Was kann ich mit einem Papierstreifen falten? Was kann aus der Ziehharmonikafaltung entstehen? Was lässt sich aus einem bestimmten Faltmodell gestalten? (Trinkbecher – Hut, Tasche, Fingerpuppe ...); Faltformen umfunktionieren (Faltschachtel erhält Räder = Fahrzeug).
- **Erfolgreich sein und anerkannt werden:** Die Technik des Faltens beherrschen, bestimmte Faltmodelle können; eigene Einfälle verwirklichen, individuellen Interessen nachgehen (z.B. schwierige Faltform aus einem Origami-Buch); das eigene Können an andere weitergeben (in der Gruppe, zu Hause).

3. Methodische Hinweise

3.1. Materialangebot

Verschiedenes, quadratisch, rechteckig oder rund zugeschnittenes Papier, sortiert nach verschiedenen Größen, am besten eingeordnet in einen Behälter mit Fächern, aus deren die Kinder selbstständig das Papier entnehmen können.

Es eignen sich alle Papiere außer zu steifer Karton. Die Experimentierfreude der Kinder muss nicht eingeschränkt werden, da ja auch selbst hergestellte Papierprodukte zum Falten weiterverwendet werden können (Kleisterpapier, marmoriertes Papier, Papiere, auf denen die Farbe verblasen wurde, Papiere in Spritztechnik, gebeizte Papiere ...).

Zum Üben eignen sich auch Computer- und Katalogpapier, Letzteres kann durch seine Einfärbung und Musterung für bestimmte Faltformen besonders dekorativ sein (graue Farbtöne für Elefanten, bunte Drucke für Blüten und Girlanden).

Als geeignet erweisen sich auch Geschenkpapiere, wobei ein gemusterter Bogen mit einem einfarbigen zusammengeklebt werden kann; ist eine Seite einfarbig, erleichtert dies dem Kind die Arbeit, weil der Faltvorgang gut einsehbar ist. Die Behälter mit den Faltpapieren sollen transportabel sein, damit sie zum Arbeitsplatz mitgenommen werden können. Als Hilfsmittel zum exakten Ausstreifen der Faltbüge können Falzbeine bzw. Messerrücken verwendet werden, die ebenfalls in den Regalen zu entnehmen sind, wo Faltpapiere, eventuell Faltpläne und Faltbücher zu finden sind.

Darüber hinaus brauchen die Kinder viele Materialien zum Ausgestalten ihrer Faltprodukte: zum Bemalen, Bedrucken, Bekleben, zum Aufstellen, Zusammenkleben und Fädeln, zum Gestalten von Bildern und Spielszenen usw. Zusatzmaterialien bringen den Kindern Anregungen und helfen ihnen, individuelle Gestaltungsideen zu verwirklichen.

3.2. Methode des Vorzeigens

Die KindergartenpädagogIn muss die Faltformen, die sie mit den Kindern machen will, selbst gut beherrschen bzw. beim Falten mit den Kindern experimentieren, weil dabei oft Zwischenfaltformen notwendig werden, die den Arbeitsvorgang unter Umständen wesentlich erleichtern.

Die einzelnen Arbeitsgänge sind am besten erlernbar, wenn die KindergartenpädagogIn gleichzeitig mit zwei bis drei Kindern arbeitet. Die Kinder erleben dieses Vorzeigen als Zuwendung und genießen diese ausschließliche Aufmerksamkeit der Erzieherin, des Erziehers. Es entsteht eine Atmosphäre des Wohlfühlens.

Die KindergartenpädagogIn muss selbst Ruhe ausstrahlen, daher ist Falten nur ohne „Stress“ möglich. Das Vorzeigen, bis das Kind eine Faltform beherrscht, erfordert von beiden viel Geduld. Faltformen dürfen daher für das Kind keine Überforderung darstellen, weil Kinder dann die Lust verlieren. Daher ist der Beginn mit einfachen Faltformen für den Erfolg entscheidend (Prinzip der „Passung“).

Kinder, die eine Faltform beherrschen, geben ihr Können sehr geschickt an andere Kinder weiter. Sie erfinden dabei oft originelle Erklärungen und Vorzeigeschritte, die dem ungeübten Kind das Erlernen eines Faltvorganges wesentlich erleichtern.

Oft springt das „Faltfieber“ auch auf die Familie über, weil die Kindergartenkinder ihr Können dort vorzeigen und weiterentwickeln. Faltprodukte, die von zu Hause mitgebracht werden, geben Zeugnis von dieser wechselseitigen Anregung.

Erste Falt- und Spielformen:

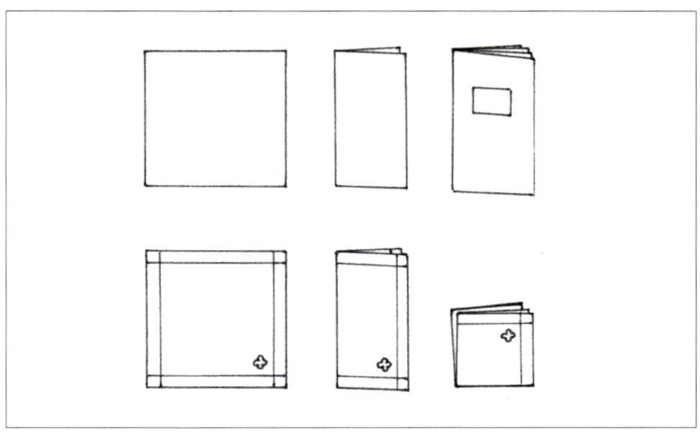

Wir nehmen ein Quadrat und falten es in die Hälfte. So entsteht eine „Zeitung“. Heften wir ein paar weitere Quadrate in die Mittelfalte, entsteht ein Buch, das nur darauf wartet, bebildert zu werden. Die Kinder können damit bereits Schule oder Papierhandlung spielen.

Falten wir die „Zeitung“ nach oben um, entsteht ein Taschentuch. Beim Öffnen des Tuches entdecken die Kinder ein Faltkreuz in der Mitte; der Mittelpunkt ist ein wichtiger Anhaltspunkt für weitere Faltformen. Günstig ist es, am Beginn diesen Mittelpunkt mit Farbe zu kennzeichnen. Machen wir dasselbe mit einem Rechteck, entstehen Badetücher oder Teppiche.

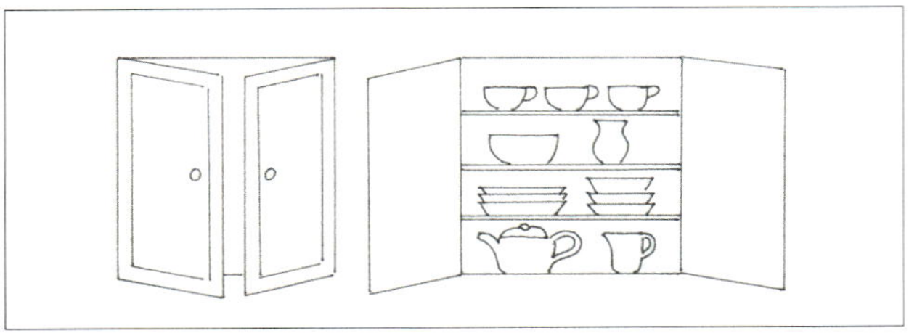

Falten wir ein Rechteck mit den Schmalseiten zusammen und öffnen es wieder, biegen beide Seiten zum Mittelfeld um, so entsteht ein zweitüriger Kasten. Wir können in das Innere Gegenstände hineinzeichnen oder hineinkleben: Schuhe, Kleider, Geschirr, Esswaren, Spielsachen usw.

3.3. Entwicklung einer Fachsprache

Zur Verständigung brauchen die Kinder ein Vokabular, das auf kindgemäße, aber sachlich richtige Weise die Faltvorgänge beschreibt. Diese Bezeichnungen sollten immer beibehalten werden. Zum Beispiel:

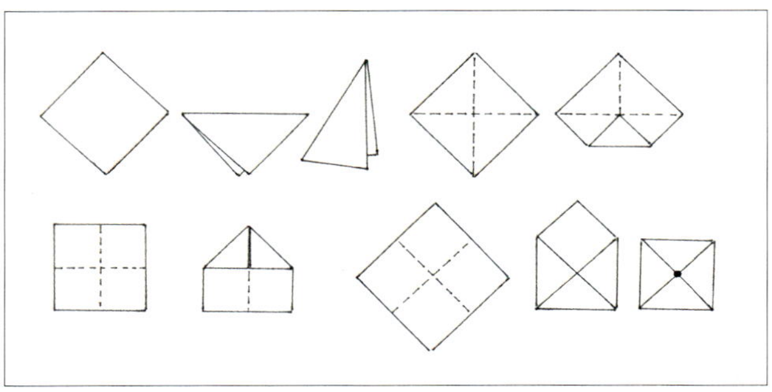

Wir nehmen ein Quadrat und

- falten ein Kopftuch oder Zelt,
- falten ein Karussell,
- falten ein Segelschiff,
- falten ein Haus,
- falten ein Kuvert
- und schließen das Kuvert.

Gleich lautende Sprachwendungen und der gleich bleibende Ablauf der Grundformen beim Papierfalten sind für die Genauigkeit und den Erwerb einer gewissen Routine unerlässlich.

Eine Anweisung kann beispielsweise lauten: zweimal „Zeitung" – wenden – zweimal „Kopftuch".

Zum Erleben der Formveränderungen (geometrische Formen) und zum Einüben der Fachsprache eignen sich Rhythmiktücher besonders gut.

3.4. Faltkniffe

Das genaue Kante-auf-Kante-Falten ist für das Kind bereits eine große Leistung, ebenso das exakte Ausstreifen der Büge. Damit die notwendige Genauigkeit erreicht wird, ist es wichtig, dass die KindergartenpädagogIn den Kindern die richtigen „Kniffe" zeigt. Zum Beispiel: Beim Kopftuchfalten legen wir Spitze auf Spitze; mit der nicht aktiven Hand halten wir diese fest, mit der aktiven Hand wird der Faltbug von der Mitte ausgehend nach beiden Seiten ausgestreift. Das Festhalten der offenen Seiten ist wichtig, damit die Arbeit nicht wegrutscht und die Kanten sich nicht verschieben.

Bei der Briefform ist es günstig, wenn gegenüberliegende Ecken eingebogen werden und nicht die nebeneinander liegenden. Das Öffnen der Grundformen nach jedem Faltvorgang ist wichtig, weil die Faltlinien zugleich Hilfslinien für das Kind sind (Berg- und Talfalten).

Kinder, die schlampig arbeiten und im Falten eine „Alibibeschäftigung" sehen, werden darauf hingewiesen, dass man eine nicht gelungene Faltform auch wieder auseinander nehmen und neu gestalten kann.

3.5. Falten und Variieren von unterschiedlichen Modellen

Wenn Kinder die grundlegenden Faltvorgänge beherrschen, können ihnen ausbaufähige Faltmodelle angeboten werden: Himmel und Hölle, Trinkbecher, Schifferl, Haus, Drachen, Tierkopf, Hut ... Eine zusätzliche Motivation ist, wenn nach dem Erlernen der Grundformen Faltmodelle gewählt werden, die einen praktischen Nutzen haben. Das sind zum Beispiel Schachtelformen, Sackerl und Tüten, die sich als Behälter für verschiedene Materialien eignen (Behälter für kleine Dinge, „Schätze", für den Kaufladen ...). Besonders wichtig ist den Kindern die Ausgestaltung der Faltmodelle durch Bemalen, Bedrucken, Bekleben, Ergänzen und Kombinieren. Durch Variationen und Ergänzungen lassen sich Faltformen zu Spielgegenständen umgestalten, z.B. durch das Anfügen von Rädern entstehen Fahrzeuge.

Das Falten nach dreidimensionalen Faltplänen, die den Faltvorgang in den einzelnen Schritten zeigen, kann von den Kindern selbstständig bewältigt werden. Ein nächster Schritt ist das Falten nach Fotos bzw. nach Skizzen.

Kinder entdecken oft in Faltbüchern Modelle, die sie verwirklichen wollen. Die KindergartenpädagogIn versucht, diesen Wunsch zu unterstützen, indem sie mit den Kindern gemeinsam experimentiert. Mit zunehmender Übung können Kinder Faltformen selbst verändern und neu erfinden.

Literatur

Nimschowski, Ilse (2002): Kinderleichtes Origami. München: Droemer'sche Verlagsanstalt

Sallas, Joan (2003): Origami – Spaß für Kinder. München: Knaur Ratgeber Verlage

Der Beitrag in längerer Form wurde erstmals in „Unsere Kinder" 4/1990 publiziert.

Ulrike Müller

Malatelier als Erlebnisraum

Seit Beginn meiner Tätigkeit mit Kindern beobachtete ich, dass das Malen mit flüssigen Farben eine sehr wertvolle Betätigung ist. Staffelei und Wandtafel im Gruppenraum genügten seit langer Zeit nicht mehr. Auf der Suche nach passenden Möglichkeiten für großflächige Malerei mussten freie Fliesenwände in Waschräumen genauso herhalten wie die Holzfassade des Gartenhäuschens im Sommer. Aber immer wollte ich einen eigenen Raum mit Malwänden, in dem sich Kleingruppen von Kindern ungestört der freien Malerei widmen können.

Bei einer sehr guten Praktikerin für Ausdrucksmalerei hatte ich Gelegenheit, mehrere Fortbildungen zu besuchen. Ich wusste somit Bescheid, wie so ein Malatelier aussehen sollte und welche Materialien für eine kreative, die Kinder in mehreren Bereichen fördernde Arbeit notwendig sind.

Besonders gut gefiel mir, dass in solchen Ateliers ohne Thema und optische Ablenkung – außer einer Vielfalt von Farben – gearbeitet wird. Eine Grundbedingung ist, nur erstklassiges Material zu verwenden. Regeln für die richtige Handhabung der Materialien müssen natürlich eingehalten werden, da die angebotenen Farben und Pinsel von sehr guter Qualität sind und eine dementsprechend sorgfältige Behandlung verlangen. Daher ist es notwendig, die Einführung in die Malerei sehr genau und überlegt zu machen, um späteren Pannen von vorneherein entgegenzuwirken.

Die Malereien der Kinder werden in keiner Weise bewertet, es wird in die Bilder auch nichts hineininterpretiert. Wollen die Kinder nicht von selbst über ein gemaltes Bild sprechen, werden sie auch nicht über den Inhalt des Bildes befragt.

Effekte der Malerei

Der unübersehbare therapeutische Effekt der Malerei in unserem Atelier zeigt sich darin, dass Kinder zum Beispiel zu den Malbewegungen rhythmisch sprechen, dass sie plötzlich über Dinge zu reden wünschen, die Monate zurückliegen und uns Erwachsenen längst vergessen scheinen.

Sehr häufig beenden die Kinder ihre Arbeiten mit einem erleichterten Seufzer, einem viel sagenden „So“ und kommen dann, um mir mitzuteilen, dass sie jetzt fertig sind und dass es so schön ist.

Auch Kinder, die sich im Kindergartenalter kaum getrauen, selbst Aktivitäten zu setzen – sei es aus Angst vor dem Schmutzigwerden oder aus Angst davor, dass sie etwas nicht können –, entscheiden sich irgendwann freiwillig, ins Malatelier mitzugehen, wenn sie nicht dazu gedrängt werden. Oft genügt es diesen Kindern, zuerst nur drei, vier verschiedenfarbige Striche zu malen, um die Hemmschwelle zu überschreiten und um das nächste und alle weiteren Male ausdauernd und konzentriert ihre Arbeit zu vollenden. Manche Kinder bleiben oft länger als eine Stunde.

Es passiert aber auch, dass Bilder, die fertig gestellt erscheinen, mit einer Farbe übermalt werden. Die Kinder werden nicht gehindert, dies zu tun, auch überredet sie niemand, ihr Bild nicht zu „zerstören". Ich habe das Gefühl, dass Kinder dies dann tun, wenn zu verarbeitende Dinge „erledigt" sind. Auf jeden Fall haben sie ihre Gründe, die Bilder zu übermalen. Zufrieden, ausgeglichen und aller Aggressionen entledigt, verlassen die Kinder das Atelier. Ich habe noch nie gehört, dass Kinder außerhalb des Ateliers über Reaktionen oder über die Ausführung der Arbeiten anderer Kinder sprechen. Die Kinder spüren, dass jeder für sich wichtig ist und den Teil leistet bzw. „erarbeitet", den er gerade braucht. Dies wird akzeptiert und respektiert.

Darüber hinaus machen die Kinder in unserem Malatelier natürlich auch viele andere Erfahrungen. So ergeben sich zum Beispiel von selbst „Farbübungen" in vielen Variationen. Die Kunst Farben zu mischen, sie aufzuhellen oder dunkler zu machen wird dadurch gefördert, dass einige von den Kindern benötigte Farbnuancen in der Palette nicht vorhanden sind. Jede neu gefundene Farbe löst Freude aus; jedes Farbexperiment führt zu neuem Wissen.

Wer einmal die umfassende fördernde Wirkung für die kindliche Persönlichkeit erlebt hat, wird nach Möglichkeiten für die Einrichtung eines Malateliers suchen. Allen KindergartenplanerInnen wäre zu empfehlen, eines mitzuplanen.

Ausstattung eines Malateliers

Die Wände eines leeren Kellerraumes wurden mit Weichfaserplatten ausgestattet, die vom Boden bis zur Decke reichen. An den Weichfaserplatten werden Packpapierbahnen als Abdeckung befestigt, die, wenn sie sehr stark bekleckst sind, leicht ausgewechselt werden können.

An der Decke brachte der Elektriker eine Neonleuchte an, die sich für diesen Zweck sehr gut eignet, weil dadurch keine Schatten geworfen werden.

Der Boden wurde mit einem leicht aufwischbaren Linoleum ausgelegt.

Auf einem länglichen, schmalen Tisch, der mit Rändern versehen ist, haben viele kleine Farbschüsserl Platz. Die Farben werden unverdünnt und deshalb in kleinen Mengen angeboten. Auch kann man auf diesem Tisch die nötige Anzahl von Pinseln – für jede Farbe mindestens einen – und Wasserbehälter zum Befeuchten der Pinsel deponieren.

Ein Ständer für die Malerkittel und ein großer Plastikeimer für die Aufbewahrung der fertigen, trockenen, aufgerollten Bilder gehören noch zur bescheidenen Ausstattung unseres Malateliers.

Der Beitrag wurde erstmals in „Unsere Kinder" 2/1989 publiziert.

Pia Arnold-Klapproth

Ausdrucksmalen

18 Stunden war ein Kind fasziniert mit der Arbeit an einem Bild beschäftigt. Und gerade dieses Bild löste bei einer am Ausdrucksmalen interessierten Besucherin die Frage aus, was es dem Kind nutze, wenn es „ohne Themenvorgabe und ohne konkrete Aufgabenstellung einfach so dahinmale". Ich war zu verblüfft, um spontan antworten zu können; ich hatte die Frage gerade vor diesem Bild nicht erwartet. Diese Begebenheit empfand ich als Herausforderung, anhand dieses Bildbeispiels über das Ausdrucksmalen zu schreiben.

Bedeutung für die Persönlichkeitsentwicklung

Malend inszeniert sich das Kind sein eigenes Bild der Welt; es führt so einen Dialog mit seiner Innenwelt. Erfahrungen, Eindrücke, Erlebnisse, Vorstellungen, Erinnerungen, Pläne, Wünsche, Interessenbereiche und Fantasien erhalten beim Gestalten eine sichtbare Form. Diese Form wird mitgeprägt von Unbeabsichtigtem: von körperlichen und seelischen Empfindungen, Stimmungen, Gefühlen, Trieben und dem Ausdruck organischer Erinnerungen (siehe unten: Trazat). Malend erhält das noch Ungeformte Form, malend be- und verarbeitet das Kind begrifflich nicht Fassbares. Im selbstversunkenen Malspiel, das mit dem Traum vergleichbar ist, lösen sich Spannungen, die sich zwischen Bewusstem und Unbewusstem aufgestaut haben.

Trazat – Arno Sterns Benennung (in dieser Form auch seine Entdeckung) für Zeichen, durch die sich die organische Erinnerung äußert. Trazate sind „dem Organismus entflossene Zeichen", die nicht bewusst sind, keiner Darstellungsabsicht entstammen, keine visuellen Eindrücke wiedergeben. Trazate sind Aussendungen der organischen Erinnerung, für die es keine andere Formulierungsmöglichkeit gibt.

Das Weltbild einer Sechsjährigen

„Ich male die ganze Welt", kündigt die Malerin ihr Vorhaben an und sie wählt dafür ein Format von 2 x 2 m. Dies setzt ein ungebrochenes Vertrauen in die eigenen bildnerischen Fähigkeiten voraus (Abb. 2).

Eine blaue Linie schließt sich zum kreisförmigen Gebilde: die Weltkugel. Durch Sonne, Mond und Sterne drückt das Kind seine Vorstellung einer Einbettung im Kosmos aus. Nachdem ein Weltgefüge dargestellt ist, greift das Kind ein monatelang zurückliegendes Thema aus dem Kindergarten auf: „Afrika", dargestellt durch Giraffe, Elefant ...

Abb. 1

Malend vertieft das Kind Erlebnisse, bearbeitet Eindrücke wie beispielsweise die erstmalige Begegnung mit Menschen anderer ethnischer Herkunft. Durch die Anordnung auf dem Bild klärt es malend seine geografischen Vorstellungen (Afrika = Süden = unten; Abb. 1 & 2).

Nun wendet sich das Kind mit der Wahl der Bildgegenstände Iglu und Eisbär dem Thema „Grönland" zu. Unterschiedliche Beweggründe können die Themenwahl beeinflusst haben; etwa das aktuelle Erleben von Kälte, Eis und Schnee, ein Bilderbuch, das Geschenk eines Stoffeisbären oder das Bedürfnis, Ausgewogenheit innerhalb des Bildes zu schaffen (Grönland = Norden = oben). Im Zentrum seiner Weltkugel malt das Kind sein Zuhause, charakterisiert

Abb. 2

Abb. 3

Abb. 4

durch den Gartenzaun und das Auto in Lila, was den realen Sachverhalten entspricht. An einem bitterkalten Wintertag träumt es den Schneeglöckchen entgegen, sich bei der Farbwahl einzig von seinen Empfindungen leiten lassend (Abb. 3).

Zwei freudige Erinnerungen an die Ferien verbinden sich thematisch: das erstmalige Ausreiten auf einem Pony und das Erleben des Faschings. Die ausgelassene, freudige Stimmung der Malerin zeigt sich nicht nur in der Thematik, sondern auch in der sprudelnden Malweise und in der Farbenfreude. Spielerisch bezieht das Kind Motive aus früheren Malstunden in den aktuellen Ausdruck ein: Als Pippi Langstrumpf verkleidet, reitet nun Pumuckl auf dem afrikanischen Elefanten; als Königin geschmückt sitzt Mami auf der Giraffe. Der Malprozess, das lustvolle Spielen und Fabulieren ist für das Kind weit wichtiger als ein Festhalten am ursprünglichen Vorhaben. Malend plant und erträumt sich das Kind seine Zukunft: Es baut sich im Malspiel seinen Bauernhof und die gewünschten Kinder. Feste sind wesentliche Ereignisse im Leben eines Kindes; einen Monat im Voraus drückt es seine Vorfreude auf Ostern aus, indem es den Osterhasen Nestchen verstecken lässt.

Bildnerische Ausdrucksmittel

In einer ersten Betrachtungsweise wies ich darauf hin, was das Kind gemalt hat und welche aktuellen Beweggründe zu dieser Themenvielfalt geführt haben. Diese Schicht des Bildes – den erzählerischen Inhalt – entnimmt es dem biografischen Hintergrund. Der erzählerische Inhalt ist der/dem Malenden bewusst, er wird von einem aktuellen Ausdrucksbedürfnis bestimmt.

Über die Themenwahl hinaus bietet das bildnerische Gestalten zusätzliche Ausdrucksmöglichkeiten an, die sich keineswegs im Illustrieren von Verbalisierbarem erschöpfen. Mit Hilfe eines bestimmten Malduktus kann das Kind seine momentane Verfassung ausdrücken oder unterstreichen: Vergleichen Sie, mit welch dynamischem Pinselstrich der Pumuckl eingefangen ist und wie ruhig und sorgfältig der hellblaue, den Weihnachtsstern umhüllende Himmel gemalt wurde (Abb. 6).

In der Farbwahl drückt das Kind ein emotionales Verhältnis zum Dargestellten aus: Die Schneeglöckchen sind nicht in der dem Mädchen wohlvertrauten Eigenfarbe, sondern entsprechend seinen Farbvorlieben (türkis, hellblau, rosa) gemalt (Abb. 3).

Auch Personifizierung, Bedeutungsproportion, Röntgenbild (Transparenzen), Simultanansicht sind ausschließlich dem bildnerischen Gestalten eigene Ausdrucksmittel, die dem Kind helfen, sein Weltbild darzustellen: Die Personifizierung der Sonne und der Wolken entspricht dem magischen Denken dieser Altersstufe (Abb. 5). Im Größenverhältnis zu den andern Bildgegenständen (Bedeutungsproportion) äußert sich die subjektive, momentane Wichtigkeit des Autos (Abb. 1).

Das kindliche Formulierungssystem

Oft beobachte ich, wie Erwachsene über Kinderzeichnungen staunen, sie fantasievoll und originell finden. Originalität und Fantasie zeigen sich aber nur im Umgang, den das Kind während des Malens mit den Dingen hat, die in Bilder umgestaltet werden. – Damit meine ich beispielsweise, dass es den Pumuckl als Pippi Langstrumpf verkleidet, ihn auf dem Elefanten reiten lässt oder die Mami, als Königin verkleidet, auf die Giraffe setzt. – Die formale Gestaltung der einzelnen Bildelemente hingegen ist nicht originell.

Diese typische Art der Darstellungen des Hauses mit rechtwinklig angesetztem Rauchfang und einer Dachluke ist Ihnen sicher in anderen Kinderzeichnungen auch schon aufgefallen. Sämtliche „Bild-Dinge" (Motive), welche das Mädchen für die Inszenierung seines Bildes der Welt verwendet hat, entstammen einem universellen, kindlichen Formulierungssystem. Alle Kinder – vorausgesetzt sie werden nicht durch Themenstellungen vom eigenen Ausdruck abgebracht – zeichnen die gleichen „Bild-Dinge" und sie geben diesen die gleiche Form.

Anhand von Schema I (nach A. Stern, siehe Seite 174) lässt sich ablesen, wie sich die Malerin unseres Bildbeispiels ihre Zeichen für Haus, Sonne und Mensch – Stufe um Stufe, einem inneren, überindividuellen Bedürfnis gehorchend – erworben hat:

Ihren Anfang hat die universelle kindliche Bildsprache im kreisförmigen Ziehen einer kraftvollen Spur, die sich zu einem Knäuel verdichtet, und im Setzen kleiner Punkte und Striche. Aus diesen archaischen Gebilden entwickeln sich die Erstfiguren und aus diesen wieder, einer programmierten Evolution entsprechend, die typischen „Bild-Dinge". Die programmierte Entwicklung des kindlichen Formulierungssystems wurde gründlich erforscht und vielfach beschrieben (siehe Literaturangaben).

Die Anzahl der von Kindern verwendeten „Bild-Dinge" ist gering: Sonne, Haus, Mensch, Baum, Blume, Fahrzeug und Tier bilden – wie auch anhand unseres Bildbeispiels zu sehen ist – den festen Bestand. Das beschränkte Repertoire der „Bild-Dinge" genügt dem Kind zur Befriedigung seiner wesentlichen Ausdrucksbedürfnisse.

Trazate

Weltweit finden sich – nicht in bewusster Absicht, aber auch nicht zufällig – Zeichen in Kinderbildern, die nichts mit visuell Wahrgenommenem zu tun haben und auch nicht Ausdruck des Gefühlslebens sind. Arno Stern, der dieses Phänomen entdeckte und als Pionier erforschte, nennt diese im Innern des Menschen entstehenden (endogenen) Formen „Trazate". Sie sind der Ausdruck des organischen Gedächtnisses, Erinnerungen des Körpers.

Auf Schema II (nach A. Stern, siehe Seite 174) sind typische Beispiele für Trazate zu erkennen: Ein Kind beginnt eine Zeichnung mit dem Vorhaben, eine Vase, einen Baum oder eine menschliche Figur darzustellen. Und es formt diese „Bild-Dinge" nicht einem gesehenen Eindruck folgend, sondern, wie die Wiederholung bestimmter Formen zeigt, aus einem inneren Drang heraus: entweder in der Mitte eingeengt (1. Reihe), mit einem Mittelpunkt akzentuiert (2. Reihe) oder in auffälliger Dreiecksform (3. Reihe).

Der Akzentuierung einer Mitte begegnen wir in unserem Bildbeispiel mehrfach. Einerseits in „Bild-Dingen", die sich dafür anbieten (Dachluke, Blütenstempel, Gestaltung der Kleider der Engel, des Kasperls oder des Pumuckls) (Abb. 4, 5), andererseits auch – dort besonders eindrücklich – in „Bild-Dingen", die etwa in der Mitte der Ohren und des Bauchs des Elefanten mit roten Punkten markiert sind, wofür es vordergründig keinen Beweggrund gibt (Abb. 1).

Betrachtet man das Bild nicht in Bezug auf den erzählten Inhalt, sondern ausschließlich im Hinblick auf formale Strukturen, fallen vermutlich auch andere, sich wiederholende Zeichen auf: beispielsweise die Häufung einer beschwingten, leicht eingeengten Dreiecksform, die in der formalen Gestaltung der Engel, der Königin, des Kasperls oder des Hausdaches zu beobachten ist (Abb. 1 & 5).
Oder das immer wieder auftauchende Phänomen von Linien und Formen, die Kleinteiligeres umhüllen und einschließen: Dem dargestellten Weltgefüge entsprechen im Detail die Osternestchen (Abb. 3), der mehrfach eingezäunte Garten (Abb. 7), der doppelt eingefasste Komet (Abb. 6). Wiederum besonders eindrücklich zeigt sich diese Darstellungsform dort, wo sie sich vom gegenständlichen Vorwand löst: Das Bedürfnis nach Umhüllung findet vorerst seinen Ausdruck im hellgrünen Gartenzaun mit den Querstrichen; die Linie verselbstständigt sich aber und wird in vierfacher Farbvariation frei weitergespielt: violett, hellblau, hellgrün und rot (Abb. 7). Dass Malen und Zeichnen auch etwas anderes beinhalten, einen anderen Sinn haben können, als visuell Wahrgenommenes wiederzugeben und Verbalisierbares bildnerisch zu wiederholen (illustrieren), zeigen auf unserem Beispiel besonders eindrücklich jene dynamischen, weißen Strahlen, die, von der Weltkugel ausgehend, in den Himmel aussprudeln (Abb. 8): „Damit hat sich das Kind sein Bild völlig verpatzt!", höre ich jene eingangs erwähnte Besucherin ausrufen. Sie ahnt nicht, dass das Kind gerade darin etwas Uraltes, Aufgespeichertes aus der Tiefe seines Wesens ausfließen lässt; ahnt nicht, welche Lust, welche Entspannung, welche Befreiung von Frustrationen und welche Stärkung des Ichs das malende Kind dabei erlebt. Damit ist die Frage, was denn das nütze, wenn ohne Themenvorgabe und ohne konkrete Aufgabenstellung einfach so gemalt wird, in Bezug auf die wesentlichen Ziele beantwortet. Das Malspiel selber beinhaltet diese Ziele; da müssen (besser: dürfen) keine von ErzieherInnen vorgegebenen Inhalte und einengenden, pädagogischen Absichten eingebracht werden, andernfalls wäre das Malspiel kein Malspiel mehr.

Abb. 5

Abb. 6

Welche Bedeutung das freie Malen für die Persönlichkeitsentwicklung des Kindes hat, ist erschreckend wenigen PädagogInnen bewusst. Wie könnten sonst engagierte KindergartenpädagogInnen, LehrerInnen, ReligionspädagogInnen und Eltern dem Kind diese einmalige Ausdrucksmöglichkeit vorenthalten, indem sie dem Malen ein System von Belehrung aufbürden oder indem sie diese lebendige, im Empfinden des Kindes wurzelnde bildnerische Kraft domestizieren, um ihre Garderoben, Schulzimmerfenster und Kirchen dekorativ zu „behübschen"? Folgen dieser Unkenntnis sind uniforme, nach Schablonen gestaltete Bilder, wie das Beispiel einer Jesus-Darstellung zeigt (Abb. 9).

Das Atelier für Ausdrucksmalen

Dieses „Bild der Welt" ist in meinem Atelier für Ausdrucksmalen (Closlieu) entstanden.

Abb. 7

Abb. 8

Abb. 9

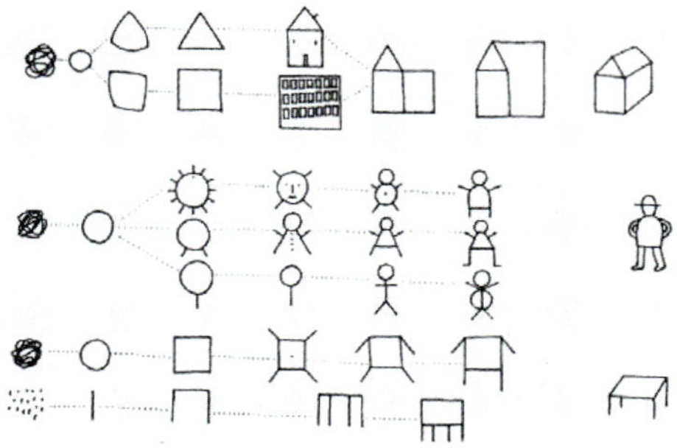

Schema I (nach A. Stern)

Schema II (nach A. Stern)

Zu einem authentischen Ausdruck kann ein Kind nur finden, wenn es sich – vom eigenen Erleben und Empfinden inspiriert – in ein sinnlich-lustvolles Malspiel versenken darf. Der Closlieu (Arno Stern prägte diese Bezeichnung: clos – geschlossen, lieu – Ort), der von allen Einflüssen der Außenwelt abgeschlossene, ganz dem Malspiel gewidmete Raum, schafft dafür die notwendigen Voraussetzungen. In ihm malen Kinder (meist über Jahre hinweg) kontinuierlich in einer altersgemischten Gruppe, die sich einmal wöchentlich trifft. Ein durchdachtes Ritual setzt dem Malspiel Regeln, die Beeinflussungen und Einmischungen ausschließen. Der Vertiefung des Ausdrucks dient die Beschränkung auf das Malen in einer einzigen, leicht zu handhabenden Technik, die aber bestes Werkzeug und Material erfordert. Mit sehr diskreten Hilfestellungen unterstütze ich als Pädagogin die Malenden bei ihrem Bemühen, ins Malspiel hineinzufinden und dieses über die ganze Kursdauer aufrechtzuerhalten. Dabei mische ich mich nie in den Entstehungsprozess der Bilder ein und äußere zu diesen auch keine Kommentare. Im Closlieu weiß das malende Kind sich und seine Arbeiten vor Kritik, Interpretation und (da nur Malende Zutritt haben) vor Neugierde sicher.

Das Befreiende und Private

In der gleichen Konsequenz wie im Closlieu lässt sich das Ausdrucksmalen zu Hause, im Kindergarten oder in der Schule nicht verwirklichen. Aber die im Closlieu gepflegte Haltung der Wertschätzung von Malprozess und Bild ist dem bildnerischen Tun des Kindes auch außerhalb des Ateliers dienlich, denn:

Malerei ist ein vollwertiges und sich selbst genügendes Ausdrucksmedium. Die ernst genommene Bildsprache bedarf keiner Übersetzung ins Begriffliche. In seinen tieferen Schichten und von der kommunikativen Funktion her ist Ausdruck nicht mit Mitteilung gleichzusetzen. Das gilt besonders für den Bereich der Trazate. Indem der Ausdruck seine Zeichen formt, erfüllt sich sein Zweck.

Ausdruck ist – in der ursprünglichen Bedeutung des Wortes – „privat", das heißt „befreit". Befreit aus Abhängigkeiten, Normen und Zwängen. Er braucht die Privatsphäre, damit er sich entfalten und in den Bildern wiederholen kann.

Literatur

Bachmann, H. (1993): Malen als Lebensspur. Die Entwicklung kreativer bildlicher Darstellung. Ein Vergleich mit den kindlichen Loslösungs- und Individuationsprozessen. Stuttgart

Pühringer, J. (2001): Die Urkraft menschlicher Ausdrucksformen. Innsbruck: Studienverlag

Stern, A. (1978): Die Expression (vergriffen)

Stern, A. (1996): Die Natürliche Spur. Wenn die Mal-Lust nicht zu Werken führt. Bielefeld: J. Kamphausen

Stern, A. (²2003): Der Malort. Einsiedeln: Daimon

Stern, A. (2005): Das Malspiel und die Natürliche Spur. Klein Jasedow: Drachen Verlag

Weitere Informationen: www.arnostern.com

Der Beitrag wurde erstmals in „Unsere Kinder" 5/1996 publiziert; Überarbeitung 2005.

Ursula Schöberl

Malen im Schnee

Ein Kind steht vor einer frisch eingeschneiten Wiese, die noch gänzlich unberührt ist. Der erste Schritt, der zweite, das Kind sieht über die Schulter und betrachtet die Fußabdrücke. Weiter geht's. Eine Spur entsteht, zuerst kurz und gerade, dann länger, gewunden, gekreiselt, kreuz und quer. Aus dem Gehen wird mittlerweile ein Laufen und der leichte Pulverschnee staubt bei jedem Schritt. Die Schneedecke ist mit vielen Spuren durchzogen und genau diese Spuren sind es, in denen das Kind erkennt: Ich bin da.

Idee und Vorbereitung

Dieses oder ein ähnliches Bild sowie die Erfahrung, dass Kinder in jedem beliebigen Material Spuren der eigenen Persönlichkeit hinterlassen, sei es Sand, Papier, Ton oder eben Schnee, führten mich zu Mag. Barbara Loidl, einer der Kunsterzieherinnen an unserer Schule. Gemeinsam entwickelten wir eine Vorstellung, wie das bisherige Malen der Kinder mit der größtmöglichen Malfläche zu verbinden wäre – dem Malen im Schnee.

Einige Fragen waren noch zu klären. Welche Farben sollten wir verwenden? Hell, kräftig, spritz- und sprühfähig sollten sie sein – und vor allem umweltverträglich. Welche Malutensilien eignen sich zum Malen mit Fäustlingen, Anorak und Haube? Können die Kinder das überhaupt? – Bei den Farben entschieden wir uns für Lebensmittelfarben, die wir in Wasser ansetzten. Die Farben sind klar, kräftig und vor allem schonen sie den Boden. Gießkannen, Sprühflaschen, dicke Pinsel und verschiedene Siebe dienten uns als Malutensilien. Was das Können der Kinder betrifft – sie konnten es! Die Kinder hatten bereits sehr viel Erfahrung im großflächigen, senkrechten und waagrechten Malen, sodass keine zusätzlichen Regeln für diesen doch ungewohnten und ungewöhnlichen Umgang mit Farbe vereinbart werden mussten.

Alle Vorbereitungen waren getroffen. Wir Erwachsenen hatten die Farbe angerührt und abgefüllt, der Winter hatte ein wunderbares Zeichenblatt im Schulhof ausgebreitet, die Kinder hatten „verschmutzbare" Winterkleidung an.

Bunte Farbspuren

Die Kinder nahmen die Gießkannen und Spritzflaschen, spürten zuerst einmal das Gewicht, schauten hinein, erforschten die Farbe und stiegen auf die ziemlich fest gefrorene Schneedecke. Einige Wagemutige machten große Kleckse, andere verspritzten nur zögernd einige Tropfen Farbe in den Schnee. Gemeinsam war ihnen das Betrachten und Reflektieren der Ergebnisse:

Sollte ich weniger oder doch mehr Farbe nehmen? Was ist, wenn ich mit der Gießkanne laufe? – Ein Rhythmus von Entscheiden und Entstehen, von Hervorbringen und Anschauen begann: Manche Kinder stehen und malen „ihren" Farbklecks im Schnee, die meisten gehen herum, eine Farbspur hinter sich her ziehend, einige laufen und lassen nur Spritzer und Punkte als Spur zurück. Michael entdeckt seine Fußspuren und malt sie mit dem Pinsel rot an; sogar mit dem Pinsel kann man auf der gefrorenen Schneedecke malen. Das Tempo wechselt wie die Farbe und bei allen Kindern ist der ganze Körper in Bewegung. Gemalt wird nicht nur mit den Händen, auch der Schwung aus Schulter und Hüfte wird umgesetzt. – Was passiert, wenn ich mich ganz schnell im Kreis drehe? Toll, ein Kreis! Aber Achtung, beinahe hätte ich Nina angespritzt. – Was ist los? Nichts geht mehr! Aha, die Farbe ist aus. Jetzt probiere ich Rot mit dem Pinsel. – Nein, der Fleck gefällt mir jetzt nicht mehr. Ich laufe schnell weg. Mal sehen, was passiert ...

So oder so ähnlich oder auch ganz anders könnten die Gedanken der Kinder gewesen sein. Ganz sicher weiß ich, dass sie mit Feuereifer, äußerster Konzentration, rücksichtsvoll und experimentierfreudig bei der Sache waren. Die Kinder nahmen ihre Stimmungen ernst, sie nahmen ihre Zeichnungen und Spurensetzungen ernst, sie drangen ein in die Aussagekraft von Farben und Formen. Kreise, Wege, Ecken, Linien wurden gezogen und auf eine noch nie da gewesene Weise erlebt.

Der Beitrag wurde erstmals in „Unsere Kinder" 6/1997 publiziert.

Erika Burzel

Plastisches Gestalten mit Ton

Auch wenn Kinder sich durch bereits bestehende Plastiken zum Gestalten anregen lassen, finden sie im schöpferischen Prozess meist zu eigenen Lösungswegen.

„Ich mag Ton. Er macht alles, was ich will", hörte ich die sechsjährige Katharina neulich sagen, nachdem sie scheinbar ziellos einen Tonklumpen gerollt, geknetet, abgeplattet und beklopft hatte. Dann walzte sie den Ton zu einer Platte aus, bearbeitete ihn mit dem Messer, ritzte und drückte Vertiefungen in die feuchte Masse und gestaltete auf diese Weise eine originelle Reliefplatte.

Ton ist eines der beliebtesten Gestaltungsmittel. In unserem Atelier steht dieses leicht formbare Material den Kindern jederzeit zur Verfügung. Man kann beobachten, dass sie mit großem Vergnügen damit umgehen.

Das Material „erspüren"

BesucherInnen unserer Werkstatt sind oft beeindruckt von der Vielfalt und von der Originalität der Tonfiguren, die sie in unserer kleinen Galerie vorfinden. Wie kommen die Kinder dazu, Plastiken von einer so beeindruckenden Ausdruckskraft zu schaffen? Meine Antwort ist: Der Weg führt über Erleben, Spielen, Probieren, Experimentieren zu kreativem, plastischem Gestalten. Bevor die Kinder plastisch gestalten, brauchen sie viel Zeit, um sich mit den Besonderheiten des Materials vertraut zu machen. Sie müssen es regelrecht „erspüren". In diese Spiel- und Experimentierphase gehören Matschen, Kneten, Rollen sowie mit Fingern und verschiedenen Gegenständen Spuren machen. Jeder kostet dieses Vergnügen aus, solange er mag. Keiner wird zu Ergebnissen gedrängt.

Das Erlebnis der Dreidimensionalität

In unserem Atelier sind Plastiken ständig gegenwärtig. Die Kinder selbst gestalten ihre Galerie mit eigenen Werken. Diese Plastiken locken zum Ansehen und Anfassen. Durch verweilendes Betrachten und Befühlen (Augen und Hände begeben sich auf einen Entdeckungsgang) erschließt sich den Kindern die Besonderheit einer Plastik. Das ist vor allem ihre Dreidimensionalität. Auch die Oberflächengestaltung erregt Interesse. Eine luftgetrocknete Tonfigur fühlt sich anders an als ein gebranntes, glasiertes Stück. Die Oberfläche kann glatt, rau, bucklig, rissig ... sein. Eingedrückte oder aufgelegte Muster verändern die Oberfläche anders als beispielsweise eingeritzte Muster. Dass die Form in Beziehung zur beabsichtigten Aussage steht, erleben die Kinder ebenfalls durch intensives Schauen und durch Tasten.

Oft entsteht aus dem Dialog Kind – Plastik im Kind der Wunsch, auch eine solche Figur zu formen. Die Kinder lassen sich also durch vorhandene Kleinplastiken inspirieren. Meistens finden sie im Prozess des Gestaltens zu eigenen Ideen und Lösungswegen.

Selbst unruhige Kinder arbeiten konzentriert

Eine starke Motivation für die gestaltende Tätigkeit ergibt sich häufig durch ein tiefes Erlebnis. Es gibt Kinder, die in einer solchen Situation nicht zu Stift oder Pinsel greifen, sondern Ton als Gestaltungsmittel bevorzugen. Ist ein starkes Aussagebedürfnis vorhanden, hat das Kind meist auch einen großen Gestaltungswillen. Es kann dann sehr intensiv und ausdauernd bei der Sache sein und stellt sich enormen Schwierigkeiten. Ich konnte mehrfach beobachten, dass auch Kinder, die sonst wahre Unruhegeister sind, bei diesen Gelegenheiten erstaunlich lange konzentriert arbeiten.

Die Entfaltung der schöpferischen Kraft

Die Bewahrung und Anregung der kindlichen Gestaltungsfreude ist mit Sicherheit der Weg, auf dem sich die schöpferische Kraft des Kindes entfalten kann. Es genügt, wenn der Erwachsene behutsam handwerkliche Unterstützung gibt, damit das Kind an schwierigen Gestaltungsproblemen nicht scheitert. Kinder lernen schnell, wie man Fugen ausfüllen kann, wie eine Figur ausgehöhlt werden muss, damit sie beim Brennen nicht reißt u.Ä. Hilfe wird manchmal auch bei statischen Problemen nötig. Den Kindern dürfen jedoch keinesfalls fertige Lösungen vorgegeben werden. Nach meinen Erfahrungen muss pädagogische Arbeit auf die Stabilisierung des Wollens der Kinder gerichtet sein.

Der Beitrag wurde erstmals in „Unsere Kinder" 1/1996 publiziert.

GABRIELE BEIER

Sandspiel – Fantasiespiel

Kinder denken anders als Erwachsene, stellte Zulliger, ein bedeutender Schweizer Pädagoge und Therapeut, 1957 fest. Nach seinen Erkenntnissen arbeitet in ihnen im Augenblick des Spiels das magische Denken. Das Kind befindet sich in seiner Fantasie. Es nimmt die innere Realität wahr, nicht die äußere.

Günther Bittner folgerte 1981 daraus, dass eine der vordringlichsten Aufgaben der vorschulischen Erziehung die Pflege der kindlichen Fantasie sei. Seiner Ansicht nach hat das Denken der Kinder zu dieser Zeit eine hervorstechende Eigentümlichkeit: die Verbindung von realistischen und imaginären Elementen. Dieses Denken geht mit einer regen Fantasiespieltätigkeit Hand in Hand, die ihren Höhepunkt zwischen dem dritten und siebten Lebensjahr des Kindes findet. In dieser Zeit denkt und spielt das Kind magisch-animistisch bzw. prälogisch.

Die positive Bedeutung dieser Fantasietätigkeit des Kindes für seine emotionale Entwicklung, ihre regenerative, ja heilende Kraft, ist uns seit Sigmund Freud bekannt. Neuere Untersuchungen über die Fantasietätigkeit bei Kindern legen nahe, dass sich diese nicht nur förderlich auf die emotionale Entwicklung von Kindern auswirkt, sondern auch einen beträchtlichen Einfluss auf die soziale, kognitive und sprachliche Entwicklung haben kann (vgl. Einsiedler/Bosch/Treinies 1985 sowie Einsiedler/Bosch 1986).

1. Fantasie in der „Kleinen Welt"

Im Kindergarten finden unter den Kindern tagtäglich unterschiedlichste Formen des Fantasiespiels mit unterschiedlichsten Materialien und Inhalten statt. ErzieherInnen bieten darüber hinaus gezielt Materialien an, die die Fantasietätigkeit des Kindes anregen und fördern sollen. Dies geschieht durch die Einrichtung von Puppenecken, Verkleidungsecken, durch gezielte und spontane Angebote aus dem kreativen bzw. gestalterischen Bereich und durch das Anbieten von so genannten Kleine-Welt-Spielmaterialien. Letztere sind bei Kindern sehr beliebt und viele Kinder besitzen auch zuhause wahre Schätze von diesen Spielmaterialien, mit denen sie intensiv und in vielfältiger Weise spielen. Das Kleine-Welt-Spiel kann man an vielen Stellen beobachten: an Wasserpfützen und auf so genannten „Dreckbergen", unter Büschen oder in Wiesen und auch in Sandkästen. Einem unverständigen Erwachsenen erschließt es sich kaum, was Kinder so sehr an dieser Spielform fasziniert. Aber auch geübten PädagogInnen gibt sich deren Inhalt nie ganz zu erkennen und es lässt sich nur erahnen, dass hier so etwas wie eine geheime zweite Welt mit vielen imaginären „Gefährten" aufgebaut wird und vor dem Zugriff der Erwachsenen, aus welchem Grund auch immer, geschützt werden muss. Grabe ich selbst in meinen Kindheitserinnerungen, verstehe ich schon eher, welche Bedeutung diese kleine Welt für Kinder hat. Hier finde ich ähnliche Spielformen und -materialien, wie sie die Kinder heute verwenden. Unter meinen Schätzen war damals eine Kiste, voll mit kleinem Spielzeug. Auch Zweige, Rinden, schöne Steine, bunte Glasscherben und viele Dinge, die ich sonst noch fand, gehörten zu meinen wichtigsten Spielutensilien. Ich baute

Tunnel und Burgen an einem nahe gelegenen Sandplatz, der zu einer Baustelle gehörte, ließ Figürchen aufmarschieren, sich bekämpfen und sich gegenseitig begraben. Wilde Tiere streiften durch Dschungel oder Wüste, gefährliche Abenteuer mussten bestanden werden. Meine kleine Welt war voll von Fantasie und nur ungern ließ ich mich darin stören.

Später als Erzieherin konnte ich diese Form des Spielens bei Kindern erneut beobachten. Vor allem dann, wenn der Sandspielplatz für diese intensiven Spiele mit Kleine-Welt-Spielmaterialien genutzt werden konnte, schien eine Faszination im Spiel aufgebaut zu werden, die dem Traum gleichkommt. Die Kinder setzten sich oftmals so eingehend mit den Spielhandlungen auseinander, identifizierten sich so stark mit dem Geschehen, dass es den Eindruck machte, als sänken sie in eine andere, faszinierende Welt. Nach dem Spiel schienen sie häufig erholt und ausgeglichen. Ohne Zweifel hatten sie große Abenteuer bestanden. Nach meinen späteren Erkenntnissen während des Studiums taten die Kinder nichts anderes als das, was in der therapeutischen Arbeit schon lange als diagnostisches und heilendes Mittel bekannt und geschätzt ist. Sie spielten zur Gesundung, zur Erholung, zum Ausgleich.

2. Fantasiespiel – diagnostisches und heilendes Mittel

Lowenfeld hatte in den 1920er Jahren auf Anregung von Melanie Klein die so genannte „Welt-Technik" in England eingeführt. Diese Technik breitete sich in den deutschsprachigen Ländern über Charlotte Bühlers standardisierte Form des Welt-Testes, über Gerhild von Staabs Sceno-Test und nicht zuletzt über Dora Kalffs Sandspiel in der therapeutischen Arbeit mit Kindern weiter aus. Lowenfeld und Kalff hatten für das Spiel immer schon Sand verwendet. Sie gingen davon aus, dass die Freude an der Beschäftigung mit leicht formbarem Material (Sand, Erde) schon dem kleinen Kind besondere Befriedigung bereitet.

Zur Freude an der Empfindung kommt die Gestaltungsfreude: Die freie spielerische Gestaltung im Sandkasten hat Wirkung und Einfluss auf die Spielenden. Dieser Einfluss besteht zum einen im Versinken, in der Selbstverlorenheit des Spiels, zum anderen werden auch charakteristische seelische Vorgänge ausgelöst, wenn es ermöglicht wird, Fantasie spielerisch zu entfalten, die nachher als gestaltetes Bild vor sich gesehen werden kann. Das Spiel kann stark an der eigenen Lebenswirklichkeit und Lebenssituation der Kinder orientiert sein. Durch den Ausflug in die innere Welt bietet sich dem Kind die Möglichkeit, diese Situationen zu erleben bzw. auszuleben und spielerisch zu bewältigen. Die Lösungen im Spiel können einen innovativen bzw. einen zukunftsweisenden Charakter annehmen. Wenn diese später in realen Situationen in Handlung umgesetzt werden, sind adäquatere Lösungen möglich. (Hinweise bei Sutton-Smith 1978; Bittner 1981; Fatke 1980 sowie Schäfer 1989.)

In der Therapie stehen dem Kind zwei Sandkästen zur Verfügung. Der eine ist mit nassem, der andere mit trockenem Sand gefüllt. In Regalen findet sich ein breites Spektrum an ausgewählten Spielmaterialien: vielfältige kleine Figuren aus Blei oder anderem Material, Menschen verschiedenster Berufe der heutigen oder vergangenen Zeit, wilde und domestizierte Tiere, Häuser verschiedenster Bauart, Bäume, Sträucher, Blumen, Zäune, Verkehrssignale, Autos, Züge, Kutschen, Boote, Flugzeuge – kurzum alles, was in der Fantasie des Kindes vorkommen kann. Daneben gibt es auch allerlei unbelebtes Material wie Farben, Ton, Mosaiksteine, Glasperlen, Murmeln und vieles mehr. In einem wertfreien geschützten Raum, auf der Ebene der bedingungslosen Annahme des Kindes hilft die Therapeutin, der Therapeut dem Kind bei der Überwindung von Lebenskrisen oder Entwicklungsstörungen.

3. Fantasiespiel – Chance in der Kleinkindpädagogik

Im Kindergarten gilt es, diese erfolgreiche Methode – unter Abgrenzung von notwendigen therapeutischen Maßnahmen – pädagogisch zu nutzen und einzusetzen. Dies sollte im Rahmen des pädagogischen Auftrags der ganzheitlichen Förderung der Kinder geschehen:

- Hierbei kann die heilende Kraft des Spiels genutzt werden; das Sandspiel und die damit verbundene Fantasietätigkeit erhalten damit eine **regenerative Funktion** für das Kind.
- Durch spielbegleitende Gespräche und durch die damit verbundene aktive Auseinandersetzung mit der Sprache erhält diese Spielform eine wichtige **Funktion für die sprachliche Entwicklung.**
- Im Spiel können kognitive Prozesse in Gang kommen, wenn es darum geht, Probleme zu lösen oder Handlungsalternativen zu entwickeln oder wenn z.B. Erkenntnisse über Materialien und deren Beschaffenheit erlangt werden. Damit kann das Sandspiel eine **bildende und entwickelnde Funktion** ausüben.
- Es kann aber auch von einer **innovativen und zukunftsgerichteten Funktion** gesprochen werden (Niederle 1992), wenn im Spiel Handlungsvollzüge eingeübt werden, die in zukünftigen realen Situationen zur Anwendung kommen können.
- Darüber hinaus zeigt Gerd Schäfer (1989) eine **intermediäre Funktion** dieser Spielform auf. Diese hat die Aufgabe, Inneres mit Äußerem zu verbinden. Sie stellt also Verbindungen her zwischen der Person und dem äußeren Objekt. Dabei wird das Objekt nicht nur wahrgenommen, sondern auch mit inneren Erlebnisstrukturen verknüpft. Das Kind setzt somit, mit Hilfe der Fantasie, seine innere Welt nach und nach in Beziehung zur äußeren Welt. Somit schafft sich das Kind behutsam seinen eigenen Zugang zur Welt mit seinen eigenen Erlebnis- und Verarbeitungsstrukturen und bildet sich und sein Selbst heran.

4. Der Sandspielplatz im Gruppenraum – ein Ort der Fantasie

Durch das Anbieten von Kleine-Welt-Spielzeug in Verbindung mit dem Sandkasten soll einerseits die gestalterische Fantasie des Kindes angesprochen werden. Für kleinere Kinder ist diese Form besonders faszinierend, da doch relativ schnell ein Produkt zustande kommt, das zum Weitermachen ermutigt. Andererseits soll das, was Kinder auch über das Puppen- oder Rollenspiel ausdrücken und erfahren können, nämlich die Auseinandersetzung mit der realen Welt, über das Sandspiel intensiviert werden. Während die Kinder im Puppen- oder Rollenspiel meistens auf die „Antwort" von SpielpartnerInnen angewiesen bleiben und somit das darstellende Spiel immer eine Veränderung durch den anderen erfährt, erlaubt das Sandspiel eine andere, mehr nach innen gerichtete Vorgehensweise. Es erlaubt vorübergehend den völligen Rückzug auf die eigenen Geschichte und die Belebung der Szenen durch die eigene Fantasie. Somit hat das Kind zunächst alleine und ohne Zugriffsmöglichkeit durch Erwachsene Gelegenheit, die für seine Entwicklung notwendigen konstruktiven Wege zu erproben und durchzuspielen. Es kann sich auch aggressiven oder bedrohlichen Inhalten annähern, diese jedoch auf das Material und auf den Sandkasten beschränken. Dennoch besteht auch die Chance mit dem Partner zu spielen, um sich ähnlich wie im Puppen- oder Rollenspiel intensiv auszutauschen und um soziales Lernen zu vertiefen. So kommt es häufig vor, dass sich zwei Kinder nach einer intensiven Phase des Parallelspiels nach und nach dem anderen zuwenden und ihr Spiel zum Partnerspiel ausweiten.

Der Sandspielplatz sollte abgeteilt sein. Die Kinder sollten angehalten werden, spielende Kinder nicht zu stören bzw. deren Spielbereich nicht zu betreten, damit es möglich ist, intensiv zu spielen. Wenn Kinder die Erfahrung des Sandspielens selbst machen, fällt es ihnen leicht, diese Regel zu akzeptieren. Stellt man den Sandtisch in die Nähe des Werktisches, erlaubt dies, die gestalterischen Tätigkeiten noch stärker auszuweiten und zu kombinieren. Häufig entsteht dabei ein reges Hin und Her zwischen Werk- und Sandtisch, wenn wichtige Utensilien schnell noch hergestellt werden müssen.

Nur dann, wenn die ErzieherInnen, die eine Sandspielecke einrichten, eine völlig wertfreie und positiv annehmende Handlung dem Kind und seiner Fantasie gegenüber einnehmen, werden die Kinder fähig, frei und unzensuriert an ihren inneren Plätzen zu verkehren, sie nach außen zu transportieren und sie über das Spiel sichtbar zu machen. Durch die Achtung und den Schutz, den die ErzieherIn dem Kind entgegenbringt, wird das Kind fähig, auch schwierige Situationen im Spiel darzustellen, zu erproben und zu bearbeiten. Dabei erfährt das Kind ohnehin eine Begrenzung des Spiels durch die zugeschnittenen Maße des Sandkastens (am günstigsten erwies sich ein Format von ca. 60 x 70 x 10 cm) und durch die Regel der Unverletzbarkeit von Personen und Sachen.

Regale rings herum, in denen die Kleine-Welt-Spielmaterialien am besten aufgestellt präsentiert werden sollten, ermöglichen eine leichtere Auswahl und haben einen hohen Aufforderungscharakter für Kinder. Ein Stück Teppichboden unter den Sandkastentischen lässt den herausfallenden Sand leicht absaugen und verhindert die Verteilung im gesamten Gruppenraum. Darüber hinaus hat es sich als günstig erwiesen, Träger, Eltern und Putzpersonal von der Einrichtung einer Sandecke zu unterrichten und die Bedeutung dieses Angebotes darzustellen. Kinder und Eltern helfen übrigens gerne beim Sammeln von Kleine-Welt-Spielmaterialien, um zur Ausgestaltung und Bereicherung der Sandecke beizutragen.

Das Spiel im Sand in Verbindung mit Kleine-Welt-Spielmaterial stellt eine andere, ruhigere und intensivere Form des Spielens dar, als es vom Sandkasten im Freien mit Schaufeln, Eimern und Förmchen her bekannt ist.

Ist die Sandecke einmal eingerichtet, spielen die Kinder gerne damit und ihre Verweildauer ist häufig länger als gewohnt. Die ErzieherInnen berichten nicht selten über ruhigere und ausgeglichenere Kinder, nachdem diese ihr Sandspiel beendet haben.

Insgesamt gesehen empfinden Kinder wie ErzieherInnen die Bereitstellung des Sandkastens in Verbindung mit Kleine-Welt-Spielmaterial als Bereicherung des Kindergartenangebots.

Literatur

Bittner, G. (1981): Was bedeutet „kindgemäß"? In: Zeitschrift für Pädagogik 6

Einsiedler, W. (1991): Das Spiel der Kinder. Bad Heilbrunn

Einsiedler/Bosch (1986): Bedingungen und Auswirkungen des Phantasiespiels im Kindesalter. In: Psychologie in Erziehung und Unterricht 33, S. 86–98

Einsiedler/Bosch/Treinies (1985): Phantasiespiel 3- bis 6-jähriger Kinder in Abhängigkeit von der Spielzeugstruktur. In: Zeitschrift für Entwicklungspsychologie und Pädagogische Psychologie 17/3, S. 242–257

Fatke, R. (1980): Heilende und erziehende Kräfte in der kindlichen Phantasie. In: Spiel, W. (Hg.): Psychologie des 20. Jahrhunderts, Bd. XII

Fatke, R. (1982): Die Phantasie beim Kinde. Theoretische Studien und eine Pilotuntersuchung. Tübingen

Kalff, D. (1979): Das Sandspiel. Erlenbach-Zürich

Niederle, Ch. (1992): Das Kind als Regisseur. In: Unsere Kinder 5

Schäfer, G. E. (1989): Spielphantasie und Spielumwelt. Weinheim

Spiel, W. (Hg.) (1980): Psychologie des 20. Jahrhunderts, Bd. XII

Sutton-Smith, B. (1978): Die Dialektik des Spiels. Schorndorf

Zulliger, H. (1957): Bausteine zur Kinderpsychotherapie. Bern

Der Beitrag wurde erstmals in „Unsere Kinder" 2/1995 publiziert.

Elfriede Lechner

Aus Altem entsteht Neues

Gestalten – Bauen – Kreieren

Das Gestalten mit verschiedenen Altmaterialien bietet beste Gelegenheit, schöpferische Ideen umzusetzen. Unser Kellerraum beherbergt eine Fülle solcher Schätze: Rollen, Tapeten, Schachteln, Stoff-, Filz- und Wollreste, ausgediente Sessel, diverse alte Geräte etc. Wir überlegten schon einige Zeit, aus diesen alten Dingen ein größeres Projekt entstehen zu lassen. Gebaut werden sollte auf der Terrasse. Dort ist zwar der Platz begrenzt, aber unsere Werke können längere Zeit zum Spiel stehen bleiben.

Höchst individuelle Lösungen/Kreationen

Wegen dieses Platzmangels hätte es mich gefreut, wenn sich die Kinder auf ein Bauwerk geeinigt hätten. Doch das war gar nicht so einfach! Alle Versuche, die Kinder für ein gemeinsames Werk zu begeistern, scheiterten. Ich glaube, das lag an den verschiedenen Interessen, aber auch an der Ideenvielfalt unserer Kinder. Eine Gruppe – vorwiegend Mädchen – wollte ein Schloss und sonst nichts. Die anderen – hauptsächlich Buben – bauten in Gedanken bereits Hubschrauber und Autos. Da halfen weder die beliebten Handpuppen noch unser Kasperle. Kein „Hubschrauber-Schloss“ und kein „Zauber-Haus-Flugzeug“ durfte es werden. Doch dann musste ich – wie so oft – feststellen, wie problemlos alles verläuft, wenn die Kinder einfach **ihre** Vorstellungen umsetzen dürfen. Für sie war weder der Platz zu klein noch zu wenig Material vorhanden. Sie agierten unkompliziert und rasch entschlossen. Alte Sessel, Schachteln, Stoffe, kurz, alle begehrten Trophäen wurden herbeigeschleppt und nahmen in kürzester Zeit Gestalt an.

Wellpappe wurde um Sessel gespannt und bildete das Grundgerüst des Schlosses. Die Zinnen der Schlossmauer schmückten Bänder und Borten. All diese „Kostbarkeiten“ wurden mit Wäscheklammern oder Isolierdraht befestigt. Einige Kinder zeigten hier besondere Fantasie und Ausdauer.

Michael, Christian, Lukas und Andreas konstruierten inzwischen ihre Hubschrauber. Eine große Schachtel, halb aufgeschnitten, mit einem Sessel für den Kapitän bildete den Rumpf der Flieger. Alte Anrufbeantworter (mit echter Kassette) dienten als Bordcomputer. Sie wurden verkabelt und mühevoll installiert. Florian, unser Praktiker, half bei allen schwierigen Arbeiten mit. Gekonnt werkte er mit Säge, Bohrer, Draht und Klebeband. Uns Erwachsenen kamen nur Handlangerdienste zu.

Matthias beobachtete inzwischen das ganze Geschehen mit „Sicherheitsabstand“. Wer ihn kennt, wusste, dass er in Gedanken seine Vorstellungen bereits realisierte. Als um ihn herum die Tätigkeiten dem Ende zugingen, holte er mit seinen Freunden Christoph und Florian die größte Schachtel vom Keller und im Nu entstand ein „Super-Hubschrauber“ mit einer Ausstiegsluke, einigen Gucklöchern und lenkbaren Rotoren.

Kinder setzen sich mit großer Lust und Intensität mit ungewöhnlichem (auf den ersten Blick „wertlosem“) Material auseinander.

Vom „Medicopter“ zur Pilotensprache

Eine Fülle von wertvollen Tätigkeiten und Begriffen wurde bei diesem kreativen Werken erarbeitet. Was mir jedoch am wichtigsten schien: In die fantasievollen Kreationen legten die Kinder ihre eigenen Erlebnisse und Erfahrungen. Aber auch Bilder aus dem Fernsehen, die sie belasteten und blockierten, konnten hier verarbeitet werden. So war der dritte Hubschrauber, der von Michi und Christian gebaut wurde, der „Medicopter“ aus dem gleichnamigen Fernsehfilm, der auch beim Spiel immer wieder für Rettungsflüge eingesetzt wurde.

Beachtlich, wie sehr die Reflexion in spielerischer Form auch über Sprache zum Tragen kam. Als Christian, Andreas und Michael gerade ihren „Einsatz" flogen, meldete Christian ins Mikrofon: „Pla-gra-nat-daste ..." Darauf konterte Michael: ‚Red deutsch, i versteh di sonst net!" Christian: „Dann lern ordentlich die Pilotensprache, die reden nämlich so ein Englisch, sonst stürzen's ab: Char-lari-numpani ..." – Das akzeptierte Michael.

Auch neue Begriffe wurden geprägt. Ich muss gestehen, die Begriffswelt von uns Erwachsenen ist oft viel zu eng. Kinder, die beim Bauen nicht dabei waren, wurden mit dem Fluggeschehen und den neuen Errungenschaften vertraut gemacht, so auch René. Begeistert probierte er das „Punkten" aus. Als ich den Begriff nicht verstand, erklärte er mir, dass der „Flieger-Computer" doch viele kleine „Tasten" hat und „... die san so Punkte, darum wird gepunktet." (Sicher interessant für alle Computer-Freaks!)

Christian und Michael wiederum erzählten den Neuankömmlingen Stefan und Andi, sie hätten den „schnellen Flieger" gebaut. Ich dachte: schnell fertig gestellt. Sie berichtigten: Nein, der „Schnelle" saust gleich steil in die Luft und muss von Beginn an als „schneller Steiger" gebaut werden, nicht so wie die „Nieder-Flieger". Dabei zeigten sie verächtlich auf die anderen Flieger. Michael bekräftigte dies noch durch eine Drehbewegung. Matthias, der Dominanz dieser beiden nicht gewachsen, kam zu mir und flüsterte: „Gelt, denen ihr Flieger steigt hoch in die Luft, aber unserer ist schneller." „Warum?" – „Weil unserer a Tiefflieger ist. Der fliegt unter denen durch und is' schon da vorne, bis der andere owa (herunter) kommt." Dem konnte ich nur bekräftigend zustimmen.

Per Handy in die Buben-Domäne

Zum begehrten Instrument wurde ein altes Handy. Da Katrin es mitgebracht hatte, durfte sie darüber bestimmen. So konnten auch die Mädchen für einige Zeit als Crew den Flieger erproben.

Das Schloss wurde täglich verändert und durch kleine Dinge verschönert. Theresa, Katrin und Lisa entdeckten noch zierliche Fläschchen mit wenig, aber immerhin duftendem Inhalt. Ein Schatz, der von Flugzeug- und Schlossinhabern begehrt war. Carina verwendete eine Flüssigkeit (Naturseife), um das Schloss auf Hochglanz zu bringen. Hingebungsvoll arbeitete sie mit Tuch und Fläschchen, wischte und polierte, bis sie mir voll Stolz mitteilte: „Jetzt kannst mit ana echten Prinzessin eina kumma."

In diesen einfachen Arbeiten wurde eine Fülle an Ideen und Kreativität konkretisiert. Auch waren zahlreiche Tätigkeiten enthalten, die auf die Schule vorbereiten: Erfahrungen im Umgang mit Materialien, räumliches Vorstellungsvermögen, Teamfähigkeit, Rücksichtnahme, Ausdauer und Genauigkeit. Zusätzlich ermöglichte das Projekt ein wertvolles Aus- und Erleben im fantasievollen Rollenspiel der Kinder.

Der Beitrag wurde erstmals in „Unsere Kinder" 4/2000 publiziert.

Anna Kapfer-Weixlbaumer

Vom Werkzeugkoffer zur Keller-Tischlerwerkstatt

Selbst auf dem Land aufgewachsen, habe ich glücklicherweise eine ungezwungene Beziehung zu Holz und Werkzeug aller Art, die ich immer schon gerne auch den Kindern vermittelt habe. Eine schöne Gelegenheit dazu bot sich vor einigen Jahren bei meiner Arbeit in der integrativen Gruppe, wo diese Freude am Werken mit Holz und anderen Materialien ganz intensiv von einem Kind angeregt wurde und in der Folge viele andere begeisterte.

Von Maßbändern und lockeren Schrauben

Paul, ein leicht behinderter Junge von $5^1/_2$ Jahren, zeigte großes Interesse an Werkzeugen, die normalerweise nur Erwachsene handhaben. Seine Eltern gingen darauf ein und besorgten ihm einen Werkzeugkoffer, mit dem er dann täglich in den Kindergarten kam. War er bis dahin ein schwer zugängliches Kind, das kaum Kontakt zu den anderen Kindern hatte, änderte sich dies schlagartig. Mit einem Maurerstift hinter dem Ohr, Messband und Schreibheft in der Hand, nahm er sich vor, zuerst unseren Gruppenraum und später den ganzen Kindergarten zu vermessen. Tische, Schränke, Wände, Fenster, alles musste bemessen werden, um dann die Ziffern mühsam ins Heft zu übertragen. Meine Aufgabe war es, ihm die Bezeichnung der vermessenen Dinge dazuzuschreiben.

Bei dieser emsigen und auch etwas seltsamen Tätigkeit blieb er nicht lange allein. Bald hatten auch viele andere Kinder, vor allem Buben, Messbänder und unterstützten ihn in seinem großen Vorhaben. Dabei entdeckten sie, dass so manches Schrankscharnier locker war und die Schrauben nachgezogen gehörten. So kam schließlich Pauls Werkzeugkoffer in Verwendung, den er bis dahin wie einen heiligen Schrein gehütet hatte. Eine fieberhafte Suche nach lockeren Schrauben und fehlenden Nägeln begann.

Tags darauf schleppte Maxi einen kaputten Föhn und ein Radiogerät mit. Nach und nach verlagerte sich das Interesse der Kinder vom Vermessen zum Zerlegen von Geräten. Genug Material dazu kam von den Eltern, die diesen Arbeitsprozess mit Interesse und Neugier mitverfolgten. Als alles zerlegt war, hatten wir ein riesiges Materiallager an verschiedenen Schrauben, Spiralen, Kabeln, Metallteilen und dergleichen mehr. Es entstand die Idee, aus diesen Teilen eine neue Maschine zu bauen. Für die nächsten Wochen war der Werk- und Zeichenplatz für dieses neue Vorhaben beschlagnahmt. – Wir Erzieherinnen haben in dieser Zeit gelernt, dass kreatives Werken mehr ist, als nur mit Papier, Schere und Klebstoff zu hantieren. Nachdem die Kinder endlich fertig waren – diese Arbeiten nahmen viel Platz in Anspruch, auch die Lärmbelästigung war oft groß –, konnten wir eine „Haartrocknungsanlage" und eine „Raumstation" bewundern. Als Maxi auch noch Holz von zu Hause mitnahm, um ein neues Projekt anzufangen, waren meine Kollegin Claudia und ich an den Punkt gekommen, an dem wir beschlossen: Das geht im Gruppenraum nicht mehr! Wir brauchen eine echte Werkstatt!

Handwerkerleben

Bei einem gemeinsamen Gang durch das Haus auf der Suche nach einem Platz zum ungestörten Werken fanden wir den Keller am geeignetsten. Wir besprachen, welche Anforderungen die Werkstatt erfüllen sollte und welche Umbauarbeiten noch notwendig wären (Holzfußboden verlegen, Heizung einbauen, Wände streichen). Die Kinder zeichneten Pläne und Werkzeuglisten für die Eltern, damit sie uns echtes Werkzeug spenden konnten. Mit passenden Liedern, Sprüchen, Rätseln und Spielen stimmten wir uns auf das Handwerkerleben ein. Die Umbauphase dauerte einige Monate. Dabei konnten wir echten Handwerkern bei der Arbeit zusehen.

Um uns allen das Warten zu verkürzen, stellte ich eine Kiste mit verschiedenen Hämmern und Nägeln, Zangen, Sägen, Bohrern, Feilen ... in den Gruppenraum. So wurde den Kindern auch die Scheu vor wirklich funktionierendem Werkzeug genommen. Es wurde ungemein behutsam und vorsichtig damit hantiert, obwohl von uns Erzieherinnen keine „Belehrungen" bezüglich der Gefährlichkeit erfolgten. Ganz beiläufig entstanden unter den Kindern Gespräche, wie eine Zange oder ein Fuchsschwanz verwendet wird, welches Werkzeug auch der Papa zu Hause hat und mehr.

In meiner Euphorie besuchte ich einen Tischler-Workshop. Es ist dabei nicht nur viel Holzstaub, sondern auch etwas fachmännisches Wissen an mir hängen geblieben. Während dieser Planungsphase gab es auch im Kolleginnenkreis angeregte Gespräche über die unterschiedlichen Erfahrungen, die jede von uns mit Holz und Werkzeug gesammelt hatte. Wer weiß, welche künstlerischen und handwerklichen Begabungen wohl noch in uns schlummern und warten, entdeckt zu werden!

Fragen zur Organisation des Werkstattbetriebes, zur Aufsichtspflicht, zu den Gefahrenquellen und Ähnliches mehr wurden im Team diskutiert.

Die Bedenken meiner Kolleginnen, dass gerade bei aggressiven Kindern ein solcher Werkraum das Gewaltproblem vergrößern könnte, bestätigten sich nicht. Genau das Gegenteil ist zu beobachten, weil Kinder im Holz ein Material vorfinden, das ihnen Widerstand bietet, und sie ihre körperliche Kraft hier gut kanalisieren können.

Dass das Hantieren mit einem Fuchsschwanz oder einem Hammer auch gefährlich sein kann, ist unbestritten, doch lernen Kinder, wie wir wissen, nur durch das praktische Tun. Auch das Scherenschneiden oder Essen mit Messer und Gabel haben Kinder auf diesem Weg gelernt. Für Kinder ist es klar, dass kleine Verletzungen zum Handwerkerdasein gehören. Ein blauer Fleck, ein kleiner Kratzer auf der Hand sind Zeugen einer hautnahen Auseinandersetzung mit Werkzeug und Material. Es ist kein Malheur, solange wir Erwachsenen dies nicht dramatisieren. Im Übrigen gilt auch bei den Kindern das Sprichwort, dass kein Meister vom Himmel fällt. (Bis dato gab es in unserer Werkstatt noch keine nennenswerten Verletzungen.)

Organisation und Ablauf des Werkstattbetriebes

Auch die Kinder machten sich dazu Gedanken und es kamen zwei ganz brauchbare Vorschläge, die mich an den französischen Lehrer und Reformpädagogen Célestin Freinet erinnerten, der in den 1930er Jahren in kleinen Dorfschulen arbeitete und neue Wege des Unterrichtens suchte. Er nützte das starke Interesse der Kinder am praktischen Tun und richtete verschiedene Werkstätten ein, in denen sie so selbstständig wie möglich arbeiten und Erfahrungen sammeln konnten.

- 1. Vorschlag: Die Erzieherinnen sollen gemeinsam mit den Kindern in der Werkstatt arbeiten.
- 2. Vorschlag: Die größeren Kinder, die mit Werkzeug schon gut umgehen können, passen auf die jüngeren auf und helfen ihnen.

Genau auf diesen einfachen Prinzipien beruht nun unser Werkstattbetrieb.

Im Detail sieht es so aus

Neben dem Abgang zum Keller hängt ein Wochenplan. Jeweils vier Kinder pro Vormittag können sich für das Arbeiten im Keller „eintragen", indem sie ihr Namenskärtchen zum gewünschten Wochentag hängen.

Eine Pädagogin – wir wechseln uns täglich ab – geht mit und arbeitet so wie die Kinder an einem Werkstück. Wir stellen einfache Spiele her oder experimentieren nach Herzenslust. Wir leiten weder die Kinder an, noch zeigen wir systematisch den Gebrauch der einzelnen Werkzeuge vor, mit Ausnahme des Akku-Bohrers. Nehmen Kinder zum Beispiel einen zu großen Hammer für einen kleinen Nagel, so korrigieren wir nicht voreilig, sondern lassen sie ihre eigenen Erfahrungen sammeln. Bittet ein Kind um Hilfe, überlegen wir zuerst gemeinsam, wie es das Problem lösen könnte. Unsere Aufgabe ist eher die von Begleiterinnen und Beobachterinnen. In unserem Tun sind wir Vorbild. Vielleicht können wir damit auch bei manchen Kindern schon festgefügten Rollenklischees von puppenspielenden Mädchen oder nur im Haushalt tätigen Frauen, denen man einen Hammer oder gar eine Säge besser nicht in die Hand gibt, entgegenwirken.

Für ältere Kinder ist es eine Herausforderung, einen längeren Zeitraum an einem Werkstück zu arbeiten. Die halbfertigen Bauwerke kommen mit Namenskärtchen versehen in den „Schrank für angefangene Bauwerke". Das hilft auch uns, den Überblick zu bewahren.

Jüngere Kinder, denen diese Ausdauer noch fehlt, erinnern wir für gewöhnlich zu Beginn der Arbeit, im Schrank nachzusehen, ob hier ein begonnenes Bauwerk von ihnen steht.

Kommen neue Eltern zu uns, äußern manche Bedenken, ob das Sägen für drei- bis vierjährige Kinder nicht zu gefährlich sei und dass wir es doch besser den Jüngeren nicht gestatten sollten. Ähnliche Befürchtungen höre ich auch häufig von KindergartenpädagogInnen bei Seminaren.

Immer wieder kann ich beobachten, dass Kinder, kommen sie zum ersten Mal in die Werkstatt, eine Zeit lang zusehen, in der Holzkiste wühlen, Türme bauen, ihre Kräfte beim Heben schwerer Pfostenstücke erproben, Werkzeug probeweise in die Hand nehmen und wieder aufhängen, bevor sie wirklich Werkzeug einsetzen.

Zu Beginn werden Bretter und Würfel zu hohen Türmen aufeinander geleimt, mit Sandpapier die Kanten geglättet und es wird genagelt. Das Nageln geschieht am Anfang einfach aus Lust und Freude, mit viel Kraft – noch ohne bestimmten Zweck – wird ein Nagel ins Holz geklopft. Hier werden ganz elementare Erfahrungen gesammelt, etwa dass es ganz schön schmerzt, wenn der Finger anstatt des Nagels getroffen wird. Erst viel später wird die Möglichkeit entdeckt, mit einem Nagel zwei Teile zu verbinden. Vor der Säge haben die Kinder einen natürlichen Respekt, besonders vor dem Fuchsschwanz. Und die meisten Kinder haben hier eine erstaunlich gute Selbsteinschätzung.

Wer nun schon genug Erfahrungen beim Hämmern, Sägen, Leimen, Bohren, Feilen ... gesammelt hat, kann mit vollendetem 5. Lebensjahr ein „Meisterstück" anfertigen und den „Meistertitel" erwerben. Dieser berechtigt das Kind, jederzeit ohne eine Erzieherin in die Werkstatt zu gehen. Auch wird ihm zugetraut, dass es gemeinsam mit „GesellInnen" (jüngeren Kindern ohne Meisterbrief) arbeitet, diese unterstützt und ihnen Vorbild ist. Gerade dieses große Vertrauen, das wir in „MeisterInnen" setzen, und die damit übertragene Verantwortung ist für das Selbstbewusstsein vieler Kinder von immenser Wichtigkeit.

Wie wird man MeisterIn?

Zuerst braucht man eine Idee, zeichnet einen Plan und dann geht es an die Werkbank. Hier kann die/der „MeisteranwärterIn" zeigen, was sie/er schon alles durch Erfahrung gelernt hat. Das fertige Meisterstück kann in der großen Glasvitrine im Foyer samt Meisterbrief bestaunt werden. Nicht selten erleben wir, dass die Eltern völlig überrascht sind vom Geschick und Ideenreichtum ihrer Kinder, weil sie ihnen so etwas vielleicht gar nicht zugetraut haben.

Der Bereich des kreativen Arbeitens mit Holz und anderen Materialien ist aus unserem Kindergarten nicht mehr wegzudenken. Ebenso wenig Kinderarbeiten, die im Sinne einer offeneren Kreativitätserziehung nicht mehr wie üblich produktorientiert, sondern prozessorientiert entstanden sind. Wir haben es aufgegeben, den Eltern hübsche, perfekte Ergebnisse zu präsentieren. Stattdessen können durch solche mutigen Angebote selbstbewusste, selbstständige und fantasievolle Kinder heranwachsen.

Der Beitrag wurde erstmals in „Unsere Kinder" 1/2002 publiziert.

CHRISTINE WINTERSTEIGER

Textiles Gestalten

In meiner Gruppe gibt es 13 Buben und 13 Mädchen, davon sind neun Buben Schulanfänger, von den Mädchen sind es zwei.

Trotz dieser Gruppensituation wählte ich als Langzeitschwerpunkt „textiles Gestalten", denn mir schien, dass der Umgang mit Stoff, Wolle und verschiedenen textilen Materialien auch für die Buben in meiner Gruppe von großem Interesse war.

Besonders beim Weben war die Motivation der Buben sehr groß. – Gemeinsam am großen runden Tisch sitzend oder auch beim großen Teppich versammelt, widmeten sich die Buben oft sogar ein bis zwei Stunden dem Weben, während sie sich unterhielten, einander Lustiges erzählten, überlegten, welche Farbe sie als Nächstes verwenden wollten, diskutierten, welcher Teppich wohl der schönste wäre oder wer als Erster fertig sein würde ...

Im Laufe der Zeit entwickelten die Kinder große Selbstständigkeit, z.B. beim Zuschneiden und Einfädeln des Wollfadens, beim selbstständigen Beginnen ...

Sehr großer Beliebtheit erfreute sich das „Wollgeschäft", wo Wolle – farblich sortiert –, Stoffe, Knöpfe, Nadeln und verschiedenes Nähzubehör „gekauft" werden konnten. Immer, wenn ein Kind etwas fürs textile Gestalten (frei oder angeleitet) benötigte, wurden die Materialien im Rollenspiel gekauft. Dabei entstanden oft recht nette Dialoge. Nicht, wie man meinen möchte, die Mädchen, sondern vor allem die Buben fanden sich meist im Wollgeschäft ein. Man glaubt kaum, mit welcher Sorgfalt und „Liebe" sie gustierten und die gewünschte Farbe der Wolle auswählten ...

Möglichkeit zum Krafteinsatz und Bewegungsausgleich gab es beim Reißen von Stoffresten zu Streifen, wie wir sie für das Faschingskostüm und das Stoffweben benötigten. Als sehr kreativ erwiesen sich die Kinder auch beim Gestalten von „Stoffbildern", wobei jedes Bild anders aussehen sollte. – Es entstanden recht originelle Werke, wie z.B. Autos, gestickte Häuser, Gesichter ...

Alles in allem hat sich der Schwerpunkt „textiles Gestalten" für alle Kinder meiner Gruppe zu einem sehr interessanten, vielfältigen und ansprechenden Projekt entwickelt, bei dem zahlreiche Fähigkeiten gefördert werden konnten.

Der Beitrag wurde erstmals in „Unsere Kinder" 4/1998 publiziert.

Anni Holler

Mein persönlicher Teddybär

Wussten Sie, dass der erste Teddybär 1902 genäht wude? Als Erfinderin gilt die Schneiderin Margarete Steiff, die wenig Chancen im Leben hatte, weil sie an Kinderlähmung erkrankt war. Seinen Namen verdankt das Kuscheltier übrigens dem US-Präsidenten Theodor „Teddy“ Roosevelt.

Im Kindergarten Leitring spielten während eines Arbeitsjahres Teddybären bei Geburtstagen eine wichtige Rolle.

Weil im nahen Schloss Retzhof eine Bärenausstellung stattfand, die wir mit den Kindern besuchen wollten, haben wir uns längere Zeit mit Teddys beschäftigt. Anlässlich des 100. Geburtstags des Teddybärs überlegten wir uns ein besonderes Geburtstagsgeschenk: Jedes Kind entwarf seinen eigenen Teddy und fertigte eine Zeichnung davon an. Unter Mithilfe der Kinder wurden die Bären hergestellt und zum Geburtstag überreicht. So konnten wir auch erleben, wie ein Spielzeug entsteht und wie viele Arbeitsschritte dazu nötig sind. Ganz klar, dass jedes Kind stolz auf sein Werk war und dass es besondere Freude machte, mit dem persönlichen Teddy Geburtstag zu feiern und damit zu spielen.

Der Beitrag wurde erstmals in „Unsere Kinder“ 1/2003 publiziert.

Zum Vertiefen, Wiederholen und Weiterdenken ...

1 Nehmen Sie Kontakt auf mit KünstlerInnen! Befragen Sie diese zu ihrem Selbstverständnis.

2 Kann ein Kind – im Sinne des Erwachsenen – ein Künstler sein?

3 Suchen Sie (in Fachbüchern, Kunstlexika, Internet ...) nach Definitionen des Begriffes „Kitsch" und formulieren Sie die Ihrer Meinung nach treffendste Aussage.

4 Die Denkweise junger Kinder ist entwicklungsbedingt noch eine sehr offene, frei assoziierte – wie das Laternenprojekt gut zeigt. Was wäre Ihnen zum Begriff „Laterne" eingefallen?

5 Informieren Sie sich über Kreativitätstechniken (wie z.B. Brainstorming, Brainwriting, Matrixmethode, Mindmapping), die entwickelt wurden, um auch die Fantasie Erwachsener zum freien Fließen zu bringen.

6 Stellen Sie das Projekt „Fasanfeder" samt seinen vielen vernetzten Inhalten grafisch dar (z.B. mit Hilfe von Mindmapping). Erweitern Sie dieses grafische Übersichts- und Verlaufsprotokoll durch eigene Ideen.

7 Benennen Sie die erreichten Ziele des Projektes „Fasanfeder".

8 Reflektieren Sie die Rolle der Kindergartenpädagogin im Projekt „Fasanfeder".

9 Die Verwendbarkeit von Papierfaltformen im Spiel motiviert Kinder sehr, diese Falttechnik zu lernen. Welche Spielprozesse können Sie beobachten, in denen Faltformen sehr gefragt sind?

10 Welche Faltformen können Sie aus dem Stegreif anbieten, abwandeln, erfinden?

11 Haben Sie selbst Erfahrungen mit dem freien, unbeeinflussten Malen? Tauschen Sie sich in der Gruppe darüber aus!

12 Zurückhaltung und Zurücknahme der KindergartenpädagogIn dem malenden Kind gegenüber muss bewusst trainiert werden. Selbstbeobachtung ist gefordert: Wie verhalten Sie sich einem malenden Kind gegenüber?

13 Ein respektvoller, wertschätzender Umgang mit Bildern will gelernt sein. Jedes Bilderanschauen ist ein Beziehungsgeschehen. Folgende Fragen können Ihnen helfen, möglichst vorurteilsfrei mit einem Bild Kontakt aufzunehmen:

WAS sehe ich?
WIE, WOMIT ist das Bild gemacht?
WER hat das Bild geschaffen?
WELCHEN Eindruck macht das Bild auf mich?

Gehen Sie mit diesen Fragen und einem Bild, das Sie kennen und schätzen, in die Kindergruppe und lassen Sie sich davon überraschen, was die Kinder alles entdecken.

14 Schnee als Malgrund ist ungewöhnlich und gerade deshalb reizvoll. Worauf/Womit kann ich malen? Lockern Sie Ihre Vorstellungen durch ein Brainstorming im Hinblick auf Farbspiele, Farbexperimente im Kindergarten.

15 Informieren Sie sich im Kunstunterricht über die verschiedenen Ausfaltungen gegenstandsloser Malerei im 20. Jahrhundert.

16 Analysieren Sie die Strukturqualität Ihres Kindergartens im Hinblick auf die Einrichtung eines fixen Tonspielbereiches.

17 Welche Anschaffungen müssen Sie tätigen, damit ein lustvolles Spiel mit Ton gewährleistet ist? Holen Sie sich Tipps von Ihrer Lehrkraft für Werkerziehung.

18 Die Auseinandersetzung der KindergartenpädagogIn mit ihrer eigenen Persönlichkeit – z.B. mit ihrer eigenen Kindheit – gehört zu ihren Berufsaufgaben.

Lehnen Sie sich zurück ... Können Sie sich an ähnlich intensive, freie, unzensurierte Spiele erinnern wie das beschriebene Sand-Fantasie-Spiel? Welche Gefühle werden wach ...?

19 Reflektieren Sie den Praxisbericht „Aus Altem entsteht Neues" im Hinblick auf

- die Einstellung der Kindergartenpädagogin,
- den Gender-Aspekt,
- die Lern- und Entwicklungsprozesse im Bereich der Sach-, Selbst- und Sozialkompetenz.

20 Analysieren Sie anhand des Berichtes „Vom Werkzeugkoffer zur Keller-Tischlerwerkstatt" die Qualität der pädagogischen Orientierung:

- Das Bild vom Kind.
- Funktion, Aufgabe des Kindergartens.
- Das Rollenverständnis der Kindergartenpädagogin.

21 Beschreiben Sie die didaktisch-methodischen Maßnahmen der „Tischlerwerkstatt".

22 Welche Lern- und Entwicklungsprozesse werden durch das Werken mit Holz gefördert?

23 Planen Sie die Einrichtung eines reichen Materiallagers für folgende Aspekte textiler Gestaltungen:

- Malen auf großen Stoffen z.B. Kostüme für Rollen- und Märchenspiele, zum Bewegen und Tanzen ...
- Bauen von Behausungen, Höhlen, Zelten als Unterschlupf im Freien oder im Bewegungsraum.
- Finden verschiedener Ordnungen nach Größe, Form, Farbe, Menge beim Musterlegen mit Knöpfen, Perlen ...

Sprache

„Erst in der Sprache nimmt die Welt ihre geistige Gestalt an."

(Karl Vossler)

Nach aktuellen Erkenntnissen der Hirnforschung sind bei Kindern so genannte sensible Phasen festzustellen, das sind unterschiedlich lange Zeiträume, in denen sich bestimmte Entwicklungsschritte vollziehen. Die längste sensible Phase ist jene für die Sprachentwicklung, sie dauert bis in die Pubertät. Allerdings sind die ersten Lebensjahre für den Spracherwerb die wichtigste Zeit. Belegt ist weiters, dass sich Sprache nur dann gut entwickeln kann, wenn die Kinder ausreichenden Kontakt zu sprachlicher Anregung haben, ganz gleich, um welche Sprache es sich handelt.

Diese wissenschaftlichen Aussagen bestätigen, wie wichtig es ist, Kinder auf ihrem Weg zur Kommunikationsfähigkeit zu unterstützen. Eine gute Verfügbarkeit von Sprache ebnet den Weg zu weiteren Kulturtechniken, die in unserer Gesellschaft unabdingbar sind, etwa zum Lesen.

Mit Sprachkompetenz, Sprachförderung und den Konsequenzen für die Lust am Lesen setzt sich Sabine Lettner differenziert auseinander. An fundierte Sachinformation, die die komplexen Zusammenhänge beleuchtet, ist ein Konzeptvorschlag angeschlossen, der exemplarisch vorzeigt, wie Sprachförderung im Kindergarten möglich ist.

Mit dem Schwerpunkt Bilderbuch befassen sich drei Beiträge: Judith Reimitz stellt u.a. vor, wie Kinder zum eigenständigen Umgang mit Bilderbüchern ermutigt werden können, und macht auf guten und weniger empfehlenswerten Umgang mit Bilderbüchern aufmerksam. Einen inhaltlich sehr wichtigen Aspekt von Kinderliteratur fokussiert Waltraut Hartmann, indem sie aufzeigt, inwiefern Bilderbücher dazu beitragen können, Angst zu bewältigen. Diesen inhalts- bzw. verwendungsbezogenen Aspekten stellt Elfie Kainz-Kazda die Bedeutung der Bilder-Sprache gegenüber. Sie betont, wie nötig es ist, in unserer vom Optischen dominierten Welt nicht nur Texte, sondern auch Bildbotschaften sicher entschlüsseln zu können. Eine ausbaufähige Basis kann dafür der verantwortungsvolle Umgang mit Bilderbüchern schaffen.

Ein zweiter Themenschwerpunkt dieses Abschnittes befasst sich mit dem Märchen. Während sich Christine Gauster mit grundlegenden Fragen etwa zu Botschaften des Märchens oder zum Aspekt der Grausamkeit befasst, stellt Brigitta Schieder in den Mittelpunkt, in welchem Rahmen Märchen im Kindergarten sinnvoll eingesetzt werden können. Dabei erörtert sie auch, wie der Märchenvortrag, das Erzählen, vorbereitet und durchgeführt werden kann. Noch konkreter geht Waldemar Feiner auf die Vermittlung von Märchen ein und stellt ein Modell vor, wie man sich mit einem Text und seiner Gestaltung vertraut machen kann. Er spricht dabei unterschiedliche Darstellungsformen an, die sich für Märchen eignen. Eine davon, nämlich Märchen-Installationen, behandelt Evita Pliessnig in ihrem Beitrag.

Ist das Hören von Texten eine Konkurrenz zum Lesen? Oder ermöglichen Hörbücher, den Kommunikationskanal „Hören" bewusst wahrzunehmen? Ingrid Geretschlaeger bringt diesen Aspekt von Sprache ins Spiel und gibt u.a. Hinweise darauf, wie man die Qualität von Hörbüchern feststellen kann.

Einem Thema, das in den Bereichen (Bildungs-)Politik und Wirtschaft verstärkt diskutiert wird, sind die abschließenden beiden Beiträge gewidmet: den Fremdsprachen. Dabei geht es einerseits um die Frage, ob Fremdsprachenunterricht im Kindergarten eine sinnvolle Ergänzung der Sprachförderung von Kindern ist, andererseits darum, wie Kinder mit nichtdeutscher Muttersprache im Kindergarten integriert und somit auch sprachlich gefördert werden können. Wie komplex dieser Themenbereich ist, dass Fremdsprache nicht isoliert, sondern als ein Teil der Sprachkompetenz insgesamt gesehen werden soll, dass die emotionale Seite des Sprechens eine wichtige Rolle spielt, zeigen Michaela Ulich und Elisabeth Haider auf.

„Die Grenzen meiner Sprache sind die Grenzen meiner Welt."

(Ludwig Wittgenstein)

Sabine Lettner

Von der Sprechfreude zur Lesefreude

Leselust und Lesekunst als Elemente der Sprachkompetenz

In Geschichten versinken, in Texten entschwinden, in Sprache schwelgen – lassen sich solche Genüsse anerziehen, sind sie angeboren oder von Vorbildern abgeschaut? Sind sie „nur" Freizeitbeschäftigung oder doch bedeutsam für die Entwicklung unterschiedlicher Fertigkeiten? Dieser Beitrag beschäftigt sich mit dem Zusammenhang von Sprachkompetenz und Lesefertigkeit, von Dialogfreude und Leselust.

SprachwissenschafterInnen und -pädagogInnen beschreiben und begründen diesen Zusammenhang damit, dass der Erwerb der Schriftsprache als ein Teil der Sprachentwicklung, als Erweiterung der Lautsprache angesehen werden kann. Demnach baut der schriftliche Sprachgebrauch (Lesen und Schreiben) auf dem mündlichen Sprachgebrauch (Sprachproduktion und Sprachverstehen) auf. Die unterschiedlichen Teilbereiche von gesprochener Sprache (Lautbildung, Wortschatz, Sprachaufbau und -gestaltung) lassen sich auf die geschriebene Sprache übertragen (Buchstaben-, Wort-, Satz- und Textebene).

Die Beherrschung des normgerechten Lautrepertoires sowohl in der Sprachproduktion als auch in der Sprachwahrnehmung ist die Grundlage eines störungsfreien Leseerwerbsprozesses, vor allem im Bereich der Laut-Buchstaben-Zuordnung. Für die Fertigkeit des sinnerfassenden Lesens sind unter anderem ein altersgemäßer Wortschatz und eine entwicklungsgemäße Beherrschung der Grammatik nötig.

Umgekehrt können Lautbewusstsein, Sprachverständnis, Wortschatz und Sprachausdruck sowie Freude an Sprache durch (vor-)gelesene Texte sensibilisiert und erweitert werden.

Wie bedeutsam das gelungene Zusammenspiel zwischen angeborenen Fähigkeiten und förderlichen Anregungen aus dem Umfeld des Kindes ist, zeigt die Auseinandersetzung mit dem Phänomen des kindlichen Spracherwerbs.

1. Gleich oder/und später zu lesen – Grundsätzliches zur Dringlichkeit der Sprachförderung

Kinder begleiten, ihre Entwicklung beobachten und unterstützen ist eine der wunderbarsten Aufgaben, der man sich als Eltern, Großeltern oder in Einrichtungen wie Kindergarten, Hort oder Schule stellen kann. Stets aufs Neue fordern sie uns Erwachsene heraus, dass wir uns mit ihnen auseinander setzen: mit ihren Gefühlen, ihren Gedanken, ihrem gesamten Sein.

Hat man das Glück, nicht nur ein einziges Kind im Wachsen und Werden beobachten zu dürfen, kann man die Vielfalt und Individualität der Entwicklung erleben. Bewegung, Wahrnehmung, Denken, Emotion und Sprache entwickeln sich zwar nach gewissen Gesetzmäßigkeiten und innerhalb so genannter sensibler Phasen oder Entwicklungsfenster, doch sind Intensität und Dauer der einzelnen Etappen und Entwicklungsschritte bei jedem Kind anders geartet.

Diese Unterschiede lassen sich auch in der Sprachentwicklung beobachten. Die meisten kleinen Plaudertaschen erwerben ihre Sprache von uns fast unbemerkt und überraschen und erstaunen uns mit ihren sprachlichen Aktivitäten. Andere wieder fallen durch ihr Schweigen oder sprachliches Anderssein auf. Der Anteil jener Kinder, deren Sprachentwicklung und Lese-Schreib-Erwerbsprozess nicht störungsfrei verlaufen und die besondere Unterstützung brauchen, steigt. Diese Besorgnis erregende Entwicklung beobachten wohl alle, die auf mehrere Jahre Berufserfahrung in der Arbeit mit Vorschul- und Grundschulkindern zurückblicken können. Die seit dem Jahr 1973 durchgeführten Reihenuntersuchungen aller oberösterreichischen SchulanfängerInnen zeigen eine steigende Tendenz der leicht- bis mittelgradigen Sprachauffälligkeiten, die in den seither beobachteten und dokumentierten Untersuchungsjahren durchschnittlich 30 Prozent betragen. Die daraus resultierenden Folgen für Lese- und Schreibkompetenz zeigen sich ebenfalls deutlich.

Die möglichen Ursachen für Sprachentwicklungsverzögerungen oder Sprachentwicklungsbeeinträchtigungen sind vielfältig. Bedeutsam wird aber in den letzten Jahren vor allem jene sprachliche Verarmung mancher Kinder und Jugendlicher, die durch ein Defizit an dialogischer Zuwendung entsteht. In einer Zeit voll Hast und Eile bleibt oft wenig, eben zu wenig Zeit für bewusst erlebte Sprache. Mündliche und schriftliche Kommunikation verflachen im Alltagsstress zunehmend zu kurzem Informationsaustausch zwecks Organisation der täglichen Routine.

2. Sprechgeschickt, sprachgewandt, stimmig

Sprachkompetenz und Kommunikationsfähigkeit sind für die Entwicklung der Persönlichkeit bedeutsam. Obwohl einerseits in fast allen Lebensbereichen vor allem die modernen Technologien wie Computer und Internet enorme Bedeutung haben und die übertriebene Nutzung dieser Medien eine Sprachverarmung mitverursachen kann, kommt andererseits der so genannten sozial-kommunikativen Kompetenz immer mehr Bedeutung zu. Starke Persönlichkeiten mit Einfühlungsvermögen, Organisationstalent und Teamfähigkeit sind im Berufs- wie im Privat- und Familienleben gefragt. Um diesen Anforderungen gerecht zu werden, braucht man vor allem die Fähigkeit der Sprachkompetenz sowie der Kommunikationsfähigkeit.

Über Sprache kommt der Mensch zum Ich, zum Du, zum Wir. Sprache ist ein wesentlicher Schlüssel zur Sozialisation, von der Kindergarten- und Schulzeit bis ins Arbeitsleben. Ein glücklicher, mit sich und seinem Leben zufriedener Mensch ist „stimmig", in guter Stimmung, gebraucht seine Stimme, seine Sprache selbstbewusst und effizient. Sprachgewandte, sprechfreudige Menschen finden das rechte Wort zur rechten Zeit am rechten Ort. Sie überzeugen durch ihre versprachlichten Gedanken und können somit ihr Wissen, ihre Bedürfnisse und Gefühle vermitteln. Schon von klein auf können sprechfreudige, sprachgewandte KommunikationskünstlerInnen in der Gruppe mehr bewirken als sprechscheue und spracharme Kommunikationstollpatsche. Wer verteilt die Rollen im Sandkastenspiel, wer organisiert die Spiele und Streiche im Schulhof, wer erntet Bewunderung beim Betriebsausflug?

Sprechgeschickt, sprachgewandt und „stimmig" sind Attribute von Dialog- und Kommunikationsfähigkeit, die die Entwicklung der Persönlichkeit positiv beeinflussen und ein erfolgreiches Auftreten in Familie und Gesellschaft erleichtern.

In den letzten Jahren erlangte die Förderung der sozialen und emotionalen Kompetenz im Bildungsbereich immer mehr Bedeutung. PädagogInnen sind verstärkt auf der Suche nach Fördermöglichkeiten, die zur Ichstärkung bei Kindern beitragen. Eine ganzheitliche, kindorientierte Förderung der Sprache stellt dazu einen wesentlichen Beitrag dar.

Die Methoden und Konzepte einer effizienten Sprachförderung sind vielfältig und orientieren sich stark an der Zielgruppe und den gegebenen Rahmenbedingungen. Die Begegnung mit Texten in Form von Reimen, Sprüchen und einfachen Geschichten zeigt sich jedoch für fast alle Entwicklungsstufen und Gruppengrößen als besonders geeignet. Die Verknüpfung mit dem Medium Buch für die Präsentation und/oder Begleitung der Texte bietet eine Fülle von Anlässen für den mündlichen Sprachgebrauch. Gleichzeitig erleben die Kinder (Vor-)Lesen als Sprachgenuss und werden angeregt selbst ein Buch zur Hand zu nehmen. Leseerziehung beginnt schon lange vor Schulantritt auch über das Vorbild im Umfeld der angehenden LeserInnen.

3. Sprache als Ausdruck der Gesamtpersönlichkeit und Produkt differenzierter Fertigkeiten

Sprache als herausragende Kommunikationsform ist ein hochkompliziertes System, welches das menschliche Gehirn über weite Teile beansprucht. Sprechen kommt zwar hör- und sichtbar aus dem Mund, ist aber ein gesamtmenschliches Phänomen. Dies erkannte offensichtlich auch schon meine Tochter Elsa (4 Jahre): „Das ‚Gesprech' kommt aus der Zunge und dem Herzen."

Wie eng jedoch verschiedene Fähigkeiten miteinander verknüpft sind, wird erst bei näherer Betrachtung deutlich: Sprache ist keine isolierte Fertigkeit, sondern ein Produkt aus dem Zusammenspiel mehrerer Grundfertigkeiten.

Wahrnehmung (z.B. Tasten, Sehen, Hören, Riechen, Schmecken), Bewegung (Körper, Hände/Finger, Mundraum), Denken und Emotion ermöglichen die Entwicklung und Verwendung von Sprache.

Neurologisch gesehen stehen die Areale der Sprech- und Handmotorik in enger Verbindung. Das ist mit ein Grund, warum wir unsere Sprache durch Handgestik unterstützen und manchmal auch unsere Zunge und die Lippen mitbewegen, wenn wir mit den Händen feine, schwierige Arbeiten ausführen. Bei vielen SchreibanfängerInnen „schreibt" die Zungenspitze zwischen den Lippen die Buchstabenformen mit. So geht auch manche Arbeit leichter von der Hand, wenn dazu gesprochen oder gesungen wird.

Im Sprachgebrauch und Sprachverstehen werden unter anderem die primären Hirnfunktionen Wahrnehmung und Bewegung genutzt, daher bezeichnet man Sprache auch als sekundäre Hirnfunktion. Diese Bezeichnung zeigt ganz deutlich auf, dass Sprechen immer in Verbindung mit Sinnes- und Bewegungsaktivitäten zu sehen ist. Schon in den ersten Lebensmonaten erleben wir, wie die Säuglinge ihr Lallen mit Strampeln und Armbewegungen begleiten und auf Sinnesreize mit Stimme und Bewegung reagieren.

Im gesamten Verlauf der Sprachentwicklung lassen sich der Zusammenhang zwischen Sprache, Wahrnehmung und Bewegung und das gemeinsame Auftreten von Sprache und Aktivitäten der Hände beobachten.

Dieser Erkenntnis kann auch in der Unterstützung nachfolgender Phasen des Spracherwerbs (Vorschul- und Grundschulalter) Rechnung getragen werden, indem den Kindern umfassende Erfahrungen in allen Sinnesbereichen und in unterschiedlichen Bewegungserlebnissen angeboten werden und somit zur Verbesserung der Sprachvoraussetzungen beigetragen wird. Eine Möglichkeit ist die Verknüpfung von Sprache und einfachen Handbewegungen oder Handgesten mit Wahrnehmungserlebnissen oder anderen Fördermaßnahmen.

4. Wawa, Pigunuia und andere Wesen

Der Mensch ist von Beginn an ein kommunikatives Wesen. Schon vorgeburtlich treten Mutter und Ungeborenes in Verbindung, nehmen Kontakt auf, führen einen Dialog. Eltern sprechen ganz selbstverständlich mit ihrem ungeborenen Kind, begrüßen es mit „Guten Morgen", wenn die Mutter seine Bewegungen spürt oder gar eine Ferse als Beule am Bauch sichtbar wird. Jegliche Aktion des Kindes wird als Gesprächsbeitrag akzeptiert und interpretiert. In den ersten Lebenswochen nach der Geburt intensivieren sich die ersten Kommunikationsformen und aus den frühen Formen der stimmlichen Aktivität mit einem Lautrepertoire, das weit über jenes der jeweiligen Muttersprache hinausgeht, entwickeln sich die Laute der Herkunftssprache. Schon in den ersten Lebenswochen und -monaten ist es für die weitere Entwicklung der Sprache von Bedeutung, ob und wie intensiv sich die Bezugspersonen dialogisch mit dem Kind beschäftigen. Der angeborene Spracherwerbsapparat kann nur dann ausreichend ausreifen und genutzt werden, wenn sprachliche Reize angeboten werden, die aus einem Wechselspiel von Sprachangebot und einfühlsamem Eingehen auf die ersten Sprechversuche bestehen.

Die frühkindlichen Lallmonologe sind immer wieder Ausgangspunkt für fröhliche „Gespräche" zwischen dem Säugling und den DialogpartnerInnen. Im ersten Lebensjahr stellen die Eigenwahrnehmung und die Fremdwahrnehmung von Stimme und Sprache einen wesentlichen Antrieb für die sprachliche Entwicklung dar. So gelingt es den Kindern nach und nach aus dem gesamten Klangangebot „Sprache" einzelne Teile (Wörter, Satzfragmente) herauszufiltern und nachzuahmen. Wesentlich dabei ist, dass das Sprachangebot von menschlichen DialogpartnerInnen kommen muss, weil nur sie intuitiv auf die Sprechversuche der Kinder kindgemäß und situationsgerecht eingehen können. In einer Mischung aus modellhaftem Sprachvorbild und vereinfachtem, kindgemäßem Sprachangebot gelingt es den Müttern/Vätern/Eltern und anderen engen Bezugspersonen in einem pädagogischen Urverständnis einfühlsam und effizient die passenden Begriffe und Formulierungen zu finden. Technische Sprachangebote wie Hörspielkassetten, Fernsehen und Computerlernspiele können ein derartiges Sprachangebot nur begleiten, niemals aber ersetzen. Dies gilt für die gesamte Zeit der Sprachentwicklung, also weit bis ins Kindergarten- und Schulalter. Eine Erweiterung der Kommunikationskompetenz kann somit nur im Dialog mit Mitmenschen geschehen.

Im Wechselspiel von Spracherprobung und Einhören in ein Sprachvorbild nähern sich Sprachlernende Schritt für Schritt der Zielsprache an. Sowohl die sprechtechnische Geschicklichkeit als auch die Feindifferenzierung der Lautangebote müssen in den ersten Lebensjahren reifen. Besondere Bedeutung kommt in dieser Phase der Entwicklung der auditiven Wahrnehmungsfähigkeit zu, die es erst ermöglicht zwischen den einzelnen oft ähnlich klingenden Lauten zu unterscheiden. Bis zum Lese-Schreib-Lernprozess sollte sich eine so genannte phonematische Bewusstheit entwickelt haben, die eine Grundvoraussetzung für Lesen, Schreiben und Rechtschreiben darstellt. Typisch für die Sprechanfänge sind Vertauschungen ähnlicher Laute (eins, zwei, grei; der drüne Baum), Vereinfachung von Wörtern durch Auslassungen, Umstellungen, Verschmelzungen (Staubsauger: Stauger, Pinguin: Pigunuia, Leberkässemmel: Lemskame), Wortschöpfungen (Ente: Wawa, Sessel: sitze) und Benutzen von an die Zielsprache angenäherter Grammatik (Betti weg! Die Mäusen laufen. Bin da gespringt!). Bei allen Kindern lässt sich ein enormes Potenzial an Sprech- und Sprachkreativität beobachten, die wir mittels unserer Intention zur Sprachförderung erhalten und intensivieren sollten. Auch hier zeigen die meisten Bezugspersonen sprachförderliches Verhalten, indem sie die sprachlichen Äußerungen nicht belehrend korrigieren, sondern im Dialog mit dem Kind aufgreifen und modellieren, in eine richtige Sprachform bringen (Bin da gespringt! – Bravo, da bist du hinuntergesprungen!). So können die Kinder entspannt und sprechfreudig ihr Kommunikationsverhalten erproben und aus dem geschützten, in ihre Sprache eingehörten Familienverband treten, um sich in der Weite und Geborgenheit des sozialen Umfeldes weiterzuentwickeln.

5. Ahnln, Godn und Urstrumpftanten als Lehrmeisterinnen

Die Basis gezielter Sprachentwicklungsbegleitung stellen intuitive pädagogische Kompetenz und überliefertes Volksgut dar. Verschiedenste Verhaltensweisen im Umgang mit Kindern scheinen wie instinktive Handlungsmuster bei den meisten Menschen angelegt zu sein: weinende Säuglinge aufnehmen und wiegen, ungeduldig auf die Mama wartende Kleinkinder im Kinderwagen wippen und gestürzte Dreirad-Rowdys mit Heilesprüchen trösten.

Auch bezüglich der Begleitung des Spracherwerbsprozesses gibt es beobachtbare pädagogische Kompetenzen, die eine intuitive Förderbegabung vermuten lassen, welche durch tradiertes Erziehungsverhalten vertieft wird.

Für die Weitergabe dieses archaisch anmutenden Wissens dessen, was Kindern gut tut, zeigen sich häufig folgende „weise Frauen“ verantwortlich: Ahnln, Godn und Urstrumpftanten (Großmütter, Taufpatinnen und andere weibliche Verwandte nicht näher bestimmbaren Grades). Sie waren in der Hauptsache auch diejenigen, die eine ganz besondere Art der sprachlichen Zuwendung weitergegeben haben: Fingersprüche, Kniereiterverse sowie Gedichte und Reime für unterschiedliche Anlässe (Schmerz bekämpfen, Kummer vergessen, Wetter ändern).

Als Volksgut wurden diese Texte über viele Generationen weitergegeben und von den nächstfolgenden „weisen Frauen“ in die Familien getragen. Ebenso zeigen sie sich für die mündliche Überlieferung von Geschichten hauptverantwortlich. Familienanekdoten, Dorflegenden, aber auch Sagen und Märchen wurden und werden texttreu vorgelesen oder frei erzählt und für die jeweilige Zuhörerschaft sprachlich verändert.

Intuitiv befolgen diese Frauen von jeher wesentliche Grundsätze einer ganzheitlichen Sprachförderung. Sie bevorzugen Themen aus der kindlichen Erfahrungswelt, Begriffe und Satzstrukturen aus dem altersgemäßen Wortschatz und Sprachgebrauch, Lautmalereien und Sprachbasteleien, die zu genauem Hinhören anregen, interaktive Bewegungsformen für den ganzen Körper, die Hände oder die Finger, Anregungen zur Variation und oftmaligen Wiederholung, die das Merken erleichtern und zum Mitsprechen einladen, und machen somit Lust auf „Selber-Lesen“.

6. Sprüche, Reime und Gedichte als Mittel zur Sprachförderung

Aus dem Wissen um die Voraussetzungen und den Verlauf des Spracherwerbsprozesses entwickelte sich die Methode der Sprachförderung mittels Sprüchen, Reimen und Gedichten in Verbindung mit differenzierten Bewegungen der Finger und Hände.

Im Idealfall sollten die Texte ganz individuell bezogen auf die Interessen und Bedürfnisse des Kindes oder der Kindergruppe ausgewählt und aufbereitet werden. Diese Arbeitsweise lässt sich an nahezu jedem Gedicht, Reim oder Vers anwenden. Das hat den Vorteil, dass man mit Kindern jeden Alters, d.h. jeder Entwicklungsstufe, in dieser Art und Weise Sprechfreude, Sprachverstehen und Sprachkompetenz fördern kann.

6.1. Aktivitäten

Grundsätzlich lassen sich sprachliche und nicht sprachliche Aktivitäten unterscheiden, die im ausgewogenen Wechsel im Vordergrund stehen. Sie sollen aber nicht additiv aneinander gereiht durchgeführt werden, sondern in einem thematischen zielorientierten Übungsnetzwerk sinnvoll miteinander verwoben sein.

Sprachliche Aktivitäten: Die sprachlichen Förderbereiche lassen sich in unterschiedliche Ebenen einteilen, die iso-

liert oder kombiniert im Zentrum der Sprachbetrachtung und -aktivitäten stehen können: Lautbildung, Wortschatz, Sprachaufbau, Stimmqualität.

Nicht sprachliche Aktivitäten: Im Sinne von vorbereitendem, begleitendem und/oder ergänzendem Tun können verschiedene Schwerpunkte verstärkt berücksichtigt werden: Bewegungsschulung (Finger, Hand, beide Hände, Oberkörper, Körper), Wahrnehmungsförderung (Sehen, Hören, Tasten, Riechen, Schmecken) und rhythmisch-musikalische Erziehung (vokal, instrumental).

6.2. Ritualisierter Ablauf

Die Rhythmisierung des Alltags stellt für jeden Menschen ein bedeutungsvolles Lebenselement dar. Rituale tragen viel zu dieser Rhythmisierung bei, die Grundbedürfnisse vermittelt, die für eine Vielzahl von Kindern im privaten Umfeld nicht ausreichend abgedeckt werden: Geborgenheit, Kontinuität und Orientierung. Innerhalb der globalen Rhythmisierung durch zeitlich-thematisch bezogene Rituale sind es vor allem Rituale einzelner Aktivitätssequenzen, die für die Kinder von Bedeutung sind. Immer wiederkehrende Abläufe, gleich bleibende Strukturen innerhalb von Spielformen und Arbeitsweisen geben Sicherheit und vermitteln Vertrautheit. Dies gilt für alle Konzepte zur Sprachförderung, selbstverständlich auch für **Fingersprüche, Handtheater & Co.**

7. Konzeptvorschlag „Fingersprüche, Handtheater & Co."

7.1. Einstimmung

Am Beginn der Sequenz steht die Einstimmung auf das nun Kommende. Sie will die Kinder bereit machen für die Thematik und die Aktivitäten, will sie motivieren und interessieren, beruhigen oder aktivieren und hellsinnig machen.

Demnach kann die Arbeit mit einer Stilleübung, mit Sinnesaktivitäten und Bewegungsangeboten oder aber mit einer Sachbegegnung beginnen. Bevor Sie den Kindern den Sprechtext vortragen, ist die räumliche Organisation durchzuführen. Jede, jeder braucht seinen Raum, in dem eine ungehinderte Bewegung möglich ist. Diesen Sprechplatz können Sie den Kindern frei im Raum sowie stehend oder sitzend im Kreis ermöglichen.

Wichtig ist auch hier die Balance zwischen Gemeinsamem und Individualität: Wir stehen in einer Gemeinschaft ohne einander zu stören.

7.2. Sprechtext und Präsentation

Sind alle sowohl physisch als auch psychisch bereit, tragen Sie den Text mit den geplanten Bewegungen und anderen Aktivitäten vor. Sicherheit in der Reproduktion des Textes, stimmliche Gestaltung, Natürlichkeit der Bewegungen und Freude an der Sprache sollen die Kinder zum Mit- und Nachmachen motivieren. Laden Sie gleich beim zweiten Textvortrag die Kinder zum Mitsprechen und Mitmachen ein. Das gemeinsame Erleben im „Sprechorchester" gibt auch den Sprechscheuen Sicherheit und ermöglicht stressfreie Freude am sprachlichen Gestalten. Sorgen Sie dafür, dass der Text in Schriftform zu diesem Zeitpunkt pfiffigen FrühleserInnen verborgen bleibt. Das natürliche Sprachlernen kann durch das Ablesen erschwert oder gar verhindert werden.

7.3. Sprechtext und Aktion/Interaktion

Betten Sie die Wiederholungen der Texte in ausgewählte Aktivitäten ein, die die Kinder entweder alleine, zu zweit oder in der Gruppe ausführen. Diese Aktivitäten (Mimik, Fingerspiele, Handgebärden, Pantomime) dienen unter anderem der natürlichen Sprachgestaltung, die in Verbindung mit Handlungen leichter und beschwingter gelingt. Kleine szenische Darstellungen vereinfachen das Erproben von unterschiedlichen Stimmqualitäten, neuen Begriffen und Redemitteln. Gleichzeitig soll dieses Darstellen die sprachschöpferischen Talente der Kinder anregen und zu Sprechspaß und Sprachbasteleien verleiten.

7.4. Sprechtext und begleitende Aktivitäten

Die begleitenden Aktivitäten schaffen Möglichkeiten der thematischen Vertiefung, die sowohl sprachlich als auch nicht sprachlich sein kann. Aus dem Text ergeben sich oft weitere Ansatzpunkte, die man sich als so genannte **Förderfenster** zunutze machen kann: Schwerpunkte in den Bereichen Laut-, Wort- und Satzebene, Schulung der unterschiedlichen Wahrnehmungsbereiche, der Serialität und Intermodalität, rhythmisch-musikalische Angebote, Bewegungsschulung in den Bereichen der Grob-, Fein- und Sprechmotorik.

Diese Förderfenster eröffnen Chancen der individuellen Betreuung und erlauben ein hohes Maß an Kreativität und Eigendynamik auch seitens der Kinder: Gemeinsam werden Texte verändert oder weitererzählt; Sehen, Hören, Tasten, Riechen und Schmecken ermöglichen ein multisensorielles Erfassen von Begriffen und Situationen; Musik, Tanz, Bewegungsgeschicklichkeit begleiten und erweitern die stimmlichen Äußerungen.

7.5. Ausklang

Am Ende der Präsentationssequenz steht eine gemeinsame, meist eher ruhige Aktivität, die abrundend die erste Begegnung mit dem Text beschließt und auf Neues einstimmt. Aus dem reichhaltigen Repertoire der Stilleübungen kann im Sinne eines weiteren Rituals immer ein und dieselbe Aktivität oder wechselnde Varianten gewählt werden.

Die Erfahrung zeigt auch, dass sich Kinder ganz gerne auf einen Lieblingsplatz zurückziehen, um dort in Ruhe etwas zu zeichnen oder anzumalen. Die Bild- und Textblätter zu den erarbeiteten Gedichten bieten dazu Gelegenheit. Entsprechend den gegebenen Voraussetzungen können die vorbereiteten Kopien gestaltet werden. Die Kinder erleben, dass Texte, die beim Sprechen Freude machen, verschriftlicht sein können, damit diese später auch für andere (Eltern, Geschwister, FreundInnen) lesbar sind. Diese Erfahrung kann dazu beitragen, dass geschriebene bzw. gedruckte Texte für die Kinder wichtig und wertvoll werden.

Bedeutsam ist es, die von den Kindern gestalteten Textblätter zu sammeln und entsprechend wertschätzend zu verwalten. Geordnet und am Jahresende gebunden stellen sie eine ansprechende Erinnerung dar und motivieren zur neuerlichen Auseinandersetzung mit dem Gelernten, laden ein zur Wiederholung, zur Überarbeitung, zu eigenen Sprachbasteleien oder sind Anlass für erste Leseversuche.

7.6. Festigung

An die Präsentationssequenz sollten mehrere Wiederholungen anknüpfen. Im besten Falle ist ein Text die ganze Woche über präsent. In Anlehnung an Freinets Wandzeitung kann es einen Wandtext geben, ein vergrößertes, von Kindern schön gestaltetes Textblatt. Vor oder nach dem Morgen- oder Mittagskreis wird der Text gemeinsam wiederholt und als ein Wochenfixpunkt darf ihn jedes Kind alleine oder mit einer Partnerin, einem Partner vortragen. Als Publikum eignen sich alle Personen, die mit der Gruppe arbeiten oder diese als Gäste besuchen. So gewinnen die Kinder Sicherheit und Routine im Reproduzieren und sprachlichen Gestalten von Texten.

Im Verlauf eines Kindergartenjahres kann so ein ganzes „Medley" an Texten erarbeitet werden, das bestens für Elternabende, Abschlussfeiern und dergleichen genutzt werden kann.

Der Beitrag wurde in zwei Teilen erstmals in „Unsere Kinder" 4/2004 und 5/2004 publiziert.

Judith Reimitz

Das Bilderbuch in der Beziehung zwischen Erwachsenem und Kind

Seit ich zu einem Seminar Spielsachen mitbringen sollte, die mir als Kind wichtig waren, sind unter anderem auch meine früheren Bilderbücher von meinen Eltern zu mir umgezogen. Viele Texte und Illustrationen von Büchern, die ich früher ganz besonders geliebt habe, genügen keineswegs mehr meinen heutigen Ansprüchen – und trotzdem mag ich sie noch immer, wohl deshalb, weil ich sie mit vielen angenehmen Situationen zwischen meinen Eltern und mir verbinde.

Wir Erwachsenen bieten Kindern Bücher an, wenn wir selbst daran Gefallen finden, und nehmen so die Kinder ein Stück weit in unsere persönliche Welt hinein. Oder wir reagieren mit unseren Angeboten auf Vorlieben oder Lebensrealitäten von Kindern und zeigen ihnen auf diese Weise, dass wir sie wahrnehmen.

Bilderbuch-Anschauen kann zum Aufbau, zur Festigung, zur Entspannung ... einer Erwachsenen-Kind-Beziehung beitragen. In meiner Arbeit mit Kindern habe ich aber auch die Erfahrung gemacht, dass diese das Vorlesen erst dann suchen, wenn sie sich in der Beziehung zu mir schon ein wenig sicher fühlen.

Der Umgang mit Bilderbüchern ist in einer höchst vielfältigen Weise Ausdruck von Verbundenheit und Verständnis zwischen Erwachsenem und Kind.

Ich halte dies für die bedeutsamste Seite des Bilderbuchs. Daher sollte Buchvermittlung stets von einer Achtsamkeit des Erwachsenen gegenüber den aktuellen Reaktionen und Bedürfnissen des Kindes/der Kinder getragen sein. So habe ich beispielsweise im Bewegungsraum eines Kindergartens, in dem gerade eine Buchausstellung stattfand, eine bemerkenswerte Vorlesesituation beobachtet. Die Kinder baten ihre KindergartenpädagogIn, ihnen vorzulesen. Sie luden sie zu sich aufs Trampolin ein, kuschelten sich eng aneinander und konnten sich nicht satt hören – vor allem an den Findus-Büchern. Der Großteil der Kinder hielt die ganze Zeit durch, manche standen zwischendrin auf, kehrten jedoch bald wieder zurück, um weiter zuzuhören. Einige hatten das Bedürfnis nachzufragen oder zu diskutieren, andere waren so gespannt, dass sie darauf drängten weiterzulesen. Ich war erstaunt, mit welcher Selbstverständlichkeit es Kindern und KindergartenpädagogIn gelang ihre eigenen Bedürfnisse zu regulieren bzw. mit denen der anderen abzustimmen.

Bilderbücher bewegen Kinder. Diese innere Bewegung wollen sie auf die verschiedenste Weise zum Ausdruck bringen. Und ich denke, ihr Bewegtsein durch Bücher ist der Grund, warum wir sie ihnen anbieten. Es hat daher keinen Sinn, auf einem Fertiglesen zu bestehen, wenn die Kinder unter- oder sogar abbrechen wollen. „Morgen ist auch noch ein Tag!", müssen sich vielleicht jene sagen, die wie ich dazu tendieren, die vom Buch vorgegebene Abfolge strikt einzuhalten. Seien wir uns gewiss: Was Kinder interessiert, darauf kommen sie zurück, so lange es sie beschäftigt!

Umgang mit Bilderbüchern – Ermunterung zur Eigenständigkeit

Das im Vorschulalter angebotene Bilderbuch kann auf seiner Textebene vom Kind zumeist nicht selbstständig erschlossen werden. Hier braucht es die Vermittlung durch den Erwachsenen. Die Bilder jedoch, die im Bilderbuch so wichtig sind wie in kaum einem anderen Buchgenre, ermöglichen ihm aber auch ein Stück Eigenständigkeit zu gewinnen. Sie erlauben dem Kind „mitzulesen", wenn der Erwachsene vorliest, oder „nachzulesen", wenn es Geschichten ohne den Vermittler anhand der Bilder rekonstruiert. Gelingt dies gut, sieht man das Kind mitunter selbst „vorlesen".

Bilderbücher eignen sich auch dazu, ritualisierte Handlungs- und Sprachmuster zwischen Erwachsenem und Kind zu schaffen. Sie erleichtern dem Kind bei der Sache zu bleiben und Verständnis zu entwickeln und ermöglichen dem Erwachsenen, das Kind in seiner Aufmerksamkeits- und Sprachentwicklung genau dort zu unterstützen, wo es seine Hilfe braucht. Dies erklärt, wieso es Kleinkindern meist großen Spaß macht, Bilderbücher, die sie sehr gut kennen, „mit verteilten Rollen" zu lesen. So antwortete z.B. mein Taufkind Sophie, als sie noch ganz klein war, auf die von mir rezitierte erste Zeile ihres Bilderbuchverses „Das Schweinchen, das ist putzig, ..." mit großem Enthusiasmus „... doch leider auch sehr (sch)mutzig!" – Mit diesem entwicklungsförderlichen, vor allem aber lustigen Spiel konnten wir uns lange beschäftigen.

Bilderbücher sind andererseits imstande, das Kind zu unterstützen, sich von der Steuerung durch eine erwachsene Person abzunabeln und anhand von Bildern zu üben sich selbst zu steuern. Hier habe ich Kinder vor Augen, die ganz gemächlich wohl bekannte Bilderbücher betrachten, um sich dabei an Geschichten zu erinnern. Ich denke aber auch an Kinder, die sich von unbekannten Bildern ansprechen lassen und sich so – von selbst – für neue Ge-

schichten zu interessieren beginnen. Durch ihre Kombination aus Text und Bild ermuntern Bilderbücher das auf VermittlerInnen angewiesene Kind zur Eigenständigkeit.

Bilderbücher als Hilfe bei schwierigen Themen

Obwohl ich die Bearbeitung aktueller und brisanter Themen im Bilderbuch sehr befürworte, möchte ich auf eine Tendenz hinweisen, die ich bei vielen Gelegenheiten oder in (einschlägigen) Buchhandlungen beobachte. Wir Erwachsenen meinen, in schwierigen Situationen nicht ohne Literatur für uns und auch für unsere Kinder auskommen zu können.

Natürlich ist es hilfreich, mit Kindern anhand eines Bilderbuches schwierige Themen zu besprechen. Dann können sie beispielsweise selbst jenes Ausmaß bestimmen, in dem sie sich mit den BilderbuchheldInnen und deren Problematik identifizieren, in dem sie die Themen an sich heranlassen und in dem sie die Inhalte auf sich selbst und ihre Situation übertragen. Wir sollten unseren Kindern die Chance geben Themen, die sie bewegen, in jeder für sie geeigneten Weise aufzugreifen – also auch im Bilderbuch. Dies ist einer jener Gründe, die dafür sprechen, unseren Kindern ein breites – thematisches – Spektrum an Bilderbüchern anzubieten.

Trotzdem möchte ich davor warnen, der direkten Konfrontation mit aktuellen bzw. brisanten Themen auszuweichen. Es geht nicht an, dass wir unseren Kindern das, was uns im Zusammenleben mit ihnen bewegt, nicht direkt sagen, sondern nur in abstrakter Bilderbuchform, quasi „durch die Blume". Hier denke ich an jene Kindergartenpädagogin, die mir bei einem Seminar erzählte, wie sie einem inneren Impuls folgend davon Abstand nahm nach Literatur zu suchen, als ein Kind ihrer Gruppe überraschend verstorben war. Sie fasste den Mut, auf sich und ihre Kinder zu hören, sich ihnen mit all ihren Gefühlen zu zeigen und sie in all ihren Emotionen zu sehen. – Sie ist gut damit gefahren. Erst viel später haben sie und ihre Kinder auf Bilderbücher zum Thema Tod zurückgegriffen.

Ich denke, wir Erwachsenen sollten uns stets um die Bereitschaft zur realen Begegnung bemühen, denn sonst laufen wir Gefahr, dass sich unsere Kinder mit zunehmendem Alter immer häufiger fragen, was wir ihnen mit dem einen oder anderen Buch sagen möchten. Wir sollten wachsam dafür sein, wann wir das Bedürfnis spüren, uns an Bilderbüchern festzuhalten. Diese Selbstaufmerksamkeit könnte uns einerseits helfen, mit den „Sag's-durch-die-Blume-Bilderbucheinsätzen" bewusst und sparsam umzugehen. Daraus könnte jedoch andererseits auch ein tieferes Verständnis für uns selbst erwachsen. Wir hätten die Chance zu erkennen, welche Situationen bzw. Themen uns überfordern, und wir könnten herausfinden, welche Hilfe wir für uns und unsere Kinder benötigen.

Ich halte es z.B. für ein fatales Missverständnis, wenn wir meinen, unsere Kinder mit den „richtigen" (Bilder-)Büchern vor sexueller Misshandlung schützen zu können, mit der wir bei etwa jedem vierten Mädchen und jedem zwölften Buben unter 16 Jahren rechnen müssen. Immer wieder treffe ich auf PädagogInnen (auch PolitikerInnen), die meinen, schon im Vorschulbereich forciert an Aufklärung und Prävention arbeiten zu müssen. Warum sollen

Bücher herhalten, um Kleinkinder mit dieser grauenvollen Wahrheit zu konfrontieren, die uns selbst so sehr belastet? Liegt darin nicht auch ein unbewusster Versuch, den Kindern unsere eigenen Ängste aufzuladen? Schieben wir ihnen angesichts unserer Überforderung nicht übermäßig hohe Verantwortung zu, wenn wir sie über Bücher ermuntern sich zu wehren, eine Aufforderung, die bei betroffenen Kindern oft eine Verstärkung ihrer Schuldgefühle bewirkt?

Bilderbücher transportieren eine Moral

Jede Schöpfung spiegelt ihren Schöpfer. Daher ist es nur zu natürlich, dass Bücher die Ansichten und Wertvorstellungen von AutorInnen, ÜbersetzerInnen, IllustratorInnen, LektorInnen, ProduzentInnen ... widerspiegeln. – Bilderbücher, mit denen sich ja durchwegs Erwachsene mit ganz bestimmten pädagogischen Absichten an Kinder richten, sind Bücher, in denen die Moral oft eine große Rolle spielt.

Ich halte das für legitim, wenn unsere Botschaft an die Kinder klar und eindeutig ist, wenn wir zu unseren Wertvorstellungen stehen, wenn wir versuchen, uns – so gut wir es vermögen – auch selbst nach ihnen auszurichten, wenn wir anerkennen, dass es in uns und unseren Kindern Impulse gibt, die im Widerspruch zu unseren Wertmaßstäben stehen, wenn wir ihnen auch davon erzählen, wie schwer, wie notwendig es aber ist, zu einer Balance zwischen unseren Impulsen und unseren Werten zu finden. Die in dieser Weise dargestellten Moralvorstellungen halte ich für förderlich, zumal Kinder im Kindergartenalter in ihrer Entwicklung primär damit beschäftigt sind, ihre eigenen Impulse unterscheiden und steuern zu lernen.

Moralisierend, geradezu bigott sind für mich jedoch jene Bilderbücher, in denen Erwachsene versuchen, Kinder mit erhobenem pädagogischem Zeigefinger zu einer Moral zu nötigen, die sie, wenn wir genauer hinsehen, auch selbst nicht einzuhalten vermögen. Bücher dieser Provenienz haben eine lange Tradition. Ich denke da z.B. an Heinrich Hoffmanns „Struwwelpeter". Dort zielt etwa Nikolas darauf ab, Buben, die ein Mohrenkind ausgespottet haben, zu Toleranz und mitmenschlicher Akzeptanz zu erziehen. Doch aus seinem Satz „Was kann denn dieser Mohr dafür, dass er so weiß nicht ist wie ihr" spricht die eigene Bereitschaft, andere als minderwertig anzusehen.

Doppelbödigkeiten wie diese finden sich bis heute in Gesellschaft, Erziehung und Kinderbüchern. Ich denke z.B. an den Regenbogenfisch, der sich die Freundschaft der anderen mit Glitzerschuppen erkaufen muss. Markus Pfister, der Autor und Illustrator, hat allerdings übersehen, dass er seinem Helden zugesteht, das Gebot zu teilen und das Verbot besonders zu sein zu missachten, indem er ihm die Glitzerstreifen auf den Flossen lässt. – Ein Detail, auf das mich mein fünfjähriger Neffe Elias aufmerksam machte, der am Ende des Buches erleichtert betonte: „Er hat ja noch seine Glitzerflossen."

Die „bigotten" Bücher sind oft schwer zu durchschauen. Sie gehören zu denen, die ich nicht gerne empfehle. Falls ich Kinder trotzdem mit ihnen konfrontieren würde, dann nur, um sie zu ermuntern die Widersprüchlichkeit dieser Botschaften zu erkennen und Stellung zu beziehen.

Bilderbücher kommen immer von Erwachsenen

Es gibt Bücher von Frauen für Frauen, von Männern für Männer, aber es gibt keine kommerziellen Bücher von Kindern für Kinder. Mitunter wird ein Versuch gemacht, der jedoch leicht scheitert, wie z.B. das von Thomas Brezina herausgegebene Buch mit Märchen von Kindern für Kinder. Die Texte in diesem Märchenbuch sind von den Erwachsenen, unter deren Anleitung sie verfasst wurden, so stark geprägt, dass die sprachliche Unmittelbarkeit der kindlichen AutorInnen weitgehend verloren ging.

Die kindlichen „Bilderbuchproduktionen", die ich für sinnvoll halte, schielen nicht auf Verbreitung, sondern sind vom Kind/von Kindern für sich selbst gemacht. Sie dienen dazu, sich mit einem aktuellen Thema auseinander zu setzen. Ich denke hier z.B. an das Buch „Vom Bächlein, das zu den Kindern kam", in dem Kindergartenkinder ein aktuelles Hochwasser in ihrer Gemeinde zu verarbeiten versuchten.

Der Kindergarten ist ein Lebensraum, in dem die Kinder ermuntert werden sollen, selbst mit sprachlichen und bildnerischen Ausdrucksmitteln zu experimentieren, sich nicht nur berieseln zu lassen, sondern auch tätig zu werden. Der Einsatz von Bilderbüchern soll die bildnerische und sprachliche Experimentierfreude unserer Kinder erweitern, nicht untergraben (z.B. „Ich kann nicht zeichnen!").

Kommerziell gefertigte Bilderbücher müssen von Erwachsenen kommen, denn Kinder selbst verfügen noch nicht über jenes Maß an Metareflexion, das man braucht, um ein gutes Kinderbuch zu machen. (Die Fähigkeit zum abstrakten Denken beginnt frühestens in der Pubertät.) Wirklich gute Bilderbücher behandeln Themen, die Kinder betreffen, und sie helfen Kindern ihre speziellen Fragen und Probleme besser zu bewältigen. – Es sind

Bücher zum Hineinwachsen, die oft noch für uns Erwachsene passen.

Es gibt zahlreiche Bilderbücher, die vom ehrlichen Bemühen Erwachsener zeugen, sich auf Kinder einzustellen. Hinter manchen Büchern stehen für mich jedoch Erwachsene, die so sehr ihren eigenen von realen Kindern abgehobenen Vorstellungen vom Kindsein nachhängen, dass sie mit ihren Produkten am Kind „vorbeischießen", vor allem, wenn es um das Verständnis von Spaß geht. Ich denke hier z.B. an „Ein Loch ist im Eimer", das Buch zum Lied „There's a hole in the pocket", dessen Schlussgag ich zynisch finde. Viele Seiten lang bemühen sich Bär und Igel, die Blumen auf der Wiese vor der Bärenhöhle zu gießen. Da sie den löchrigen Wasserkübel des Bären nicht reparieren können, ist ihre Mühe vergeblich. Als ein Regenguss ihr Problem löst, pflückt der Bär dem Igel als Dank für seine Hilfe einen Strauß jener Blumen, um die er sich eben noch so gesorgt hat. Doch damit nicht genug. Als der Igel sich verabschiedet, um seine Blumen einzuwässern, stellt sich heraus, dass er bei sich zu Hause einen intakten Kübel hat. Was für ein Freund!? Irritiert bin ich auch, wenn ich auf Bilderbücher treffe, die Kinder für blöd verkaufen, da sie ihnen billige Lösungen anbieten. Ich kann mir nicht vorstellen, dass Flips, die Maus aus „Mäuseträume", dem Kater Tom nur mutig in die Augen schauen muss, um ihn außer Gefecht zu setzen. Im Falle von Realängsten, wie z.B. die Angst der Maus vor der Katze, finde ich dies wahrlich todesmutig.

Doch, so weiß ich mich zu beruhigen, auf Kinder ist Verlass. Wenn wir nur bereit sind, dies wahrzunehmen, signalisieren sie uns klar und deutlich, ob sie an einem Buch Gefallen finden oder nicht.

Was wir über Bilderbücher sagen, sagt viel über uns

Qualitätsurteile – auch über Bilderbücher – können sehr unterschiedlich ausfallen. Welche Bilderbücher gemacht werden, sagt viel über die ProduzentInnen, welche Bücher gekauft/ausgewählt/empfohlen werden, sagt viel über die, die kaufen/auswählen/empfehlen. Und – welche Bücher Kinder lieben, sagt viel über die Kinder. Jeder Mensch hat nur seine Wahrnehmung zur Verfügung, um Situationen zu interpretieren. Und Wahrnehmung, die Basis des menschlichen Handelns, ist immer subjektiv – so auch die Erkenntnis der Wissenschaft.

Wenn wir dies annehmen und berücksichtigen, so meine ich, wird es leichter möglich, auf ein Buch zu verzichten, mit dem ich als VermittlerIn so große Schwierigkeiten habe, dass mir sein Einsatz widerstrebt – auch wenn es vielleicht allseits gepriesen wird. Vielleicht ist es dann aber auch möglich, einem Kind, das gerade dieses Buch mitbringt, den nötigen Raum zu lassen, darüber zu sprechen, was ihm daran so gefällt. Es könnte ein lebendiger Austausch entstehen, in dem (so wie beim Philosophieren mit Kindern nach den Regeln des sokratischen Dialogs) die Argumente jedes Einzelnen zählen. Wenn wir beginnen die Subjektivität liebevoll zu beachten, können wir anfangen, die Reaktion von Menschen auf (Bilder-)Bücher auch als Ausdruck ihres So-Seins zu verstehen. So könnten die Bücher dann auch gesehen werden – als Spiegel jener Menschen, die mit ihnen umgehen. Kinder könnten sich selbst entdecken, indem sie ihre eigenen Vorlieben kennen lernen, indem sie herausfinden, welche Themen sie ansprechen und welche nicht, mit welchen Kindern sie welche Vorlieben/Abneigungen teilen und inwieweit sie sich von anderen unterscheiden.

Bilderbücher spiegeln zeittypische Themen und Haltungen

Auch wenn ich einige Bilderbücher nennen könnte, von denen ich annehme, dass sie zeitlos sind, an vorderster Stelle Mira Lobes „Das kleine Ich-bin-Ich", möchte ich betonen, dass Bilderbücher so wie alle anderen Buchgenres die aktuellen gesellschaftlichen Themen widerspiegeln. Obwohl meine Sympathie für Vera Ferra-Mikuras „Stanisläuse" bis heute ungebrochen ist, fiel es mir schwer, den letzten Band „Veronika, Veronika, Veronika" zu empfehlen, fand ich doch bei aller Liebe zu Helden und Autorin ein Frauenbild (die Veronikas bleiben zu Hause, die Stanisläuse gehen auf Reisen), das zu meinem Verständnis von Frausein in krassem Widerspruch steht. Heute jedoch meine ich, dass das Buch Gelegenheit bieten könnte, eben dieses Bild der Frau/des Mannes mit den Kindern zu diskutieren.

Es geht, so nehme ich mich bei der Nase, nicht darum Kindern nur jene Bücher vorzulegen, die unsere strenge Zensur passiert haben. In unserer pluralistischen Gesellschaft treffen die Kinder sehr früh auf eine mitunter höchst verwirrende Vielfalt an Lebensformen und Wertvorstellungen, die sich naturgemäß auch im Bilderbuch widerspiegelt. Kinder brauchen keine VorkosterInnen, Kinder brauchen Erwachsene, die sich auf einen partnerschaftlichen Dialog mit ihnen einlassen, in dem sie zu ihren eigenen Standpunkten finden können.

Erstveröffentlichung des Beitrages im österreichischen Magazin für Kinder- und Jugendliteratur 3/Juli 1999, S. 12–16.
Der Beitrag wurde auch in „Unsere Kinder" 2/2000 publiziert.

Waltraut Hartmann

Angst und Angstbewältigung in der Kinderliteratur

Ängste treten schon in der frühen Kindheit auf und begleiten den Menschen ein Leben lang. Angst ist auch ein wichtiges Thema in der Kinderliteratur. Kinderbücher, in denen kindliche Ängste thematisiert werden, können dazu beitragen, dass Ängste – in Bilder und Worte gefasst – leichter bewältigt werden.

1. Entwicklungspsychologisch typische Ängste im Bilderbuch

1.1. Trennungsängste und Verlustängste

Die Ängste, die in der Entwicklung jedes Kindes am frühesten auftreten, sind die so genannten Trennungsängste und Verlustängste (Nissen/Trott 1999; Bowlby 1976). Sie können schon im ersten Lebensjahr beobachtet werden: Das Kind weint, wenn es die geliebte Person nicht mehr sieht.

Die Angst vor dem **Alleinsein** und vor dem **Einschlafen** wird besonders im Dunkeln und beim Alleinsein übermächtig und kann daher für Einschlafschwierigkeiten, Schlafstörungen und nächtliche Angstattacken verantwortlich sein. Diese Angstform wird in folgenden Büchern aufgegriffen:

Gute Nacht, Theo (Gay, 2003)
Josefine will nicht schlafen gehen (Appelgren & Savolainen, 2004)

Die **Kindergarten- und Schulangst** beruht teilweise auf der wiederbelebten Angst vor der Trennung von den geliebten Personen und von der vertrauten Umgebung. Thematisiert wird dies u.a. im Bilderbuch:

Morgen komme ich in die Schule (Lobe & Weigel, 1986)

Die **Angst vor dem Liebesverlust der Eltern** tritt häufig bei der Geburt eines Geschwisterchens auf. Es handelt sich dabei ebenfalls um einen Teilaspekt der Trennungsangst. Ein Buchbeispiel:

Ich hab dich lieb! sagt Olli Bär (Kenyon, 2003)

Die Angst vor **Streit oder Scheidung der Eltern:** Die Scheidung der Eltern sowie die Streitigkeiten, die der Scheidung vorangehen, lösen bei Kindern große Ängste und starke Beeinträchtigungen des Selbstwertgefühls aus, da sie, von ihren Eltern noch völlig abhängig, den Ereignissen machtlos gegenüberstehen. Erst im Volksschulalter bahnt sich Verständnis für die Motive der Eltern an, die Kinder trauern dennoch sehr und der Wunsch nach Wiedervereinigung der Eltern ist groß. Schulkinder verfügen bereits über größere Fähigkeiten, sich der eigenen Gefühle bewusst zu werden und die Probleme sachlicher zu betrachten als Kleinkinder (Fthenakis et al. 1982; Lehner 1991). In Österreich ist jedes siebente Kind von der Scheidung seiner Eltern betroffen, wobei der Prozentsatz der Kinder im Vor- und Grundschulalter besonders hoch ist. Dennoch gibt es zum Thema Scheidung nicht allzu viele Bilderbücher, u.a.:

Papa wohnt jetzt in der Heinrichstraße (Maar, 1989)

Die **Angst vor dem Verlorengehen** an einem fremden Ort (Bahnhof, Warenhaus etc.) ist eine bekannte Variante der Trennungsangst; thematisiert wird sie z.B. in:

Wo bist du, kleines Wombat! (McAllister & Fuge, 2004)
Verlauf dich nicht, Michi (Apenrade & Schulte, 2004)

1.2. Umweltängste

In den Kleinkindjahren ist auch ein hohes Ausmaß an Umweltangst zu beobachten (Sedlak/Schuch 1982). Kleinkinder können die Umwelt nur entsprechend ihren sich allmählich entwickelnden Fähigkeiten begreifen, vieles bleibt unverständlich und erregt dadurch Angst: unbekannte Geräusche, Donner, die Wasserspülung, Wasser überhaupt, dunkle Farben, Schatten, die Dunkelheit, große Gegenstände oder eine Veränderung der gewohnten Raumordnung (etwa wenn sich das Gitterbett nicht mehr an seinem gewohnten Platz befindet). Angstmachend ist natürlich auch der Umzug in eine neue Wohnung oder in ein neues Haus, bei manchen Kindern sogar der Ortswechsel in den Ferien ... Auch diese Angstformen werden behandelt:

Gehen wir heim, kleiner Bär (Waddel, 1991)
Dani Dachs hat Monsterangst (Nöstlinger & Wegscheider, 2003)

Im so genannten magischen Alter des Kindes fürchten sich Kinder auch vor Figuren aus Filmen und Büchern, vor Gespenstern, später auch vor Geistern, Hexen, garstigen Menschen etc. Sie werden oft von ihren bösen Träumen und Fantasien verfolgt. Auch im Schulalter haben Kinder noch Angst, dass jemand unter dem Bett oder im Kasten versteckt sein könnte, sie fürchten sich im Dunkeln, im Keller, auf dem Dachboden, sie halten Schatten für Geister und Hexen. Diese Aspekt wird u.a. aufgegriffen in:

Der Grüffelo (Scheffler & Donaldson, 1999)
Tanja und die Gespenster (Welsh & Oberrauch, 1992)
Die kleine Spinne spinnt und schweigt (Carle, 1988)

1.3. Realängste

Die so genannte Realangst wird von manchen Autoren (Sedlak/Schuch 1982) erst ab dem 9./10. Lebensjahr angesetzt, wenn die kognitive Entwicklung so weit fortgeschritten ist, dass das Kind sich selbstständig mit Tatsachen auseinander setzen kann, die ihm vorher verschwiegen wurden. Sexualität, Gewalt, Krankheit oder Tod, Umweltzerstörung, Arbeitslosigkeit, Hunger oder Atomkatastrophen sind Problembereiche, die vom Kindern kaum mehr fernzuhalten sind. Die meisten Kinder werden durch die Medien allerdings schon viel früher, nämlich ab dem Vorschulalter, mit solchen Themen konfrontiert.

Die Angst vor der **Umweltzerstörung** ist in österreichischen Bilderbüchern schon seit vielen Jahren kein Tabuthema mehr. Engagierte AutorInnen, wie M. Lobe oder W. Harranth, deren Bücher im Laufe der Zeit nichts an Aktualität eingebüßt haben und daher immer wieder neu aufgelegt werden, schildern die Ängste um die Erhaltung der natürlichen Umwelt aus der Sicht der Kinder. Dabei wird nicht Panik verbreitet, sondern es werden aktive Problemlösungsstrategien angeboten, an denen die Kinder selbst beteiligt sind:

Das Städtchen Drumherum (Lobe & Weigel, 1990)
Da ist eine wunderschöne Wiese (Harranth & Opgenoorth, 1990)

Die Angst, die durch die **Arbeitslosigkeit der Eltern** ausgelöst wird, scheint – obwohl Kinder auf jeder Altersstufe von der Arbeitslosigkeit ihrer Eltern mitbetroffen sind – noch immer ein Tabuthema für jüngere Kinder zu sein und sollte vermehrt in Bilderbüchern dargestellt werden. Aufgegriffen wird es in:

Mein Papa hat was verloren
(Harranth & Oppermann-Dimow, 1991)

Die Angst vor einem **Krankenhausaufenthalt** hingegen wird in einem umfangreichen Buchangebot thematisiert. Im Zuge eines Krankenhausaufenthalts kommt es nicht nur zur Trennung von der Familie und zur Begegnung mit vielen unbekannten Personen, sondern es muss auch die Angst vor Krankheiten, Schmerzen und medizinischen Behandlungsmaßnahmen bewältigt werden:

Lea muss ins Krankenhaus (Scheffler & Ginsbach, 2001)
Bald geht's mir wieder gut (Fietzek, 2001)

Die Angst vor dem **Sterben** und dem **Tod** wird in der Kinderliteratur ebenfalls umfassend behandelt. Das Todesverständnis ist im Kindesalter zwar entwicklungsabhängig, kann aber auch durch Umwelterfahrung und Erziehung beeinflusst werden. Nach Trube-Becker (1979) haben Kinder bis zum Alter von vier Jahren keine sichere Vorstellung vom Tod. Der Tod wird für einen reversiblen Vorgang gehalten. Daher zeigen viele Kinder in diesem Alter auch keine Trauer. Wenn sie dieses Gefühl dennoch zeigen, dann ist es eher als Nachahmung der Trauer der Erwachsenen zu interpretieren. Vom sechsten, siebten Lebensjahr an werden Beziehungen zwischen Krankheit und Tod erkannt und der Tod wird als etwas Endgültiges betrachtet. Es entsteht die Angst davor, Angehörige zu verlieren oder selbst zu sterben. Erst Acht- bis Neunjährige entwickeln ein realistisches Todeskonzept.

Bücher können dazu beitragen, den Tod zu enttabuisieren: Man kann über eigene Eindrücke, Erlebnisse und Gefühle sprechen, die Kommunikationsschwelle wird überwunden, es kommt zu einer Auseinandersetzung mit dem Thema. Die Sprache kann sich erweitern, denn oft findet man ja nicht ohne Hilfe die passenden Worte und Begriffe, um über seine Gefühle zu sprechen. Abwehrmechanismen, wie Verdrängung von negativen Gefühlen ins Unbewusste oder die Verleugnung des Todes sowie etwaige psychosomatische Erscheinungen können durch teilnahmsvolle Gespräche unter Umständen abgebaut werden. Durch Bilderbücher zum Thema Tod kann eventuell auch ein bevorstehender Todesfall vorbereitet werden.

Großmutter (Hübner & Höcker, 1992)
Die Blumen der Engel (Treiber & Blazejovsky, 2001)

Die Angst vor **körperlicher und seelischer Gewalt** ist in Büchern für Kinder bis etwa acht Jahren ein Tabuthema, obwohl körperliche und seelische Misshandlungen leider zur Lebensrealität vieler Kinder gehören. Internationale Untersuchungen ergeben, dass Kinder in den USA, in der BRD, in England und Österreich vom Säuglingsalter an zu etwa 60–80 Prozent mit körperlichen Strafen „erzogen" werden (Petri 1989). Zur körperlichen und seelischen Gewalt an Kindern gehört auch die sexuelle Gewalt.

Heute wird auch in Bilderbüchern die Angst bei **sexuellem Missbrauch** angesprochen. Jedes dritte bis vierte Mädchen und jeder siebte bis achte Bub werden zwischen dem 1. und 16. Lebensjahr Opfer von sexueller Gewalt. Der sexuelle Missbrauch findet zumeist in der Familie statt: Die Täter sind Väter, Stiefväter, Großväter, Brüder, Onkel. Nur sechs Prozent der Täter sind vollkommen fremde Männer (Bundesministerium f. Umwelt, Jugend u. Familie 1998, Friedrich 2001). Für Kinder und Jugendliche jeden Alters ist es unendlich schwierig, ihre Ängste zu artikulieren, denn sie werden von den Tätern bedroht, das gemeinsame „Geheimnis" nicht zu verraten.

Ängste, Schuld- und Ohnmachtsgefühle führen zu schweren psychosomatischen Störungen, wie Bettnässen, Schlafstörungen, Essstörungen, Waschzwang, Stimmungsschwankungen, Gedächtnisschwäche und schließlich zu Aggressivität oder totalem Rückzug. In Bilderbüchern wird der sexuelle Missbrauch auf verschiedenste Weise thematisiert: Bilderbücher, die zum Kennenlernen des eigenen Körpers und der eigenen Gefühle anregen sowie Bilderbücher zur Sexualerziehung sind sehr gut zur Prävention des sexuellen Missbrauchs geeignet. Mit Bilderbüchern, die den sexuellen Missbrauch expliziter darstellen, sollte man im Kindergarten allerdings sehr verantwortungsvoll umgehen.

Das große und das kleine NEIN (Braun & Wolters, 1991)
Lena hat Angst (Baumann & DelMonte, 2001)

2. Angst-Verarbeitungsstrategien

Unter Angstverarbeitungsstrategien versteht man diejenigen Verhaltensweisen, die eingesetzt werden, um das unangenehme Gefühl der Angst zu vermeiden bzw. zu reduzieren. Die Angstbewältigung ist ein Sonderfall des so genannten Coping. Unter Coping versteht man die Fähigkeiten des Menschen, mit Problemen fertig zu werden (Arndt-Pagé et al. 1983).

2.1. Ausleben von Emotionen

Eine häufige Angstverarbeitungsstrategie, die auch in Bilderbüchern gezeigt wird, besteht darin, die eigenen Emotionen auszuleben, z.B. zu weinen, zu schreien, Dampf abzulassen. In den meisten Bilderbüchern stellen allerdings das Schreien und Weinen der Kinder nur die erste Stufe der Angstverarbeitung dar, es folgen dann weitere Schritte der aktiven Angstbewältigung.

2.2. Vermeidungsstrategien

Flucht und Vermeidung der Auseinandersetzung mit der Angst sind ein weit verbreitetes Coping-Verhalten, das wir alle nur zu gut kennen. Es besteht etwa in einem Sich-Einigeln, Allein-sein-Wollen, Sich-ins-Bett-Legen oder Im-Bett-Bleiben, Grübeln etc. Ein Beispiel:

Tanja und die Gespenster (Welsh & Oberrauch, 1992)

2.3. Aktive Angstbewältigungsstrategien

Nach den Ursachen der Angst zu suchen gehört, ob das nun alleine oder gemeinsam mit jemand anderem geschieht, zu den aktiven Problemlösestrategien, die auch in Bilderbüchern angesprochen werden:

Gute Nacht, lieber Kuschelbär (Lins & Probst, 2003)

Freiwillige Konfrontation mit dem Angstauslöser: Durch dieses Verhaltensmodell wird das Selbstwertgefühl des Kindes gestärkt und ihm das Gefühl der Tüchtigkeit und des Stolzes auf seine eigene Willensanstrengung vermittelt (Schröder 1977).

Konfrontation mit dem Angstauslöser **unter dem Schutz einer Fantasiefigur:** Manchen AutorInnen gelingt es auch, die Ichstärke eines ängstlichen Kindes durch eine Fantasiefigur zu stützen. Die geheimnisvolle Kraft der Fantasiefiguren besteht darin, dass hinter ihnen freundliche, empathische Menschen stehen, die die Kinderängste ernst nehmen. Die ausgedachten Schutzfiguren unterstützen die Ichstärke der Kinder, solange sie es brauchen. Diese Vorgehensweise entspricht der bekannten verhaltenstherapeutischen Methode der systematischen Desensibilisierung, bei der die kindlichen Angstreaktionen in geborgener, entspannter Atmosphäre in kleinen Schritten abgebaut werden, bis das Kind fähig ist, allein zurechtzukommen.

Unfreiwillige Konfrontation mit dem Angstauslöser: In der Verhaltenstherapie wird manchmal auch die so genannte Konfrontationsmethode angewendet: Hier geht es darum, dass der Klient mit dem Angstauslöser konfrontiert wird, ohne die Gelegenheit zu haben, die Flucht zu ergreifen oder den Angstauslöser abwehren zu können (Butollo 1979). Diese Methode wird allerdings ausschließlich bei massiven Angstproblemen angewendet, die auf andere, schonendere Methoden nicht ansprechen. Erwachsene können selbstständig entscheiden, ob sie sich dieser Methode aussetzen wollen. Es gibt warnende Stimmen, die sagen, dass die Konfrontationsmethode bei Kindern an deren emotionale Belastungsgrenze führt (Butollo 1979). Bilderbücher, die solch eine Konfrontation des Kindes mit der Angstquelle zeigen, sollten sorgfältig geprüft werden, bevor man sie im Kindergarten verwendet.

3. Angstmachgeschichten

Angstmachgeschichten sind Erzählungen, in denen die Angst als Erziehungsmittel eingesetzt wird. Bedenklich ist, dass derartige Bücher auch heute noch gerne für Kinder gekauft werden und Bilderbuchklassiker geworden sind, obwohl sie der „Schwarzen Pädagogik" (Rutschky 1977) entstammen, die heute doch endlich als überholt gelten sollte. Zu diesen Bilderbüchern zählen z.B.:

Der Struwwelpeter *(Hoffmann):* Der Struwwelpeter kann heute nur mehr als historisches Bilderbuch gesehen werden. Es sollte keinesfalls im Kindergarten angeboten werden, denn es zeigt elementare kindliche Bedürfnisse, wie Daumenlutschen, Zappeln oder Verweigerung des Essens, die grausam bestraft werden und bei Kindern Angst auslösen können.

Die Struwwelliese *(Schmitt-Teichmann):* Dieses Bilderbuch ist ein Nachfolger des „Struwwelpeters", in ihm wird das Erziehungsverhalten der Eltern als gewalttätig und Angst einflößend geschildert.

Hatschi Bratschis Luftballon *(Ginzkey):* Angst machend für Kinder ist das plötzliche Erscheinen des Hatschi Bratschi aus der Luft, der den kleinen Fritz entführt und ihn so für sein Davonlaufen bestraft: „Der böse Hatschi Bratschi heißt er, Und kleine Kinder beißt er."

Zusammenfassend kann man sagen, dass in Kinderbüchern, die entwicklungstypische Kinderängste behandeln, jedenfalls ein positiver Schluss angeboten werden sollte, d.h. eine erfolgreiche Bewältigung der Angst durch die Hauptfigur, damit die RezipientInnen Mut und Selbstvertrauen bekommen, auch ihre eigenen Ängste zu bewältigen.

4. Methodische Hinweise zum Einsatz von Angstbilderbüchern

- Wenn man den Verdacht hegt, dass ein Kind unter Ängsten leidet, die es nicht zu formulieren vermag, kann eine Angstgeschichte als **Diskussionsauslöser,** als kommunikative Hilfe dienen, die Probleme, die hinter der Angst stehen, anzusprechen, z.B. Angstträume, Angst vor Trennung, sexueller Missbrauch. Über eigene Ängste zu sprechen ist der erste wesentliche Schritt zur Angstbewältigung. Angstträume werden anhand

von Bilderbüchern vom inneren Erleben nach außen projiziert und damit fassbar gemacht.

- Mit Bilderbüchern kann man möglichen **Ängsten präventiv** begegnen, wie etwa der Angst vor dem Krankenhaus oder der Angst vor dem Tod. Indem Kinder unbekannte Situationen und Umgebungen in Bildern und Erzählungen kennen lernen, wird ihre Angst gemildert. Auch beim Problem des sexuellen Missbrauchs können Bilderbücher im Kindergarten präventiv eingesetzt werden: Es eignen sich im Besonderen Bücher, die das Selbstbewusstsein der Kinder stärken und somit zur Prävention von sexuellen Übergriffen dienen. Kinder werden dazu ermutigt, auf ihre Gefühle zu vertrauen und im rechten Augenblick ihren Körper zu schützen. Es werden Modelle angeboten, wie man gute von schlechten Geheimnissen unterscheidet und wie man sich rechtzeitig Hilfe verschaffen kann.
- **Traumatische Situationen,** wie Fernseheindrücke oder persönliche Erlebnisse mit Krieg, Umweltzerstörung, Gewalt, Tod u.Ä., können anhand von Bildern nachträglich verarbeitet werden. Bücher, die körperliche und seelische Gewalt, wie etwa sexuellen Missbrauch, in Einzelheiten realistisch darstellen, gehören in die Hand von KindertherapeutInnen, die fachlich dazu ausgebildet sind, Kinder auf ihrem langen Weg der seelischen Genesung zu begleiten.
- Um das **Selbstwertgefühl** von ängstlichen Kindern zu **stärken,** kann man ihnen das erfolgreiche Verhalten der Kinderbuchfiguren als Identifikationsmodell anbieten.
- Auch in der **Bibliotherapie** können Angstbilderbücher sinnvoll Verwendung finden, indem die Kinder ihre eigenen oder ähnliche Krankheiten wiedererkennen und ihre Gefühle ausdrücken können.
- Sehr wichtig ist die **Anteilnahme und Betreuung durch die Erwachsenen** bei der Rezeption von Kinderliteratur, in der Ängste dargestellt werden. Kinderbücher, die Angstsituationen thematisieren, müssen individuell für die Bedürfnisse der Kinder ausgewählt werden: In Einzelgesprächen oder in Kleingruppen können Ängste angesprochen und fomuliert werden. Körperkontakt, Augenkontakt und Gespräche, die an den Gefühlen der Kinder orientiert sind, schaffen Intimität und Vertrauen. Das Einfühlungsvermögen der KindergartenpädagogIn und viel Geduld sind wichtige Voraussetzungen für eine geglückte Angstbewältigung.

Literatur

Arndt-Pagé et al. (1983): Klassifizierung von Copingverhalten. In: Diagnostica XXIX, S. 183–189

Bowlby, J. (1976): Trennung. München: Kindler TB

Bundesministerium f. Umwelt, Jugend und Familie (Hg.) ([2]1998): (K)ein sicherer Ort. Sexuelle Gewalt an Kindern. Wien

Butollo, W. (1979): Chronische Angst. Theorie und Praxis der Konfrontationstherapie. München: Urban & Schwarzenberg

Freud, S. (1969): Vorlesungen zur Einführung in die Psychoanalyse. Neue Folge der Vorlesungen zur Einführung in die Psychoanalyse. Frankfurt/Main: S. Fischer

Freud, S. (1940): Totem und Tabu. In: Gesammelte Werke, Bd. IX. London

Friedrich, M. H. ([2]2001): Tatort Kinderseele. Sexueller Mißbrauch und die Folgen. Wien: Ueberreuter

Fthenakis, W. E./Niesel, R./Kunze, H. R. (1982): Ehescheidung. Konsequenzen für Eltern und Kinder. München, Wien, Baltimore: Urban & Schwarzenberg

Hartmann, W. (1986): Psychologische, pädagogische und soziologische Aspekte bei der Rezeption von Kinder- und Jugendliteratur. Wien: Jugend & Volk

Krohne, H. (1975): Angst und Angstverarbeitung. Stuttgart: Kohlhammer

Lehner, I. M. (1991): Die Problematik der elterlichen Trennung und Scheidung in der zeitgenössischen Kinder- und Jugendliteratur. Frankfurt/Main: Fischer

Levitt, E. (1987): Die Psychologie der Angst. Stuttgart: Kohlhammer

Mussen, P. H./Conger, J. J./Kagan, J./Huston, A. C. (1999): Lehrbuch der Kinderpsychologie. Stuttgart: Klett-Cotta

Nissen, G./Trott, G. E. ([3]1999): Psychische Störungen im Kindes- und Jugendalter. Berlin: Springer

Petri, H. (1989): Erziehungsgewalt: zum Verhältnis von persönlicher und gesellschaftlicher Gewaltausübung in der Erziehung. Frankfurt/Main: Fischer

Rutschky, K. (Hg.) (1977): Schwarze Pädagogik. Berlin: Ullstein

Schröder, G. (1977): Verhaltenstherapie mit Kindern und Jugendlichen. München: J. Pfeiffer

Sedlak, F./Schuch, B. (1982): Schach der Angst. Wien: ÖBV

Trube-Becker, E. (1979): Suizid im Schulkindalter. In: Münch. med. Wsch. 121, S. 481–484.

Der Beitrag wurde erstmals in „Unsere Kinder“ 3/1995 publiziert; Überarbeitung 2005.

Elfie Kainz-Kazda

„Ein Bilderbuch ist die erste Galerie, die ein Kind besucht"

Kriterien für die Beurteilung von Bilderbuchbildern

Bilderbücher werden immer noch in erster Linie nach Inhalt und Sprache begutachtet. Ihr ästhetisches Potenzial wird dagegen kaum berücksichtigt. Dies, obwohl der Markt etwa seit den 1970er Jahren verstärkt so genannte anspruchsvolle Bilderbücher produziert. Und damit meine ich nicht allein Bücher, die sich mit schwierigen Themen befassen, sondern vor allem Bücher, deren Illustrationen jenseits der tradierten Bildstile liegen. Seither beobachte ich eine große Unsicherheit von Erwachsenen im Umgang mit Büchern von hoher künstlerischer Qualität, besonders dann, wenn es um ihre Beurteilung geht.

Das Bild in unserer Gesellschaft

Obwohl unsere Gesellschaft in einer zunehmend vom Optischen dominierten Welt lebt, leidet das Medium Bild an einer weit verbreiteten Unterschätzung. Bilder werden in erster Linie wegen ihres Unterhaltungswerts geschätzt, wogegen für ernste Informationen das Symbolsystem der Sprache vorgezogen wird. In einer Studie zeigt sich schon bei Zehnjährigen, dass sie der Meinung sind, beim Bildverstehen wenig, beim Textlesen dagegen viel mentale Anstrengung investieren zu müssen. Bilder kann man demnach „gedankenlos" verarbeiten. Ein weiteres Indiz für die Unterschätzung des Mediums Bild zeigt ein Blick in unsere Erziehungsinstitutionen. Hier werden mit großem Aufwand die Kulturtechniken Lesen und Schreiben – für den Umgang mit sprachlichen Symbolsystemen – vermittelt, der Aufbau einer visuellen Kompetenz für den Umgang mit piktoralen Signalen und Botschaften bleibt jedoch vernachlässigt. Die meisten SchulabgängerInnen sind im Bezug auf das „Lesen" von Bildern als AnalphabetInnen zu bezeichnen. Es fehlt ihnen an „visual literacy", ein Ausdruck, für den sich bezeichnenderweise keine adäquate Übersetzung ins Deutsche findet. Die Forderung nach einer Alphabetisierung im Umgang mit Bildern – sowohl im Hinblick auf das Bildverstehen als auch auf das produktive und kreative Tun mit bildlichen Ausdrucksmöglichkeiten – scheint daher einleuchtend. Ein Anspruch, den die Medienpädagogik seit Jahren nicht nur im Bezug auf das Bild stellt, sondern für alle Medien.

Bilderbuch – Fibel des Bilderalphabets

Traditionell wurde und wird (auch heute noch) das Bilderbuch als Vorform des eigentlichen Textbuches betrachtet, bei dem das Bild nur eine unumgängliche Durchgangsphase zum gedruckten Wort bedeutet. Dabei besitzen wir gerade mit dem Bild im Bilderbuch ein Medium, das bereits beim Kindergartenkind zum Aufbau eines ersten Bildverständnisses beitragen kann – vorausgesetzt, der Erwachsene nimmt diese Möglichkeit wahr und versteht das Bilderbuch nicht nur als Mittel zur Leseerziehung.

Heinrich Wolgast und die Kunsterzieherbewegung der Wende vom 19. zum 20. Jh. forderten für das Bilderbuch Einfachheit des bildnerischen Stils, bunte Farben, Harmonie und Verzicht auf Fremdartiges, Dunkles und Bedrohliches. Das bedeutet aber oft auch Idyllisierung, Typisierung und Verniedlichung.

Diese Vorgaben prägen noch heute die Auswahl und den Einsatz von visuellen Medien im Kindergarten, in der Schule und in der Freizeitgesellschaft. Um das Bilderbuch als „Fibel des Bilderlesens" begreifen zu können, ist es notwendig, sich von diesen traditionellen Leitlinien zu verabschieden.

Eine systematische Ausbildung des Wahrnehmungsvermögens (das selbstverständlich auch Wahrnehmungsgenuss beinhaltet), aber auch der Kritikfähigkeit kann über das Bilderbuch erfolgen. Vorausgesetzt, der Erwachsene nimmt das ästhetische Potenzial des Bilderbuchs wahr und versteht es zu nützen. Durch ein vielfältiges Bildangebot im Bilderbuch kann er der Bilderflut der

Medienkultur begegnen und zu einem kritischen und selbstbewussten Umgang mit anderen Medienbildern anregen.

Dazu braucht man Bücher, die sich dieser Situation stellen. Bücher, die Kindheit nicht als Schonraum begreifen, sondern Schwieriges, Fremdes, Ungewohntes, Mehrdeutiges, Unfertiges zulassen. Das verlangt aber auch, dass Erwachsene ihre häufig nostalgische und sentimentale Blickweise auf Kindheit aufgeben und sich der Provokation von Bildangeboten jenseits der Idylle stellen.

Auch Kinder leben in dieser unheilen Welt und wollen sich bewähren; sie brauchen daher beides, einerseits ruhige, bunte, harmonische Illustrationen, Bilder, deren Bildsprache ihnen vertraut ist, die das Gefühl von Geborgenheit vermitteln und zum Ausrasten einladen. Andererseits haben Kinder auch ein Anrecht auf Illustrationen, die sich nicht auf den ersten Blick erschließen, die Neugierde, Spannung und Befremden erzeugen, auch auf solche, die bedrohlich wirken. Erst eine Vielfalt von Bilderfahrungen, die diese Pole und alles, was dazwischenliegt, mit einschließt, wird das Kind zum „Bildleser" machen, das heißt zu „visual literacy" führen.

Um noch einmal die Metapher der Fibel auf das Lesen von Bildern anzuwenden: Es ist für alle PädagogInnen einsichtig, wie sie mit Lesebuch (Fibel) und Lesemethode den Lernprozess fördern können. Seltsamerweise gehen wir beim Bild von anderen Annahmen aus. Häufig stellen wir Kindern über mehrere Entwicklungsstufen hinweg Bilder zur Verfügung, die sie unterfordern, die nichts anderes als eine Zugabe zum Text darstellen und unseren unreflektierten Vorstellungen von Kindheit entsprechen. Künstlerisch anspruchsvolle Bilder werden gemeinhin dem Erwachsenenalter zugeordnet, der Zugang sollte sich demnach ab einem gewissen Alter von selbst ergeben.

Wenn Kinder die Chance erhalten, in komplexe Bilderwelten hineinzuwachsen, lässt sich das immer wieder ins Treffen geführte Argument, Kinder mögen anspruchsvolle Illustrationen nicht, leicht entkräften: Denn Freude kann man nur an etwas haben, zu dem man einen Bezug entwickelt hat, mit dem man gut umzugehen vermag. – Bekanntlich gibt es ja auch Kinder, die keine Bücher mögen, und trotzdem ist es allen pädagogisch verantwortlichen Erwachsenen ein Anliegen Kinder zu LeserInnen zu machen.

Unsere Kinder gehören der Mediengeneration an, ihr Lernen an Bildern vollzieht sich in einem viel größeren Rahmen und an ihr Bildverständnis werden bereits sehr früh hohe Anforderungen gestellt. Es ist daher anzunehmen, dass das heutige Kind in seiner Wahrnehmung wesentlich weiter entwickelt ist. Eine Annahme, die wissenschaftlich nicht bestätigt werden kann, da weder eine Bilder- noch eine Bilderbuchforschung existiert, die sich mit Wahrnehmungsprozessen bei Kindern befasst.

Das Bilderbuch – Erstbegegnung mit Kunst

Das Bilderbuch ist jedoch nicht nur ein Hilfsmittel, das zum Aufbau von Bildverständnis und visueller Kompetenz beim Kind beitragen kann. Gleichzeitig kann es Erstbegegnung mit Kunst bedeuten, eine Begegnung sein, die sich auf sein zukünftiges Kunstverständnis auswirkt. „Ein Bilderbuch ist die erste Galerie, die ein Kind besucht!", betonte die bekannte Bilderbuchillustratorin Kveta Pacovska einmal.

Kinder sind in ihrer ästhetischen Sozialisation auf gezielte Anregungen von Erwachsenen angewiesen. Das kann natürlich nicht durch bekannte, täglich erlebte Bildangebote geschehen. Erweitern wir daher unser Repertoire und ermöglichen wir unseren Kindern auch den Zugang zu unbekannten und fremdartigen ästhetischen Angeboten!

Daraus ergibt sich die Notwendigkeit, dass sich der Erwachsene für verschiedene bildnerische Darstellungsformen, wie unterschiedliche Stilrichtungen, Gestaltungstechniken, Motive und Themen interessieren muss, auch wenn sie auf den ersten Blick fremd und unverständlich erscheinen.

Anspruchsvolle künstlerische Illustrationen sind sehr häufig an märchenhafte, poetische Geschichten gebunden. Und die Spanne bildnerischer Lösungen bei Illustrationen für Kinder ist unendlich groß. Je nach Bildinhalt und Gestaltung geht die Beurteilung von Bilderbuchbildern nach einem ersten Eindruck auf den bildnerischen Stil und das Bildkonzept über. In der Folge werden die Art der Darstellung von Menschen, Tieren, Gegenständen und Pflanzen, der Einbezug von Raum, Ort und Zeit untersucht. Bei der farblichen Gestaltung sind sowohl die verwendeten Farben als auch die verwendeten Techniken aussagekräftig.

Ein wichtiges Kriterium ist die inhaltliche und atmosphärische Entsprechung von Text und Bild, d.h., inwieweit die Bilder den Text bereichern, die Geschichte verdeutlichen oder über sie hinausreichen. Auch das Layout des Buches, die Spannung zwischen Text und Bild ... tragen zur Qualität eines Bilderbuches bei, ebenso die Ausstattung des Buches (Format, Papierqualität, Einband ...).

Natürlich greift es zu kurz, über Bilder nur zu schreiben. Bilder muss man sehen. Daher lade ich Sie ein, die hier angeführten Kriterien anhand der Bilder und detaillierten Informationen in meinem Beitrag in „Unsere Kinder" 2/2000 nachzuvollziehen.

Hexen, Riesen, Zauberer – Wer kennt sie schon?

Bevor Sie weiterlesen, möchte ich Sie zu einem Experiment einladen: Stellen Sie sich doch einmal eine Hexe vor und schreiben Sie die Hauptmerkmale jener Gestalt auf, die Sie in Ihrem Inneren vor sich sehen.

Dieses Experiment habe ich bei meinen Fortbildungen mit vielen TeilnehmerInnen durchgeführt und zum allgemeinen Erstaunen bekomme ich meist, bis auf wenige Ausnahmen, die folgende Antwort: Eine Hexe sei alt und hässlich, sie habe ein faltiges Gesicht mit einer Hakennase und einer Warze, ein herunterhängendes Kinn und trage ein Kopftuch. Ihr Körper ist durch einen Buckel verunstaltet und sie trägt ein zerlumptes Kleid, eventuell mit Flicken darauf. Es sind Bilder, die wir nicht als innere Bilder im wahrsten Sinne des Wortes bezeichnen können, sondern vorgefertigte Vorstellungen, die unreflektiert von klischeehaften Illustrationen übernommen sein dürften. Unser Hexenbild ist zusammengesetzt aus vielen Attributen, von denen jeweils eines oder zwei bereits vermitteln, dass wir es mit dieser magischen Figur zu tun haben. Künstlerisch anspruchsvolle Illustrationen, die sehr wohl auf die Textbeschreibung eingehen, lassen Freiraum für eigene Vorstellungen und fordern die Fantasie heraus.

Dies trifft jedoch nicht nur auf Hexen zu, sondern ebenso auf alle anderen magischen Gestalten wie Riesen, Zwerge, Kobolde, Zauberer, Feen und andere mehr. Die Auseinandersetzung mit dieser Thematik erscheint daher höchst notwendig.

Waldorf-Anhänger werden sicherlich argumentieren, dass Kinder für Märchen keine vorgegebenen Bilder brauchen. Darauf möchte ich mit einem Zitat der Scholastik antworten: „Nichts ist im Verstande, was nicht vorher in den Sinnen gewesen wäre." Eine Aussage, die mir auch auf das Bildverstehen zuzutreffen scheint. Im Übrigen variiert die berühmte italienische Pädagogin Maria Montessori diesen Satz, indem sie behauptet: „Es muss alles in den Sinnen sein, bevor es im Geiste ist." Bekommen Kinder keine Anregung für ihre Vorstellungen, so müssen sie sich zwangsläufig an den Seherfahrungen ihrer Umgebung orientieren.

Anzunehmen, dass Kinder mit einem Reservoir an eigenen inneren Bildern geboren werden, erscheint schwer vorstellbar. Sollte es aber doch so sein, so wage ich die Behauptung, dass die Bilderflut unserer Mediengeneration diese inneren Bilder zwangsläufig verschüttet. Vielleicht ist es daher möglich mit komplexen, differenzierten Illustrationsangeboten Kindern wie Erwachsenen wieder Ahnung von und Zugänge zu verschütteten Vorstellungswelten zu geben.

Literatur

Haas, G. (Hg.) (1984): Kinder- und Jugendliteratur. Stuttgart: Reclam

Kainz-Kazda, E. (1991): Das ästhetische Potenzial des Bilderbuches – eine ungenutzte Chance. In: Unsere Kinder 6, S. 126–133

Kainz-Kazda, E. (2000): Kriterien für die Beurteilung von Bilderbuchbildern. In: Unsere Kinder 2, S. 43–49

Sahr, M./Schlund, A. (1992): Handbuch Bilderbuch in der Grundschule. Regensburg: Wolf

Schaufelberger, H. (1989): Bilder sind gefährlich. In: kindergarten heute 1, S. 26–34

Thiele, J. (Hg.) (1985): Bilderbücher entdecken. Oldenburg: Isensee

Thiele, J. (1988): Idylle und Irritation – zum Selbstverständnis der Bilderbuchillustration. In: Ergebnisse der 24. Tagung des Internationalen Instituts für Jugendliteratur und Leseforschung (Formale Aspekte der Kinder- und Jugendliteratur). Salzburg, 24.–28.8.1988

Thiele, J. (1993): Magie und Mittelmaß. In: Baustein für Rezensenten II/Oktober 1993, Fernkurs für Kinder- und Jugendliteratur. Herausgegeben von der Studien- und Beratungsstelle für Kinder- und Jugendliteratur.

Wulf, Ch. (Hg.) (1984): Wörterbuch der Erziehung. München: Piper

Der Beitrag in längerer Form (mit Illustrationsbeispielen) wurde erstmals in „Unsere Kinder" 2/2000 publiziert.

Christine Gauster

Brauchen Kinder Märchen?

„Kinder brauchen Märchen" – dieses Buch von Bruno Bettelheim hat dem Märchen nach seiner „Ächtung" in den leistungsorientierten und aufgeklärten 1970er Jahren einen ungeahnten neuen Aufschwung verschafft. Es gibt sogar wieder MärchenerzählerInnen, die dies professionell tun und ihre Existenz darauf aufgebaut haben. – Ist nun diese „Märchenwelle" nur eine Modeerscheinung, ein Pendelausschlag nach der anderen Seite – oder steckt mehr dahinter?

Für mich begann ein ganz intensives Fragen und Suchen, als ich erkannte, dass „Märchen" nicht allein die bekannten Märchen der Brüder Grimm bedeuten. Die Entdeckung des europäischen und außereuropäischen Märchengutes mit seinen Gemeinsamkeiten in wesentlichen Dingen und seinen regional bedingten Abweichungen und Spielarten machte mir deutlich, wie sehr Märchen das „Lebenswissen" der Menschheit enthalten, Antworten auf entscheidende Lebensfragen geben – ursprünglich vor allem für Erwachsene.

1. Vom Zauber der Märchen

Was macht denn nun wirklich ein Märchen aus? Ist es allein das Fantastische, Zauberhafte? Ist es der charakteristische Handlungsablauf mit dem üblichen guten Ende? Was darf beim Erzählen von Märchen unter keinen Umständen fehlen? Und wo gibt es Möglichkeiten freieren, individuellen Gestaltens, ohne dass das Märchen verfälscht wird?

Es war der Vergleich von Märchen verschiedener Länder, der mir Antworten brachte. (Ich beziehe mich allerdings nur auf die „zentrale" Märchengattung, nämlich auf das Zaubermärchen; außer Acht lasse ich hier Schwankmärchen, Fabeln und Märchen mit sagen- und legendenhaften Zügen.)

Gemeinsam ist allen Zaubermärchen ein charakteristischer Handlungsgang, der sich unschwer als menschliches Entwicklungs- und Reifungsgeschehen deuten lässt: Aus einer Situation des „Mangels" (Armut, Krankheit, Ungeliebtsein, übergroße Sehnsucht ...) erfolgt der Aufbruch bzw. die „Austreibung" oder das „Abgeholtwerden" des Helden bzw. der Heldin. Oft ist hier bereits ein scheinbar „böses", jedenfalls unheimliches Wesen im Spiel. Dem Aufbruch folgt der Weg mit all seinen Fährnissen, Begegnungen und Chancen, schließlich kommt es zu einer entscheidenden Begegnung, die zur Auseinandersetzung mit dem Bösen – direkt oder in seinen Auswirkungen, beispielsweise mit Verwünschungen – führt, zugleich aber die wichtigste Chance der Entwicklung und Verwandlung bedeutet. Auch das scheinbare Scheitern des Helden ist hier möglich, das aber wieder in neue Entwicklungen führt. Dieses Unterwegssein, Begegnen und Auseinandersetzen kann sich mehrmals wiederholen, oft in der bekannten dreimaligen Steigerung, bis endlich das „gute Ende" da ist. – Erlösung, Hochzeit, Königtum, Finden von Schätzen, bereicherte Heimkehr sind nur Bilder für das „Endziel": Das Leben gelingt!

Manchmal sind es mehrere, die da ausziehen: Zwei oder drei Brüder oder Schwestern – eine/r kommt zum Ziel, der/die andere/n aber nicht (z.B. Goldmarie – Pechmarie). Hier muss nun etwas ganz Wesentliches zur „Bedingung des Gelingens" und zum Wesen „des Helden/der Heldin" angemerkt werden: Nicht großartige Taten sind es, die zum Ziel führen, nicht einmal aufopfernde Hilfsbereitschaft – es ist die Offenheit, die Bereitschaft zur Antwort (zur Verantwortung?), die Aufmerksamkeit, das Wahrnehmen und Sich-wahrnehmen-Lassen, die Bereitschaft, sich dem „Fremden" zu stellen, sowie die Sensibili-

tät für das situativ Nötige. – In einem slawischen Zweibrüdermärchen ist es das bloße Erteilen bzw. Verweigern der Antwort auf die Frage „Wohin gehst du?“, das über Gelingen und Misslingen entscheidet; der „gescheite Hanse“ in einem Schweizer Märchen hat Tiersprachen erlernt und erlauscht im richtigen Moment das Richtige, weil er den Tieren zuhört; die Goldmarie greift dort zu, wo es nötig ist; manche Helden erwerben sich die Hilfe von Tieren, weil sie etwa einen verschmachtenden Fisch wieder ins Wasser setzen, eine Ameise mit einem verletzten Bein wieder in den Ameisenhaufen tragen – es sind unspektakuläre Kleinigkeiten, aber sie zeigen die „universelle Beziehungsbereitschaft“ der Heldin/des Helden, auf die es eben ankommt. Zumeist ist es die/der Kleine, Letzte, Verachtete, Dumme, die/der letztlich die Bedingungen erfüllt, HelferInnen zu finden weiß und mit deren Beistand – nie aus eigener Kraft! – auch die unlösbaren Aufgaben (die „Quälaufgaben“ der Bösen) erfüllen kann und so das Lebensziel erreicht.

2. Wichtige Botschaften

Folgende Aussagen sind wichtige Botschaften, die wir unseren Kindern nicht vorenthalten wollen:

- Du darfst hoffen, dass das Leben Sinn hat, dass es gelingen kann!
- Du musst dich nur auf eben dieses Leben einlassen, dich deiner Umgebung – den Menschen, der Natur, den Dingen – öffnen und dich nicht verweigern!
- Du darfst auch Angst haben, Fehler machen, musst nicht alles selbst tun, darfst dir helfen lassen!
- Du hast auch Chancen, wenn du dich klein, schwach, ausgegrenzt, abgelehnt, ungeliebt ... fühlst!

Glücklicherweise haben Kinder ihre eigenen Methoden, sich aus Erzähltem und Vorgelesenem, aus Geschichten und Bilderbüchern das für sie Wesentliche herauszuholen: Sie identifizieren sich mit einer Figur, sie projizieren weniger geliebte Anteile ihrer Person auf Figuren – und so entscheiden sie intuitiv für sich selbst, was für sie gilt, wer sie überhaupt in dieser Geschichte sein wollen. Und wenn ein Kind für sich selbst entschieden hat: „Diese Sache könnte auch für mich gelten, das könnte ich sein“, übersetzt es sich seine Botschaft selbst, und zwar folgendermaßen:

- Ich darf hoffen, dass das Leben Sinn hat, dass es gelingt.
- Ich muss und kann mich meiner Umwelt öffnen.
- Ich darf Angst haben, Fehler machen, mir helfen lassen.
- Ich habe auch Chancen, wenn ich klein usw. bin.

Zentrale Botschaften des Märchens scheinen mir aber auch jene zu sein:

- Im Leben gibt es Gutes und Böses nebeneinander. – Dem, der sich auf den Weg macht, kann alles zur Chance werden, zur Reife und zum Ziel des Lebens zu gelangen.
- Unscheinbares, Verachtetes, Hässliches ... gewinnt Bedeutung, wird verwandelt, wird zum Auslöser für entscheidende Vorgänge.

Dadurch kann das Märchen einen großen Stellenwert in therapeutischen Prozessen, im präventiven Bereich sowie für die Persönlichkeitsbildung überhaupt gewinnen. Märchen können auch „gezielt“ angeboten werden, da sie zunächst allgemeine Probleme des Kindseins ansprechen, vor allem aber jene Ängste thematisieren, die bei ungünstigen Erziehungs- und Beziehungssituationen zu Verhaltensproblemen führen:

- Die Angst vor dem Verlassenwerden, dem Verlust des Kontaktes
- Die Angst vor dem Fremden, Unvertrauten
- Die Angst vor der Loslösung, vor dem Selbst-sein-Müssen
- Die Angst vor Bedrohung und Vernichtung
- Die Angst, die aus der Ahnung von Sexualität und Tod entsteht

Bei der Verarbeitung von Angst können Märchen hilfreich sein oder sogar Handlungsmodelle anbieten, vor allem für den Umgang mit dem Bösen und Bedrohlichen. Dies scheint mir aus therapeutischer Sicht besonders wichtig, haben wir PädagogInnen doch durch die Überbetonung des „Positiven“ in Kinderspiel und Kinderliteratur und durch unsere Versuche, den Kindern ihre Ängste auszureden, eher das Gegenteil erreicht: Kinder haben nach wie vor Angst und um sie loszuwerden, wenden sie sich den medial aufbereiteten „Monstern“ zu – und konsumieren mit ihnen dann aber auch die mitgelieferten Storys und Ideologien, deren „Botschaften“ oft mehr als bedenklich sind. Ich denke hier an die Verherrlichung und Verabsolutierung von Gewalt ohne Aussicht auf deren Überwindung. Daher halte ich es für ganz wichtig, Kindern ihre Projektionsfiguren nicht wegzunehmen, sondern ihnen solche auch anzubieten, wie es eben in Märchen geschieht.

3. Die Darstellung des Bösen

Im Hinblick auf die Auswahl und Erzähltechnik von Märchen stellt sich nur die unvermeidliche Frage nach den Grausamkeiten, der Gewalt, dem „Bösen“ im Märchen. Hier sind die meisten Vorbehalte zu orten. Auch wurden und werden den Märchen gelegentlich „rassistische Tendenzen“ angedichtet, denn die schwarze Farbe bedeute vielfach das Böse, dies lasse Vorurteile gegen dunkelhäutige Menschen entstehen ...

Die Methode des interkulturellen Vergleiches, ergänzt durch das Heranziehen der bereits sehr umfangreichen wissenschaftlichen Literatur über das Märchen, ergibt zunächst, dass „Dunkel“ und „Schwarz“ nur in ganz wenigen Ausnahmefällen (vor allem in literarischen Bearbeitungen) zur Verbildlichung des „Bösen“ dient, sondern des „Verwünschten“, des Erlösungsbedürftigen, auch des Verborgenen, Verhüllten, Unbekannten, das natürlich zunächst durchaus unheimlich wirken kann.

Für die wirklich „Bösen“ hingegen gibt es andere Bilder bzw. Figuren: Da sind einmal jene, die aufs Verschlingen und Fressen aus sind, die mit roher Gewalt agieren: Drachen, Lindwürmer, Ungeheuer, Wölfe, Riesen. In norwegischen Märchen sind es die Trolle (sie haben manchmal bis zu zwölf Köpfe), in griechischen Märchen entsprechen die Draken den Ungeheuern. (Allerdings lassen sie sich auch manchmal übertölpeln, sogar in den Dienst nehmen wie durch den „Trommler“ bei Grimm, der schließlich von Riesen an sein Ziel getragen wird. In einem lustigen sardischen Märchen müssen die Drachen der Heldin die Körbe mit Werkzeug nachtragen.) – Dann gibt es noch die „hexenhaften Figuren“: Sie morden nicht nur, sie verwünschen, verzaubern, intrigieren, manipulieren, täuschen Bedürftigkeit vor, lassen sich helfen, um den Helden in ihre Gewalt zu bekommen, sie stellen unerfüllbare Aufgaben, sie tricksen die richtige Braut aus; sie agieren jedenfalls auf einem intellektuell höheren Niveau. – Und schließlich gibt es noch den Teufel (der eher in den Sagenmärchen vorkommt). Vielfach aber wird er überlistet, man kann Verträge mit ihm abschließen, die er sogar einhält.

Es fällt auf, dass die „Bösen“ nirgends näher beschrieben sind. Das Märchen teilt uns wenig darüber mit, wie sie aussehen könnten. Es wird eher mitgeteilt, welche Eigenschaften sie haben, vor allem aber, was sie tun. Unübersehbar aber haftet ihnen allen etwas „Hypertrophes“ an, etwas „Unverhältnismäßiges“. Sie sind überstark, übermäßig triebhaft oder aber sie haben übergroße zauberische Fähigkeiten. Irgendeine Eigenschaft, eine Fähigkeit, die an sich durchaus positiv gesehen werden kann, ist „ausgeufert“, beherrscht das Wesen, ist übermächtig geworden: die Kraft, die Triebhaftigkeit oder der Intellekt.

Es ist auch selten, dass die Bösen als „hässlich“ bezeichnet werden; hässliche Figuren (wie die „Zottelhaube“ in einem norwegischen Märchen oder das Ungeheuer in dem Märchen „Die Schöne und das Tier“) sind – so wie die „dunklen“ Figuren – ebenfalls Verwünschte, Verzauberte, die oft mit übernatürlichen Kräften und hilfreichen Fähigkeiten ausgestattet sind.

Hie und da spiegeln sich regionale geschichtliche Erfahrungen wider – so kommen im Märchen des Mittelmeerraumes gelegentlich „der Türke“ oder „der Mohr“ als Verbildlichung des Bösen vor; solche Feindbilder gehören nicht zum Wesentlichen des Märchens, sie sind eben Erinnerungen an ganz spezifische Erlebnisse und Bedrohungen. Sie können beim Erzählen bedenkenlos weggelassen oder ausgetauscht werden und sollen uns die Freude an den Märchen ihrer Herkunftsländer nicht nehmen.

4. Grausamkeiten um jeden Preis?

Neben den verschiedenen Untaten der „Bösen“ im Verlaufe des Märchens sind die auffallendsten „Grausamkeiten“ aber mit deren Überwindung verbunden: Ungeheuer werden erschlagen, Wölfen wird der Bauch mit Steinen gefüllt, Drachen werden geköpft, Hexen werden verbrannt, zu Tode geschleift, zerrissen, müssen sich zu Tode tanzen – neben historischen Anklängen an die Gerichtsbarkeit des Mittelalters steht hier aber auch die Forderung, das Böse müsse am Schluss „so tot wie nur möglich“ sein. Für die meisten Kinder ist es sehr wichtig, dass der Bösewicht nie mehr wiederkommen kann.

Die Frage, ob wir auf abschließende „Hexenhinrichtungen“ und Ähnliches verzichten können, möchte ich offen lassen. (Ich habe auch schon von einem Kind gehört, das weinte, als die Hexe in „Hänsel und Gretel“ verbrannt wurde; es hatte sich anscheinend mit einer der „lieben Hexen“ aus der neueren Kinderliteratur identifiziert und den großen Handlungsbogen des Märchens nicht mitvollzogen.) – Es muss aber wirklich nicht immer die „Hinrichtung“ (im Sinne einer zusätzlichen Bestrafung) sein. Der Märchenvergleich quer durch die verschiedenen Länder ergibt eine erstaunliche Vielfalt, wie „die Bösen“ unschädlich gemacht werden können bzw. sich selbst aus dem Verkehr ziehen: Da gibt es Hexen und Zauberer, die davonlaufen und nicht mehr gesehen werden, sich in Luft auflösen; eine norwegische Hexe rennt sich auf der Flucht an der niederen Türe ihres Hauses den Schädel ein, die Hexe in „Jorinde und Joringel“ kann einfach nicht mehr zaubern, andere Bösewichter ertrinken oder zerplatzen bei der Verfolgung des Helden usw. – Man sieht also, es gibt hier einen gewissen Spielraum; was die Verbildlichung des endgültigen Sieges über das Böse betrifft.

In nicht wenigen Märchen wird lediglich die Macht des Bösen gebrochen, indem die Erlösung erfolgt, die Verwünschung aufgehoben wird: Froschkönig und Eisenhans beispielsweise erhalten ihre menschliche Gestalt zurück, ohne dass wir überhaupt erfahren, wer sie verwünscht hat. – Trotzdem entsteht das befreiende Gefühl: Alles ist gut, das Böse ist überwunden ...

In manchen Märchen kommt es sogar zur Versöhnung mit den Bösewichtern, vor allem, wenn diese Menschen sind. Ich wage nicht zu behaupten, ob dies eine märchentypische Variante ist oder aber eine Beeinflussung durch christliches Gedankengut.

5. Welche Märchen für welche Kinder?

Märchen waren ursprünglich Unterhaltung für Erwachsene und Lebenshilfe zugleich. – Es spiegeln sich in ihnen unterschiedliche Ausschnitte aus dem menschlichen Reifungsgeschehen. So gibt es ausgesprochene „Pubertätsmärchen“, in denen es um den Wandel des Kindes zum Erwachsenen geht (z.B. „Dornröschen“), aber auch Märchen, in denen man den ersten „Aufbruch“, ja das Ausgetriebenwerden von Kindern aus der familiären Geborgenheit sehen kann (z.B. „Hänsel und Gretel“, „Brüderchen und Schwesterchen“). Andere Märchen wieder befassen sich mit der Entwicklung von Menschen innerhalb der Partnerschaft („Jorinde und Joringel“ bzw. die Märchentypen vom Tierbräutigam oder der falschen Braut).

Ich meine nun, man sollte bei der Auswahl nicht so sehr auf das einzelne Märchen und seine „Kindgemäßheit“ schauen, sondern darauf, welche Entwicklungsschritte und welche Lebensfragen den jeweils anzusprechenden Kindern am nächsten stehen, für sie von Bedeutung sind. Das kann durchaus auch einmal ein Vorgriff auf Kommendes sein, das Kinder vielleicht schon ahnen! – Es ist jedenfalls günstig, sich selbst ein „Repertoire“ von Märchen anzulegen (bekannte und weniger bekannte Märchen aus verschiedenen Ländern, „Kettenmärchen“, einige lustige Schwankmärchen und eher ernsthafte Zaubermärchen) und sich vor allem selbst klar zu werden, wovon denn nun eigentlich die Rede ist. Hiefür empfiehlt sich das Studium der reichhaltigen Literatur über das Märchen (vgl. Literaturangaben).

6. Hinweise für die Erzählpraxis

Wie „frei“ darf ich nun überhaupt mit dem Märchen umgehen, damit die vorhin skizzierten therapeutischen, präventiven und persönlichkeitsbildenden Aspekte zum Tragen kommen? Was muss ich beim Erzählen, Ausschmücken, Weglassen ... beachten, damit das Märchenerzählen nicht allein zu einem freien Spiel der Fantasie oder zu einer rein literarästhetischen Darbietung wird, sondern dass die wesentlichen „Botschaften“ deutlich werden, sodass sich unter Umständen einzelne Kinder in ihren Problemen und Nöten ganz persönlich angesprochen fühlen – vor allem in Bezug auf die Botschaft, dass alles, Gutes und Böses, zum Anlass für Entwicklung und Wandlung werden kann?

- Das bereits skizzierte Handlungsschema mit seinen wesentlichen Elementen (Aufbruch – Weg – Begegnungen – Auseinandersetzung – Gelingen des Lebens) soll klar zum Ausdruck kommen.
- Die Gestalt der Heldin/des Helden soll in ihrer märchentypischen Charakteristik „stimmen“: Sie/Er zeichnet sich vor allem durch Offenheit und Beziehungsfähigkeit aus, darf aber Angst haben, Fehler machen, Hilfe annehmen. (Diese Charakteristik unterscheidet MärchenheldInnen ganz wesentlich von Comic-, Sciencefiction- und FantasyheldInnen!)
- Handlungsführung und Erzählstil sollen einfach und linear sein, Rückblenden, Parallelhandlungen und ähnliche Kunstgriffe sind nicht märchentypisch. Hingegen sollen charakteristische Stilelemente, wie Wiederholungen, Steigerung, die Vorliebe für die Dreizahl, sowie formelhafte Wendungen, eingeschobene Verse auch beim freien Erzählen beachtet werden. Die darin enthaltenen meditativen Elemente kommen einem Vertiefen und Verinnerlichen entgegen.
- Schilderungen und Ausschmückungen entsprechen nicht dem Märchen und sind nicht nötig; vor allem sind sie bei der unvermeidlichen Darstellung von Gewalt und Grausamkeiten zu meiden, hier sollte man die Erzählung so knapp und sachlich wie nur möglich halten.
- Das Böse darf andererseits nicht verschwiegen oder verharmlost werden; es müsste das durchklingen, was Verena Kast mit „Respekt vor dem Bösen“ bezeichnet: Es muss zur Kenntnis genommen, beim Namen genannt werden – wie es sich fürs Märchen gehört, eben in entsprechenden Bildern.
- Märchen sollen nicht mit Sachinformation vermischt werden – sie sollen nicht zerredet und zerpflückt werden. Fragen der Kinder sollte man kurz beantworten, aber nicht provozieren.

- Jede zusätzliche Ausgestaltung mit Bildmaterial ist problematisch. Denn dadurch werden die „inneren Bilder“ der Kinder vorweggenommen und beeinflusst, die nur dann die innere Wirklichkeit der Kinder widerspiegeln, wenn diese die Chance bekommen, ihre eigenen Bilder entstehen zu lassen.

Wenn diese grundlegenden Elemente des Erzählens beachtet werden, steht meines Erachtens auch freieren Interpretationen, regionalen Varianten, sprachlichen Freiheiten sowie behutsamer mimischer und gestischer Unterstützung nichts im Wege, zeigt doch der Vergleich der Märchen etwa des gleichen Typus höchst verschiedene regionale Varianten bzw. durchaus individuelle Züge von Erzählerpersönlichkeiten.

So entsprechen den „sieben Zwergen“ im „Schneewittchen“ in einer finnischen Variante einfach „neun Männer“, die etwa die gleiche Funktion haben. Vor allem zu diesem Zweck ist die Beschäftigung mit Märchen verschiedener Völker dringend zu empfehlen, nämlich als Ermutigung zu individueller Gestaltung bei Bewahrung des Wesentlichen.

Erzählen und Vorlesen können gleicherweise reizvoll sein. Grimms Märchen würde ich lieber lesen, da es sich hier um eine hoch entwickelte Literatursprache mit interessanten und faszinierenden Wendungen handelt.

7. Reaktionen der Kinder beachten

Während des Erzählens oder Vorlesens sollte man unauffällig auf das Verhalten der Kinder achten – vor allem jener, die vom Inhalt „betroffen“ sein könnten:

- Hören sie fasziniert zu?
- Zeigen sie Angst, Abwehr, Unbehagen?
- Versuchen sie, Unbehagen zu überspielen (kasperln, kritisieren, stören sie)?
- Zeigen sie Langeweile, Desinteresse, Unverständnis?

Diese Beobachtungen könnten wichtige Informationen für die weitere Arbeit mit den Kindern bringen. Wenn Kinder die Wiederholung bestimmter Märchen verlangen, dann ist dies ein deutliches Zeichen dafür, dass die Geschichte bei ihnen „angekommen“ ist, sie etwas angeht – auch dies ist eine ganz wichtige Information.

8. Behauptungen über das Märchen

Zum Schluss möchte ich noch einige „provokante“ Behauptungen über das Märchen aufstellen mit der Einladung, sich damit auseinander zu setzen und sich auch ganz persönlich auf das Märchen und seine Botschaften einzulassen

- Märchen sind wahr, weil sie Geschichten menschlicher Entwicklung, Reifung und Wandlung sind.
- Märchen sind nicht „moralisch“! Nicht alles, was zum Gelingen des Lebens führt, ist mit den gängigen Vorstellungen von „Gut und Böse“ zu vereinbaren (z.B. Ungehorsam, Übertreten von Verboten ...).
- Märchen sind „emanzipatorisch“. Sie sind auf der Seite der Kleinen, der Schwachen, der Armen, der Verachteten, der „Randständigen“. – Sie zeigen unbarmherzig die Mängel der „Großen“ auf, vor allem aber sind sie immer auf der Seite der Kinder.
- Märchen sind „modern“, eben weil die Frage nach Sinn und Gelingen des Lebens auch in unseren Zeiten aktuell ist.

Kinder brauchen Märchen, denn Märchen bieten genau das, was man Kindern heute noch immer vorenthalten möchte: die Auseinandersetzung mit „letzten Dingen“ wie Anfang und Ende des Lebens – dazwischen die ganze Palette von dessen „hellen“ und „schattenhaften“ Seiten – und die Hoffnung auf den Sinn des Lebens.

Literatur

Bettelheim, Bruno (1980): Kinder brauchen Märchen. München: dtv

Betz, Felicitas (1997): Märchen als Schlüssel zur Welt. München: Pfeifer

Bilz, Josefine/Bühler, Charlotte (1962): Das Märchen und die Phantasie des Kindes. München: Barth

Drewermann, Eugen (1996): Liebes Schwesterlein, lass mich herein. München: dtv

Drewermann, Eugen (1996): Rapunzel, Rapunzel, lass dein Haar herunter. München: dtv

Grimms Kinder- und Hausmärchen (1982). Düsseldorf: Diederichs Verlag

Jacoby/Kast/Riedel (1984): Das Böse im Märchen. Freiburg: Herder

Kast, Verena (1985): Wege aus Angst und Symbiose. Olten: Walter-Verlag

Kast, Verena (1994): Wege zur Autonomie. Olten: Walter-Verlag

Lüthi, Max (1975): Das Volksmärchen als Dichtung. Düsseldorf: Diederichs Verlag

Lüthi, Max (1977): Es war einmal. Göttingen: Vandenhoek und Ruprecht

Lüthi, Max (1969): So leben sie noch heute. Göttingen: Vandenhoek und Ruprecht

Reihe „Märchen der Welt“. Düsseldorf: Diederichs Verlag

Der Beitrag wurde erstmals in „Unsere Kinder“ 6/1998 publiziert.

Brigitta Schieder

Mit Märchen zur inneren Mitte finden

Einstimmen – Erzählen – Ausschwingen

1. Vorbereitung der Kinder auf das Hören eines Märchens

1.1. Stilleübungen und Spielanregungen

Ehe wir einer Gruppe von Kindern Märchen erzählen, sollten wir versuchen, die Kinder durch einfache, kindgerechte meditative Übungen in die Stille, zu sich selbst, in ihre Mitte zu führen. Äußeres Tun bewirkt inneres: miteinander einen Kreis bilden, zur Ruhe kommen mit Händen, Füßen und Augen, zur Ruhe kommen mit dem Nachbarn – das sind elementare Voraussetzungen, damit die Kinder innerlichen Frieden finden und mit all ihren Sinnen und dem Herzen wach da sind. Wichtig ist, dass dem anleitenden Erwachsenen bewusst ist, dass Stille nicht um ihrer selbst willen eingefordert wird, nicht als „Erziehungsmittel" missbraucht werden darf: „Jetzt seid endlich einmal still, damit ich erzählen kann!", sondern dass sie etwas sehr Lebendiges ist und in der Stille Wesentliches erfahren und erlebt werden kann ... Stille tritt auch nicht sofort, auf Wunsch oder Befehl, ein. (Das wäre nur Ruhe.) Sie kommt allmählich, langsam. Bewegungen, Aktivitäten müssen ausschwingen können. Die Kinder müssen dort abgeholt werden, wo sie sich gerade befinden; müssen zunächst so ankommen dürfen, wie sie sich im Moment fühlen.

Das „Hereinholen" der Kinder kann auf vielerlei Weise geschehen. Ich will mit einigen Beispielen zu eigenen Wegen anregen:

Der „Märchenzug" oder eine „Märchenschlange" zieht durch den Kindergarten und jedes Kind, das ein Märchen hören will, hängt sich hinten an und kommt mit in das „Märchenland". Die ErzieherIn läutet mit einem Glöckchen oder schlägt ein Rhythmusinstrument an oder die Kinder singen einen selbst erdachten Kehrvers. (Es hat sich bewährt, die Teilnehmerzahl zu begrenzen. Wer heute nicht mitkann, darf eben morgen ...)

Wir spielen mit den Kindern ein gebundenes Kreisspiel (ganz besonders geeignet, wenn damit bereits ein erster Zusammenhang mit dem späteren Märcheninhalt hergestellt werden kann), bei dem es durchaus laut und wild zugehen kann. Es lohnt sich, in der Erinnerungskiste nach alten Spielen zu graben, die oft noch richtige „Dämonenspiele" waren. Sie handeln z.B. von Hexen, Wölfen, Zauberern und ihrer Überlistung und leisten ihren Beitrag zur Angstbewältigung.

Lieder und auch Tänze sowie rhythmische Verse gehören ebenfalls in diesen vorbereitenden Teil. Der Fantasie sind keine Grenzen gesetzt.

1.2. Der goldene Reifen

Der goldene Reifen ist das Zeichen, das Symbol und für die Kinder heiß geliebter „Zauberring", durch den sie in das „Märchenland" eintreten. Mit seiner Hilfe gelingt der erste Schritt in eine gesammelte Stille auf spielerisch-leichte Weise.

Zunächst zu seiner Beschaffenheit: Es handelt sich um einen Gymnastik- bzw. Hula-Hoop-Reifen, mit selbstklebendem Goldband umwickelt, was ihm ein „kostbares" Aussehen verleiht.

Vor Beginn der Erzählung dürfen alle Kinder, die ein Märchen hören wollen, durch den von der ErzählerIn gehaltenen Reifen kriechen und sich dann still auf ihren Platz setzen. Natürlich steigt auch die ErzieherIn durch den Reifen.

Worin liegt seine Faszination? Ich habe es selbst bei 9-Jährigen noch erlebt, dass sie betroffen reagiert haben, als ich meinen Reifen einmal vergessen hatte. Ganz ernsthaft wurde die Frage erörtert: „Und wie sollen wir jetzt ins Märchenland kommen?" Zum Glück hatte ich meine Klangschale dabei, die ich vor jedem Märchenerzählen spiele. Hier lag dann auch die Lösung des Problems: „Du musst die Klangschale dreimal spielen, dann können wir auch ohne Reifen ins Märchenland gehen!"

Ebenso wichtig ist es den Kindern – auch daran denke ich nicht immer – nach dem Märchen, bevor wir uns der Realität zuwenden, wieder aus dem Reifen herauszusteigen: Sie fühlen sehr genau, dass die Wahrheit der Märchen eine andere Ebene berührt, dass der Wolf, die Hexe, das verzauberte Pferd einer anderen Welt angehören. Diese „andere" Welt ist einerseits noch ganz die ihre, in ihr fühlen sie sich heimisch. Andererseits leben sie in einer Erwachsenenwelt, in der Fantasie oftmals verpönt, zumindest aber unerwünscht ist. Die meisten Kinder bemühen sich sehr früh, einer zwar nicht immer ausgesprochenen, aber häufig deutlich spürbaren Erwartungshaltung zu entsprechen, nämlich sich vorwiegend auf rational-intellektueller Ebene auszudrücken. Unser gemeinsames „Im-Märchenland-Sein" wirkt ungeheuer befreiend, beglückend auf die Kinder: „Hier darf ich mir alles ausdenken, alles ist möglich, darf durchgespielt werden, ohne dass man mich auslacht!"

Auf die Bedeutung des Kreises, der Mitte, gehe ich im Anschluss noch ausführlich ein. Mit der kleinen Übung „Durch den goldenen Reifen kriechen und sich dann still auf seinen Platz setzen“ wird auf ganz einfache Weise das Unbewusste der Kinder positiv beeinflusst, machen die Kinder eine wichtige Erfahrung: „Um Tiefes, Kostbares zu erleben, muss ich in die Mitte kommen – in meine Mitte –, muss ich mich sammeln, bei mir sein.“

2. Die Kraft der Mitte

„Märchen sind heilsam“, „Märchen vermitteln Lebenswissen“ – bleiben das nicht nur Schlagworte angesichts einer so schwierigen Erziehungssituation, wie wir sie heute bereits im Kindergartenalter vorfinden? Kinder, deren Verhalten von motorischer Unruhe geprägt ist, die nicht mehr in sich ruhen, nicht mehr „bei sich“ sind, werden sich nur schwer – oder gar nicht – auf ihre eigenen inneren Bilder einlassen können. Wie können wir unseren Kindern helfen, sich aus dieser Bewegtheit und Umtriebigkeit zu lösen?

Die Begegnung mit den Schätzen an Lebenswissen und Lebensweisheiten, wie sie in den alten Volksmärchen verborgen sind, benötigen eine stille, gelassene Atmosphäre, Ruhe und Offenheit. Wenn wir uns nun nicht „irgendwie“, sondern im Kreis, auf eine gemeinsame Mitte bezogen, versammeln, so bringen wir gleichsam eine unsichtbare Kraft ins Spiel. Wir können sie die **Mittekraft** nennen. Von dort her ordnet sich der Kreis, auf sie hin richtet er sich aus. Die Mitte können wir mit den Kindern auf ganz unterschiedliche Weise suchen. Nur einige Beispiele will ich aufzeigen:

- Wir suchen sie mit unseren Augen.
- Wir leben einen Goldreifen dorthin.
- Ein Kind darf sich in den Reifen stellen und die Augen schließen; ein anderes geht leise auf das Kind zu und berührt es sachte, zeigt ihm: Du bist kostbar, ich mag dich! (Achtung! Bei Kindern, die nicht gut in der Gruppe integriert sind, nicht zu lange warten! Auch die ErzieherIn kann natürlich auf ein Kind zugehen.) Auf diese Weise treten alle Kinder nacheinander in den Kreis.
- Ein Kind nach dem anderen darf zur Mitte gehen und eine kleine „Kostbarkeit“ aus den bereitgestellten Materialien (Legematerial aus Holz, Steinchen, Naturmaterialien, Perlen ...) wählen und in die Mitte legen. Ein leiser Klang (z.B. Glöckchen, Triangel) kann jeweils den Auftakt für das nächste Kind geben.

Suchen und bestimmen wir solch eine gemeinsame Mitte, solch ein Zentrum, so scheint dieses Tun zunächst nur ein spielerischer, äußerlicher (überflüssiger?) Vorgang zu sein. In Wahrheit kann und will durch solche Übungen etwas bewirkt werden, in jedem Einzelnen und in der Gruppe insgesamt: Die Aufmerksamkeit sammelt sich, richtet sich auf einen Punkt. Der Wechselwirkung zwischen dem leibhaftigen, sinnenhaften Tun und der inneren Verfasstheit kommt große Bedeutung zu. Alle Hinführung zur Sammlung, Konzentration, Stille beginnt von außen über entsprechende sinnliche Wahrnehmung und „leibhaftes“ Tun. Schon die Aufforderung einander die Hände zu geben vertieft Sammlung und Ruhe.

- Wir reichen uns die Hände, schließen den Kreis – und begrüßen uns auf besondere Art. Ich schenke meinem Nachbarn zur Rechten einen Händedruck. Wenn er ihn gespürt hat, gibt er ihn weiter – bis er wieder bei mir angekommen ist. Nun beginne ich zu summen – und der Summton wird aufgenommen und gehalten, bis auch er im Kreis herumgegangen ist und wir alle gemeinsam summen. (Es ist ein Erlebnis, wenn schon kleine Kinder intuitiv nach einem gemeinsamen Ton suchen – und ihn meist finden!)
- Wir stehen im Kreis und begrüßen uns mit den Augen, einen nach dem anderen: Wer ist denn heute noch mit dabei? – Dann schließen wir die Augen (kleine Kinder halten sich häufig lieber die Hände vors Gesicht) und probieren aus, ob wir uns alle Gesichter vorstellen können. Ob wir mit geschlossenen Augen schauen können? – Danach öffnen wir unsere Augen wieder, drücken uns die Hände und setzen uns.
- Wir sitzen und reichen uns die Hände. Die Kinder fühlen die Wärme der Hand – und schließen die Augen – sie hören auf Geräusche, die von außen kommen – sie

hören auf Geräusche, die noch im Raum wahrnehmbar sind – sie spüren ihren Atem, der ein- und ausströmt – sie hören auf einen Ton, z.B. Triangel, Klangschale.

Nun öffnen sie die Augen wieder und jetzt ist wirklich Stille eingekehrt, in die hinein erzählt werden kann. Jetzt kann alles nachfolgende Tun und Hören auf fruchtbaren Boden fallen, kann, bildlich gesprochen, Wurzeln schlagen im Gemüt unserer Kinder und ihr Leben nähren, stärken und bereichern.

Diese kleinen Übungen erfordern nur wenig Zeit – aber ErzieherInnen, die auch für sich selbst Hektik, Lärm und Unruhe ausschalten können und wollen. Nicht wortreiche Erklärungen sind notwendig zur Anleitung, sondern eigenes stilles und ruhiges Tun. Kinder lieben den immer gleichen Ablauf, brauchen ihn, je jünger sie sind, desto mehr, gleichsam als „Gerüst", das Sicherheit gibt und Geborgenheit vermittelt.

3. Märchenvortrag – den trockenen Buchstaben Leben verleihen!

3.1. Das freie Erzählen – Möglichkeiten und Wirkung

Den Märchen – und auch unseren Kindern – kommen wir sicher am nächsten, wenn wir frei erzählen, ohne ein Buch zu Hilfe zu nehmen. Wir spüren sehr deutlich, dass wir „MittlerIn" sind zwischen den tiefgründigen Weisheiten der Märchen und den Seelen der Kinder. Wir können Augenkontakt halten, bekommen sofort alle Reaktionen der kleinen ZuhörerInnen mit: ihr Mitfühlen, ihre Ängstlichkeit (die Augen werden groß und der Daumen wandert in den Mund), aber auch ihre erlöste Freude zum guten Ende. Beim Erzählen hat man die Kinder im Blick, entsprechend können wir reagieren und handeln: Wenn ich sensible Kinder vor mir habe, werde ich mich, d.h. meine Stimme, zurücknehmen und einfach nur sachlich z.B. von dem hinterlistigen Wolf erzählen. Habe ich kleine Rabauken vor mir, denen es nicht wild genug sein kann, wird mein Wolf ein ganz anderer sein. Ich werde vielleicht erleben, dass die Kinder nahe zusammenrücken oder auch ganz nah bei mir sein wollen. Natürlich nehme ich als ErzieherIn solch ein ängstliches Kind dann auch auf den Schoß, lege den Arm um ein anderes. Das ist es ja, was ich beim „anwesenden" Erzählen auch vermitteln kann und will: Geborgenheit. In der Geborgenheit der Gruppe und des verstehenden Erwachsenen kann das Kind Erfahrungen sammeln, die sein Urvertrauen stärken, die ihm auch „draußen" im Leben nützen, die u.a. wichtige Grundlage für jede spätere Glaubenserfahrung sind.

Märchenerzählen will geübt und gelernt sein und die Unsicherheit auf diesem Gebiet ist groß. Wir können einen Inhalt mit unseren eigenen Worten wiedergeben, wir können ihn Wort für Wort erzählen – und stehen dann vor der Frage: Wie eigne ich mir einen Text an, ohne ihn mühsam „auswendig" zu lernen? Wo und wie kann man diese Kunst erlernen? Die Europäische Märchengesellschaft bietet in speziellen Erzählseminaren (siehe Information am Beitragsende) die Möglichkeiten an, sich unter sachkundiger Anleitung das nötige Rüstzeug anzueignen.

Doch gleichgültig, ob AnfängerIn oder Geübte/r – um ein Märchen lebendig und angemessen zu erzählen, sollten einige wesentliche Punkte bedacht werden.

3.2. Die Auseinandersetzung mit dem Inhalt

Wenn eine ErzieherIn ihren Kindern ein Märchen anbieten möchte, ist es wichtig, dass sie sich vorher mit seinem Inhalt vertraut macht und es in aller Ruhe mehrmals und vor allem laut liest. Märchen waren ja ursprünglich erzählte, mündlich überlieferte Geschichten. Märchen leise zu lesen kann äußerst langweilig sein: Es fehlen die Nuancen des mündlichen Vortrags, die Feinheiten, die diese zur mündlichen Weitergabe bestimmten Texte auszeichnen.

Wenn wir einem Märchen allerdings unsere Stimme leihen, dann erfüllen wir es gleichsam mit Leben. Wir überbringen den ZuhörerInnen zunächst schon einmal mit unserem Grundton eine Botschaft: ob heiter, sachlich, verschmitzt oder beschwörend, ob derb oder prosaisch. Um den rechten Ton zu treffen, muss überlegt werden, bei welchen Gelegenheiten und von wem dieses Märchen wohl erzählt wurde. Haben es sich die Männer im Wirtshaus erzählt (und ist es dann für Kinder dieses Alters geeignet?) oder wurde es am Abend erzählt, wenn die ganze Familie zusammensaß? Vielleicht passt es eher zu den jungen Mädchen in der Spinnstube – oder wird wohl eine Großmutter es ihren Enkeln erzählt haben? Solche Gedanken mögen uns auch davor schützen, in den leider „typischen" Märchentanten-/Märchenonkel-Ton zu fallen, der auch in Radioübertragungen und erst recht auf Kassetten zu hören ist, ein für alle Märchen gleicher, unerträglich betulicher Ton, der vielleicht der Sprecherin, dem Sprecher in ihrer/seiner Eitelkeit, nicht aber dem vorgetragenen Märchen gerecht wird.

Die handelnden Märchenfiguren müssen genau betrachtet werden, damit wir auch für sie den richtigen Ton treffen: Was für ein kleines Mädchen ist das in dem Märchen? Ein schüchternes oder vorlautes? Ist es mutig und stark oder traut es sich nichts zu, ist ganz hilflos? Das gut erzählte oder gut gelesene Märchen bedarf all dieser Beschreibungen nicht: Wir legen sie in unsere Stimme und damit können die ZuhörerInnen das kleine Mädchen leibhaftig vor sich sehen.

Wir brauchen nicht langweilig zu erzählen, doch von aller übertriebenen Rhetorik ist dringend abzuraten. Wir wollen uns ja nicht vor den Kindern produzieren, ihnen „unsere" Überzeugungen aufzwingen, sondern wir wollen ihnen eine Botschaft übermitteln, mit der sie frei umgehen können.

3.3. Das Vorlesen von Märchen

Was aber, wenn sich jemand dieses freie Erzählen (noch) nicht zutraut? Dann gibt es auch hier eine zweitbeste Lösung, die viel sinnvoller ist als auf Kassetten zurückzugreifen oder ganz auf Märchen zu verzichten – das so genannte „freie Lesen". Wichtig ist auch bei dieser Form, dass man sich mit dem Inhalt des Märchens durch mehrmaliges lautes Lesen vertraut macht, dass all die oben angeführten Fragen genauso überlegt sind, wie es für das Erzählen notwendig wäre.

Wenn ich mir als Vortragende/r ein Märchen auf diese Weise „einverleibt" habe, trage ich den Handlungsablauf in mir und brauche nicht mehr mit den Augen an den Buchstaben zu kleben. Ich kann zwischendurch die Kinder ansehen und orientiere mich nur von Zeit zu Zeit wieder am Text. Und so passiert es, dass man nach einigen Vorträgen plötzlich bemerkt, dass man das Buch überhaupt nicht mehr braucht. Natürlich profitieren nicht nur die Kinder von Märchen. Die Beschäftigung mit den Bildern von Märchen (und damit mit Lebenserfahrungen und Lebensweisheiten) lässt niemanden unberührt zurück; auch wenn wir am Ende nicht immer erklären können, was das alles bedeutet. Wir ahnen, was die Kinder noch ganz intuitiv verstehen: In diesen Geschichten stecke auch ich mit meiner Geschichte!

Die „altmodische" Sprache der Grimm'schen Originaltexte sollten wir den Kindern nicht vorenthalten. Sie gehört mit zum anerkannt wertvollsten Literaturgut und bereichert ganz nebenbei den Sprachschatz unserer Kinder ungemein. Es ist auch nicht nötig, jedes einzelne unbekannte Wort zu erklären. Den Kindern kommt obendrein über diese „Märchensprache" eine Botschaft zu: Was hier geschieht, vollzieht sich auf einer anderen Ebene, ist nicht Tagesrealität.

4. Nach dem Hören

Lassen wir den Kindern Zeit und Gelegenheit, in die Realität zurückzukommen. Vielleicht mögen sie eine Weile nur verträumt nachsinnen – vielleicht werden aber auch Fragen und Gedanken geäußert. Wir alle sind es kaum mehr gewohnt, in der Stille zu verweilen. Oft konnte ich beobachten, dass die Kinder dankbar eine kleine Hilfe annehmen, um dann noch ein wenig bei sich selbst und den eigenen Gefühlen zu verweilen. So eine Hilfe kann z.B. ein Stückchen trockenes Brot sein – von mir schweigend an alle ausgeteilt, das dann fast andächtig gegessen wird. Noch nie habe ich es erlebt, dass ein Kind dieses karge Mahl abgelehnt hätte. Erzählte das Märchen von Honig, einem Apfel, einer Birne oder sonst einem Lebensmittel, werden wir natürlich dieses gemeinsam essen. Dies soll nur eine Anregung sein – kann zum gemeinsamen Ritual werden, muss es aber keineswegs.

Bemerke ich, dass Kinder über das Gehörte sprechen wollen, werde ich natürlich darauf eingehen. Hier ist Gesprächsführung sicher besonders wichtig. Nicht die VielrednerInnen sollen ja in erster Linie zum Zuge kommen, sondern alle sollen Gelegenheit finden, das, was sie bewegt hat, zu erzählen. Aktives Zuhören ist dabei eine bewährte Methode: Vorschnelle Erwachsenenantworten, die an der Kernfrage des Kindes vorbeigehen, befriedigen die Kinder nicht wirklich. Oft bringt eine einfühlsame Gegenfrage: „Wie stellst du es dir vor?", einen ganzen Schwall von fantasievollen Gedanken, von persönlich gefärbten Lösungsmöglichkeiten an den Tag. Viele Kinder sind nicht gewohnt, in ihrer ihnen gemäßen Denkweise ernst genommen zu werden, wagen es nicht, sich so zu äußern, wie sie wirklich fühlen und denken. Auf gar keinen Fall dürfen wir uns dazu hinreißen lassen, den Kindern im Nachhinein das Märchen deutend zu erklären, es selbst zu zerreden. Ich habe es übrigens erstaunlich selten erlebt, dass Kinder – gleich welchen Alters – im Anschluss an eine Erzählstunde „sachliche" Fragen gestellt haben.

Diese Phase des Nachklingens sollte nicht allzu lange ausgedehnt werden – schließlich steigen oder krabbeln alle wieder durch den goldenen Reifen aus dem Märchenland heraus.

5. Ausklang und kreative Nachgestaltung

Es bietet sich an, die Kinder ihre inneren Bilder und Erlebnisse, die während des Hörens aufgestiegen sind, gleich anschließend kreativ ausdrücken zu lassen. Doch wenn wir uns über einen längeren Zeitraum mit einem Märchen beschäftigen, sollten wir uns auch hier nicht unter Zeitdruck setzen. Vielleicht mögen die Kinder ja gar nicht gleich malen oder basteln, sondern wollen einfach nur spielen und rennen. In solch einem Fall werden wir eben später wieder auf das Gehörte zurückkommen. Selbstverständlich erzählen wir den Kindern ein Märchen nicht nur ein einziges Mal. Wahrscheinlich werden sie es nun für einen längeren Zeitraum alle Tage, immer und immer wieder hören wollen. Mit der Zeit werden ihnen die Personen vertraut, können sie sich spielerisch mit verschiedenen Rollen identifizieren, mit Verhaltensweisen, die sie spontan begeistern oder abschrecken, die ihr Mitgefühl oder ihren Zorn erregen, auseinander setzen. Im Umgang mit Märchen sollte der Wunsch der Kinder unser Maßstab sein. Nicht „Märchenkonsum" wollen wir fördern, sondern das Verweilen bei einer Thematik, bis unsere Schützlinge „satt" sind. Mir sind Kindergruppen bekannt, die sich – ohne großes Zutun der ErzieherInnen – über Monate fantasievoll mit nur einem Märchen beschäftigt haben.

Nur einige Vorschläge seien hier angefügt: Malen, Kneten, Bauen, Herstellung von Collagen, einfache freie und gelenkte Rollenspiele, einfache Pantomimen, Nachahmungen, elementare musikalische Aktionen, einfache Tänze, Anfertigung von Handpuppen mit nachfolgendem Spiel, Basteln von Zubehör u.v.m. Eine Fülle von Büchern bietet dazu Anleitungen.

Für Kinder ist es wichtig, dass wir ihnen Vorschläge unterbreiten, sie anregen und auch anleiten zu schöpferischem Tun, jedoch keinen Zwang ausüben. Sinnvolles Märchengestalten soll Freude bereiten, soll frei von ehrgeizigen „Lernzielen" bleiben. Dann kann das Hören, Erleben und Gestalten zu einer von Herzen kommenden Begegnung zwischen Kind, Märchen, ErzieherIn und Umwelt werden.

Literatur

Schieder, Brigitta (²2003): Märchen machen Mut. Ein Werkbuch zur Werteerziehung und Persönlichkeitsentfaltung von Kindern. München: Don Bosco

Schieder, Brigitta (²2003): Mit Märchen durchs Jahr. München: Don Bosco

Schieder, Brigitta (³2004): Erzähl mir doch ein Märchen. Eine methodische Märchensammlung für Kinder ab 4. München: Don Bosco

Zitzlsperger, Helga (²1994): Kinder spielen Märchen. Weinheim: Beltz Verlag
(eine Fülle detaillierter Anregungen für die Phase des schöpferischen Ausgestaltens und Nacherlebens)

Die Europäische Märchengesellschaft (EMG) widmet sich der Aufgabe, die Volksmärchen zu bewahren und neu ins Bewusstsein des heutigen Menschen zu heben. Es werden Fortbildungen zu unterschiedlichen Schwerpunkten wie Märchensachkunde und Erzählförderung sowie meditative und kreative Seminare angeboten. Informationen:
Postfach 1322, D-48403 Rheine; www.maerchen-emg.de

Der Beitrag wurde erstmals in „Unsere Kinder“ 6/1998 publiziert.

WALDEMAR FEINER

Märchen erleben, interpretieren, vermitteln

Märchen liegen zurzeit im Trend. Das war nicht immer so. Ende der 1960er, Anfang der 1970er Jahre waren Märchen äußerst umstritten. Neben Befürwortern gab es auch heftige Märchengegner. Der Psychologe O. F. Gmelin meinte etwa: „Böses kommt aus Märchen." Dabei prangerte er nicht nur manche Grausamkeit in Märchen an, sondern auch feudale Herrschaftsstrukturen, die durch diese Erzählungen weitertradiert würden.

Dieser kurze Rückblick ist deshalb interessant, weil er zeigt, welchen Pendelbewegungen auch wir als ErzieherInnen ausgesetzt sind. In den 1960er Jahren war „alles machbar". Wirtschaftswachstum, Weltraumfahrt, Atomenergie ... verhießen ein goldenes Zeitalter. Die Folge war, dass auch Kindern möglichst früh Sachzusammenhänge erklärt werden sollten – schließlich sei nicht nur alles machbar, sondern auch alles erklärbar.

Die Entwicklung der letzten Jahrzehnte zeigte allerdings, dass dies nicht so ist: Das Wirtschaftswachstum stagnierte, die Weltraumfahrt ist bescheiden geworden, Atomenergie äußerst umstritten – der Machbarkeitswahn ist gebrochen.

Das Augenmerk vieler Menschen richtet sich wieder verstärkt auf die zweite Seite der Lebensmedaille. Neben der Außenwelt wird zunehmend auch die Innenwelt gesucht und als bedeutend wahrgenommen.

Dieser Sehnsucht nach ganzheitlicher Sichtweise des Lebens kommt das Märchen entgegen. Wer sich auf Märchen einlässt, in sie hineinhorcht, wird bald erkennen, dass sie die menschliche Seelenlandschaft sehr anschaulich darstellen. Viele Erwachsene setzen sich daher wieder verstärkt mit Märchen auseinander.

1. Wie aber vermitteln?

Unsicherheit gibt es allerdings bei der Vermittlung von Märchen an Kinder, wie folgende Aussagen von KindergartenpädagogInnen bei einem Märchenseminar zeigen:

- „Mich interessieren Märchen – ich setze beim Erzählen immer sehr viel Mimik und Gestik ein – ich möchte wissen, ob ich das darf."
- „In meiner Ausbildung war es verpönt, Märchen zu erzählen – dann war es wieder in – jetzt möchte ich wissen, wie man es richtig macht."
- „Ich habe noch nie im Kindergarten Märchen erzählt – ich habe Skrupel Grausames zu erzählen – habe aber als Kind gern diese Szenen gehört."
- „Ich habe als Kind von der Mutter im Stall Märchen während des Kuhmelkens erzählt bekommen. – Ich bin aber unsicher, ob ich die Originalmärchen den Kindern erzählen soll."
- „Ich erzähle wöchentlich ein Märchen. – Manche Eltern sind aber dagegen – sie meinen, Märchen seien zu brutal."
- „Ich selber habe als Kind schon gern Märchen gehört – und meine Kinder im Kindergarten interessiert das auch sehr. – Jetzt möchte ich wissen, wie es geht."

2. Wie geht es wirklich?

Ich kann zwar kein Patentrezept anbieten, möchte aber ein Modell vorstellen, mit dem ich persönlich gut auch in der Frage der Vermittlung zurechtkomme. Dieses Modell folgt einem Dreischritt:

2.1. Märchen erleben

Zuerst muss ich als Erwachsener ein Märchen, das ich Kindern vermitteln möchte, selbst erleben. Ich lasse mich auf ein Märchen ein, ohne gleich an die Vermittlung zu denken. Dieser Schritt ist für mich sehr wichtig. Spricht mich nämlich ein Märchen – aus welchem Grund auch immer – nicht an, dann biete ich es auch Kindern nicht an. Dabei kann dieses Märchen objektiv äußerst wertvoll sein und einen anderen Erwachsenen beeindrucken. Ich möchte dies an einem Beispiel verdeutlichen: Das Märchen „Tischlein deck dich" habe ich jungen Kindern nie erzählt, weil mich persönlich die Szene mit dem „Knüppel aus dem Sack" zu sehr an Foltermethoden erinnert, mit der aus Menschen die Wahrheit herausgeprügelt werden soll. Bei älteren Kindern einer vierten Klasse Volksschule könnte meine kritische Einstellung dieser Szene gegenüber ein interessanter Diskussionsansatz sein.

Es lohnt sich also, immer wieder Märchen zu lesen oder zu hören, um so herauszufinden, welche einen selbst ansprechen.

2.2. Märchen interpretieren

Wenn ich nun ein Märchen gefunden habe, das mich anspricht, dann setze ich mich intensiver mit dem Text auseinander und versuche eine vorsichtige Interpretation. Bei dieser halte ich mich vorerst eng an die Textaussagen.

2.3. Märchen vermitteln

Aufgrund dieser persönlichen Auseinandersetzung überlege ich passende Formen der Vermittlung. Diese hängen allerdings nicht nur vom Märchentext ab. Hier fließen auch andere Planungsaspekte mit ein.

3. Beispiel „Bremer Stadtmusikanten"

3.1. Figuren

Die erste Frage gilt den Figuren. Wie viele sind es? Das kann schon ein Hinweis auf eine mögliche Darstellungsform sein. Weist ein Märchen viele Figuren gleichzeitig auf, scheiden zum Beispiel das Handpuppen- oder Schattenspiel aus. Hat ein Märchen hingegen nur drei Figuren, wird ein Rollenspiel in der Gruppe nicht sehr sinnvoll sein.

Ich lese auch genau nach, wie die Figuren im Märchen benannt werden. In unserem Fall wird zum Beispiel von einem Mann und einem Herrn gesprochen, womit ein Müller bzw. ein Jäger gemeint sind. Die Formulierung ist ein Hinweis, dass das geschilderte Verhalten nicht auf diese Berufsgruppen begrenzt werden darf.

Das Besondere jedoch stellen die Tiere dar. Sie können sprechen und zeigen menschliche Verhaltensweisen.

3.2. Schauplätze

Bei den „Bremer Stadtmusikanten" handelt es sich um ein typisches **Wegmärchen.** Die Figuren verlassen einen Ort – hier werden sie verjagt –, um zu einem neuen Ziel zu gelangen.

Das Märchen hat einen linearen und überschaubaren Verlauf, ein wichtiges Kriterium dafür, die „Bremer Stadtmusikanten" bereits bei jüngeren Kindern einführen zu können.

Weist hingegen ein Märchen komplexere Orts- und Zeitverhältnisse auf, dann sollte man sich gut überlegen, ob es bereits im Kindergarten einsetzbar ist. Vor allem dann, wenn Handlungen gleichzeitig an unterschiedlichen Schauplätzen stattfinden, wie dies zum Beispiel bei „Schneewittchen" der Fall ist.

Für Wegmärchen eignen sich zur Veranschaulichung und Vertiefung das Aufstellspiel, der Kurbelfilm, das Rollenspiel oder Tonfiguren gut als Darstellungsformen. Nicht ganz einfach ist es hingegen, solche Märchen in einem Schattenspiel darzustellen.

3.3. Handlungsablauf

Ich notiere die wichtigsten Erzählschritte des Handlungsablaufes und stelle Originalzitate unter Anführungszeichen.

Diese Vorgangsweise hilft mir, beim Erzählen den roten Faden nicht zu verlieren, und erleichtert mir den Zugang zu einer vorsichtigen Interpretation. Meine Interpretationsaspekte werden den Kindern jedoch nicht mitgeteilt – Kinder spüren ohnehin sehr genau, worum es geht. Wir müssen ihnen nur Zeit lassen, das Gehörte auch in eigenen Darstellungsformen ausdrücken zu dürfen.

Bei den „Bremer Stadtmusikanten" lassen bereits die vier Einstiegsszenen nichts an Brisanz zu wünschen übrig. Die vier Tiere gehören zum „alten Eisen", erfüllen die Erwartungen (der Gesellschaft) nicht mehr und sollen daher „aus dem Futter geschafft", „totgeschlagen", „ersäuft" bzw. „geköpft" werden.

Trotz dieser prekären Lage lassen die vier jedoch nicht den Kopf hängen. Sie ergreifen die Initiative, solidarisieren sich und machen sich auf den Weg. Sie werden also selbst aktiv, bleiben in Bewegung und entdecken auch neue Fähigkeiten in sich. Der Weg wird allerdings von der hereinbrechenden Nacht unterbrochen. Sie müssen im finsteren Wald einen Platz zum Schlafen suchen – ungewohnt für Haustiere, die bis jetzt einen fixen Schlafplatz kannten. Durch das Zusammenrücken unter einem schützenden Baum wird aber auch diese Herausforderung gemeistert. Der Hahn allerdings verlässt das Lager auf dem Waldboden und klettert hoch hinauf in den Baum – er lässt gleichsam die Niederungen des Alltags hinter sich und entdeckt prompt ein Licht in der finsteren Nacht. Ein Bild, das immer wieder in Märchen vorkommt und von den Kindern intuitiv als befreiend und angstlösend empfunden wird.

Die vier Tiere suchen das vermeintlich schützende und lichterfüllte Haus auf und müssen erkennen, dass es von Räubern besetzt ist. Sie stellen sich übereinander und wachsen dadurch gemeinsam über sich hinaus – und auf ein Zeichen hin reden sie mit gemeinsamer Sprache.

Wenn sich also Schwache, Ausgestoßene zusammentun und sich in ihren Forderungen einig sind, haben sie auch Macht über Starke. Unklar bleibt in diesem Märchen allerdings, wer der rechtmäßige Hausbesitzer ist. Die Räuber sind es jedenfalls nicht. Solche Überlegungen sind deshalb wichtig, um auf Einwände von Kindern reagieren zu können. Dass sich auch bei einem Räuber das schlechte Gewissen melden kann, zeigt der Schluss des Märchens: In der Meinung, es mit gefährlichen Unholden zu tun zu haben, ergreift er die Flucht.

3.4. Fixe Redewendungen

In diesem Märchen kommen keine vor; von anderen sind sie uns sehr wohl bekannt. Fixe Redewendungen geben einem Märchen Halt und Struktur und erlauben auch den ZuhörerInnen aktive Beteiligung. Kaum wird eine solche Redewendung begonnen, setzen sie die Kinder bereits fort. „Knusper, knusper, kneischen ..." – „Was rumpelt und pumpelt ..." – „Ei Großmutter, was hast du für große Ohren? Dass ..."

3.5. Einleitungs- und Schlussformel

Diese sind wie ein Schlüssel, der das Tor zur Märchenweit öffnet und dann wieder schließt. Die in diesem Märchen verwendete Schlussformel „Und der das zuletzt erzählt hat, dem ist der Mund noch warm" gefällt den Kindern meist sehr gut und ist ein Hinweis, dass in früheren Zeiten offensichtlich Märchen hohe Aktualität hatten und sehr häufig erzählt wurden.

3.6. Symbole

Bestimmte Figuren oder immer wiederkehrende Begriffe haben über die Handlung eines Märchens hinaus einen eigenen Symbolwert; einschlägige Literatur (siehe Literaturangaben) kann beim Entschlüsseln helfen. So findet sich zum Beispiel im Buch „Kinder spielen Märchen“ von Helga Zitzlsperger die Deutung der Symbole **Haus, Wald, Weg, Katze** und **Hund.** Die Autorin verbindet damit allerdings eine mir sehr wichtig erscheinende Aussage: „Es wäre ein Unding, Kindern die Märchen gerade ... in dieser Hinsicht deuten zu wollen und damit die symbolische Aussagekraft zu zerstören. Das Kind schöpft heraus, was es braucht. Deshalb ist das richtige Erzählen und geruhsame Einwirken- und Verarbeitenlassen durch das Kind viel wichtiger als ein sezierendes Deuteln, das den Zauber der unbewusst wirkenden Symbolik vernichtet.“ (Zitzlsperger 1994, S. 41)

3.7. Darstellungsformen

Als Darstellungsformen eignen sich für die „Bremer Stadtmusikanten“ freies Erzählen, Erzählen mit Instrumentalbegleitung, Rollenspiel, plastisches Gestalten (Tonfiguren ...), grafisches Gestalten (Druck, Malerei ...), Kurbelfilm und/oder Aufstellspiel. Diese Aufzählung ist nicht vollständig und soll eigenständig erweitert werden. Auf diese Weise entsteht ein vielfältiges Repertoire, das zur Reflexion der optimalen Märchendarstellung führt.

Das Vorlesen habe ich dabei bewusst weggelassen – Märchen sollten erzählt werden. Das verlangt gute Kenntnisse der Inhalte und eine intensive eigenständige Auseinandersetzung mit dem Text. Das Erzählen selbst soll eher undramatisch erfolgen. Märchen brauchen keine große Mimik und Gestik. Ein Beispiel: In der Begegnungsszene des als Großmutter verkleideten Wolfes mit dem Rotkäppchen heißt es: „Aber Großmutter, was hast du für ein entsetzlich großes Maul!“ – „Dass ich dich besser fressen kann.“ – Kaum hatte der Wolf das gesagt, so tat er einen Satz aus dem Bett und verschlang das arme Rotkäppchen.

In dieser Szene genügt der Text – er lässt an Dramatik nichts zu wünschen übrig. Schlimm wäre es allerdings – und der Vorwurf der Grausamkeit bliebe uns nicht erspart –, würden wir als ErzählerIn bei dieser Szene auf die Kinder zuspringen und das Verschlingen des Rotkäppchens mit schmatzenden und würgenden Geräuschen begleiten.

Die übrigen angeführten Darstellungsformen sind im Kindergarten hinlänglich bekannt. Sie bedürfen hier keiner zusätzlichen Erläuterung.

Literatur

Bettelheim, B. (1980): Kinder brauchen Märchen. München: dtv

Hartmann, W. et al. (1988): Spiel und elementares Lernen. Wien: ÖBV

Kast, V. (1996): Die Dynamik der Symbole. München: dtv

Kast, V. (1998): Vom gelingenden Leben, Märcheninterpretationen. Zürich: Walter Verlag

Schaufelberger, H. (1980): Märchenkunde für Erzieher. Freiburg: Herder

Zitzlsperger, H. (²1994): Kinder spielen Märchen. Weinheim: Beltz

Der Beitrag wurde erstmals in „Unsere Kinder“ 6/1998 publiziert.

Evita Pliessnig

Märchen-Installationen

Im Kindergarten mit Märchen zu arbeiten ermöglicht, Kinder in ihrer persönlichen Entwicklung zu unterstützen und dabei auch wesentlich dazu beizutragen, dass sie selbst zum Lesen finden. Wir haben daher Märchen jeweils für einige Tage in den Mittelpunkt des Übungskindergartens I der Bundesbildungsanstalt für Kindergartenpädagogik in Klagenfurt gestellt. Als konkreten Anlass und Bezugspunkt bot sich der jedes Jahr am 2. April stattfindende Internationale Kinder- und Jugendbuchtag bzw. Andersen-Tag an. Entsprechend groß war das Besucher- und Medieninteresse, das für eine breitere Bewusstseinsbildung auch außerhalb des Kindergartens erforderlich ist.

Im Jahr 2002 ließ zudem die Diskussion um die Ergebnisse der PISA-Studie die Bedeutung des Kindergartens für die Kulturtechnik Lesen stärker hervortreten. Dabei ist allen Beteiligten klar, dass ein Heranführen an das Lesen im Kindergarten nicht bedeuten kann, Aufgaben der Schule vorwegzunehmen. Es geht um eine sinnvolle, motivierende Vorbereitung auf den späteren Erwerb der Lesefähigkeit, keinesfalls um eine Einübung dieser Kulturtechnik.

Dies wird auch im Rahmen der Initiative des Bundesministeriums für Bildung, Wissenschaft und Kunst „Lesen können heißt lernen können“ betont. Vorschulische Lesesozialisation bildet einen Schwerpunkt dieser Initiative, wobei die Frage im Mittelpunkt steht, wie Vorläuferfertigkeiten im Kindergarten gefördert werden können. KindergartenpädagogInnen sollen im Rahmen ihrer Ausbildung Wissen und Erfahrungen erwerben, um zur Lesesozialisation bzw. Heranführung an die Kulturtechnik Lesen beizutragen. Einen Beitrag hierzu stellt die folgende Beschreibung unserer Arbeit mit Märchen und speziell Märchen-Installationen im Kindergarten dar.

1. Vielfältige Zugänge zum Erzählen und Lesen

Bei unseren Ausstellungen in der Halle des Übungskindergartens geht es vor allem darum, mit Märchen-Installationen, Rollenspielen und Vorlesen bei den Kindern die Freude am Erzählen zu wecken und ihre Fantasie zu fördern. Aber auch unseren anderen Zielgruppen – Eltern, SchülerInnen, KollegInnen (ebenso von anderen Schulen und Kindergärten) – wollen wir verschiedene Anregungen rund ums Erzählen und Lesen geben.

Dazu zählt beispielsweise,

- Eltern die Bedeutung des Vorlesens zu vermitteln und Beispiele dafür zu geben, wie sie ihre Kinder zum Lesen hinführen können;
- die Rolle von Märchen und Bilderbüchern in der Kindergartenarbeit modellhaft zu veranschaulichen;
- zur richtigen Verwendung von Sachbüchern anzuleiten, z.B. mit einem Lesepult, an dem in großformatigen Tier- oder Kunstbüchern geblättert werden kann;
- Eltern, PädagogInnen und SchülerInnen mit Büchertischen Ratgeber- und Fachliteratur nahe zu bringen, die über die Bedeutung von Märchen, Erzählungen und Bilderbüchern für die kindliche Entwicklung informiert.

Im Mittelpunkt steht jedoch das Dabeisein bei konkretem Tun: Vorlesen und Erzählen von Märchen, Präsentieren von Bilderbüchern, Rollenspiele zu Märchen und Märchen-Installationen.

2. Märchen-Installationen

Im Unterschied zum Fernsehen, das Kindern vorfabrizierte, nicht greifbare Bilder vorführt, regt das Vorlesen oder besser noch Erzählen eines Märchens Kinder an, zum Erzählten eigene Bild- und Erlebniswelten zu erschaffen und auszukleiden. Auch bei illustrierten Märchenbüchern wird angenommen, dass sie durch ihre vorgegebenen Darstellungen die eigene Fantasie weniger anregen.

Als einen alternativen Ansatz sehen wir Märchen-Installationen, die zwar ausgewählte Szenen, Figuren und andere Materialien anbieten, jedoch der Fantasie Raum lassen und für konkrete Umgestaltungen offen sind. Über illustrierte Märchenbücher hinausgehend, bieten Installationen zudem Brücken zwischen Erzählung und begreifbarer Welt sowie einem gemeinsamen Tun mit anderen Kindern. Ich-, Material- und Sozialerfahrungen können hier daher Hand in Hand gehen.

Wir haben Installationen zu folgenden Märchen bzw. märchenhaften Erzählungen geschaffen: Däumelinchen, Dornröschen, Schneewittchen, Nils Holgersson, Schneeweißchen und Rosenrot, Die Prinzessin auf der Erbse und Hans im Glück.

Bei einer Installation sind die im Folgenden angeführten Aspekte zu berücksichtigen.

2.1. Szene

Eine Szene stellt ein wesentliches Moment bzw. ein Handlungsstück des Märchens dar, beispielsweise das schlafende Dornröschen, das befreit werden soll, das Däumelinchen auf einer Seerose oder Nils Holgersson auf dem Rücken einer Wildgans. Eine Installation kann aber auch so ausgestaltet sein, dass zentrale Stationen des Märchens durchgespielt werden können, wie z.B. bei Hans im Glück.

Eine Szene verdeutlicht das Märchen, macht es be-greifbar. Dabei ist sie (wie auch die Rolle einer Figur) kein unantastbares Gebilde, vielmehr fordert sie zu kreativem Spielen auf und ermöglicht es, andere, eigene Geschichten zu erfinden. Die Installation dient nur sekundär einem Erkenntnisgewinn, im Mittelpunkt steht vielmehr kreativ-spielerisches Tun, aktives haptisches Erleben und Imaginieren. Es geht nicht um die Vermittlung eines fixen Sinns einer Szene oder von einzelnen Figuren, sondern um das Angebot einer Miniaturwelt, die die Kinder nach ihren Bedürfnissen nutzen und verändern. Sie können daher der Szene, den Figuren und anderen Objekten entsprechend ihren Bedürfnissen andere Bedeutungen beilegen. So konnten wir feststellen, dass die Szenen, die von uns Erwachsenen entsprechend den Märchen arrangiert wurden, jeden Tag verändert waren.

2.2. Figuren und andere Objekte

Bei den Installationen wurde darauf geachtet, zeitgemäße Figuren und Materialien zu verwenden, wie Barbiepuppen mit handgenähten Kleidern zu den Märchen (z.B. bei Dornröschen ein Damastkleid mit aufgenähten Stoffrosen), Plastikzwerge, einen batteriebetriebenen Bären, Gegenstände aus der „Kleinen Welt", Playmobil-Elemente etc. So wurden beispielsweise für die Prinzessin auf der Erbse ein kleines Spiegelkabinett als Handlungsort, ein goldener Luster, ein Bettchen, zwanzig kleine Matratzen und zwanzig Satinpölsterchen mit Eiderdaunen und natürlich die Prinzessin bereitgelegt.

Einige Beobachtungen können verdeutlichen, wie Figuren und andere Objekte der Installationen in das Kindergartenleben hineinwirken. So wurde z.B. die Prinzessin (auf der Erbse) zur Jause eingeladen und auch ins Spielgeschehen in der Puppenstube einbezogen; manche Elemente, wie z.B. die Erbse, verschwanden und tauchten wieder auf. Zur Dornröschen-Installation, die zuerst keinen Prinzen hatte, brachte ein Kind einen solchen von zu Hause mit und beließ ihn bei der Installation (natürlich musste der Prinz das Dornröschen auch immer wieder küssen). Der Bär von Schneeweißchen und Rosenrot wurde Mittelpunkt eines selbst inszenierten Kreisspieles. Das Verpflanzen bzw. Hineinnehmen von Figuren und Objekten ins individuelle und gemeinsame Tun der Kinder auch abseits der Installationen ist insgesamt besonders hervorzuheben.

2.3. Vorwissen

Nach unseren Erfahrungen kann nicht davon ausgegangen werden, dass die Kinder die Märchen bereits kennen bzw. bei einer Installation (selbst einer so bildhaften wie bei Dornröschen) erkennen, um welches Märchen es sich handelt. Das in der Familie geschaffene Vorwissen der Kinder ist als eher gering einzuschätzen.

Bei den Ausstellungen werden die Kinder mit den Märchen vertraut gemacht, indem diese von KindergartenpädagogInnen und SchülerInnen in eigenen Lesebereichen vorgetragen oder bei den Installationen erzählt werden. BesucherInnen können dazu angeregt werden, Kindern etwas vorzulesen, wenn bei den Installationen ein Blatt mit einem Textauszug oder bei kurzen Märchen der gesamte Text aufgelegt wird.

3. Zu lesen verstehen

Unsere Ausstellungen geben Eltern und KindergartenpädagogInnen zahlreiche Anregungen, wie sie Kinder zum „Lesen" hinführen können:

- Vorlesen und Erzählen von Geschichten,
- gemeinsames Betrachten von Bilderbüchern,
- gemeinsames Ansehen von Seiten in Tier- und Kunstbüchern.

Die Lust auf mehr wird gefördert und Bücher gewinnen an Wert, wenn Kinder diese mit einem Elternteil oder der KindergartenpädagogIn in angenehmer Atmosphäre erleben. Dadurch wird letztlich auch der Wunsch geweckt, selbst lesen bzw. mit Buchstaben oder Gezeichnetem etwas mitteilen zu können.

Installationen sehen wir als ein besonders geeignetes Modell für die vorschulische Hinführung zum Lesen. Mit alltäglichen Figuren und Materialien lassen sich Märchen relativ leicht in szenische Formen umsetzen. Solche Installationen können die Lesefähigkeit fördern, wobei ein sehr tief liegendes „Lesen" angeregt wird. Anhand der Installationen lernen die Kinder, dass die einzelnen, hier auch physisch vorhandenen Figuren und Objekte, die für sich isoliert und bedeutungsoffen sind, durch eine Erzählung in Beziehung treten. Ein Handlungsablauf, eine Geschichte entsteht. Aufeinander folgende Momente bzw. Stationen von Geschichten, wie z.B. bei Hans im Glück, folgen einer Erzähllogik. Diese Aspekte müssen nicht unbedingt intellektuell erfasst sein, um vom Kind auf- und mitgenommen zu werden. Das Kind wird sie beim späteren Lesen wiederfinden oder vielmehr: Es wird leichter zum Lesen finden, wenn die genannten „Vorläuferfertigkeiten" im Kindergarten und in der Familie gefördert wurden.

Der Beitrag wurde erstmals in „Unsere Kinder – Sonderheft Leseförderung" (2003) publiziert.

Ingrid Geretschlaeger

Hörbücher. Eine neue Chance für das Hören?

Das Ohr ist das erste funktionsfähige Sinnesorgan des Menschen. Der Hörsinn setzt schon vor der Geburt ein, kurz nach der Geburt kann der Säugling schon Geräusche lokalisieren und bald danach die Stimme der Mutter erkennen. Doch der Stellenwert des Hörens hat in der Fernsehgesellschaft dramatisch abgenommen. „Ich habe gehört" ist heute eine eher anzuzweifelnde Quellenangabe. „Ich habe gesehen" gilt als wahr(er) ... Aber erst dort, wo das Bild nicht mehr die zentrale Stellung hat, wird der Ton wichtig bzw. bewusst wahrgenommen.

Das Ohr nimmt immer wahr – die Augen können wir schließen. Dennoch haben wir Filter in unserem Wahrnehmungssystem, die unerwünschte Informationen ausblenden.

Der „Klangbilder-" bzw. der frühe „Musikteppich" heutiger Kinder in ihrer Umgebung ist von großer Bedeutung für die weitere Entwicklung bzw. Ausdifferenzierung des Hörsinns bzw. dessen Behinderung. Wird Hören nur zu einer ständigen Nebenbeitätigkeit, können Kinder Stille nicht mehr ertragen. Diese ist als Grundbedingung für aufmerksames Zuhören aber wichtig, da Hören eine Grundlage für die Entwicklung von Sprache ist.

Der Verlust des bewussten Hörens beginnt mit dem Verschwinden der intimen Erzähl- bzw. Vorlesesituation zu Gunsten medialer Betthupferl. Jüngere Kinder können aber noch für die gemeinsam erlebte Stille sensibilisiert werden. Im Kindergartenalter ist es daher wichtig, Hören als bewusstes Erleben zu organisieren. Das kann beim eigenen Körpergeräusch beginnen, geht über die unmittelbare Umgebung und das Ertragen von Stille, über das konzentrierte Zuhören zum speziellen Horchen.

„Hören gehört zu den Handlungen des Wahrnehmens, ist also mehr als die bloße Aufnahme und Verarbeitung von akustischen Informationen. Hören ist vielmehr ein aktiver Vorgang, mit dem schon immer Interpretationen einhergehen." (Hansen/Manzke 1998)

Hören und Verstehen muss in Richtung kommunikativer Kompetenz didaktisch gezielt verändert und beeinflusst werden können. Medienprojekte können dazu dienen, Erlebnisse zu schaffen und Urteilsvermögen zu schärfen. Spezielle Hörangebote für Kindergartenkinder sind im Radio jedoch nicht mehr existent. Dafür aber sind Tonkassetten und CDs als selbstständig zu nutzende Medien im Kinderalltag fest verankert. Mit diesen Tonprodukten erreicht der kommerzielle Medienverbund die Kinder direkt in Serie und an vielen Verkaufsorten („Benjamin Blümchen", „Bibi Blocksberg" u.a.). Im Kindergarten wird vor allem auf Musik gesetzt und Lieder- sowie Mitmachkassetten sind weit verbreitet. Hier wird zwar auch das genaue Hinhören geübt, die Kinder werden aktiviert, zum Singen und Tanzen angeregt oder Musik wird als Element der angenehmen Gestaltung der Umgebung eingesetzt. Aber zum Hören als Element der geforderten Medienkompetenz bedarf es mehr. Dazu gehört es zu erkennen, dass Töne und Geräusche aufgenommen, Geschichten erzählt, Handlungen dramatisiert oder Geräusche auch selbst hergestellt werden können und dass auch die Verpackung bzw. das Cover einen wichtigen Beitrag zum Verkauf leistet.

Im Rahmen von Medienerziehung können Hörprojekte Kindern auf mehreren Ebenen Bewusstsein vermitteln:

Auf der **personellen Ebene:**

- Wie ist mein eigenes Mediennutzungs-/Hörverhalten?
- Wie klinge ich selbst? (Selbstwahrnehmung über Mikrofon)
- Wie klingt meine Umgebung? (Aufnehmen von Geräuschen im Umfeld)

Auf der **Sachebene:**
- Wie klingen Räume? (ein großer hoher Raum, ein kleiner enger, im Freien, unter Wasser ...)
- Welche Auswirkung haben Klänge auf mich? (Wo fühle ich mich wohl, was schafft Unbehagen?)
- Welche Auswirkungen haben Veränderungen dieser Klänge auf mich?
- Wodurch entstehen diese Veränderungen?

Auf der **Handlungsebene:**
- Wie komme ich an Material?
- Was brauche ich alles, um eine Kassette interessant zu gestalten?
- Was macht die Qualität einer Hörproduktion aus? (Bewertung gekaufter Kassetten usw.)

Zur Hörerziehung gehört auch das Hören von qualitätsvollen **Tonträgern,** die sich zunehmend unter den aktuell angebotenen Hörbuchproduktionen befinden. Aber was macht deren Qualität aus?

Wichtige Elemente sind:
- Text und Geräusche (Geräusche sollen dramaturgische Funktion haben und Assoziationsfähigkeit erlauben – nicht alles konkretisieren! Nicht: „Die Katze miaute ... miau ..." Eher: „Was war das? ... miau ... War das die Katze des Nachbarn?")
- SprecherIn und Stimme (sollen die Verschiedenartigkeit der unterschiedlichen Charaktere betonen)
- Sprache und Sprachstil (Bildhaftigkeit der Sprache, auch ungewohnte Sprachstile sind möglich)
- Raum und Hall (Verortungsmöglichkeit im Raum – wichtig für differenzierte Wahrnehmung)
- Verwendete Hör- und Klangbilder (Wie wird die Vorstellungskraft aktiviert?)

Was hat nun das aktuelle Hörbuch, was die Tonträger aus der Tradition des 80er-Jahre-Booms nicht auch schon haben? Hörbuch (manchmal auch Audiobook genannt) ist der Oberbegriff für Spielarten des gesprochenen Worts auf Tonträgern – es ist also ein Worttonträger nach Jahren der Fokussierung auf die Musik. Man entwickelte es 1954, um Literatur für Blinde zugänglich zu machen. 1979 wurde in Deutschland der erste Hörbuchverlag gegründet – auch wieder, um Blinde und Sehbehinderte zu bedienen. Die zeit- und ortsunabhängige Nutzungsmöglichkeit machte das Hörbuch aber auch für andere Gruppen (Menschen, die viel im Auto unterwegs sind, Hausfrauen etc.) interessant. Die Gründung eines Arbeitskreises Hörbuchverlage 1999 und die Vermarktung auf breiter Ebene brachte 2000 den Durchbruch als Ergänzung zur geschriebenen Literatur.

Das bewusste Hören und Zuhören ist Grundvoraussetzung für den Zugang zu auditiven Wortmedien. Neben der Leseförderung hat sich die Notwendigkeit des Zuhören-Könnens – nicht zuletzt aufgrund negativer sprachlicher Entwicklungen – als bildungspolitische Forderung etabliert. Mit den technischen Möglichkeiten, der Kombination mit Computer und Internet sowie Mobiltelefonen hat das Hörbuch noch eine interessante Zukunft vor sich.

Kinder lernen mit allen Sinnen – sehr viel mehr und leichter auch allein übers Hören als wir Erwachsene. Helfen wir ihnen, diese Fähigkeit beizubehalten und auszubauen. Sie ist auch ein wichtiger Bestandteil der bewussten Wahrnehmung von Filmen und Videos und einer umfassenden Kommunikationskompetenz.

Literatur

Geißler, Uli (2000): Achtung Aufnahme! 100 Spiele mit Kassettenrecorder und Kamera. Seelze: Kallmeyer (edition: Gruppe & Spiel)

Germann, Heide/Bergmann, Katja/Gröning, Karen/Gröning, Willy (2004): Töne für Kinder. Ausgabe 2003/2004, Kassetten und CDs im kommentierten Überblick. München: Kopäd (Die Titel sind nach Themen, Titel, Autoren, Verlagen recherchierbar im Internet unter www.toene-fuer-kinder.de)

Hansen, Leo/Manzke, Gerd (1998): Faszination Hören. Ton und Klang als pädagogische Elemente. Münster: Vorum

Kübler, Hans-Dieter (2002): Medien für Kinder. Von der Literatur zum Internet-Portal – ein Überblick. Wiesbaden: Westdeutscher Verlag

Der Beitrag wurde erstmals in „Unsere Kinder" 4/2004 publiziert.

Michaela Ulich

Fremdsprachen im Kindergarten

Plädoyer für eine bewusstere Sprachkultur

Fremdsprachenkenntnisse sind zurzeit hoch im Kurs, sie werden mit beruflichen Chancen, Mobilität oder auch „Europa" assoziiert. Also, warum nicht früh damit anfangen? Warum nicht bereits in der Grundschule oder sogar im Kindergarten? Diese Frage beschäftigt zurzeit viele Köpfe – PolitikerInnen, PädagogInnen, Eltern. In einigen Fällen werden einfach Fakten geschaffen. Im Verbund mit kommerziellen Anbietern von Fremdsprachenprogrammen werben einige Kindergärten bei Eltern, die diese Förderung für ihre Kinder wünschen, mit Englisch als besonderem Angebot; andere richten eine zweisprachig geführte Kindergruppe ein.

Das Thema „Fremdsprachen im Kindergarten" wird häufig völlig isoliert diskutiert oder aber es werden sehr globale Bezüge hergestellt – z.B. zur Idee des „europäischen Bürgers". Ich gehe der Frage nach, wie ein solches Angebot zu unserer spezifischen „Sprachkultur" und zur hiesigen „Kindergartenkultur" passt bzw. zu gängigen Einstellungen und Praktiken im Bereich der Sprachförderung.

Mehrsprachigkeit und die Entwicklung der „Muttersprache"

„Wenn Kinder mehrere Sprachen in der frühen Kindheit lernen, dann wirkt sich das negativ auf ihre Muttersprache aus und sie lernen keine Sprache ‚richtig'." – Diesen Satz hört man relativ häufig. Verzögerungen in der Sprachentwicklung können aber viele Gründe haben – u.a. mangelnde Anregung, gestörte Kommunikation und entsprechend fehlende Motivation oder z.B. auch feinmotorische Störungen. Zweisprachigkeit ist für sich genommen kein Risikofaktor, im Gegenteil. Zunächst gilt es festzuhalten, dass über die Hälfte der Weltbevölkerung zweisprachig oder mehrsprachig ist und dass in den meisten europäischen Ländern große Teile der Bevölkerung mehrsprachig leben. Kinder können ohne weiteres bereits in der frühen Kindheit zwei, manchmal sogar drei Sprachen lernen.

Dennoch haben wir hierzulande nach wie vor eine im Wesentlichen monolingual ausgerichtete Perspektive und Bildungstradition – und den entsprechend monolingualen Blick auf mehrsprachig aufwachsende Kinder. Das heißt: Zwei- und mehrsprachiges Aufwachsen wird nicht als Normalfall gesehen und jede Schwierigkeit, die das Kind haben könnte, wird prompt auf dessen mehrsprachiges Aufwachsen zurückgeführt.

Die frühe Kindheit als einmalige Chance?

„Sprachen können nur in der frühen Kindheit fließend gelernt werden." – Auch diesen Satz hört man oft. Diese Behauptung stimmt nur für einen Teilbereich von Sprache, und zwar für den phonologischen Bereich. In der frühen Kindheit ist die Lautbildung noch flexibler, sodass verschiedene Laute und entsprechend eine „korrekte" muttersprachenähnliche Aussprache leichter gelernt werden. Für den Bereich der Grammatik und des Wortschatzes ist diese Annahme einer grundsätzlichen Überlegenheit von Kindern gegenüber jugendlichen oder erwachsenen LernerInnen nicht haltbar.

Neben diesen grundsätzlichen Überlegungen zum Spracherwerb gibt es aber noch eine andere „Schiene", die zeigt, dass der Zweitsprachen- oder Fremdsprachenerwerb für Kinder oft leichter ist: Junge Kinder sind in ihrer Einstellung – im Vergleich zu Erwachsenen – oft unbeschwerter und auch neugieriger im Lernverhalten, sie haben beim Spracherwerb weniger Angst Fehler zu machen und trauen sich in der fremdsprachlichen Kommunikation mehr zu. So bekommen sie von der fremdsprachigen Umwelt häufig mehr sprachliche Anregung und positive Verstärkung als erwachsene LernerInnen und lernen damit die Fremdsprache dann tatsächlich schneller.

Vorsichtiger wäre ich allerdings mit den neurobiologischen Argumenten für einen frühkindlichen Fremdspracherwerb, die zurzeit in manchen populärwissenschaftlichen Zeitschriften propagiert werden. Es wird argumentiert, dass man „keine Zeit verlieren dürfe". Nach

einer so genannten „Zeitfenster"-Theorie müsse eine bestimmte Art der Förderung zu einem bestimmten (meist sehr frühen) Zeitpunkt einsetzen, damit das Hirn entsprechend optimal darauf reagieren kann. Direkte hirnphysiologische Zusammenhänge zwischen frühem Fremdsprachenlernen und entsprechenden Veränderungen im Gehirn lassen sich aber sicherlich nicht nachweisen, derartig direkte und spezifische Entsprechungen von Biologie und Lerninhalt sind bisher nicht belegt worden (vgl. List 1994).

In der Entwicklungspsychologie ging man lange Zeit von „sensiblen Phasen" in der Entwicklung von Kindern aus, wonach bestimmte Kompetenzen nur in einem bestimmten Alter erworben werden können und später nicht mehr. Die moderne Entwicklungspsychologie hingegen geht eher von der Theorie des lebenslangen Lernens aus, sie ist angesichts der Vielfalt von Entwicklungsbedingungen und -verläufen vorsichtiger mit der Formulierung universell gültiger Entwicklungsphasen.

Vielfältige Lernchancen – auch eine Fremdsprache kann dazugehören

In diesem Zusammenhang wird die Fremdsprache als ein Angebot unter vielen gesehen, es geht also nicht so sehr um den Fremdsprachenerwerb an sich, sondern um die Erweiterung von Lernchancen und Erfahrungsmöglichkeiten. Lernchancen – so eine Argumentation, der ich folgen würde – begünstigen die Entwicklung von Lernbereitschaft und von entsprechenden Kompetenzen. Eine altersangemessene Begegnung mit einer Fremdsprache kann nicht nur die Sprachkenntnisse erweitern, sondern auch die kindliche Neugierde und Explorationslust anregen. Mit einer ähnlichen Argumentationslinie könnte man für das Erlernen eines Musikinstruments im Kindergarten plädieren – allerdings nur, wenn das Angebot dem Entwicklungsniveau entspricht (das heißt, das Kind sollte nicht unterfordert, sondern herausgefordert, aber auch nicht überfordert werden) und wenn die Kinder zum selbstbestimmten Lernen angeregt werden.

Zum Stellenwert von Sprachförderung in Kindertageseinrichtungen

Die Einführung eines Fremdsprachenangebots sollte nicht losgelöst vom Sprachförderungskonzept einer Einrichtung diskutiert werden. In unserer Kindergartenkultur hatte der Bereich der Sprache und Sprachkompetenz bisher einen eher geringen Stellenwert. Es ist auffallend, wie differenziert ErzieherInnen z.B. die soziale Kompetenz von Kindern beobachten und einschätzen, während zum Sprachverhalten und zur Sprachkompetenz von Kindern eher globale Eindrücke und Einschätzungen ausgetauscht werden. Dies spiegelt sich auch in der Fachdiskussion wider. Sprachentwicklung und Zweitspracheneerwerb oder die Förderung von „Lesebereitschaft", dies sind Themen, die hierzulande in der frühpädagogischen Fachliteratur und in der Ausbildung eine weit geringere Rolle spielen als in anderen europäischen Ländern wie z.B. Großbritannien.

Aus der Sicht von ErzieherInnen (vgl. Ulich 1999) erschien Sprachförderung insgesamt in das Spiel bzw. in das ganzheitliche spielerische Lernen der Kinder integriert, sie hatte relativ wenig Eigenwert. Diese Sicht ist entwicklungspsychologisch durchaus stichhaltig. Kinder lernen ja tatsächlich die Sprache im Alltag – im Spiel, im Kontakt mit Erwachsenen und Kindern. Gleichzeitig gibt es ganz spezifische Situationen und Aktivitäten, die Sprachentwicklung besonders fördern und die in manchen Umwelten und Familien selbstverständlich sind, in anderen fast nicht vorkommen. Das Konzept des natürlichen Spracherwerbs und des spielerischen, ganzheitlichen Lernens ist zwar als „Basiswissen" wichtig, es verführte aber auch dazu, sich nicht allzu intensiv mit Sprachförderung zu beschäftigen – was auch deshalb nicht nötig erschien, weil Sprachförderung seit jeher zur Ausbildung und zu den traditionellen Aufgaben von pädagogischen Fachkräften gehört, sie ist eher selbstverständlich. Jetzt werden oft „Sprachkurse" propagiert. Aber nur selten wird zum Beispiel thematisiert, wie bestimmte Aktivitäten mit bestimmten Sprachniveaus und Sprachstilen zusammenhängen oder welche Aktivitäten eine für die Schule notwendige sprachliche Abstraktionsfähigkeit besonders fördern, welche Aktivitäten regelmäßig angeboten werden müssten usw. (vgl. Ulich 2003).

Wann werden Sprache und Sprachförderung in der Praxis thematisiert? Mein Eindruck ist, dass z.B. in Teamgesprächen häufig einzelne sprachlich „auffällige" Kinder besprochen werden oder Kinder, die wenig Deutsch können. Es geht aber nicht um ein Gesamtkonzept von Sprachförderung (vgl. Ulich 1999). Auch in der Fachöffentlichkeit wird Sprachförderung derzeit vor allem im Zusammenhang mit mangelnden Deutschkenntnissen von Migrantenkindern diskutiert. Das heißt, Sprache wird dann zum Thema, wenn es Probleme gibt. Nun kommt ein zweiter Schwerpunkt in die Diskussion um Sprache: „Fremdsprachen im Kindergarten". Auch hier wird wieder nur ein Teilaspekt herausgegriffen, ohne gleichzeitig zu fragen, was in Einrichtungen oder in einer bestimmten Gruppe überhaupt an sprachanregenden Aktivitäten läuft, welchen Stellenwert im Alltag diese Angebote haben, welche Kinder angesprochen werden, wie viele Kinder mehrsprachig aufwachsen usw.

Mein Fazit: Aus meiner Sicht braucht der Bereich der Sprachförderung insgesamt mehr Aufmerksamkeit und ich denke, dass langfristig eine stärkere Betonung von sprachanregenden Aktivitäten nötig ist – vor allem mit Blick auf die zahlreichen Kinder, die in diesem Bereich zuhause wenig Anregung bekommen und die beim Eintritt in die Schule deutlich benachteiligt sind. Die Diskussion um „Englischkurse" oder „Deutschkurse" berührt nur einen Teilaspekt – sie wird aber zum Teil so geführt, als ob es ums Ganze ginge.

Sprachförderung muss auch deshalb stärker thematisiert werden, weil sie sonst den Status einer „besonderen" Leistung bekommt, für die Eltern extra bezahlen sollen. Die Folge wäre, dass nur diejenigen Kinder Englisch lernen, deren Eltern das bezahlen können, und noch absurder, dass Migranteneltern in Zukunft für die deutschsprachige Förderung ihrer Kinder einen höheren Monatsbeitrag zahlen sollen. (Solche Diskussionen gibt es bereits.)

Die Förderung sprachlicher und kultureller Aufgeschlossenheit – Wo bleiben die Sprachen der MigrantInnen?

Man geht heute davon aus, dass der frühe Kontakt mit zwei oder mehreren Sprachen bei Kindern die kognitiven Fähigkeiten und insbesondere die so genannten metasprachlichen Fähigkeiten fördert: Kinder werden „sprachbewusster". Es gibt darüber hinaus Hinweise, dass der Zweitsprachenerwerb oder das Erlernen einer Fremdsprache die Aneignung weiterer Sprachen wesentlich erleichtert.

Man kann annehmen, dass der frühe spielerische und natürliche Kontakt mit verschiedenen Sprachen eine offene und angstfreie Einstellung zu fremden Sprachen und Kulturen fördert. So weit, so gut. Wie aber wurde bisher mit den Familiensprachen von Migrantenkindern umgegangen? Wie sieht die Praxis aus, der pädagogische Alltag? Wie werden die Chancen von mehrsprachigen Kindergruppen genutzt? Wie werden die Familiensprachen der Kinder in das pädagogische Angebot integriert? Diese Integration ist nach den Aussagen von Fachkräften im Alltag keineswegs selbstverständlich, sondern eher die Ausnahme (vgl. Ulich 1999). Ich denke, man kann die Diskussion um „Fremdsprachen im Kindergarten" nicht losgelöst vom Stellenwert der Familiensprachen im pädagogischen Angebot führen.

Ein weiterer Gesichtspunkt ist die Situation in der Kindergruppe. Ein Fremdsprachenangebot – z.B. Englisch – kann für bestimmte Kindergruppen sinnvoll sein, für andere nicht. Sind in einer Gruppe viele Migrantenkinder aus verschiedenen Sprachkreisen mit geringen oder gar keinen Deutschkenntnissen, dann hat die Förderung der deutschen Sprache und die Wertschätzung der verschiedenen Familiensprachen zunächst Priorität. Vor allem liegt es in diesem Fall nahe, die sprachliche Neugierde und das Sprachbewusstsein der Kinder auf der Grundlage der jeweiligen Familiensprache (z.B. Türkisch) zu fördern. Hat sich die Gruppe konsolidiert, dann kann ein Fremdsprachenangebot (Englisch oder eine andere Fremdsprache) durchaus eine Bereicherung sein. LehrerInnen aus dem Grundschulbereich berichten, dass Migrantenkinder z.T. sehr positiv auf die Einführung einer Fremdsprache reagieren: Sie kennen die Situation des Sprachlernens bereits und außerdem sind hier „alle gleich", auch die deutschsprachigen Kinder, die nun auch AnfängerInnen sind.

Die derzeitige Ausbildung von ErzieherInnen und ihre Fremdsprachenkompetenz

Fremdsprachenkompetenz, der Umgang mit neuen oder fremden Sprachen, hängt ganz wesentlich von der beruflichen und persönlichen Biografie ab. Das Erlernen von Fremdsprachen und der fachgebundene Auslandsaufenthalt sind bisher in diesem Beruf nicht die Regel (vgl. Oberhuemer 2000). Das heißt: Die vielfältigen Erfahrungen und Lernprozesse, die zur Aneignung einer anderen „SprachKultur" gehören, können bei ErzieherInnen nicht einfach vorausgesetzt werden. Diese Erfahrungen und Kompetenzen sind sehr komplex, sie lassen sich sicherlich nicht über Kurse vermitteln.

Auf das Wie kommt es an: authentische und interkulturelle Fremdsprachenangebote

Dem Kindergartenalter entsprechend sollte das Fremdsprachenangebot im Wesentlichen nach den Prinzipien des spielerischen und natürlichen Spracherwerbs erfolgen und nicht nach den Regeln des gesteuerten Spracherwerbs (im Sinne des auf Progression aufbauenden Sprachunterrichts mit Leistungskontrollen). Fragwürdig erscheinen mir Sprachlernangebote im Stil von „20 Wörter in vier Wochen", die vor allem Eltern locken sollen. Vokabeln lernen Kinder schnell, aber sie vergessen sie auch wieder schnell. Daher ist dies kein fundiertes Konzept für Sprachförderung. Vor allem wird mit dieser

Auffassung die Begegnung mit einer fremden Sprache zu einem Lernpensum und nicht zu einer interkulturellen Erfahrung, zu einem Fenster, das sich öffnet (vgl. Röbe 1999).

Nachdem gerade bei jungen Kindern die Fähigkeit zur Lautbildung besonders ausgebildet ist, sollte die Fremdsprache nur von Personen vermittelt werden, die diese Sprache „akzentfrei" sprechen, andernfalls sollte der Fremdsprachenerwerb auf der Grundlage von originalsprachigen Materialien, wie z.B. Tonkassetten mit Dialogen und Liedern, erfolgen. Beim Einsatz fremdsprachiger Materialien durch deutschsprachige ErzieherInnen sollte den Kindern „Respekt" vor der Originalsprache vermittelt werden. Das heißt u.a., dass eine deutschsprachige Erzieherln, die nicht fließend Englisch spricht, beim Vorspielen einer englischsprachigen Tonkassette den Kindern deutlich machen sollte, dass nun auch sie eine Lernende (und nicht eine Lehrende und Wissende) ist – eine Lernende, die auch genau „hinhört", um die korrekte Aussprache zu erlernen.

Sicherlich sind viele Kinder zunächst sehr begeistert, wenn sie ein paar Worte Englisch oder Spanisch lernen. Langfristigere Lernmotivation und die Entwicklung von Sprachkompetenz sind aber bei Kindern in der Regel an authentische Sprechanlässe gebunden: Wenn Kinder das Gefühl haben, dass sie die Sprache für die Kommunikation brauchen, dass sie „was bringt", um mit einem anderen Kind oder Erwachsenen (z.B. mit einem/einer ausländischen Erzieherln) zu sprechen oder zu spielen, dann werden sie diese viel schneller lernen. Mit einer deutschsprachigen Erzieherln englisch zu sprechen ist für ein Kind auf Dauer widersinnig.

Ich denke, hier müsste die Pädagogik ehrlicher mit Kindern umgehen: Wenn es darum geht, etwas Bestimmtes zu lernen, dann kann dies durchaus als Lernstoff deklariert werden. Wenn es um Kommunikation geht, dann sollte diese möglichst authentisch sein – und nicht pseudoauthentisch und kindertümelnd wie in manchen Sprachlernprogrammen.

Literatur

List, G. (1994): Zwei Sprachen und ein Gehirn. Was hat die Neuropsychologie zum Zweitspracherwerb zu sagen? In: Babylonia 2-3, S. 23–33

Oberhuemer, P. (2000): Lernkulturen – Berufskulturen: Entwicklungstendenzen in europäischen Kindertageseinrichtungen. In: klein und groß 5, S. 6–14

Röbe, E. (1999): Fremdsprache als Bildungsaufgabe. In: Die Grundschulzeitschrift 121, S. 4

Ulich, M. (1999): Sprachförderung in mehrsprachigen Kinder-gruppen – Fachkräfte zwischen Anspruch und Wirklichkeit. In: Kita aktuell, BY, 11/4, S. 83–87, oder BW 8/7-8, S. 157–161

Ulich, M. (2003): Literacy – sprachliche Bildung im Elementarbereich. In: Kindergarten heute 3, S. 6–18. Nachdruck in: Weber, S. (Hg.) (³2005): Die Bildungsbereiche im Kindergarten. Basiswissen für Ausbildung und Praxis. Freiburg, Basel, Wien: Herder, S. 106–124

Ulich, M. (2004): Lust auf Sprache – sprachliche Bildung und Deutsch lernen in Kindertageseinrichtungen. Ein Lehrfilm für Praxis, Aus- und Fortbildung – mit Arbeitsheft. Freiburg: Herder

Der Beitrag wurde erstmals in „Unsere Kinder" 5/2000 publiziert. – Der Artikel erschien auch in „Welt des Kindes" 5/2000.

Elisabeth Haider

Zweitsprachenerwerb im Kindergarten

Die meisten Kinder aus dem nicht deutschsprachigen Ausland wachsen in Österreich in einer zweisprachigen Lebenssituation auf. In der Familie findet die Kommunikation in der Muttersprache (der Sprache des Herkunftslandes der Eltern) statt, außerhalb dieses Bereiches werden die Kinder mit der deutschen Sprache konfrontiert. Die Muttersprache der Kinder stellt eine „Minderheitensprache" dar, die in der Gesellschaft eine untergeordnete Rolle spielt, oft wird sie auch mehr oder weniger abgelehnt, was bei den Kindern den Eindruck der Minderwertigkeit ihrer Muttersprache entstehen lässt.

1. Muttersprache als unentbehrliche Voraussetzung

Aber gerade die Sprachfähigkeiten der Muttersprache bilden die Grundlage für den Zweitsprachenerwerb. Über die Muttersprache gestaltet sich die Persönlichkeitsentwicklung des Kindes und festigt sich die Beziehung zu den Eltern. Außerdem findet mit dem Erwerb der Muttersprache die Aneignung von Gestik und Mimik, Intonation, Sprechrhythmus, Sprachgefühl, Körperbewegungen etc. statt. Besonders wichtig ist es, dass das Kind in seiner Muttersprache erlebt, dass eine Sprache nach gewissen Regeln aufgebaut ist. Dieses unbewusste Wissen um ein zugrunde liegendes Regelsystem wird auf die Zweitsprache angewendet. Wird dem ausländischen Kind in seiner Familie genügend Möglichkeit geboten, in der Muttersprache seine Kommunikationsfähigkeit zu entwickeln, so ist es dann ohne Schwierigkeiten in der Lage, beim Erwerb der Zweitsprache auf die bereits erworbenen sprachlichen und kommunikativen Fähigkeiten zurückzugreifen und darauf aufzubauen. Die Muttersprache stellt daher kein Hindernis für den Deutschlernprozess dar, vielmehr ist sie eine unentbehrliche Voraussetzung für den ungestörten Erwerb der zweiten Sprache. Das Kind kann aufgrund der bereits angeeigneten Muttersprache einige Phasen im Erwerb der Zweitsprache überspringen.

Bei der Arbeit mit nicht deutschsprachigen Kindern ist daher zu berücksichtigen, dass Störungen des Sprechens und der Sprache beim Deutschlernen immer in Zusammenhang mit der muttersprachlichen Entwicklung zu betrachten sind. Erst auf der Basis einer gut entwickelten Muttersprache kann eine zweite Sprache leicht erworben werden.

2. Sprachförderung im Kindergarten

Ziel der KindergartenpädagogIn kann es nicht sein, dem Kind bis zum Schuleintritt eine perfekte Zweitsprache vermittelt zu haben. Vielmehr ist es ihre Aufgabe,

- die Entfaltung der Persönlichkeit des Kindes zu fördern,
- es spielend in die fremde Gesellschaft einzuführen,
- das Interesse an der Zweitsprache zu fördern,
- das Kind zu ermutigen, diese Sprache auch aktiv anzuwenden,
- Kenntnisse zu vermitteln, die eine weitgehend selbstständige Kommunikation ermöglichen.

3. Förderung der Muttersprache

Im (Beratungs-)Gespräch mit den Eltern ist die Bedeutung der Muttersprache für die Entwicklung des Denkens und der Entfaltung sozialer und emotionaler Fähigkeiten herauszuheben. Die Kinder müssen Gelegenheit haben, ihre muttersprachlichen Fähigkeiten zu entfalten.

- Daher soll in der Familie unbedingt die Muttersprache gesprochen werden. Unvollkommene, doch gut gemeinte Sprachangebote in Deutsch sind abzulehnen (falsches Sprachmodell). Die Muttersprache soll zur „Familiensprache" werden.
- Bei bilingual aufwachsenden Kindern, d.h., dass z.B. der Vater Türkisch, die Mutter Deutsch als Muttersprache hat, soll jeder Elternteil konsequent in seiner eigenen Sprache mit dem Kind sprechen, Sprachvermischungen sind abzulehnen.
- Da dem Kind eine positive Haltung gegenüber seiner Muttersprache vermittelt werden muss, soll die KindergartenpädagogIn keinesfalls muttersprachliche Äußerungen der Kindes unterbinden, wie sie z.B. im Spiel mit anderen nicht deutschsprachigen Kindern oder in sehr emotional besetzten Situationen vorkommen. Dennoch soll den Kindern vermittelt werden, dass die Gruppensprache des Kindergartens Deutsch ist.
- Der Name des Kindes soll in seiner ursprünglichen Form erhalten bleiben und keinesfalls eingedeutscht werden, da er eng mit der Identität des Kindes verknüpft ist.

4. Natürlicher Zweitsprachenerwerb

Zum Zweitsprachenerwerb gibt es verschiedenste Theorien. Doch für den Kindergartenalltag ist es besonders wichtig, dass die Zweitsprache unter natürlichen Bedingungen in der alltäglichen Kommunikation zustande kommt (natürlicher Zweitsprachenerwerb) und nicht aufgrund eines systematischen Unterrichts. Deshalb hat die spielorientierte Sprachförderung eine zentrale Bedeutung im Deutschlernprozess ausländischer Kinder. Aus folgenden Gründen erscheint sie besonders erfolgversprechend.

- Durch Imitation eignet sich das Kind Wortschatz, Satzbau und Aussprache der Wörter an.
- Die Funktionen und Elemente der deutschen Sprache können im Spiel angstfrei und lustbetont vermittelt werden.
- Durch die unterschiedlichen Spielangebote erhält das ausländische Kind eine Brücke zu anderen Gleichaltrigen. Im gemeinsamen Spiel wird Vertrauen, Akzeptanz und Identifikationsmöglichkeit geschaffen.

Zusätzlich erscheint es aber sinnvoll, besonderes Augenmerk auf die Förderung der Sprache zu legen. Fingerspiele, Reime, Ratespiele, Wortschatzspiele usw. eignen sich gut, die Sprachentwicklung der ausländischen und der Deutsch sprechenden Kinder zu fördern.

5. Vorbildfunktion

Auch wenn das ausländische Kind lange nicht spricht, nimmt es dennoch laufend Sprache seiner Umgebung auf und entwickelt dadurch sein Sprachverständnis. Die Kinder und die KindergartenpädagogIn haben daher eine entscheidende Vorbildfunktion (Modell). Im Umgang mit dem nicht deutschsprachigen Kind sollte sich daher die KindergartenpädagogIn um die Hochsprache bemühen, die Dialektform der deutschen Sprache erwirbt das Kind im Umgang mit Gleichaltrigen ohnehin.

Auch das Begleiten der eigenen und der kindlichen Tätigkeiten mit Sprache eignet sich besonders gut, um Wortschatz und Satzbau zu vermitteln.

6. Sprechfreude

Sprechen bedeutet immer, Mut zum Kontakt zu haben. Erst wenn ein Kind sich angenommen und sicher fühlt, beginnt es zu sprechen.

Häufig ist die Freude des nicht deutschsprachigen Kindes, sich sprachlich mitzuteilen, infolge der sprachlichen Beeinträchtigung erheblich eingeschränkt. Dies zeigt sich in Sprechscheu oder Kommunikationsabwehr, oft kann auch stärkere motorische Unruhe oder aggressives Verhalten damit einhergehen. Hier ist es nun Aufgabe der KindergartenpädagogIn, durch ihre eigene Lebendigkeit Sprechanlässe zu schaffen, die das Kind ermutigen, mehr zu sprechen. Dabei sind folgende Punkte zu berücksichtigen:

- Das Kind darf sprechen, „wie ihm der Schnabel gewachsen ist"! Es kommt nur darauf an, dass das Kind

überhaupt spricht, Aussprache und falscher Wortgebrauch spielen keine Rolle.
- Jede Form der Korrektur oder Kritik muss unterbleiben, Ermahnungen zum Richtigsprechen bremsen nur die Unbefangenheit.
- Eine gute Möglichkeit, in bestätigender Weise den richtigen Gebrauch von Wörtern oder Satzmustern anzuregen, stellt die Methode des „Correctiv Feedback" dar. Man wiederholt in richtiger Form das vom Kind Gesagte, ohne es aber durch Tonfall oder direkte sprachliche Aufforderung zum Nachsprechen anzuweisen.
- Bemerkt man, dass es dem Kind schwer fällt, eine gewünschte sprachliche Leistung zu erbringen, so hat sich die Methode des „fruchtbaren Vorsagens" bewährt. Man flüstert dem Kind die richtige Formulierung vor, das Kind spricht es dann laut und erhält so das Gefühl, eine eigene Leistung vollbracht zu haben.
- Aus pädagogischer Sicht hat sich das Wecken des Erfolgsbewusstseins beim Kind bewährt. Durch Bewusstmachen und Loben dessen, was es bereits gelernt hat, wird das Kind zu weiteren Bemühungen angespornt.

Bei all diesen Bemühungen geht es vor allem darum, das Kind emotional anzunehmen und auf seine Äußerungen in positiver Weise einzugehen.

7. Sprachvermittlungsprogramme

Es werden auch spezielle Programme zur Sprachvermittlung angeboten, die sich vorwiegend am natürlichen Spracherwerb des Kleinkindes orientieren. Vorteilhaft ist es, sich mit einigen von ihnen auseinander zu setzen und anschließend zu entscheiden, ob und wie sie sich in der Kindergartenarbeit einbauen lassen.

Besonders aber ist die Bedeutung des „natürlichen Zweitsprachenerwerbes" hervorzuheben. Die Zweitsprache soll im Kindergarten vor allem unter den natürlichen Bedingungen der alltäglichen Kommunikation zustande kommen und nicht aufgrund eines systematischen Sprachunterrichts. Doch sollen gezielte sprachfördernde Übungen in den Kindergartenalltag integriert werden, von diesen profitieren alle Kinder, nicht nur die, die eine andere Muttersprache als Deutsch haben.

Der Beitrag wurde erstmals in „Unsere Kinder" 2/1996 publiziert; Überarbeitung 2005.

Zum Vertiefen, Wiederholen und Weiterdenken ...

1 Informieren Sie sich in aktueller Fachliteratur über die Teile im Gehirn, die für Sprache zuständig sind, und über die Prozesse, die im Gehirn bei Sprachproduktion und -rezeption ablaufen.

2 Welche Voraussetzungen und welches Verhalten fördern den Spracherwerb und die Sprachkompetenz des Kleinkindes?

3 Können Sie sich noch an Reime, Gedichte, Sprüche erinnern, die Sie als Kind gelernt haben? Welche sind Ihnen im Gedächtnis haften geblieben? Haben Sie eine Vermutung, weshalb Ihnen gerade diese Texte noch geläufig sind?

4 Welche Reime, Gedichte, Sprüche beherrschen Sie, die sie mit Kindern im Kindergarten sprechen ...? Nach welchen Kriterien wählen Sie diese Texte aus, die Sie Kindern vermitteln?

5 Konzipieren Sie anhand des Vorschlages von Sabine Lettner (Seite 194f.) eine Sequenz mit einem Sprechtext und realisieren Sie diesen nach Möglichkeit auch.

6 Wie können Kinder in Ihrem Kindergarten über Bücher verfügen? Stehen sie in einem Regal, auf einem fixen Platz, an unterschiedlichen Orten? Sind immer alle Bücher verfügbar oder immer nur eine Auswahl (wer trifft diese Auswahl)? Welche Gründe und Auswirkungen können unterschiedliche Präsentationen von und Zugänge zu Büchern im Kindergarten haben?

7 Welche Kriterien muss Ihrer Meinung nach ein gutes Bilderbuch erfüllen? Zeigen Sie diese Punkte anhand eines konkreten Buchbeispiels auf.

8 Der Bilderbuchmarkt ist sehr schnelllebig geworden, viele Bücher sind nur kurze Zeit auf dem Markt. Daneben gibt es „Kinderbuchklassiker", die auch Jahrzehnte nach ihrem Entstehen noch immer beliebt sind. Was macht diese „Zeitlosigkeit" aus? Versuchen Sie das anhand eines konkreten Beispiels zu zeigen.

9 Wählen Sie drei Bilderbücher: eines, bei dem Ihnen die Illustrationen sehr gut gefallen; eines, dessen Bilder Sie einigermaßen gut gelungen finden, und eines, dessen Illustrationen Sie nicht ansprechen. Versuchen Sie zu analysieren, welche Gründe Ihre Wertung hat. Informieren Sie sich davor möglichst anhand der Beispiele, die Elfie Kainz-Kazda in „Unsere Kinder" 2/2000 (ein Exemplar ist vermutlich in der Bibliothek vorhanden), Seite 45–48, vorstellt, worauf Sie besonders achten sollten.

10 Haben Sie das Experiment, zu dem Sie Elfie Kainz-Kazda einlädt (Seite 206), durchgeführt und sich eine Hexe vorgestellt? Dann wäre jetzt eine gute Gelegenheit, diese „Ihre" Hexe zu zeichnen, malen oder auf sonst eine Weise „bildlich" entstehen zu lassen.

11 Nehmen Sie sich in einer gut sortierten Kinderbuchabteilung einer Buchhandlung Zeit, um das Angebot auf Bücher zum Thema Angst und Angstbewältigung durchzusehen. Ordnen Sie Ihrer Meinung nach gute Bücher den verschiedenen Aspekten von Angst zu, die Waltraut Hartmann aufzeigt.

12 Christine Gauster streicht wichtige Botschaften heraus, die Märchen den Kindern geben können (Seite 208). Suchen Sie zu den verschiedenen Botschaften passende Märchen.

13 Welche Märchen fallen Ihnen spontan ein, die Sie – ohne vorher nachlesen zu müssen – jederzeit erzählen könnten? Sind Ihnen dabei auch die Details vertraut oder nur der grobe Handlungsverlauf? Machen Sie die Probe: Erzählen Sie eines dieser vertrauten Märchen und zeichnen Sie dieses Erzählen auf. Hören Sie sich dann Ihre Aufnahme an und verfolgen Sie dazu den Text in der gedruckten Vorlage. Wie genau stimmt Ihre Erzählung mit dem Text überein? Wo stellen Sie Abweichungen fest?

14 Brigitte Schieder betont, dass es wichtig sei, Kinder auf die Erzählung eines Märchens einzustimmen, sie „hereinzuholen" in die Erzählsituation (Seite 212). Welche Möglichkeiten sind Ihrer Meinung nach dazu geeignet? Welche haben Sie bereits durchgeführt? Wurden sie gut angenommen?

15 Tiermärchen, Zaubermärchen, Feenmärchen, Lügenmärchen ... Es gibt eine Reihe von Märchentypen, die auch in anderen Sprachen und Kulturkreisen zu finden sind. Finden Sie Beispiele für verschiedene Märchentypen und machen Sie sich mit einigen Texten aus anderen Ländern und Kontinenten vertraut.

16 Am Beispiel der „Bremer Stadtmusikanten" (Seite 218) führt Waldemar Feiner vor, wie man sich mit einem Märchentext vertraut machen kann. Wählen Sie ein Märchen (Ihr Lieblingsmärchen) und versuchen Sie die Schritte des Modells nachzuvollziehen.

17 Haben Sie Erfahrung mit Märchen-Installationen, wie sie Evita Pliessnig praktiziert? Bei welchem Märchen möchten Sie eine Installation versuchen? Aus welchen Gründen? Oder warum möchten Sie keine Märchen-Installationen machen?

18 Setzen Sie Hörbücher im Kindergarten ein? Sollen Kinder im Kindergarten Zugang zu Hörbüchern haben? Diskutieren Sie mit einer Kollegin, einem Kollegen darüber.

19 Erstellen Sie eine Kriterienliste, nach der die Qualität eines Hörbuchs bestimmt werden kann (vgl. den Beitrag von Ingrid Geretschlaeger). Hören Sie sich eine Aufnahme genau an und bewerten Sie sie anhand Ihrer Kriterienliste.

20 Sollen deutschsprachige Kinder im Kindergarten Fremdsprachen lernen? Welche Argumente sprechen dafür, welche dagegen? Erstellen Sie mit diesen Angaben eine Plus-Minus-Liste (sowohl aus der Perspektive der Kinder als auch der Eltern und KindergartenpädagogInnen) und formulieren Sie auf dieser Basis Ihre Meinung.

21 Welches Kind in Ihrer Gruppe zeichnet sich durch hohe Sprachkompetenz aus, welchem Kind fällt es eher schwer, sich sprachlich adäquat auszudrücken? Stützen Sie Ihre Einschätzung durch konkrete Beobachtung.

22 Mit welchen konkreten Mitteln versuchen Sie, die Sprachkompetenz von Kindern zu verbessern? Skizzieren Sie drei Situationen, an denen Sie das gut aufzeigen können. Setzen Sie sich im Anschluss mit zwei KollegInnen zusammen und tauschen Sie Ihre Erfahrungen und Vorschläge aus.

23 Sind in Ihrem Kindergarten (in Ihrer Gruppe) Kinder mit nichtdeutscher Muttersprache? Wie gehen die deutschsprachigen Kinder damit um, dass ein Kind nicht (gut) deutsch spricht?

24 Nehmen Sie an, in Ihre Kindergartengruppe soll ein Kind aufgenommen werden, das kaum deutsch spricht und dessen Eltern über eher geringe Deutschkenntnisse verfügen. Welche Vorüberlegungen stellen Sie an, um die Integration des Kindes in die Gruppe zu erleichtern?

25 „Ich finde, dass ein Kind erst dann in den Kindergarten aufgenommen werden soll, wenn es sich auf Deutsch verständigen kann. Das ist im Interesse dieses Kindes und der anderen Kinder der Gruppe." – Diese Meinung wird in einem Gespräch von Ihrem Gegenüber geäußert. Was antworten Sie?

26 In Ihrer Kindergartengruppe ist ein Kind, das zweisprachig (eine Sprache davon ist Deutsch) aufwächst. Ist das für Sie bzw. Ihre Kindergartengruppe von Belang (inwiefern?) oder nicht?

Bildnachweis
Brigitte Appelt 95, 96/1–2, 97/1–2, 98/1–2, 99; Archiv „Unsere Kinder" 167, 168/1–2, 204, 205; Pia Arnold-Klapproth 171/1–2, 172/1–2, 173/1–2, 174/1–5; EAKIP Innsbruck 24/2–3; Erika Burzel 176; Claudia Deininger 135; Nadia Doblhammer 138/1; Walter Endl 35; Anna Maria Fenkhuber 163, 164/1–3, 165/1–4; Alois Filipič 9, 44/1–2, 46, 47, 180, 181/1; Gemeindekindergarten Gunskirchen 73/1–4; Gemeindekindergarten Ottnang 145/1–2; Johanna Hammerle 125/1–2; Dorothea Hlinka 103, 104/1–2; Anni Holler 186/1–4; Luise Hosp-Hermann Umschlagseite, 17/1–5, 32, 130, 134, 148/2, 177/1–2, 194, 197, 213, 222, 224, 225; Ida-Seele-Archiv 70, 72, 80; Anna Kapfer-Weixlbaumer 182, 183/1–2; Maria Keuschnigg 26, 28; Chris Koller 136; Martin Kranzl-Greinecker 144, 147/1–2, 149, 223; Rudolf Laressa 150; Rudolf Mair 146/1–2; Ursula Markus 207, 208, 209; Christine Mehl 38/1–4, 39/1–3; Klaus Miedzinski 119, 121/1–3, 122; Michaela Moratelli 126, 127/1–3; Horst Munzig (für BLV Hilpoltstein) 101/1–3; Gerlinde Neumüller 18/1, 22/1–2, 24/1, 84, 87, 88, 89, 115, 116, 117, 118/1–2, 184; Iris Radler 93/1–4, 112, 156; Brigitte Rametsteiner 82, 83/1–2; Judith Reimitz 107, 148/1, 181/2–4; Matthias Reimitz 114, 124, 142, 185/1–2; Anna Ruschka 18/2, 133; Sr. Margret Heidi Scheurecker 132, 166/1–2; Ferdinand Schimpelsberger 138/2; Hartmut Schmidt 215; Ursula Schöberl 175; Sophie Tiller 22/3, 131, 190, 193, 198, 199, 203, 221, 228, 229; Rainer Trawöger 137/1–2, 162/1–2; Waldorfkindergarten Salzburg-Aignerstraße 77/1–3, 78/1–3; Waschel 169/1–2.

Methoden des Kindergartens

Band 1 und 3

Die inhaltlich und grafisch aktualisierten Klassiker „Methoden des Kindergartens" nutzen nicht nur der Ausbildung von KindergartenpädagogInnen sondern sind auch für jede Kindergartenbibliothek unentbehrlich.

ZeitRaum Kindergarten
Methoden des Kindergartens 1
192 Seiten, 2005
ISBN 978-3-9500307-0-9

Aus dem Inhalt: Raumgestaltung, Tagesablauf, Sozial- und Lernformen, Spiele und Aktivitäten …

LebensRaum Kindergarten
Methoden des Kindergartens 3
256 Seiten, 2006
ISBN 978-3-9500307-2-3

Aus dem Inhalt: Berufsbild, Werte, Qualität, Lebenssituationen, Religion, Medien, Übergang in die Schule …

Weitere Publikationen:

- **Mit Kindern Neues entdecken** (Praxisbuch zum BildungsRahmenPlan, 2014)
- **GLAUBwürdig und KULTURreich** – Leitfaden zur kulturellen und religiösen Vielfalt in Kindergärten (Broschüre 2016)
- **Religionspädagogischer Bildungs-RahmenPlan** (Broschüre 2010)
- **Lesen mag ich sehr gern**. Leselust und -förderung (Sonderheft 2003)
- **Spiel-Raum im Kinder-Garten** – Naturnahe Gärten (Sonderheft 2000)
- **Schachtelbaustelle** – Ein Praxismodell mit Langzeitwirkung (Sonderheft 1999)

Fachbuchreihe Pädagogik

- **Freizeitpädagogik im Hort. Theoretische Überlegungen und gelungene Praxisbeispiele.** (2013)
Von Lisa Kneidinger. Gezeigt wird, wie Nachmittage für Schulkinder spannend gestaltbar sind und was es dazu braucht. 108 Seiten, **ISBN 978-3-9500307-9-2**

- **Mit Medien bewusst umgehen. Förderung von Medienkompetenz im Kindergartenalter.** (2012)
Von Christian Swertz (Hg.). 13 Best-Practice-Beispiele aus österreichischen Kindergärten (erprobt im Zug des Projekts „Mediengarten" – Kooperationsprojekt der Uni Wien mit BAKIPs). 160 Seiten, **ISBN 978-3-9500307-8-5**

- **Gelebte Qualität. Qualitätsstandards in der pädagogischen Praxis für ein- bis sechsjährige Kinder.** (2009)
Von Matthias Schäfer (Hg.) in Zusammenarbeit mit „Kinder in Wien". Aus dem Inhalt: Qualitätsmanagement und -standards, Alterserweiterung als Betreuungsform, Beobachtung, Projekte, Teamarbeit … 156 Seiten, **ISBN 978-3-9500307-5-4**

- **Balanceakt Hortpädagogik. Qualitätsentwicklung zwischen Selbstverantwortung und Fremdbestimmung.** (2009) Von Lisa Kneidinger. Aus dem Inhalt: Hort im Spannungsfeld, Entwicklungspsychologie 6- bis 12-jähriger Kinder, Kriterien und Beispiele gelebter Qualität in Österreichs Hortpraxis … 124 Seiten, **ISBN 978-3-9500307-6-1**

- **Sprechen lernen, Sprache finden. Kinder zur Sprachförderung begleiten.** (2007)
Von Claudia Danzer, Renate Krenn und Martin Kranzl-Greinecker (Hg.). Aus dem Inhalt: Sprachentwicklung und -verständnis, Zweitspracherwerb, Elternarbeit, Fremdsprachen im Kindergarten … 120 Seiten, **ISBN 978-3-9500307-4-7**

- **Religion macht Kinder kompetent. Elf Themen praxisnah aufbereitet.** (2006) Von Josef Peterseil, Ulrike Stadlbauer und Silvia Habringer-Hagleitner. 96 Seiten, **ISBN 978-3-9500307-3-0** (ohne Abbildung)